S. FISCHER

ÇIĞDEM AKYOL

DIE GESPALTENE REPUBLIK

Die Türkei von Atatürk bis Erdoğan

S. FISCHER

Aus Verantwortung für die Umwelt hat sich der S. Fischer Verlag zu einer nachhaltigen Buchproduktion verpflichtet. Der bewusste Umgang mit unseren Ressourcen, der Schutz unseres Klimas und der Natur gehören zu unseren obersten Unternehmenszielen.

Gemeinsam mit unseren Partnern und Lieferanten setzen wir uns für eine klimaneutrale Buchproduktion ein, die den Erwerb von Klimazertifikaten zur Kompensation des CO_2-Ausstoßes einschließt.

Weitere Informationen finden Sie unter:
www.klimaneutralerverlag.de

MIX
Papier aus verantwortungsvollen Quellen
FSC® C014496
FSC
www.fsc.org

Erschienen bei S. FISCHER

Satz: Dörlemann Satz, Lemförde
Druck und Bindung: GGP Media GmbH, Pößneck
Printed in Germany
ISBN 978-3-10-397138-5

INHALT

EINLEITUNG

Am 29. Oktober 2023, ein halbes Jahr nach dem Erscheinen dieses Buches, feierte die Türkische Republik ihr hundertjähriges Bestehen. Gegründet hat sie ein Kriegsheld, der wenige Monate vor der Staatsausrufung den Unabhängigkeitskampf gewann und das Ende des über sechshundert Jahre alten Osmanischen Reichs einläutete. Mustafa Kemal Atatürk errichtete nach dem Untergang des Imperiums einen Nationalstaat und löste eine radikale Revolution aus. Er modernisierte von oben herab nach westlichem Vorbild Staat und Gesellschaft, zuweilen mit Gewalt. Die von ihm eingeleitete Säkularisierung stieß immer wieder auf Widerstand – und oft wurde die Debatte darüber brutal beendet.

Nach Atatürks Tod wurde in den 1950er Jahren der Grundstein für große Umwälzungen gelegt. Das Einparteiensystem endete, die Wirtschaft machte Fortschritte, die Gesellschaft modernisierte sich unaufhaltsam. In den 1960er und 1970er Jahren nahmen auch politische Radikalisierungen zu: Rechte, islamistische und linke Parteien wurden gegründet, Universitäten wurden zu Orten, an denen sich ideologische Extremisten zusammenfanden, und zu blutigen Schauplätzen wiederholter Eskalationen zwischen Linken, Rechten und dem Staat, der immer wieder durchgriff.

So endete der erste demokratisch gewählte Ministerpräsident der Republik – Adnan Menderes – im Jahr 1961 am Galgen, hingerichtet vom Militär, das im Jahr davor durch einen Putsch die Regierung abgesetzt hatte. Wie Fieberschübe folgten 1971 und 1980 weitere Militärputsche; auch 1997 intervenierten die Generäle und erzwangen den Rücktritt des ersten islamistischen Ministerpräsidenten Necmettin Erbakan. Trotz der politischen Umstürze, der blutigen Minderheitenpolitik, der Wirtschaftskrisen und der nicht selten repressiven Regierungen hat die Republik auch einen beeindruckenden Erfolg erzielt: Aus einem bitterarmen Land ist ein Global Player hervorgegangen.

Unter Ministerpräsident Turgut Özal war in den 1980er Jahren eine fundamentale Wende in der Wirtschaftspolitik erfolgt. Die Industrialisierung wurde entscheidend vorangetrieben, der Türkei gelang der Sprung vom Entwicklungs- zum Schwellenland. Auch die Bevölkerung wuchs enorm. Bei der Staatsgründung 1923 hatte die Türkei 14 Millionen Einwohner – heute leben in der Republik rund 85 Millionen Menschen. Gleichzeitig kam es zu einer demographischen Verschiebung: Lebte der Großteil der Bevölkerung zu Beginn der Republik noch auf dem Land ohne Zugang zu Strom oder Wasser, zog es die Menschen in den folgenden Jahrzehnten massenhaft in die Städte. Allein in Istanbul wohnten 2022 offiziell 16 Millionen Menschen – fast 19 Prozent der Türken. Die Megametropole liegt als einzige Stadt der Welt auf zwei Kontinenten: Europa und Asien.

Die meisten Bewohner des Landes fühlen sich zu Europa gehörig. Insgesamt aber liegt die Türkei zu 97 Prozent in Kleinasien, an einer geopolitischen Bruchstelle. Sie ist dank ihrer geographischen Lage ein Bindeglied zwischen Europa und dem Mittleren und Nahen Osten und teilt sich Grenzen mit Iran, Irak, Syrien, Armenien, Aserbaidschan, Georgien, Griechenland und Bulgarien. »Geographie ist Schicksal«, heißt es in der türkischen Politikwissenschaft in Anlehnung an eine dem arabischen Historiker Ibn Khaldun (1332–1406) zugeschriebene Redewendung. Das Land bildet die südöstliche Flanke der Nato und ist somit ein unverzichtbarer Sicherheitsfaktor in einer spannungsreichen Region.

Auf ihrem Weg in die Moderne hat sich die Republik nach Westen ausgerichtet. Seit 1945 ist sie Mitglied der Vereinten Nationen, Deutschland erhielt dort erst 1973 einen Sitz. Im Jahre 1950 trat sie dem Europarat bei, seit 1952 – und damit drei Jahre früher als Deutschland – ist sie Nato-Mitglied, 1973 war die Türkei ein Gründungsmitglied der Organisation für Sicherheit und Zusammenarbeit. Seit 1996 ist sie auch Teil der EU-Zollunion. 2005 wurden die EU-Beitrittsverhandlungen aufgenommen. Als einziger Staat der Welt ist die Türkei nicht nur Nato- und OSZE-Mitglied, sondern seit 1969 auch Mitglied der Organisation der Islamischen Konferenz. Als Brückenkopf zwischen West und Ost setzt das Land eigene außenpolitische Akzente, nicht immer zur Freude der westlichen Partner.

Gemäß der Verfassung ist die Türkei ein demokratischer Rechtsstaat. Doch in der Realität war sie nie eine liberale Demokratie. Jahrzehntelang unterdrückten die Kemalisten die Opposition und verachteten die Peripherie. Sie verfolgten Minderheiten, Linke, Kommunisten und den politischen Islam. Für Außenstehende sind die politischen Frontlinien nicht einfach zu verstehen: So waren viele Anhänger Atatürks besorgt, dass das Land bei einem EU-Beitritt eine Sklavin Brüssels würde. Sie versuchten auch, eine Gleichberechtigung der Kurden weitestgehend zu verhindern, weil sie fürchteten, der Staat würde in der Folge zerfallen. Frauen mit Kopftuch passten ebenso wenig in das Weltbild der Kemalisten, die ihnen politische und gesellschaftliche Rechte verwehrten. Aus diesen Gründen ist das gängige westliche Etikett einer linken Sozialdemokratie für die von Atatürk gegründeten Cumhuriyet Halk Partisi (Republikanische Volkspartei, CHP) nicht zutreffend. Die türkische Sozialdemokratie forderte das Eingreifen der Armee, wenn sie einen »inneren Feind« erkannt zu haben meinte, und hielt bei angeblichen Bedrohungen immer die Nationalflagge hoch. Dabei ging es ihr vornehmlich um die Bewahrung ihrer Privilegien.

Nach Jahrzehnten instabiler Koalitionen kam es 2002 zu einem Kulturwandel: Seitdem diktiert mit der Adalet ve Kalkınma Partisi (Gerechtigkeits- und Entwicklungspartei, AKP) eine islamische Regierung die Regeln. Als Recep Tayyip Erdoğan im Jahr 2003 das Amt des Ministerpräsidenten antrat, versprach er, die »drei Ypsilons« zu bekämpfen – Armut (yoksulluk), Verbote (yasaklar) und Korruption (yolsuzluk).[1] Das Establishment musste miterleben, wie ausgerechnet die nationalkonservative AKP die Ära einer »neuen Türkei« ausrief und mehr als ein Jahrzehnt lang die Gesellschaft liberalisierte, wobei sie die »drei Ypsilons« tatsächlich erfolgreich anging. Die Partei setzte Reformen durch, die das gesellschaftliche Leben positiv veränderten. Lange waren Militär, Justiz und Bürokratie teils mächtiger als die gewählten Regierungen, die AKP hat das Land aus dem Griff dieser Kräfte befreien können. Nach Jahren des politischen Chaos mit kurzlebigen Koalitionen brachte die AKP politische Stabilität. Es entstand eine breite Mittelschicht, Minderheiten wie die Kurden bekamen mehr gesellschaftliche und politische Teilhabe. Zum ersten Mal seit der Gründung der Republik lag die zivile Macht voll bei einer demokratisch gewählten Partei.

Dennoch ist über keinen türkischen Politiker international und insbesondere in Deutschland derart hitzig debattiert worden wie über Erdoğan. Im Land selbst warnten seine Gegner von Anfang an, er verstecke sich hinter einer angeblich demokratischen Agenda und wolle eigentlich das Land islamisieren. Sie kritisierten seinen populistischen Nationalismus. Für seine Anhänger ist er hingegen eine Lichtgestalt. In den ersten Jahren seiner Regierung gab es viel Positives. Doch dann kamen 2013 die Gezi-Proteste – seitdem ist das Land polarisierter denn je. Spätestens seit dem gescheiterten Putschversuch im Jahr 2016 ist nichts mehr, wie es einst war. Erdoğan hält sich nicht länger mit rechtlichen Erwägungen auf – richtig ist nun, was ihn an der Macht hält. Tausende Menschen wurden verhaftet oder verloren aus politischen Gründen ihre Existenzgrundlage. Oppositionelle werden mit Zensur, Haftstrafen und Hetzkampagnen regierungstreuer Medien bekämpft. Wegen dieser Entwicklung legte Brüssel die EU-Beitrittsgespräche auf Eis. Auch die Kurdenfrage ist weiterhin ungelöst. Die Spannungen zwischen den Säkularisten und den Frommen halten an. Das Wohlstandsgefälle von Ost nach West konnte zwar vermindert, aber nicht behoben werden. Frauen müssen weiterhin für ihre Freiheiten kämpfen. Geblieben sind der autoritäre Staat, Nationalismus und Zentralismus. Die Kemalisten fühlen sich durch die Entwicklungen der vergangenen zwanzig Jahre in ihrem Misstrauen bestätigt.

Anfang 2023 ist die Lage in der Türkei labil. Bei einem verheerenden Erdbeben im syrisch-türkischen Grenzgebiet verlieren Zehntausende ihr Leben. Die Nachrichten bringen Meldungen, dass der Präsident Griechenland mit einer militärischen Intervention drohe oder plane, türkische Truppen in Nordsyrien einmarschieren zu lassen. Auch die Meldung, dass der oppositionelle Bürgermeister von Istanbul, Ekrem İmamoğlu, kurz zuvor wegen Beamtenbeleidigung zu einer Haftstrafe verurteilt worden sei, ist nahezu erwartbar. Der Wert der Lira fällt, die Preise explodieren – die guten Jahre sind eindeutig vorbei. Erdoğans glühenden Anhängern fällt es zusehends schwerer zu erklären, warum sie ihn unterstützen.

So genügt in der Türkei 2023, hundert Jahre nach ihrer Gründung, schon das Setzen eines Like bei einem regierungskritischen Tweet, um im Gefängnis zu landen. Beim Global Peace Index stand die Türkei 2022 auf Platz 145 von 163 Staaten. Reporter ohne Grenzen stufte das Land 2022 auf Platz 149 von 180 Ländern im Ranking der Pressefreiheit ein. Viele

Menschen haben Angst – Angst vor der seit Jahren anhaltenden Wirtschaftskrise, Angst davor, sich kritisch zu äußern, Angst vor dem nächsten Erdbeben, denn das Land ist ein Risikogebiet.

Staatsgründer Atatürk hatte sich bei der Ausrufung der Republik wohl kaum gewünscht, dass einmal ein Präsident an die Macht gelangen würde, dessen Frau selbstbewusst ein Kopftuch trägt. Atatürks Vorstellung von einer modernen türkischen Identität unterscheidet sich fundamental von der Erdoğans. Der eine denkt säkular, der andere fromm. Dabei haben beide Männer einiges gemeinsam: Nicht nur Atatürk hatte ein autokratisches Politikverständnis, dies trifft auch auf Erdoğan zu. Beide haben sich aus bescheidenen Verhältnissen hochgekämpft und sind zu den prägendsten Politikern der Republik geworden. Beide durchliefen eine beeindruckende politische Karriere, und beide krempelten das Land nach ihren Vorstellungen um.

Wie Atatürk sieht sich auch Erdoğan als Stifter einer neuen türkischen Identität – aber auf völlig andere Weise: Während Atatürks Ideal eine westliche türkische Gesellschaft war, ist Erdoğans Wunsch, dass eine religiöse Generation heranwächst. Während Atatürk die Religion aus der Öffentlichkeit zurückdrängte, hat Erdoğan ihr wieder viel Platz eingeräumt. Dieser Richtungswechsel wird auch architektonisch augenfällig: Heute überragt Erdoğans Präsidentenpalast in der Hauptstadt Ankara das Atatürk-Mausoleum Anıtkabir. Und auf dem Istanbuler Taksim-Platz steht nun unmittelbar neben dem Cumhuriyet Anıtı, dem Denkmal der Republik, eine riesige Moschee.[2]

In diesem Buch wird der lange, teils dramatische Weg der Türkischen Republik bis ins Jahr 2023 erzählt. Die Erdbebenkatastrophe im türkisch-syrischen Grenzgebiet geschah kurz vor dem Erscheinen, weshalb sie hier nicht thematisiert wird. Das Buch ist chronologisch aufgebaut, doch es erhebt keinen

Anspruch auf eine lückenlose Darstellung der Geschichte der Republik. Es beschränkt sich nicht auf die politische und gesellschaftliche Entwicklung. Deshalb durchbrechen eingeschobene Hintergrundkapitel die zeitliche Struktur, Kapitel über Gesellschaft und Kultur, aber auch über die Rolle des Militärs und den Umbau der Justiz unter Erdoğan. Immer wieder werden auch Augenzeugenberichte und Einschätzungen von Experten, Kritikern und Anhängern der AKP zitiert – diese unterschiedlichen Perspektiven von Menschen, die im Land leben, machen die faszinierende Geschichte der türkischen Republik greifbarer. Die Türkei ist im Jahr 2023 ein Land am Scheideweg, wohin sie sich entwickeln wird, ist kaum vorherzusagen – aber bisher ist es dem Land immer gelungen, sich von turbulenten Phasen der Instabilität zu erholen.

KAPITEL 1

DIE ENTSTEHUNG DER MODERNEN TÜRKEI 1923–1938

Mustafa Kemal Atatürk: Der Gründer der modernen Türkei

Als der Hirte Adıgüzel Kırmızıgül 1954 unweit des Dorfes Yukarı Gündeş in der ostanatolischen Provinz Ardahan seine Herde hinausführt, erlebt er etwas Sonderbares. Im Sonnenuntergang sieht er einen Schatten. Er erkennt darin die Silhouette von Mustafa Kemal Atatürk. Kırmızıgül – auf Deutsch: rote Rose – meldet die Erscheinung sogleich den Behörden, und diese feiern das Naturphänomen als Wunder.[1] Weil es auch später immer wieder beobachtet wurde, finden seit 1995 jedes Jahr im Sommer am Ort des Geschehens Feste zu Ehren von Atatürk statt. Massen strömen hin, sagen die Veranstalter. Die Besucher machen Selfies vor der Schattensilhouette des »großen Führers Atatürk«, und die Medien berichten landesweit.[2]

Bis heute trauert die Türkei am Todestag von Atatürk. An jedem 10. November ertönen fünf Minuten nach neun die Luftschutzsirenen, auf dem Wasser heulen die Schiffssirenen, Autos halten an, die Menschen stehen still und schweigen. Im ganzen Land wehen türkische Flaggen, mit Halbmond und Stern und oftmals mit einem Porträt Atatürks. Auch sonst ist das Gesicht des Republikgründers nach wie vor allgegenwärtig: auf Postern und Geldscheinen oder als Tattoo. Unzählige Büsten verkörpern Atatürk; mit seinen blauen Augen blickt er von Bildern in Amtsstuben, Schulen, Banken und Krankenhäusern auf das Volk. Stadien, Plätze, Bibliotheken und Flughäfen sind nach ihm benannt.[3] Auch hundert Jahre nach der Gründung der türkischen Republik ist Atatürk, der bereits mit siebenundfünfzig Jahren verstarb, allgegenwärtig.

Der Personenkult um den »Vater der Türken« hat mittlerweile an Pathos verloren. Seine Ideologie – der Kemalismus – wird kritisiert, während ihn zugleich viele Türken weiterhin verehren. Für sie ist er ein Visionär und Befreier. Andere sehen in ihm einen Autokraten. Unbestritten ist, dass er aus den Ruinen des Osmanischen Reichs die heutige Türkei erschaffen hat. Rücksichtslos dem Fortschritt verpflichtet, brach er mit jahrhundertealten Überzeugungen. Er legte den Grundstein für einen modernen Staat, er trieb ökonomische und gesellschaftliche Reformen voran. Allerdings war er gnadenlos gegen jene, die sich seinen Vorstellungen von einem republikanischen Staatswesen in den Weg stellten.

Namen hat er viele: Zu seinem Geburtsnamen Mustafa kam später der Name Kemal hinzu. Erst 1934 erhielt er den Familiennamen Atatürk (Vater der Türken), dazu eine Reihe von Rängen und Titeln, die ihm verliehen wurden, sowie Anreden wie Büyük Şef (Großer Chef).[4] Atatürk[5] wächst in einfachen Verhältnissen auf. Geboren wird er im Winter 1880 / 1881 oder im Frühjahr 1881 – das genaue Datum ist nicht dokumentiert.[6] Sein immer noch für Besuche verfügbares Geburtshaus steht im heutigen Thessaloniki, damals Saloniki, das bis 1912 zum Osmanischen Reich gehörte. Atatürk erfährt eine weltoffene Stadt, in der Anhänger aller drei großen monotheistischen Religionen friedlich miteinander leben; große griechische, jüdische und makedonische Bevölkerungsgruppen sind dort anzutreffen. Er ist das vierte Kind von Ali Rıza (1839–1888) und Zübeyde (1857–1923), deren drei zuvor geborene Kinder im Säuglings- bzw. Kleinkindalter verstorben waren. Das vierte Kind wird Mustafa genannt – »der Erwählte«, ein Ehrentitel für den islamischen Propheten Mohammed.[7]

Sein Vater – ein niederer Zollbeamter – stirbt, als Atatürk sieben Jahre alt ist, die erst siebenundzwanzigjährige Mutter muss finanziell vorsichtig sein. »Meine wichtigste Pflicht war die Feldhüterei. Nie werde ich vergessen, wie ich mit meiner kleinen Schwester in der Mitte eines Bohnenfeldes unter einem Schutzdach saß und wir mit dem Vertreiben der Krähen beschäftigt waren«, sagt Atatürk über seine Kindheit. Mehrmals bricht er die Schule ab. Schon als Jugendlicher ein Rebell, schreibt er sich heimlich bei der Militärschule ein. Seine Mutter hätte ihn lieber auf eine Koranschule geschickt, er aber startet eine Militärkarriere.[8] Im Jahr 1895 absolviert er die Militärvorbereitungsschule in Saloniki als einer der Besten seines Jahrgangs, 1896 wechselt er auf die militärische Hochschule in Manastır, im heutigen Bitola in Nordmazedonien, damals Hauptstadt der gleichnamigen osmanischen Provinz. Weil der Jugendliche als guter Schüler auffällt, bekommt er nach eigenen Angaben den Beinamen Kemal – nach dem arabischen Wort für »Reife« oder »Vollkommenheit«. Seine anderen Namen kommen erst später hinzu: Nach der erfolgreichen Schlacht am Sakarya im September 1921 gegen die Griechen erhält er den Titel »Gazi« – »Soldat im Heiligen Krieg«, eine arabische Bezeichnung für einen islamischen Krieger.

Gerade einmal achtzehn Jahre alt, beendet Atatürk 1899 die Militärschule als zweitbester seines Jahrgangs und zieht nach Istanbul, wo er die Ausbildung an der renommierten Kaiserlich-Osmanischen Militärakademie fortsetzt. Preußische Strenge prägt das von Deutschen modernisierte Institut, das er 1902 als Achtbester abschließt. Im Anschluss absolviert er bis 1905 eine Ausbildung als Generalstabsoffizier. Obwohl Atatürk von keinerlei gesellschaftlichen Privilegien profitieren kann, gelingt ihm eine erstaunliche Karriere. Dazu sagt der Turkologe Klaus Kreiser,[9] der zahlreiche Bücher über die Türkei verfasst hat und für seine Atatürk-Biographie bekannt ist:

»Anders als wir es im Abendland oder in Russland kennen, war in der osmanischen Tradition nicht die Nähe zum Herrscherhaus entscheidend. Von einem Geburtsadel kann man ohnehin nicht sprechen. Wenn man in unseren Breitengraden ein ›von und zu‹ war, wurde man schnell Offizier, unabhängig von militärischen Fähigkeiten. Im Osmanischen Reich hingegen war es überhaupt nicht ungewöhnlich, dass jemand vom einfachen Soldaten rasch in höhere Ränge aufsteigen konnte.«[10]

Die Militärschulen sind Orte der Aufklärung. So schließt sich Atatürk in Istanbul den liberalen, nationalistischen Jungtürken an und setzt sich mit den Ideen der Französischen Revolution auseinander, die seiner Ansicht nach »der ganzen Welt die Idee der Freiheit« geschenkt hat.[11] Er studiert die Schriften von Voltaire, Rousseau und Auguste Comte, er korrespondiert auf Französisch, wird aber nur einmal in seinem Leben zwei Wochen in Frankreich verbringen.[12] »In Frankreich war das Modell einer laizistischen Republik am stärksten ausgebildet, das erklärt seine Sympathien für französische Denker«, sagt Kreiser. Schon früh entwickelt Atatürk die Idee eines türkischen Nationalstaats. Ganz konkrete Vorbilder hat er laut Kreiser nicht. »Für Atatürk war der Westen ein Zivilisationsmodell, aber er erklärte nicht Frankreich oder Preußen zum Modell für die Türkei. Vorbild war ›der Westen, die westliche Zivilisation‹ im Allgemeinen«, so Kreiser.

Einen exemplarischen Einblick in seine Gedankenwelt geben Atatürks Notizen aus dem böhmischen Karlsbad, wo er sich 1918 mehrere Wochen lang als Kurgast von verschleppten Krankheiten erholt. Nachdem er »äußerst feinen, schönen jungen Frauen« in einem Tanzsalon zugeschaut hat, hält er in seinem Tagebuch fest: »Wenn mir eine große Verantwortung und Macht zufällt, glaube ich, dass ich in unserem Gesellschaftsleben die erwünschten Umwälzungen in einem Augenblick mit einem ›Coup‹ umsetzen werde. (…). Der Grund: Nachdem ich so viele Jahre höhere Studien betrieben und das zivilisierte und das soziale Leben untersucht habe, um die Freiheit ein wenig kennenzulernen, und darauf ein Leben und meine Zeit verwendet habe, soll ich auf die Stufe der einfachen Leute herabsteigen? (Nein), ich werde sie auf meine Stufe heraufholen, ich möchte nicht wie sie werden, sie sollen werden wie ich.« Er fordert: »In der Frauenfrage müssen wir kühn vorgehen, hören wir nicht auf Einflüsterungen (...). Sie sollen ihre Gehirne frei machen und sich mit ernsthafter Wissenschaft befassen.«[13]

Neben Österreich-Ungarn und Russland ist das Osmanische Reich eines der drei großen Territorialreiche, die im Zuge des Ersten Weltkrieges zerfallen. Die Bewegung der Jungtürken[14] will das marode Imperium retten, das finanziell von den europäischen Großmächten abhängig geworden ist. Es gelingt ihnen 1908 unter der militärischen Leitung von Enver Paşa (1881–1922), die Macht zu ergreifen, Sultan Abdülhamid II. (1842–1918) zu stürzen und dessen Bruder Mehmed V. (1844–1918) einzusetzen. Der neue Sultan hat überwiegend repräsentative Funktionen, während die Jungtürken immer mehr an Einfluss gewinnen. Weil sich innen- und außenpolitisch keine Stabilität abzeichnet, und um den weiteren Zerfall des Reichs aufzuhalten, verbündet sich Enver Paşa – nun Kriegsminister – im Ersten Weltkrieg mit dem Deutschen Reich und Österreich-Ungarn und kämpft gegen Frankreich, Russland und Großbritannien.

Daraufhin wird die Türkei 1915 zum Ziel der Alliierten, die mit ihren Schiffen durch die Dardanellen in Richtung Konstantinopel vorstoßen. Sie wollen den Seeweg zum Schwarzen Meer kontrollieren und dadurch das Osmanische Reich – und dessen Verbündete in Europa – entscheidend schwächen. Gelänge ihnen die Eroberung der Meerengen, wäre für sie das Tor zur osmanischen Hauptstadt offen. Doch der Angriff zur See scheitert – die Invasion kann auch Dank des in Deutschland gebauten Minenlegers Nusret beendet werden, den die osmanischen Verteidiger einsetzen.

Ab April 1915 landen mehr als 250 000 Briten, Australier, Neuseeländer und Franzosen auf der Halbinsel Gallipoli nördlich der Dardanellen. Das ist die Stunde von Atatürk, zu diesem Zeitpunkt ein vierunddreißigjähriger Offizier. Seine Truppen sind in der Unterzahl und wesentlich schlechter gerüstet als die der Alliierten. Doch sie gehen taktisch geschickt vor und halten in der Schlacht von Gallipoli stand, bis die Alliierten im Januar 1916 aufgeben. Insgesamt gibt es auf beiden Seiten rund 340 000 Opfer, davon über 100 000 Tote.[15]

Atatürk wird zum General befördert, dem jüngsten der Kaiserlich-Osmanischen-Armee, und erhält den Ehrentitel Paşa. Bis heute erinnern landesweit Denkmäler an Atatürks damalige Entschlossenheit als Befehlshaber, mit der er die ausländischen Truppen stoppen konnte. Doch die militärischen Erfolge können den Zerfall des Osmanischen Reichs nicht aufhalten. Am 30. Oktober 1918 legt der Sultan mit dem Waffenstillstand von Mudros vor der Ägäis-Insel Lemnos die Waffen nieder. Das Reich bricht auseinander, große Gebiete werden der Kontrolle der Alliierten unterstellt. Sie überwachen die Meerengen wie auch sämtliche Eisenbahnverbindungen und Telegraphenleitungen.[16] Für Atatürk ist die Kapitulation eine Demütigung. Er bricht mit dem Sultanat, der weltlichen Herrschaft der osmanischen Dynastie, und fällt wegen seiner oppositionellen Haltung auf. Mit seiner nationalistischen Gesinnung findet er zusehends Zustimmung in der Bevölkerung.

Am 16. Mai 1919, einen Tag nach der griechischen Besetzung von Izmir, besteigt Atatürk in Istanbul ein Schiff zur Schwarzmeerstadt Samsun. Es ist der Beginn sowohl des endgültigen Niedergangs des Reichs als auch des Unabhängigkeitskriegs. Atatürk hat eigentlich den Auftrag, die Truppen in den östlichen Provinzen zu demobilisieren. Doch er widersetzt sich dem Sultan und organisiert im anatolischen Kernland den Widerstand gegen die fremden Mächte und die osmanische Herrschaft. Der 19. Mai, der Tag, an dem Atatürk in Samsun eintrifft, wird später als »Atatürk-Gedenktag« und als »Tag der Jugend und des Sports« zu einem Feiertag.

Unterdessen unterzeichnet am 10. August 1920 eine osmanische Delegation in der Nähe von Paris den Friedensvertrag von Sèvres. Dieser zerstückelt eines der größten Reiche der Weltgeschichte: Das Osmanische Reich schrumpft im Wesentlichen auf Anatolien westlich des Euphrats. Im Irak, in Palästina und Transjordanien entstehen britische, im Libanon und in Syrien französische Protektorate; Italien besetzt die Inseln des Dodekanes; das neu geschaffene Armenien bekommt den Osten Anatoliens. Die kurdisch besiedelten Gebiete östlich des Euphrats sollen autonom werden. Die Meerengen verbleiben unter der Kontrolle der Alliierten. Weil diese den Sultan als Marionette brauchen, darf Istanbul türkisch bleiben, allerdings unter britischer Aufsicht. Auf die Installierung eines Besatzungsregimes wird aber verzichtet.[17]

Der Diktatfrieden, die Unterwerfung, die Zerstückelung des Reichsgebiets und die Entmilitarisierung traumatisieren das Land; Soziologen sprechen vom Sèvres-Syndrom. Vom französischen Staatspräsidenten Raymond Poincaré (1860–1934) ist folgender Kommentar zu Sèvres überliefert: »Der türkische Vertrag wurde in der nationalen Manufaktur inmitten von Biskuits und Lilien unterzeichnet. Er ist selbst ein zerbrechliches Gut, womöglich eine schon zersprungene Vase. Rühren Sie sie nicht an!«[18] Die türkischen Nationalisten akzeptieren die Lösung nicht. Für Atatürk ist der Vertrag eine Katastrophe, er lehnt die Ratifizierung ab. Als im März 1920 Großbritannien im besetzten Istanbul das Osmanische Parlament auflöst und Abgeordnete festgenommen werden, lädt Atatürk Abgeordnete nach Ankara ein. Dort gründet er die Große Nationalversammlung (Türkiye Büyük Millet Meclisi, TBMM), eine provisorische Gegenregierung zum Istanbuler Ancien Régime der Sultane. Erwartungsgemäß wählt das neue Parlament Atatürk zum Präsidenten. Das Land oder das, was davon übrig ist, hat nun zwei Regierungen: die von Atatürk mit Sitz in Ankara und die des Sultans mit Sitz in Istanbul. Das neue politische und voll funktionsfähige Zentrum, das auch international Beachtung findet, beansprucht die politische Souveränität für sich, Entscheidungen des Sultans erkennt es nicht an.[19]

Derweil befeuert der Zerfall des Osmanischen Reichs die Expansionsträume der Griechen. Sie wollen sich Teile Kleinasiens einverleiben, wo Landsleute leben. Auch eine Rückeroberung Istanbuls, des einstigen Konstantinopels, ziehen sie in Betracht. Im Sommer 1920 stoßen sie bis ins anatolische Binnenland vor. Doch Atatürk gelingt es, die Griechen zurückzudrängen. Für diese endet der Vormarsch 1922 in der sogenannten »Kleinasiatischen Katastrophe«.[20] Die Eroberung Izmirs wird seitdem am 30. August als »Tag des Sieges« (Zafer Bayramı) gefeiert.

Dem militärischen Sieg Atatürks folgt der diplomatische Triumph. Die Rückeroberung von Territorium macht den Vertrag von Sèvres hinfällig. Atatürk zwingt die Siegermächte an den Verhandlungstisch. Während in Sèvres die Türkei zum Diktat antreten musste, kann sie in Lausanne am Genfer See als Verhandlungspartner auftreten.[21] Es wird monatelang diskutiert. Der stets loyale Außenminister Inönü leitet die türkische Delegation. Am 24. Juli 1923 wird schließlich der Vertrag von Lausanne unterzeichnet, der die Bestimmungen von Sèvres zum Großteil revidiert. Die Besatzungsmächte müssen das Land verlassen. Am 1. Oktober 1923 ziehen die letzten Besatzungstruppen aus Istanbul ab.

Es ist der Beginn einer neuen Zeitrechnung. Bis heute ist der Name der Schweizer Universitätsstadt, in der der Vertrag geschlossen wurde, ein Synonym für die Unabhängigkeit der

Türkei. Atatürk hat in einer christlich dominierten Welt einen vollkommen souveränen muslimischen Staat gegründet und den Siegermächten des Ersten Weltkriegs erfolgreich die Stirn geboten.[22]

Mit der Konferenz von Lausanne beginnt das Wunder von Atatürk. Sein Sieg im Nationalen Befreiungskrieg und sein Erfolg in Lausanne werden Teil des Gründungsmythos des Landes. Auch international zollt man Atatürk Respekt: »Er steht heute als der Emanzipator der Türkei da. Er hat das Volk aus dem Sumpf der sklavischen Unterwerfung unter eine fremde Autorität herausgehoben, es zur Erkenntnis seiner eigenen Qualitäten und zur Unabhängigkeit des Denkens und Handelns gebracht«, schreibt das US-amerikanische *Time Magazine* 1923 über ihn.[23]

Am 9. September 1923 gründet Atatürk seine Volkspartei (Halk Fırkası, HF), die am 10. November 1924 in Republikanische Volkspartei (Cumhuriyet Halk Fırkası, CHF) unbenannt wird und inzwischen Cumhuriyet Halk Partisi (CHP) heißt.[24] Er macht die Partei zum Instrument seiner Umwälzungen und das Parlament zum Instrument seiner Partei. Die junge Partei ist von Anfang an ein Projekt der Eliten, bestehend aus Militärs und Zivilbürokraten. Die CHP vertritt nicht die Interessen der Bürger, sondern die des Staates. Sie ist dem Namen nach eine linke Partei, doch in ihrer Haltung zutiefst nationalistisch. Ihr erster Vorsitzender ist Atatürk, Inönü wird sein Stellvertreter, Generalsekretär wird Recep Peker (1889–1950), der zuvor unter anderem Innen- und Außenminister war. Atatürk beginnt nun, die junge Republik nach seinen Vorstellungen zu formen. Die Bedingungen dafür sind günstig: Eine Opposition gibt es nicht, Regierung und Partei können nach eigenem Gutdünken regieren. Fast alle Staatsbeamten sind Mitglieder der Volkspartei und müssen deren Anordnungen Folge leisten.[25]

Auf dieser starken Basis beginnt Atatürk, ein politisches System nach seinen Vorstellungen zu gestalten. Um das Vielvölkerreich in einen Nationalstaat zu verwandeln, beschließen die Vertragsparteien die größte Zwangsumsiedlung der jüngeren Geschichte, den sogenannten griechisch-türkischen Bevölkerungsaustausch. Für Minderheiten und Nichtmuslime hat der neue Nationalstaat verheerende Folgen: Es wird künftig nur noch zwischen Muslimen und Nichtmuslimen unterschieden. Der Staat prägt von oben herab die Nation. Bereits am 1. November 1922 ist das Sultanat abgeschafft, wenige Tage später hat Sultan Mehmed VI. (1861–1926) das Land verlassen. Er stirbt 1926 im Exil in San Remo. Das ist das Ende der sechshundertjährigen Dynastie des Hauses Osman. Erst 1992 darf wieder ein Prinz der Dynastie türkischen Boden betreten. Ertuğrul Osman, das Oberhaupt der Familie, erhält 2004 einen türkischen Pass – während der Regierungszeit von Ministerpräsident Recep Tayyip Erdoğan. Er kehrt aus seinem Exil in den USA zurück und verstirbt 2009 in Istanbul, wo das Totengebet für ihn in der Sultan-Ahmed-Moschee gehalten wird. Das auch als blaue Moschee bekannte Gotteshaus ist zu jenem Zeitpunkt noch die wichtigste Moschee Istanbuls.

Zur neuen Hauptstadt der jungen Republik wird am 13. Oktober 1923 Ankara erklärt. Die kleine Stadt mit 25 000 Einwohnern hat eine gute Verkehrsanbindung und ist wegen ihrer zentralen Lage militärisch nicht so rasch einnehmbar wie Istanbul. Wegen ihrer geringen Größe hat die Stadt fast schon einen provinziellen Charakter.[26] Doch Ankara verspricht einen Neubeginn außerhalb des Bannkreises des osmanischen Zentrums. Wegen seiner kosmopolitischen Bewohner gilt Istanbul immer noch als loyal gegenüber dem Osmanischen Reich, zudem prägen die Sultansmoscheen und Kaiserpaläste das Stadtbild.[27] Am 29. Oktober 1923 wird die »Republik Türkei« – die »Türkiye Cumhuriyeti« – ausgerufen, Atatürk wird zum Staatspräsidenten ernannt. Damit ist er gleichzeitig Oberbefehlshaber der Armee, Vorsitzender des Ministerrats, Parteichef und Sprecher der Nationalversammlung. Ismet Inönü (1884–1973) wird Ministerpräsident. Um Mitternacht verkünden 101 Kanonenschüsse die Geburt des neuen Staates. Damit ist die Türkei das erste islamische Land, das die Staatsform einer Republik annimmt.[28]

Der neue Staat benötigt nicht nur politische Reformen. Die Industrialisierung des Landes steckt noch in den Anfängen. 1923 besteht die türkische Industrie aus rund 350 Betrieben. Die meisten Menschen arbeiten in den Sektoren Textil, Nahrungsmittel, Holz und Keramik. Minderheiten wie Armenier, Griechen und Juden, die etwa 80 Prozent des Groß- und Außenhandels sowie des Finanzwesens betrieben hatten, sind inzwischen entweder vertrieben, vernichtet oder umgesiedelt worden. Deswegen sieht sich die Regierung in der Pflicht, massiv in die Infrastruktur zu investieren und staatliche Industriebetriebe zu gründen. In verschiedensten Sektoren entstehen staatliche Holdings, etwa die Deniz Bankasi (»Meeresbank«), die die Schifffahrtslinien finanziert. Die Papier-, Glas- und Stahlindustrie wird aufgebaut. Besonders stolz ist die Regierung auf den voranschreitenden Ausbau des Eisenbahnnetzes. So wird 1927 die Türkiye Cumhuriyeti Devlet Demiryolları (TCDD), die staatliche Eisenbahngesellschaft, gegründet. Im »Republikmarsch«, der zum zehnjährigen Bestehen der Nation in Auftrag gegeben wird, sind die Bahnlinien schon in der ersten Strophe erwähnt.[29] Am 20. April 1924 wird die neue Verfassung verabschiedet, welche die polnische als Vorbild hat und mit geringfügigen Ergänzungen bis 1961 gilt.

Den sozialen Herausforderungen steht Atatürk hingegen recht konzeptlos gegenüber. Das Land ist arm: 1925 sind im Land 1750 Ärzte tätig; der Großteil arbeitet in Istanbul und Ankara, so dass es außerhalb der Städte quasi keine ärztliche

Versorgung gibt. Noch prekärer ist die Situation der Geburtsmedizin. Mitte der 1920er Jahre zählt man landesweit 400 staatlich ausgebildete Hebammen. Damit versorgt eine Hebamme pro Distrikt eine Bevölkerung von 30 000 Personen.[30] Den hart arbeitenden Massen in der Peripherie hat Atatürk wenig anzubieten. 1927 gibt es in der Türkei etwas mehr als 65 000 Industriebetriebe mit insgesamt 250 000 Arbeitern. Von den Betrieben arbeiten jedoch nur 2822 mit maschineller Kraft, die überwiegende Mehrheit sind Handwerksbetriebe. Der bei weitem größte Sektor der türkischen Wirtschaft ist die Landwirtschaft.[31]

Obwohl er mehrfach von einer Umverteilung spricht, tastet Atatürk den Großgrundbesitz kaum an. Die Mehrheit der Bauern bleibt weiterhin Pächter – so bleibt ein Kastensystem bestehen, eine Oberschicht von Großgrundbesitzern, Beamten, Staatsbediensteten und Politikern, darunter die breite ländliche Bevölkerung. Die durch die Industrialisierung entstandene neue Arbeiterschaft wiederum darf sich nicht gewerkschaftlich organisieren oder streiken. Auch Sozialversicherungen und Arbeitsschutz werden erst nach Atatürks Ära eingeführt, und selbst dann wird nur ein Bruchteil der Bevölkerung davon profitieren können.[32]

Außenpolitisch verfolgt der Präsident einen neutralen Kurs. »Frieden zu Hause und Frieden in der Welt« (»Yurtta Sulh – Cihanda Sulh«) ist einer seiner berühmtesten Leitsprüche, formuliert hat er ihn 1931, im Jahr der Weltwirtschaftskrise. Entsprechend beansprucht Ankara keine Territorien mehr außerhalb seines Staatsgebiets und nimmt Abschied von der Türkei als Ordnungsmacht. Der innenpolitische Aufbau hat Vorrang vor einer aktiven Außenpolitik.[33] Unter Atatürk ändert sich außerdem der geopolitische Fokus: Die Regierung wendet sich weitgehend vom Nahen Osten ab, dessen Staaten ihre Souveränität an Frankreich und Großbritannien verloren haben. Stattdessen treibt sie die Anbindung in Richtung Westen voran. So schließt sich Ankara 1932 dem Völkerbund an. Die Armee hat vor allem eine innenpolitische Ordnungsfunktion.

Als Sieger des Befreiungskriegs kann der Staatspräsident Forderungen stellen: 1936 gelingt es Atatürk, die Souveränität über die Dardanellen und den Bosporus zurückzuerhalten, die Türkei ist nun ein begehrter Bündnispartner. So wird am 20. Juli 1936 im schweizerischen Montreux der gleichnamige Vertrag unterzeichnet. Der Vertrag regelt die Zufahrt von Schiffen ins Schwarze Meer. Demnach können Handelsschiffe die Meerengen in Friedenszeiten frei passieren, während Kriegsschiffe besonderen Beschränkungen unterliegen: Diese müssen sich bei der türkischen Regierung anmelden. Kommen sie nicht aus den Schwarzmeer-Anrainern, dürfen sie drei Wochen lang bleiben und eine bestimmte Größe nicht überschreiten.[34]

Zum großen und ebenfalls relativ jungen Nachbarn Sowjetunion bestanden schon vor der Gründung der Republik sehr gute Beziehungen. Die Bolschewiki unterstützten Atatürks Unabhängigkeitskampf, während die westlichen Staaten als Widersacher auftraten. Die Sowjetunion war das erste Land, das Atatürks Regierung der Großen Nationalversammlung 1921 anerkannte, »zu einer Zeit, in der es sonst niemand getan hatte«, so Atatürk.[35] Dieser freundschaftliche Neubeginn beendet die jahrhundertelange regionale Rivalität zwischen den Zaren und den Osmanen. Im Jahr 1932 gewährt die Sowjetunion als erster ausländischer Staat der Türkei gar einen zinslosen Kredit von acht Millionen Golddollar.[36] Der Vertrag von Montreux 1936 allerdings macht das russische Ziel eines unkontrollierten Zugangs für die Schwarzmeerflotte zum Mittelmeer zunichte, die Beziehung zwischen den beiden Ländern kühlt sich ab. Die Meerengen werden zu einem langjährigen Streitthema.[37]

Der Präsident schreckt von Anbeginn auch nicht vor Gewalt zurück, um seine eigenen Interessen durchzupeitschen. Zwar findet sich im Plenarsaal des ersten türkischen Parlaments der Republik noch die Inschrift »Hakimiyet Milletindir« (Die Staatsgewalt geht vom Volk aus), doch Atatürk herrscht autoritär.[38] Bis heute wird im Nebel der allgemeinen Verehrung nicht selten unterschlagen, dass Atatürk Menschen, die er als Bedrohung wahrnimmt – religiöse Führer, Kurden, Griechen, Armenier –, skrupellos deportieren, verbannen, einsperren, foltern oder gar töten lässt. Schon während des Befreiungskriegs lässt er armenische Siedlungsgebiete im Nordosten der heutigen Türkei räumen; er unterstützt so die Massenmorde an den Armeniern unter der Jungtürkischen Regierung des Osmanischen Reichs. Als die türkischen Truppen in der Endphase des Befreiungskrieges 1922 in Smyrna erfolgreich die griechischen Truppen aus der Stadt Homers zurückgedrängt haben, kommt es während deren Abzugs zu einem riesigen Brand. Die anatolischen Griechen werden regelrecht ins Meer gedrängt, was sie zurücklassen mussten, wird vernichtet.

Um die Gewalt zu rechtfertigen, werden Feindbilder konstruiert, wie jene der Kurden und Islamisten. Nicht Individualität, sondern Gehorsam zählt. Zur Verhinderung von politischem Widerstand wird 1925 das »Gesetz zur Sicherung der öffentlichen Ruhe« verabschiedet. Es gilt bis 1929 und gibt der Regierung weitreichende Befugnisse, um gegen Oppositionelle vorzugehen. Die Presse wird zensiert, kritische Journalisten werden festgenommen. Auch vor Hinrichtungen schreckt der Präsident nicht zurück. Die Aufstände der Kurden in den Jahren 1925 bis 1930 lässt er niederschlagen, wofür er das Kriegsrecht ausruft. Zehntausende Kurden werden nach Mittel- und Westanatolien deportiert, ihre Dörfer zuvor in Schutt und Asche gelegt.[39] Die kurdischen Revolten 1937/38 in Dersim (heute Tunceli) werden zerschlagen, es gibt laut Schätzungen zwischen 12 000 und 60 000 Todesopfer. Insgesamt zählt die Republik von 1925 bis zum Aufstand in Dersim 21 kurdische Revolten.[40]

Zwar hat Atatürk die Monarchisten verbannt, doch noch immer gibt es eine innere Opposition. Als Ende 1930 religiös motivierte Ausschreitungen in Menemen bei Izmir stattfinden, wird für einen Monat der Ausnahmezustand in der Region ausgerufen, Aufständische werden hingerichtet. Wer Atatürk nur kritisiert, muss mit dem Galgen rechnen. Als während der »Woche der Jugend«, in der acht Tage lang jeder Beamte durch einen Jugendlichen ersetzt wird, ein Journalist lakonisch kommentiert: »Hat Mustafa Kemal auch die Absicht, das Land durch ein Kabinett von Jungtürken regieren zu lassen?«, ist das sein Todesurteil. Der Autor wird gehängt.[41]

Bis zu seinem Tod behält Atatürk die absolute Kontrolle über den Einparteienstaat. Die Türkei bleibt eine formale Demokratie. Zwar gibt es immer wieder Widerstand, und auch in der eigenen Partei stellen sich enge Weggefährten gegen seine totalitäre Alleinherrschaft – doch weiß Atatürk seine Kritiker zu unterdrücken. Dass er selbst Staatspräsident und Parteivorsitzender und sein Gefolgsmann Ismet Inönü Ministerpräsident und geschäftsführender Parteivorsitzender ist, erleichtert die vollständige Kontrolle und die Fortführung der totalitären Tendenzen natürlich erheblich.

Versuche, eine Opposition aufzubauen, gibt es durchaus: Einige Parlamentarier, die sich von Atatürks radikalem Kurs abwenden, gründen im November 1924 die Fortschrittliche Republikanische Partei (Terakkiperver Cumhuriyet Fırkası, TCF) – die erste Oppositionspartei der Republik. Die Dissidenten veröffentlichen ein Parteiprogramm mit klassisch liberaldemokratischen Forderungen wie der Eindämmung staatlicher Zugriffsmöglichkeiten; sie verlangen aber auch mehr Respekt gegenüber religiösen Überzeugungen, im Kontrast zu

Atatürks striktem Laizismus. Schon im Juni 1925 wird die TCF verboten, nachdem sie die Niederschlagung des kurdischen Aufstands kritisiert hat. Das 1925 erlassene »Gesetz zur Wiederherstellung der Ordnung« (Takir-i sükun kanunu) hilft bei der Verfolgung und Einschüchterung widerständiger Personen.

1926 kommt es in Izmir zu einer Verschwörung gegen Atatürk, worauf dieser die Anführer nach Schauprozessen hinrichten lässt. Zu den prominentesten Opfern gehört der ehemalige jungtürkische Finanzminister Mehmet Cavid (1875–1926), der Atatürks Finanzpolitik als konzeptlos und chaotisch bezeichnet hatte.[42] Frei nach dem Motto »meine Opposition gestalte ich selbst«, und weil weiterhin eine Oppositionsbewegung im Land brodelt und die politische und wirtschaftliche Stagnation dazu führt, dass die Bürger die Ein-Parteien-Regierung wiederholt in Frage stellen, bittet Atatürk 1930 seinen Vertrauten Fethi Okyar (1880–1943), mit der Freien Republikanischen Partei (Serbest Cumhuriyet Fırkası, SCF) eine loyale Satellitenpartei zu gründen – um Zugriff auf oppositionell eingestellte Zeitgenossen zu bekommen. Auch Atatürks Schwester Makbûle Atadan (1885–1956) tritt der SCF bei. Doch der Präsident ist nicht an echtem Pluralismus interessiert, und weil die Freie Republikanische Partei sich unerwartet großer Beliebtheit erfreut, wird sie bereits im November 1930 wieder aufgelöst.[43]

Atatürk hat oft mit gesundheitlichen Problemen zu kämpfen. Schon als Heranwachsender ist er dem Alkohol zugeneigt. In jungen Jahren übersteht er eine Malaria. Immer wieder sucht er Kurorte auf und konsultiert verschiedene Ärzte – seinen reichlichen Alkohol- und Tabakkonsum reduziert er allerdings nicht: Noch 1937, als seine Vergesslichkeit bereits auffällt, verbringt er Nächte an »Tafelrunden«, bei denen reichlich Raki fließt. »Hätte er noch ein oder zwei Jahre weitergelebt, wäre es vielleicht für das Land gefährlich geworden«, so einer seiner Ärzte.[44] Es wird schließlich eine Leberzirrhose diagnostiziert, sein Gesundheitszustand verschlechtert sich rapide. Seine letzten Monate verbringt Atatürk abgeschieden im Dolmabahçe-Palast in Istanbul. Vor seinem Tod fällt er mehrfach ins Koma. Am 10. November 1938 um 9.05 Uhr stirbt er. »Atatürks Tod ist nicht nur ein Verlust für das Land, sondern für Europa ist er der größte Verlust, er, der die Türkei im Krieg gerettet und nach dem Krieg eine neue türkische Nation wiederbelebt hat. Die aufrichtigen Tränen, die von allen Schichten des Volkes um ihn vergossen werden, sind nichts anderes als eine angemessene Würdigung dieses großen Helden der modernen Türkei«, fasst der Abgeordnete der konservativen britischen Regierungspartei, Winston Churchill (1874–1965), seine Trauer und Anerkennung zusammen.[45]

Nach einer mehrtägigen religiösen Trauerfeier in Istanbul findet das Staatsbegräbnis am 21. November in Ankara statt, wo der Leichnam bis zum 15. Jahrestag von Atatürks Tod im Ethnographischen Museum aufgebahrt wird. Am 10. November 1953 werden seine sterblichen Überreste nach Anıtkabir überführt, wo für ihn eine Pilgerstätte eingerichtet wurde, Mausoleum und Museum zugleich. Sie gilt als das Herzstück der Republik.[46] Die Überführung erfolgt in imposantem Rahmen: Um fünf Minuten nach neun Uhr morgens ertönen im ganzen Land Sirenen. Millionen Türken stehen still. Anschließend wird der Leichnam auf ein Artillerieschiff gebracht, das von 138 Reserveoffizieren gezogen wird. Hinter einer Militärkapelle, die unter anderem Chopins Trauermarsch spielt, marschieren rund 80000 Menschen. Nach Stunden erreicht die Prozession das gigantische Mausoleum auf einem Hügel mit Blick auf Ankara. Hier findet der Vater der Türken seine endgültige Ruhestätte.[47]

Doch während sich das Land nach Atatürks Tod weiterentwickelt, bleibt der Kemalismus in seinem Korsett stecken. Er gerät zu einem steinernen Denkmal, das von seinen Anhängern weiter gepflegt wird, obwohl vieles an dieser Politik nicht mehr zeitgemäß ist.[48] Auch wenn heute nur noch eine Minderheit der Ideologie des Kemalismus unkritisch anhängt, bedeutet das nicht, dass Atatürk an Popularität eingebüßt hätte. Dem Militär dient der Kemalismus jahrzehntelang als Legitimation für politische Interventionen, und für Millionen Menschen ist Atatürk immer noch der Held der Nation – und der Vater aller Türken. Zwar hat er seine Unantastbarkeit verloren, was unter anderem die 2013 gegen den Widerstand der CHP erfolgte Abschaffung des von ihm eingeführten Schul-Eids zeigt. Doch Mustafa Kemal Atatürk ist ein Symbol und ein Tabu zugleich, stellt der Politikwissenschaftler und Autor Cengiz Aktar fest.[49] Der Kemalismus sei eine festgefahrene Ideologie, und irrtümlicherweise werde immer noch geglaubt, Atatürk habe viele Probleme des Landes gelöst. Dabei sei eine kritische Auseinandersetzung mit ihm überfällig. »Die Vergangenheit wird immer betont, aber die Zukunft wird nicht betrachtet«, sagt Aktar. »Der Kemalismus war jahrzehntelang nicht in der Lage, ein neues gesellschaftliches Narrativ anzubieten, das die Türkei dringend benötigt. Auch deshalb konnte die CHP nicht aus den Wahlergebnissen lernen. Seit Jahrzehnten ist der Kemalismus nicht in der Lage, ein neues soziales Narrativ anzubieten, das die Türkei dringend braucht«, so Aktar.

Auch ist die Beleidigung Atatürks immer noch strafbar. Als die Journalistin İpek Çalışlar in ihrer Biographie über Atatürks Ehefrau Latife Uşşaki (1898–1975) schilderte, Atatürk habe sich in einen Tschador gehüllt, um sich vor einem drohenden Attentat zu retten, wurde sie wegen Beleidigung des Staatspräsidenten angezeigt. Çalışlar wurde 2006 freigesprochen; eine Verurteilung hätte zu einer Strafe von bis zu viereinhalb Jahren Gefängnis führen können. Der Mitangeklagte Necdet Tatlıcan, der Herausgeber der Zeitung *Hürriyet*, die Auszüge des Buchs abgedruckt hatte, wurde ebenfalls freigesprochen.[50]

Atatürks tiefgreifende Kulturrevolution

> »Es wird der Tag kommen, an dem ich die Reformen, die Sie alle für Illusion halten, zum Erfolg führen werde. Die Nation, der ich angehöre, wird mir glauben.«

So sprach Atatürk bereits 1907 – und Jahrzehnte später sollte er Wort halten.[51] Atatürks Vermächtnis beschränkt sich längst nicht auf den wirtschaftlichen Wiederaufbau und die Wiederherstellung des internationalen Ansehens der Türkei. Es spiegelt sich vor allem in der Gesellschaft, der er eine neue Prägung gab, indem er sie in einen laizistischen Staat presste. Die Diskrepanz zwischen der Realität, in der er aufwuchs, und seiner Vision ist immens: Aus einer Gesellschaft, deren osmanische Beherrscher sich auch als religiöse Autorität verstanden, soll in kürzester Zeit ein Gemeinwesen von aufgeklärten Bürgern werden. Atatürk verbannt die allgegenwärtige Religion, ein Fundament der bisherigen sozialen Normen, aus der Öffentlichkeit. Als neue volksverbindende Kraft baut er auf den Nationalismus, der die Idee einer islamischen Umma, einer länderübergreifenden muslimischen Gemeinschaft, ersetzen soll. Sein »Kemalismus« dringt bis in den Alltag der Bevölkerung ein. Während die Säkularisierung in Westeuropa ein langwieriger Prozess mit Fortschritten und Rückschlägen ist, setzt der ungeduldige Atatürk den Wandel rücksichtslos innerhalb weniger Jahre durch. Entsprechend wird auch von der »Kemalistischen Revolution« oder der »Türkischen Revolution« gesprochen. Doch während in Westeuropa die Umwälzungen von unten nach oben erfolgen, wird in der Türkei der Umbau von oben verordnet.[52] Der Kemalismus, auf Türkisch »Atatürkçülük«, wird zu einer in Stein gemeißelten Ideologie.

War Europa im Befreiungskrieg der Gegner, wird es nun zum Maßstab für die Modernisierung – die Zukunft liegt im Westen. Atatürk will, dass die Türken der osmanischen Vergangenheit den Rücken kehren, und nutzt dafür die westliche Kultur und ihre Symbole als ein Herrschaftsinstrument. Im maßgeschneiderten Anzug predigt er in der Provinz von seiner Religion der Logik, während ihm die Menschen verständnislos zunicken. Wie Atatürk sich den modernen Lebensstil vorstellt, führt er in aller Öffentlichkeit vor. Er liebt es, in geselliger Runde zu trinken und Zigaretten zu rauchen, was er dem Volk nicht verheimlicht. Er lässt sich in Badehose, als Ruderer oder Schwimmer, Raki oder Champagner trinkend oder Walzer tanzend ablichten – der Bürger muss seinem Takt folgen.

Der Kult um seine eigene Person wird von Atatürk genau gesteuert. Im November 1926 lässt er die erste Statue seiner selbst an der Istanbuler Sarayburnu, der Landspitze zwischen Goldenem Horn und Marmarameer, aufstellen. Diese erste Statue der Republik, geschaffen von dem österreichischen Bildhauer Heinrich Krippel, hat den Blick nach Anatolien gerichtet und der nahe gelegenen ehemaligen Sultansresidenz – dem Topkapi-Palast – den Rücken gekehrt. Sie steht an der Stelle, von der Atatürk nach Samsun zum Beginn des Unabhängigkeitskriegs aufbrach. Nur wenige Wochen nach dem ersten wird ein weiteres Denkmal enthüllt, in Konya. So geht es in den nächsten Jahren weiter. Landesweit werden Büsten, Masken, »Siegesmale« von Atatürk aufgestellt, zwischen 1926 und 1938 werden allein mehr als dreißig Statuen errichtet.[53] Orte, die er besucht hat, wandeln sich zu Kultstätten. 1924 erscheinen die ersten Briefmarken mit seinem Porträt, Gemälde mit seinem Konterfei hängen in Museen, Bildungseinrichtungen, Krankenhäusern, Kaffeehäusern und an vielen anderen Orten des öffentlichen Lebens. Er bekommt zahlreiche Ehrentitel: Büyük (der Große), Dahi (Genie), Münci (Retter) oder gar Beşeriyet

Harikası (Wunder der Menschheit).[54] Die Tageszeitung *Milliyet* erwähnt ihn in einem Atemzug mit Alexander dem Großen und Napoleon.[55] Er ist die Republik, die Republik ist er.

Grundsätzlich hat der Atheist Atatürk kein Problem damit, wenn Menschen gläubig sind. Doch in seiner Vorstellung einer modernen Türkei sind Staat und Religion nicht einfach nur getrennt. Vielmehr soll die Religion aus dem öffentlichen Leben und Alltag völlig verschwinden. Sie ist für den Staatschef eine reine Privatsache. Er selbst äußert sich kritisch zur Religion, indem er etwa sagt: »Unsere Religion ist eine logische und natürliche Religion. Aus diesem Grund ist sie auch die letzte Religion. Eine Religion kann nur dann natürlich sein, wenn sie der Vernunft, der Technik, der Wissenschaft und der Logik nicht entgegensteht.«[56]

In seinen theoretischen Überlegungen stützt sich Atatürk vor allem auf den französischen Soziologen Auguste Comte (1789–1857), der die Religion nicht als eine gestaltende Kraft mit Zukunft sieht.[57] Der Staatspräsident wünscht sich einen »türkifizierten Islam«, der dem heimischen Nationalismus dienlich sein soll.[58] Atatürk-Biograph Klaus Kreiser sagt dazu: »Ich finde es bemerkenswert, wie viele Türken gut damit leben können, dass der Große Mann gottlos war, obwohl sie selbst alle Gebete verrichten und nie einen Tropfen Alkohol trinken. Das ist das türkische Wunder. Es gibt eine weitgehende Gleichgültigkeit gegenüber Atatürks Lebensführung. Wichtiger war es, dass er den Feind aus dem Lande gejagt hat.« Atatürk habe, so Kreiser, den Koran nicht gelesen. »Der Islam wurde für ihn durch Personengruppen verkörpert, durch Gelehrte und Derwischscheiche. Das islamische Dogma interessierte ihn nicht. Vielmehr störte er sich an der in seinen Augen unerträglichen Ignoranz und Rückschrittlichkeit der Vertreter des Islams.«

Welche politische Rolle Atatürk dem Kemalismus zuschreibt, wird auch in dieser Äußerung erkennbar: »Die Türkei ist keine

Bühne mehr für das Schauspiel von Religion und Scheria. Wenn es aber noch Akteure für solche Schauspiele gibt, dann sollen sie sich eine andere Bühne suchen.«[59] Nachdem Atatürk im November 1922 das Sultanat, also die weltliche Herrschaft der Osmanen, abgeschafft hat, löst er daher im März 1924 auch die geistliche Führung auf, das Kalifat. Der letzte osmanische Kalif, Abdülmecid II., geht ins Exil und stirbt 1944 in Paris. Seit 1517 bekleideten nach offizieller osmanischer Geschichtsschreibung die Osmanen das Amt des Kalifen. Atatürks Bruch mit dem religiösen Selbstverständnis des Osmanischen Reichs war eine radikale Maßnahme, mit der er den »neuen Bürgern« seine ideologischen Vorstellungen aufzwang.

Besessen von der Idee eines türkischen Nationalstaats nach westlichem Vorbild, entwirft Atatürk diesen wie ein Militärstratege am Reißbrett und überrollt damit das Volk, dessen Realität eine völlig andere ist und dessen familiärer wie auch geschäftlicher Alltag von religiösen Normen bestimmt wird. Osmanische Titel wie Paşa, Bey und Effendi verschwinden. Einrichtungen, Vermögen und Grundbesitz islamischer Stiftungen oder Orden werden verstaatlicht,[60] das Amt des Scheich al-Islam wird aufgelöst. Diese zentrale religiöse Autorität des Osmanischen Reichs achtete darauf, dass Entscheidungen der Politik mit jenen der Şeriat, der islamischen Gesetze, übereinstimmten. Das Ministerium für Religiöse Angelegenheiten und Fromme Stiftungen (Seriye ve Evkaf Vekaleti) wird 1924 durch das Diyanet (Diyanet İşleri Başkanlığı, Präsidium für Religionsangelegenheiten) ersetzt, das direkt dem Ministerpräsidenten unterstellt ist.[61] Imame sollen moderne Ansichten haben, sich zudem nicht politisch betätigen oder äußern.[62] Der Religionsunterricht an den Schulen wird schrittweise eingestellt und die religiöse Erziehung den Eltern übertragen. Ohnehin fehlt es nach der Schließung der Koranschulen an ausgebildeten Geistlichen.[63]

Die umfassende Reform zielt aber nicht nur auf die weltliche Organisation der Religion, sondern auch auf ihre Ausübung. Es wird ein Religionskomitee gegründet mit dem Ziel, den türkischen Islam zu europäisieren. Der von Atatürk propagierte Çağdaş İslam ist rational und ganz auf die Republik zugeschnitten. So befindet das Komitee, dass Moscheen auch mit Schuhen betreten werden dürfen und dass Gebete nicht kniend, sondern auf Bänken sitzend verrichtet werden sollen. Ferner sollen die Gebetszeiten nicht mehr dem Lauf der Sonne, sondern den modernen Arbeitszeiten folgen. Nach Protesten werden diese Vorhaben allerdings nicht umgesetzt.[64] Auch die Anordnung, dass die Prediger ihre Ansprachen im Gehrock und barhäuptig halten sollen, wird schnell wieder aufgegeben.[65] Noch bezeichnet die Verfassung vom 20. April 1924 den Islam als Religion des türkischen Staates. Atatürk ist sich bewusst, dass sich seine Vorstellungen von der Rolle der Religion in einem Land mit einer langen muslimischen Tradition nur schrittweise umsetzen lassen. Bereits vier Jahre später aber wird der Passus zum Islam aus der Verfassung gestrichen: Seit dem 10. April 1928 ist die Türkei ein Staat ohne Staatsreligion, obwohl 98 Prozent der Bevölkerung vom Islam geprägt sind.[66] Gleichzeitig werden die Eidesformeln des Präsidenten und der Parlamentsmitglieder säkularisiert: »Im Namen Allahs« gilt nicht mehr.[67] Erst 1937 jedoch wird der Laizismus in der Verfassung verankert – ein für eine islamische Gesellschaft absolutes Novum, das viele Bürger vor den Kopf stößt. Seitdem kann ein Angriff auf den Laizismus unter Strafe gestellt werden.[68]

Im Zuge der sprachlichen Türkisierung *(Öz Türkçe)* ist ab 1932 der Ezan, der Ruf zum Gebet, nur noch auf Türkisch gestattet. Statt wie bisher »Allah'u ekber« heißt es fortan auf türkisch »Tanrı uludur« – »Gott ist groß«. Proteste dagegen lässt der Staatschef unterbinden. 1934 verbietet er die Pilgerfahrt nach Mekka, die erst 1947 wieder erlaubt wird. Die Hagia

Sophia, ursprünglich eine byzantinische Basilika, welche die Osmanen nach der Eroberung von Istanbul im 15. Jahrhundert zur Moschee erklärten, wandelt Atatürk 1935 zu einem Museum um. Im selben Jahr wird der Sonntag statt des Freitags zum Ruhetag erklärt. Die beiden großen islamischen Feiertage, Şeker Bayram – das Fest zum Ende des Fastenmonats Ramadan – und das Opferfest Kurban Bayram, bleiben allerdings erhalten – trotz der Einwände extremer Säkularisten. Dies ist ein Zugeständnis an die Gläubigen.[69]

Alle Staatsbürger werden dazu angehalten, möglichst westliche Kleidung zu tragen. »Die allgemeine Kopfbedeckung des türkischen Volkes ist der Hut«: Mit diesem berühmt gewordenen »Hutgesetz« (Şapka Kanunu) verbietet die Nationalversammlung 1925 das Tragen des Fez, der traditionellen osmanischen Kopfbedeckung, die auch von Juden und Christen getragen wurde. Nach einer vom Staatschef eingeräumten Frist werden keine Kopfbedeckungen ohne Krempe mehr geduldet. Doch die Gesellschaft ist eine jahrhundertelange Kleiderordnung gewöhnt, außerdem lässt sich ein Hut nicht mit dem islamischen Gebet vereinbaren, bei dem die Stirn auf den Boden geneigt wird. Kurz vor dem Erlass des »Hutgesetzes« reiste Atatürk in die anatolische Provinz. Im offenen Wagen, auf dem Kopf einen Panamahut, ging er auf Tuchfühlung mit der Bevölkerung. Er rief den Menschen die rhetorische Frage zu: »Ist unsere Kleidung zivilisiert und international?« Die antworteten mit einem lauten und verwirrten »Nein«.[70] Dennoch kommt es zu heftigem Widerstand gegen die neue Kleiderordnung, zur sogenannten Hutrevolution (Şapka Devrimi). In Maraş etwa, im südlichen Anatolien, protestieren Menschen vor der Moschee mit dem Slogan »Wir wollen keinen Hut« (Şapka istemeyiz). Der Staat reagiert mit drakonischen Maßnahmen. Als im ostanatolischen Erzurum Hutgegner vor dem Gouverneursamt demonstrieren, werden sie beschossen. Landesweit werden die Widerständler vor »Unabhängigkeitstribunale« gestellt, die Todesurteile und Verurteilungen zur Zwangsarbeit aussprechen.

Der Fez verschwindet bald aus der Öffentlichkeit. Schüler erhalten europäische Uniformen und Mützen, Militärs werden mit Schirmmützen ausgestattet.[71] Einige Männer, die keine Hüte mit Krempe finden, tragen die Hüte ihrer Frauen. Für Staatsbeamte werden bei offiziellen Anlässen Frack und Zylinder zur Pflicht. Das Tragen religiöser Bekleidung ist nur noch Geistlichen in Ausübung ihres Amtes gestattet. Auch die übliche Kopfbedeckung der Frauen gilt fortan als verpönt. Doch im Gegensatz zum Fez wird das Kopftuch nicht verboten. Man lässt den Frauen die Freiheit, selbst zu entscheiden, ob sie ihren Kopf bedecken wollen, und rechnet damit, dass sie auf das Tuch verzichten werden, wenn sich die neue, säkulare türkische Identität erst einmal durchgesetzt hat. Aus seinen diesbezüglichen Erwartungen macht der Staatschef kein Hehl: Frauen sollen sichtbar werden und den Schritt in die Öffentlichkeit wagen, sie sollen ihre Haare zeigen, kürzere Ärmel und Röcke tragen. In einer Rede vor Bauern im Schwarzmeerstädtchen Inebolu sagt Atatürk: »Kameraden, Männer! Es ist unser Egoismus, wenn die Frauen verschleiert sein sollen. Sicherlich liegt darin ein Zeichen unserer Achtung vor der Ehre und dem Schamgefühl der Frau. Aber vergessen wir nicht, dass unsere Kameraden Frauen ebenso bewusste und denkende Wesen sind wie wir. Unsere Frauen sollen ihr Antlitz offen der ganzen Welt zeigen, und sie sollen die ganze Welt mit offenen Augen betrachten.«[72]

1926 schafft die Türkei das Şeriat, das islamische Rechtsnormensystem, ab. An dessen Stelle wird, leicht abgeändert, der schweizerische Code Civil eingeführt, der seinerseits auf Napoleons Code Civil zurückgeht, der 1804 verabschiedet wurde und von den Idealen der Französischen Revolution geprägt war. Das neue Zivilrecht sichert zumindest die formale Gleichstellung von Frau und Mann. Die Polygamie wird verboten und die freie Wahl der Religion festgehalten. 1926 erhält die Türkei zudem ein modernes Strafgesetzbuch, das auf dem italienischen basiert, kurze Zeit später ein neues Handelsrecht nach italienischem und deutschem Vorbild.[73] Das Justizsystem wird von allen religiösen Elementen befreit. Die Zeitung *Akşam* zeigt als Reaktion auf die Einführung des neuen Rechts in einer Karikatur eine emanzipierte Türkin, die einen Heißluftballon besteigt und als Ballast »Tugend, Ehre und Scham« abwirft.[74]

Dank der Reformen werden die Frauen sichtbarer. Ehepaare zeigen sich Hand in Hand. Man geht gemeinsam aus. Vor allem gewährt der Kemalismus, das Zivilisationsprojekt, Frauen als Mitgestalterinnen der neuen Republik ungewohnt weitreichende Rechte, um die »Modernität« seiner Republik zu unterstreichen.[75] 1930 erhalten die Frauen das kommunale Wahlrecht, 1934 dürfen sie auch die Große Nationalversammlung mitwählen und dafür kandidieren. 1935 ziehen achtzehn Frauen ins Parlament ein. An nationalen Feiertagen lässt die Regierung Fotos verbreiten von jungen Frauen in Shorts, die die Nationalflagge tragen. Beamtinnen, Ärztinnen und Sportlerinnen werden von der Regierung immer wieder als Vorbilder in Szene gesetzt.[76] Die Pianistin Keriman Halis (1913–2012), die 1932 als erste Türkin zur Miss Universe gekürt wird, schafft es auf die internationalen Titelblätter. Sie sei die Verkörperung einer »ausnehmend rein bewahrten Schönheit der türkischen Rasse«, lobt Atatürk.[77]

Auch die neue First Lady des Landes entspricht dem Bild der »republikanischen Frau«: 1923 heiratet Atatürk in Izmir Latife Uşşaki. Sie hat eine Ausbildung in einem Mädcheninternat im britischen Kent genossen und in Paris Rechtswissenschaften studiert. Zudem beherrscht sie fließend Deutsch, spielt Klavier – und ist die Tochter einer reichen Kaufmannsfamilie. Gemeinsam zeigen sich die Jungvermählten betont ungezwungen in der Öffentlichkeit. Latife Uşşaki bereitet zudem Atatürks Reden vor und gilt vielen als intellektuelle Einflüsterin ihres Mannes. Auf Flugblättern und Plakaten, in Broschüren und anderen Propagandamaterialien ist sie selbstbewusst im Kleid und mit übereinandergeschlagenen Beinen zu sehen. Sie spricht ihren Gemahl mit »Kemal« an, ein Verstoß gegen die damaligen Umgangsformen. Um bei Reisen in die Provinz Provokationen zu vermeiden, trägt sie dort allerdings einen *çarşaf*, der den ganzen Körper und auch den Kopf bedeckt.[78]

Bereits 1925 scheitert die Ehe. Atatürk trennt sich von Latife nach islamischem Recht, kurz bevor das aufgrund des neuen Zivilrechts nicht mehr möglich ist. Latife überlebt ihren ehemaligen Gemahl um siebenunddreißig Jahre; sie lebt bis zu ihrem Tod 1975 zurückgezogen in Istanbul und Izmir. Atatürk sieht man fortan nicht mehr mit einer Partnerin in der Öffentlichkeit, er bleibt aber nicht kinderlos. Er adoptiert acht Mädchen, bei deren Erziehung er viel Wert auf Emanzipation legt. Seine Tochter Sabiha Gökçen (1913–2001) wird die erste Kampfpilotin der Welt, während des Dersim-Aufstands 1937 und 1938 bombardiert sie Stellungen der Kurden und wird dafür mit einer Verdienstmedaille ausgezeichnet. Zwei weitere Töchter werden Richterinnen, und eine lehrt als Geschichtsprofessorin. Atatürk wollte, dass seine Töchter als Vorbilder für die türkische Frau dienten.[79]

Die Anerkennung der politischen Rechte von Frauen ist Teil von Atatürks Strategie, die türkische Gesellschaft in die Moderne zu führen. Dabei sollen die Frauen national-patriotisch gesinnt sein und Nachwuchs gebären. Es geht nicht um Feminismus, sondern um das Vaterland. So betont Atatürk gelegentlich, dass die Mutterschaft für ihn die wichtigste Aufgabe einer Frau sei. Deren Bildung sei ein Mittel, um die Qualität der weiblichen Fürsorge zu verbessern, was wiederum für die

Erziehung des Nachwuchses notwendig sei: »Die Stufe, auf der wir heute stehen, entspricht nicht unseren heutigen Bedürfnissen. Wir brauchen Menschen mit anderer Mentalität und Reife. Diese Menschen werden durch die nachfolgenden Mütter aufgezogen.«[80]

Trotz der zahlreichen Verbesserungen durch das neue Zivilrecht bleiben rechtliche Ungleichheiten und die patriarchalischen Strukturen bestehen – auch weil das Schweizer Recht konservatives Gedankengut enthält: Familienoberhaupt bleibt der Ehemann, Hausarbeiten sind die Hauptaufgabe der Frau. Der Mann entscheidet über ihre Erwerbstätigkeit und bestimmt den gemeinsamen Wohnort, und mit der Heirat muss die Frau den Nachnamen des Gatten annehmen. Das Prinzip der Gütertrennung ist in der Ehe zum Nachteil der Frau geregelt: Beide Partner behalten bei einer Scheidung ihren eigenen Besitz, für Frauen, die jahrelang den Haushalt versorgt haben, bleibt dadurch in der Regel weniger von den Familiengütern. Für den Ehebruch reicht es bei der Frau bereits aus, wenn sie nur einmal außerehelichen sexuellen Kontakt hatte, womit sie eine Gefängnisstrafe von bis zu drei Jahren riskiert. Beim Mann hingegen gilt erst mehrfacher sexueller Kontakt mit anderen Frauen als Ehebruch.

Zwar eröffnen sich den Frauen Bildungs- und Arbeitsmöglichkeiten, aber das europäisch geprägte Zivilgesetzbuch passt nicht zur Lebensrealität der türkischen Bevölkerung, die überwiegend agrarisch geprägt ist. Neue Privilegien genießt nur eine Minderheit der Frauen, vornehmlich aus der Ober- und Mittelschicht. Die allermeisten Frauen bleiben in den traditionellen Gesellschaftsstrukturen gefangen. Das Stadt-Land-Gefälle, die Klassengegensätze und der starke Einfluss des Glaubens bestimmen trotz der behördlich verordneten Emanzipation das Leben der meisten Türkinnen.[81]

Der staatliche Abschied vom Glauben manifestiert sich in

weiteren Bereichen: Anstelle des islamischen gilt ab dem 1. Januar 1926 der Gregorianische Kalender. Die Zeitrechnung wird also vom Mond- auf das Sonnenjahr umgestellt. Die westlichen Maß- und Gewichtseinheiten werden ebenfalls übernommen. Es folgen die Sprachreform (Dil Devrimi) und die Schriftreform (Harf Devrimi). Ziel ist eine »reine türkische Sprache« unter Aufsicht des 1932 geschaffenen Instituts für die türkische Sprache (Türk Dil Kurumu). Anstelle der arabischen Schrift – die von rechts nach links geschrieben wird – wird das lateinische Alphabet mit neunundzwanzig Buchstaben für das Türkische eingeführt. Weil dem Präsidenten die Buchstaben W, X und Q nicht gefallen, werden sie gestrichen. Darunter leiden die Kurden, denn diese Buchstaben sind Teil des kurdisch-lateinischen Alphabets. Wer sie nutzt, muss fortan mit einer Gefängnisstrafe rechnen. Eine Sprachkommission streicht zudem viele der zahlreichen arabischen und persischen Wörter, die Atatürk als »unverständliche Zeichen« verhöhnt.[82] Trotzdem gibt es im Türkischen noch heute viele Fremdwörter aus beiden Sprachen.

Für Christoph K. Neumann,[83] Direktor des Orient-Instituts Istanbul, folgte Atatürks Sprachreform einer »zutiefst rassistischen Logik«. »Denn das Kriterium für die Akzeptanz von Wörtern war deren Herkunft: Ein Wort mit türkischer Wurzel ist gut, ein Wort mit nicht türkischer Wurzel schlecht«, sagt der Türkeihistoriker und Übersetzer von Orhan Pamuk. »Die Umstellung aufs lateinische Alphabet hat dazu geführt, dass zunächst viel weniger Leute lesen und schreiben konnten. Die Alphabetisierungsrate ging zurück. Kein Printmedium, kein Verlag hätte ohne staatliche Subventionen überleben können. Es wurde inhaltlich und sprachlich das gedruckt, was der Regierung passte.« Andererseits haben sich durch die Sprachreform, so räumt er ein, auf Dauer Schriftsprache und Umgangssprache einander etwas angenähert. »Allerdings auf Kosten der

Möglichkeit, sich in und mit der Schriftsprache nuanciert auszudrücken.«

Atatürk selbst tritt als Lehrer der Nation auf. Er erklärt bei seinen Besuchen in Dörfern vor einer Schiefertafel stehend das lateinische Alphabet. Auch in der Nationalversammlung werden Tafeln aufgestellt, und der Präsident erteilt den Abgeordneten ihre erste Lektion in der Nutzung der neuen Zeichen. Immer wieder fährt Atatürk aufs Land und führt die rauen Hände von Bauern, die noch nie im Leben einen Bleistift in der Hand gehalten haben, beim Zeichnen unbeholfener Unterschriften in der neuen Schrift. Menschen mit traditioneller Bildung können plötzlich die Zeitungen im eigenen Land nicht mehr lesen und müssen wie Analphabeten die neue türkische Schrift lernen. Die Beamten haben nur wenige Monate Zeit, um sich die neue Schrift anzueignen – sonst müssen sie sich einen anderen Job suchen. Ab 1929 müssen alle Schul- und Lehrbücher und neu aufgelegten literarischen Texte in lateinischer Schrift erscheinen.[84] »Wäre ich nicht Staatspräsident, wäre ich gerne Erziehungsminister geworden«,[85] bemerkt Atatürk treffend.

Selbst in der Französischen oder der Russischen Revolution hat es solch eine radikale Sprach- und Schriftreform nicht gegeben. In Frankreich wurden Gesetze erlassen, die das Französische zur einzig zugelassenen Sprache erklärten. Die Russen nahmen zwar Vereinfachungen an ihren Buchstaben vor, schreiben aber bis heute mit ihrem kyrillischen Alphabet.[86] 1927 können in der Türkei – bei einer Bevölkerung von schätzungsweise 14 Millionen – nur 1,1 Millionen Personen lesen.[87] Die meisten Bewohner des Landes sind Bauern, die nun im staatlichen Rundfunk westliche klassische Musik statt orientalischer Klänge hören – und die Reden ihres Staatschefs, der voller Eifer seine Reformen vorantreibt. So etwa wirbt er für die neuen Buchstaben: »Freunde, unsere harmonische, reiche Sprache wird mit den neuen türkischen Buchstaben voll zur

Geltung kommen. Ihr müsst dies begreifen, um uns von unverstehbaren und für uns unverständlichen Zeichen zu erlösen, die seit Jahrhunderten unsere Gehirne in ihren eisernen Fesseln gefangen halten.«[88]

Die geringe Alphabetisierungsrate ist für Atatürk aber auch ein Vorteil. Sie minimiert das Risiko eines organisierten Widerstands gegen die von ihm verordneten Neuerungen. Die landesweite Alphabetisierungskampagne erfasst alle Bevölkerungsschichten, Männer und Frauen. Niemand soll sich Atatürks Erziehungsdrang entziehen. Ein vollständig neues Schulsystem und Universitätswesen wird eingeführt, säkular und dem Unterrichtsministerium unterstellt. Fortan gilt die allgemeine Schulpflicht für Jungen und Mädchen, der Schulbesuch ist kostenlos. In jedem Dorf eine Schule, fordert Atatürk.[89] Für Klaus Kreiser ist die Sprachreform die erfolgreichste von Atatürks Reformen: »Sie war für ihn Chefsache.« Orientiert habe er sich unter anderem an Ungarn. »Die Ungarn hatten ihre Sprache gründlich purifiziert. Zu Atatürks Zeiten waren noch viele Gelehrte überzeugt, dass das Ungarische und die Turksprachen eine Urverwandtschaft verbindet«, so Kreiser. Aus Frankreich habe die frühe kemalistische Republik hingegen die Unterdrückung der Regionalsprachen übernommen. »Dort war es verboten, auf dem Schulhof bretonisch oder elsässisch zu sprechen. Wer es versuchte, musste 50 Centimes zahlen.«

Um die Peripherie besser erreichen zu können, werden 1932 »Volkshäuser« (Halkevleri) gegründet, die den Dorfbewohnern den Kemalismus näherbringen sollen. Doch diese Strategie ist von wenig Erfolg gekrönt, da die Menschen weitgehend unter sich bleiben. Erfolgreicher sind die 1940 unter Präsident Ismet Inönü[90] gegründeten Dorfinstitute (Köy Enstitüleri). Hier sollen Lehrer ausgebildet werden, um die Alphabetisierung der Landbevölkerung voranzutreiben, weil die meisten Kinder auf dem Land schon nach nur drei Jahren die Grundschule verlassen. Die Dorfinstitute aber nehmen nur Personen auf, die schon eine fünfjährige Grundschulausbildung hinter sich haben, und die Absolventen der Institute müssen an einem vom Erziehungsministerium ausgewählten Ort zwanzig Jahre als Lehrer arbeiten und erhalten dafür ein Gehalt und ein Häuschen. Ende der 1940er Jahre bringen die Dorfinstitute schon 25 000 Absolventen hervor, doch dann erlahmt dieses Projekt, weil die aus den Städten entsandten Lehrer sich nicht der Peripherie anpassen wollen und die Kluft zwischen den aus den Städten stammenden Pädagogen und den ländlichen Schülern nicht überwunden werden kann.[91]

Ab dem 1. Januar 1935 muss jeder Bürger einen Familiennamen tragen, zuvor gab es nur Vornamen. Der neue Nachname kann frei gewählt werden, solange es ein Wort türkischen Ursprungs ist. Die Bevölkerung erhält Beispiellisten, mit Namensvorschlägen wie Öztürk (echter Türke) oder Yilmaz (furchtlos).[92] Auch musikalisch sollen sich die Bewohner neu orientieren. So wird auf den Fähren in Istanbul eine Zeit lang der Bolero des französischen Komponisten Maurice Ravel gespielt.[93] Türkische Volksmusik wird aus dem Radioprogramm gestrichen, stattdessen dürfen nur noch nationale Stücke gespielt werden, die sich der westlichen Kompositionstechnik bedienen. In den Städten werden Theater und Opernhäuser gebaut. Weil die Menschen nun Radio Kairo einschalten, wird 1936 das Sendeverbot für traditionelle türkische Musik wieder aufgehoben.[94] Dabei ist Atatürk selbst begeisterter Hörer arabischer Musik, die er während seiner Zeit als Oberbefehlshaber in Syrien kennengelernt hat.

Für den Staatsaufbau von Nutzen sind die Emigranten aus Deutschland und Österreich, die zwischen 1933 und 1945 zu Hunderten in die Türkei fliehen. Es sind politisch unerwünschte Akademiker und Künstler – jüdischen Flüchtlingen wird die Einreise verweigert. Rund tausend Personen finden in der Türkei Zuflucht vor dem Nazi-Regime. Hier dürfen und sollen sie arbeiten. Atatürk lockt sie mit Aufenthaltsgenehmigungen und Projekten. So werden schon im Juli 1933 die ersten Verträge mit deutschen Professoren unterzeichnet, welche die Hochschulreform vorantreiben. Ihre Löhne sind meist besser als jene der türkischen Kollegen.

Die Flüchtlinge beeinflussen vor allem Architektur und Stadtplanung. Der Repräsentationswille der Kemalisten sorgt dafür, dass Ankara zum Experimentierfeld für deutschsprachige Architekten wird. Da 1915 rund zwei Drittel der Stadt bei einem Brand zerstört wurden, gibt es viel zu tun. Die Basis für die vom Staat gewünschten Neubauten, die sich an der sachlichen Moderne orientieren, bilden die Pläne des Berliner Städteplaners Hermann Jansen. Er gewinnt 1928 den Städtebauwettbewerb für Ankara. Den Wettbewerb für den Bau der Sümerbank 1934 in Ankara kann Martin Elsaesser für sich entscheiden. Der Berliner Bruno Taut verfasst seine bekannte Architekturlehre in Istanbul. Er entwirft sogar den Katafalk, der Atatürks Sarg bei dessen Trauerfeier trägt. Der spätere Berliner Bürgermeister Ernst Reuter unterrichtet Stadtplanung in Ankara.[95] Auch im Kulturleben sind die Deutschen aktiv. So kommt 1936 der frühere Intendant der Städtischen Oper Berlin, Carl Ebert, in die Türkei. Er ist in Deutschland als »Kulturbolschewist« entlassen worden. In Ankara baut er einen modernen Schauspiel- und Kulturbetrieb auf. Seine erste Aufführung dort ist Puccinis »Madame Butterfly«, in türkischer Sprache. Eduard Zuckmayer, Bruder des Schriftstellers Carl Zuckmayer, bleibt bis zu seinem Tod 1972 in seiner neuen Heimat und baut in Ankara eine Akademie für Musiklehrer auf.[96]

Die Republik aber ist auf Zwang gegründet – und nach der Gründung endet der Zwang nicht. Die arabisch-islamischen Wurzeln werden jäh abgeschnitten, stattdessen sollen die Bürger plötzlich wie in Paris leben – und zwar möglichst ohne zurückzuschauen oder etwas zu hinterfragen. Mit den vom Präsidenten durchgepeitschten Reformen wird die Kluft zwischen der bitterarmen Peripherie und den Städten immer größer. Während Atatürk Golf spielt, in Frack und Zylinder die neu errichteten Opernhäuser besucht und sich dort Champagner trinkend Ballettvorführungen anschaut, hat die Mehrheit seines Volkes in den abgelegenen, landwirtschaftlich geprägten Gebieten Mittel- und Ostanatoliens keine Vorstellung davon, was eigentlich ein Opernhaus und Champagner sein könnten.

Atatürks Reformen fokussieren sich mehrheitlich auf die Städte und spalten das Land. Der mächtige Verwaltungsapparat behandelt die Landbewohner nach wie vor mehr als Untertanen denn als mündige Bürger. Die Peripherie ist im Übrigen zergliedert in Völker, Clans, Stämme und Religionsgemeinschaften, in Landbesitzer und Besitzlose, die sich teilweise gegenseitig befehden und voneinander abgrenzen. Die Kemalisten bemühen sich nicht um die Interessen der Landbewohner oder gar deren Eingliederung, und so kommen die Früchte der Modernisierung bei ihnen kaum an. Es überrascht darum nicht, dass die wenigsten von ihnen den Kemalismus unterstützen, der überdies neue Zwänge ausübt. So wird in einigen Provinzen die Landbevölkerung zwischen 1940 und 1945 unter Anwendung des Kriegsrechts zu Arbeiten im Straßen- oder Bergbau abkommandiert.[97] Zudem schikanieren Bürokraten die Leute, sie prügeln und drohen mit Strafen, während für die Bauern statt der kemalistischen Ideale weiterhin Feudalismus und Armut ihr Leben prägen. Und Vorgaben wie Gleichberechtigung erscheinen ihnen abgehoben.[98] Für sie prägt der Islam nahezu jeden Lebensbereich. Die Verdrängung des Glaubens ins Private ist eine europäische Idee, die nicht zur Einstellung der Landbevölkerung passt.[99]

»Seine Bewegung bestand nicht aus milden Reformen, es

waren Revolutionen, die er angestoßen und verwirklicht hat. Nirgendwo in den kanonischen Texten des Kemalismus steht das Wort ›Reform‹. Es geht um ›Revolution‹, ›İnkılap‹, ›Umwälzung‹«, beschreibt Kreiser Atatürks Gesellschaftsprojekt. Diese Revolution lasse sich nur im Vergleich mit den islamischen Nachbarn und den vormals osmanischen Räumen in Südosteuropa bewerten. »Alles in allem würde ich die kulturelle Revolution als eine Erfolgsgeschichte bezeichnen. Die Türkei hätte ohne ihn nicht all die kulturellen und wissenschaftlichen Leistungen des Landes vollbracht«, sagt Kreiser. »Ohne Atatürk würde es die heutige Türkei so nicht geben.«

Die Geburtsfehler der Republik

Die laut Medienberichten größte türkische Flagge der Welt weht am höchsten Fahnenmast der Türkei auf einer Höhe von 111 Metern über Istanbul, oben auf dem Çamlıca-Hügel auf der asiatischen Seite, wo sie von zahlreichen Punkten der Stadt aus zu sehen ist. Die riesige Flagge wurde am Nationalfeiertag, dem 23. April 2021, am 101. Jahrestag der Gründung der Großen Türkischen Nationalversammlung in Anwesenheit des Staatspräsidenten Recep Tayyip Erdoğan gehisst.[100] Überall im Land wehen türkische Fahnen. Auf Hügeln, von Dächern, auf Plätzen, aus den Fenstern hängend – der Nationalismus eint gar die Säkularen mit den praktizierenden Gläubigen. Der Kult um die eigene Flagge nimmt bisweilen Züge an, die von einigen auch als unfreiwillig komisch angesehen werden. In einem Wahlwerbespot der AKP für die Kommunalwahlen 2014 macht sich ein gesichtsloser Mann an einem Fahnenmast zu schaffen und kappt das Seil. Im ganzen Land sehen die Menschen das Herabsinken der Fahne, sie rennen aus den Geschäftsvierteln, den Äckern und ihren Wohnungen herbei, sie schwimmen sogar, um die Flagge zu retten. Am Mast angekommen, steigen sie wie in einem Ameisenhaufen übereinander nach oben, und einem jungen Mann gelingt es schließlich, das Seil zu fassen. Am Ende wird der Spruch »Millet Eğilmez. Türkiye Yenilmez« (sinngemäß »Das Volk wird sich nicht verbeugen. Die Türkei ist unbesiegbar«) eingeblendet, mit einem Porträt von Erdoğan.

Schon die Republikgründer implementieren ein neues, zupackendes Nationalbewusstsein. Atatürk prägt eine Devise, die Nationalstolz demonstriert: »Ne mutlu Türküm diyene.« (»Wie glücklich, wer von sich sagen kann: Ich bin Türke!«) Der Spruch ist bis heute im Land präsent. Mit diesem Bekenntnis zum Türkentum sollte nach dem Zusammenbruch des Osmanischen Reichs eine knappe, selbstbewusste Identifikation geprägt werden.[101] Zudem ordnet Atatürk an, dass morgens landesweit alle Schüler skandieren: »Ich bin ein Türke. Ich bin ehrlich. Ich arbeite hart. Mein Gesetz ist: Diejenigen zu beschützen, die jünger sind als ich, die Älteren zu ehren und meine Heimat und meine Nation mehr zu lieben als mich selbst. Ich strebe danach, höher emporzusteigen und weiterzugehen. Möge mein ganzes Leben eine Bereicherung für das Türkentum sein.«[102]

Der Vertrag von Lausanne steht für die Rückkehr des Landes auf das internationale Parkett – als Partner, nicht als Bittsteller. Doch dieser Vertrag bedeutet nicht nur Frieden. Er ist auch der Beginn von Vertreibungen und Zwangsdeportationen und führt dazu, dass Millionen Menschen ihre Heimat verlieren. Betroffen sind vor allem Minderheiten. Sie haben keinen Spielraum, um ihre Rolle in der neuen Republik selbst zu definieren. Auch von ihnen erwartet Atatürk ein lautloses Einreihen in die Gesellschaft der Republik.

Als während der Vertragsverhandlungen in Lausanne die

siegreiche Entente in der Türkei drei Kategorien von Minderheiten schaffen will, differenziert nach Ethnien, Religionen und Sprachen, lehnt die türkische Delegation dies ab.[103] Schließlich akzeptieren die verhandlungsmüden Alliierten eine neue Definition von Nation: Unterschieden wird nur zwischen Muslimen und Nichtmuslimen. Die Zugehörigkeit zum Glauben wird damit zu einem zentralen Kriterium im neuen laizistischen Staat. Dass bestimmte Minderheiten eigene Identitäten haben oder gar vertreten, passt nicht ins Konzept der jungen Republik: »Türke ist, wer dies zu sein wünscht und liebt«, hält Ministerpräsident Ismet Inönü schon früh fest.[104] Der Vertrag von Lausanne schützt zwar explizit nichtmuslimische Minderheiten wie Juden und Christen, sie dürfen etwa Privatschulen und Wohlfartseinrichtungen betreiben und Medien in der eigenen Sprache verlegen.[105] Doch ethnische oder sprachliche Unterschiede zwischen muslimischen Minderheiten werden nicht anerkannt. Dabei ist die neu ausgerufene Republik wie schon das Osmanische Reich ein Vielvölkerstaat.

»Die Wirren des Ersten Weltkriegs haben die demographische Zusammensetzung in der heutigen Türkei verändert. So kamen aus dem Balkan Bulgaren und Bosnier, Albaner und Pomaken, aus dem Kaukasus Tschetschenen und Tscherkessen, Aserbaidschaner und Georgier. Der Anteil der Christen, der Armenier und der Griechen ging parallel dazu stark zurück«, erklärt Rainer Hermann.[106] Der Redakteur der *Frankfurter Allgemeinen Zeitung* ist Islamwissenschaftler und war lange Zeit Korrespondent in der Türkei. Er ist Autor zahlreicher Bücher über das Land und die arabische Welt. »Als 1923 die Republik ausgerufen wurde, gab es einen neuen Staat, aber noch keine Nation für diesen Staat, sondern nur einen ethnischen Flickenteppich. Daraus sollte jetzt eine türkische Nation werden. Die Gründer der Republik lösten das Problem, indem sie alle jene auf dem Boden des neuen Staates zu Türken erklärten, die Muslime waren«, so Hermann. »Das barg jedoch einen Widerspruch. Denn sie hatten ja gleichzeitig im Islam eine der Ursachen für den Niedergang des Osmanischen Reichs gesehen. Die Gründer der Republik waren stark geprägt vom französischen Positivismus des 19. Jahrhunderts und daher sehr religionskritisch.«

Nichtmuslimische Minderheiten gelten fortan als »einheimische Ausländer«, trotz vertraglich festgelegtem Minderheitenschutz. Auch der erstarkende Nationalismus trägt zu ihrer prekären Situation bei. Im Gegensatz zu ihnen werden Araber, die Lazen (oder Lasen) im Nordosten der Türkei, die Kurden und die Religionsgruppe der Aleviten aufgrund ihrer Zugehörigkeit zum Islam nicht als Minderheiten betrachtet. Der homogene Staat ist das politische Ideal. Pluralismus wird als Risiko wahrgenommen, wer sich nicht assimilieren will, wird diskriminiert. Fortan gilt: »Eine Sprache, eine Nation, ein Staat und eine Fahne.« Das ist die Sichtweise der Kemalisten. Mahmut Esat Bozkurt, Justizminister von 1924 bis 1930, formuliert sie einmal drastisch: »Ich bin der Meinung, dass dieses Land selbst türkisch ist. Diejenigen, die nicht reine Türken sind, haben in diesem türkischen Vaterland nur ein einziges Recht, und zwar: Diener zu sein, Sklave zu sein.«[107]

Doch warum galt Pluralismus als Risiko? »Weil das zu Beginn des 20. Jahrhunderts der Zeitgeist war. Die Zeit der imperialen Vielvölkerstaaten ging zu Ende. An ihre Stelle traten neue Nationalstaaten, die Stärke in Homogenität suchten und Vielfalt als Gefahr sahen und sie daher ausschlossen«, antwortet Hermann. Es war Fridtjof Nansen, seit 1921 Hochkommissar für Flüchtlingsfragen und deswegen als Vermittler zwischen den verfeindeten Staaten tätig, der zu einem Bevölkerungsaustausch ermunterte. »Nansen fand, Staaten könnten in der neuen Zeit nur dann überleben, wenn sie homogen sind. So dachten auch die Gründer der Republik: Wenn wir einen stabilen Neuanfang wollen, dann kann das nur mit einem homogenen Staatsvolk gelingen. Damit wurden in ihren Köpfen aber die Griechen und die Armenier zu ›inneren Feinden‹.«

In der Verfassung von 1924 heißt es bis heute: »Jeder, den mit dem türkischen Staat das Band der Staatsangehörigkeit verbindet, ist Türke.« Und: »Der Staat Türkei ist ein in seinem Staatsgebiet und Staatsvolk unteilbares Ganzes. Seine Sprache ist Türkisch.«[108] In der Realität ist die Türkei jedoch multiethnisch und multireligiös. Selbst die muslimische Mehrheit des Landes ist alles andere als homogen: Zu ihr gehören Kurden, Bosnier, Albaner, Tscherkessen und Araber, sie sprechen andere Sprachen als Türkisch. Doch der junge Staat strebt eine Vereinheitlichung an. Im Januar 1928 startet in Istanbul eine von Studenten ins Leben gerufene und vom Staat geförderte Kampagne »Bürger sprecht Türkisch!« (»Vatandas, Türkçe Konus!«). Es ist ein wichtiger Versuch zur Assimilation der Volksgruppen. Provinzgouverneure verfügen, dass Menschen, die in der Öffentlichkeit nicht Hochtürkisch sprechen, verhaftet werden. Von Hunderten Festnahmen ist die Rede.[109] Auch gesetzliche Ausgrenzungen sind zahlreich. Ein Beispiel ist das Beamtengesetz (Memurin Kanunu) von 1926, nach dem nur ethnische Türken Regierungsbeamte sein dürfen.[110]

Das Abkommen von Sèvres hatte noch festgehalten, dass die Kurden in ihren Siedlungsgebieten im Osmanischen Reich Autonomie erhalten. Es wurde ihnen gar ein eigener Staat in Aussicht gestellt. In diesem Sinn hatte sich auch Sultan Mehmed VI. geäußert. Sèvres verbanden die Kurden mit der Hoffnung auf nationale Selbstverwirklichung, doch davon ist in Lausanne keine Rede mehr.[111] Das Lausanner Abkommen erwähnt die Belange der Kurden nicht einmal indirekt. Eine kurdische Teil- oder gar Vollautonomie ist kein Thema mehr.

So kommt in der Folge der Hauptteil des kurdischen Gebiets unter türkische Herrschaft.[112] Gemäß dem Lausanner Vertrag wird das Kurdische an staatlichen Schulen zwar nicht als Unterrichtssprache verboten. Doch es kommt zu einem indirekten Ausschluss, weil 1924 die Medresen geschlossen werden. Diese religiösen Bildungseinrichtungen waren gerade in den Kurdengebieten weit verbreitet.[113]

Auch die griechische Minderheit bekommt die Folgen des neuen Staatskonzepts schmerzlich zu spüren. Nach jahrelangen gewaltsamen Auseinandersetzungen wird ein Bevölkerungsaustausch mit Athen vereinbart. Dorthin sollen die griechischen Einwohner der Türkei ziehen, während die Griechenland-Türken in die junge Republik umzusiedeln haben. Es ist nicht der erste Bevölkerungsaustausch in der Region. Ähnliche Abkommen gab es etwa 1913 zwischen dem Osmanischen Reich und Bulgarien oder 1919 zwischen Bulgarien und Griechenland. Ein Novum ist allerdings, dass die Vereinbarung nicht auf Freiwilligkeit basiert: Damit wird in Lausanne erstmals in einem völkerrechtlichen Vertrag eine Zwangsumsiedlung vereinbart.[114]

Eine genau Bestimmung der rechtlich Betroffenen lässt sich nicht vornehmen. Geschätzt verließen etwa 1,2 bis 1,5 Millionen Griechen die Türkei, allerdings oft nicht aufgrund der Zwangsumsiedlung – viele waren schon zuvor im Befreiungskrieg geflohen. Für Griechenland, das zu diesem Zeitpunkt etwa 4,5 Millionen Einwohner zählt, ist die Aufnahme von so vielen Flüchtlingen eine enorme wirtschaftliche und soziale Herausforderung. Die Anzahl der Muslime, die nun aus Griechenland in die Türkei umgesiedelt werden, wird auf 350 000 Personen geschätzt. Mit den schon vor der Zwangsumsiedlung aus Griechenland geflohenen Muslimen sind es etwa 500 000 Menschen, die in der heutigen Türkei untergebracht werden müssen.[115] Nur die Griechen in Istanbul sind von dem Abkommen ausgenommen, diese trifft es dann bei dem Pogrom 1955.

Nachdem das Staatsvolk definiert ist, braucht es einen ideologischen Überbau. Richtungsweisend sind dabei die sechs Prinzipien Atatürks. Sie werden auf dem dritten Parteikongress im Mai 1931 vorgestellt und bilden die Basis dessen, was künftig »Kemalismus« genannt wird:

Republikanismus (Cumhuriyetçilik)
Nationalismus (Milliyetçilik)
Populismus (Halkçılık)
Etatismus (Devletçilik)
Säkularismus/Laizismus (Laiklik)
Revolutionismus (İnkılapçılık)

Die neue Ideologie nennt diese Prinzipien die sechs Pfeile der CHP (Altı Ok). Sie werden 1937 in die Verfassung aufgenommen, was ihren Anspruch auf universelle Gültigkeit über die Partei hinaus bekräftigt, weil sie damit offiziell zur Staatsdoktrin werden – keine der späteren Verfassungsänderungen wird sie antasten. Davon, wie diese Prinzipien zu verstehen sind, hat Atatürk eine klare Vorstellung:

Republikanismus: »Der Staat Türkei ist eine Republik«, heißt es in Artikel 1 der türkischen Verfassung. Der Republikanismus positioniert den jungen Staat als Gegenmodell zur Monarchie. Die Souveränität beruht uneingeschränkt auf dem Volk als Grundlage der neuen staatlichen Ordnung. Das Prinzip dient der Verteidigung der republikanischen Staatsform, die eine neuerliche religiöse Verfassung ausschließt. Das soll einem erneuten Kalifat oder Sultanat entgegenwirken.

Nationalismus: Das Nationalismusprinzip bedeutet die Abkehr von der traditionellen Struktur des Osmanischen Reichs als theokratischer Vielvölkerstaat, in dem die Bewohner nach Religionsgemeinschaften geordnet wurden. Die neue Nation ist eine unteilbare Einheit, geprägt durch kulturelle Eigenarten und eine gemeinsame Geschichte. Dabei ist für den kemalistischen Nationalismus die türkische Sprache ein zentrales Instrument, das alle ethnischen und religiösen Gruppen nutzen sollen. Der Schriftsteller und Soziologe Ziya Gökalp (1876–1924) gilt als der Theoretiker des türkischen Nationalismus, der auch die ideologischen Grundlagen des Kemalismus legte.[116]

Populismus: Der Begriff kann leicht missverstanden werden – gemeint ist hier die Ausschaltung von Klassengegensätzen. Die Bürger sind gleich, unabhängig von Herkunft, Sprache und Glauben. Die Gleichheit und die Gleichberechtigung aller Staatsangehörigen sind Kernelemente des kemalistischen Populismus.

Etatismus: Auf dem ersten türkischen Wirtschaftskongress in Izmir 1923 wird der Gedanke privatwirtschaftlicher Initiativen diskutiert. Doch die türkische Wirtschaftspolitik muss noch mit den Nachwehen der hohen Verschuldung der spätosmanischen Zeit und der Weltwirtschaftskrise kämpfen.[117] Der Staat soll die Wirtschaft steuern und dirigieren, um so die Volkswirtschaft auf ein solides Fundament zu stellen. Ziel ist eine nationalstaatliche Industrialisierung und Binnenmarktentwicklung. Ab 1934 werden in der Türkei Fünf-Jahres-Pläne eingeführt.

Säkularismus / Laizismus: Das Prinzip des Laizismus ist neben dem Nationalismusprinzip der wichtigste Leitgrundsatz der Verfassung.[118] Die Trennung von Staat und Religion wird erst im April 1928 mit der Aufhebung des Verfassungspassus »Der Islam ist Staatsreligion« vollzogen. Religiöse Institutionen sollen im Staatswesen eine untergeordnete Rolle spielen und von der Regierung kontrolliert werden. In diesem Sinn werden etwa das islamische Recht abgeschafft und das Diyanet gegründet, die Behörde für Religionsangelegenheiten.

Reformismus / Revolutionismus: Dieses Prinzip fordert die Verteidigung von Atatürks Reformen ein, ebenso wie das permanente Streben nach Fortschritt. Nach kemalistischer Ansicht bedarf es deswegen ständiger Erneuerungen, was einer Geisteshaltung entspricht.[119]

Viele Probleme und Widersprüche der heutigen Türkei gehen auf Atatürks epochale Reformen zurück. »Die sechs Pfeile sind Prinzipien, die große Teile der Gesellschaft ausschließen. Die Geschichte der Türkei ist eine Geschichte des Aufbegehrens gegen diese sechs Prinzipien. Die Geschichte der Türkei wurde eine Geschichte der Konflikte des Staats mit jenen Gruppen, die sich durch diese sechs Prinzipien ausgestoßen fühlten«, sagt Hermann. Denn Millionen Menschen können sich mit den staatstragenden »sechs Prinzipien« nicht identifizieren, weil die »Pfeile« fernab ihrer Lebensrealität entstanden sind. Uniformität soll die Unteilbarkeit des türkischen Staates sicherstellen. Damit ignoriert der Nationalismus die Existenz ethnischer und nationaler Minderheiten und wird der ethnischen und religiösen Vielfalt des Landes nicht gerecht.[120] Wer sich nicht anpassen will, dem droht Diskriminierung oder Schlimmeres. Das Idealbild des türkischen Nationalstaats wird zur ideologischen Grundlage für zahlreiche Zwangsmaßnahmen zur Assimilierung.

So haben etwa die Kurden während des Befreiungskriegs an der Seite von Atatürk die Grundlagen des Nationalstaats erkämpft. Atatürk beschwört in schmeichelhaften Briefen an kurdische Stammesführer und Ordensscheichs die »Glaubensbruderschaft« zwischen Türken und Kurden. Doch diese sehen sich verraten.[121] Hoffnungsvoll haben sie sich zunächst den Jungtürken und der daraus später entstandenen Nationalbewegung in Ankara angeschlossen. Atatürk hat sie persönlich dazu aufgefordert. Mit der Aussicht auf Autonomie sind die Kurden ihm gefolgt und beteiligten sich an den Massakern und Völkermorden an Aramäern, Armeniern und Griechen.[122] Doch statt Zugeständnisse zu erhalten, werden sie unterdrückt und zur Assimilierung gezwungen. Das Wort Kurdistan wird aus den Landkarten gestrichen.[123] Kurden werden als »Bergtürken« verspottet, jeglicher Widerstand wird fortan brutal niedergeschlagen. Das gilt für die Aufstände der Kurden in den 1920er und 1930er Jahren ebenso wie für jene in den 1980er Jahren.[124]

Auch die Aleviten, eine religiöse Strömung, die sich aus der Schia entwickelt hat, sind bis heute keine rechtlich anerkannte Religionsgemeinschaft in der Türkei. Für Aleviten gelten die fünf Säulen des Islam nicht (Gebet, Glaubensbekenntnis, Fasten, Pilgerfahrt und Spenden). Aus konservativ-sunnitischer Sicht sind Aleviten keine Muslime. Stattdessen werden ihre Anhänger (immerhin sind sie die zweitgrößte islamische Religionsgemeinschaft der Republik) von besonders fundamentalistischen Sunniten als Häretiker diskriminiert. In der Vergangenheit kam es immer wieder zu Mordanschlägen auf Anhänger dieser Gruppe, etwa in Dersim 1937/38, als bis zu 40 000 meist kurdische Aleviten[125] ermordet wurden; oder am 2. Juli 1993, als ein nationalistischer Mob in Sivas ein Hotel in Brand setzte, in dem sich Intellektuelle zu einer alevitischen Feier zusammengefunden hatten. Vor allem der im Hotel befindliche Autor Aziz Nesin (1915–1995) hatte für Wut gesorgt, weil er Salman Rushdies »Satanische Verse« in türkischer Übersetzung herausgebracht hatte. Während fünfunddreißig Menschen im Hotel sterben – Nesin überlebt – jubeln draußen Tausende Menschen – darunter viele Sunniten –, die gerade vom Freitagsgebet zurückgekommen sind. Die Polizei greift erst Stunden später ein. Im März 1995 kam es in dem Istanbuler Stadtteil Gaziosmanpaşa zu tagelangen blutigen Kämpfen zwischen Polizisten und Aleviten, als Unbekannte Waffen auf Teehäuser richteten, die von Aleviten besucht wurden. Obwohl sich nur wenige Minuten entfernt eine Polizeistation befand, schritt die Polizei nicht ein.

Zu den sechs Prinzipien Atatürks gehören weder Demokratie noch Menschenrechte, Pluralismus oder Freiheit. Entsprechend zahlreich sind die Gruppen, die sich nicht zugehörig fühlen. Ein kurdisches, armenisches, griechisches oder nichtmuslimisches Wir ist nicht vorgesehen. Die Minderheiten lehnen das minderheitenfeindliche Verständnis von Nation ab, das Barrieren schafft und Identitäten negiert, die von der diktierten neuen Norm abweichen. Die Republik konnte ihr Ideal eines homogenen Nationalstaats niemals umsetzen. Doch das ist, wie gesehen, nicht die einzige Konfliktlinie. Auch der von Atatürk implementierte Populismus spaltet das Land. Die Linken kritisieren Atatürks Interpretation der »klassenlosen Gesellschaft«, die nichts an den eklatanten sozialen Unterschieden im Land verändert hat – und auch gar nicht den Anspruch hat, etwas dagegen zu tun.[126]

»Der Populismus ist ein unrealistisches Prinzip. Denn es gibt sie, die Klassengegensätze, die verschiedenen Schichten. Gegen dieses Prinzip begehrten daher die Linken auf«, analysiert Hermann. »Zudem hatten die Kemalisten in den großen Städten eine eigene Kaste gebildet, und als Städter blickten sie verächtlich auf die arme, unterentwickelte und dazu noch fromme Peripherie herab. Welcher Beamte in Ankara war denn bereit, sich nach Hakkari, Van oder Erzurum versetzen zu lassen?«, fragt Hermann. »Wenige Akteure der Revolution stammten aus dem anatolischen Hinterland. Sie kannten Anatolien kaum und waren, auf der Woge des Unabhängigkeitskriegs schwimmend, offenbar davon überzeugt, dennoch eine homogene Nation schaffen zu können. Im Unabhängigkeitskrieg war das Land noch geeint. Die Enttäuschung der Peripherie kam erst mit Atatürks Kulturrevolution, die eine große Entfremdung hervorbrachte. Dieser Populismus war nicht sonderlich ehrlich, weil er die Peripherie ausschloss.«

Dass die Mehrheit der Bevölkerung aus praktizierenden Muslimen besteht, bringt bei der Einführung des Laizismus Schwierigkeiten mit sich. »Zum Vorbild wurde der städtische sunnitische Islam erhoben, und der schloss beispielsweise viele Zweige des ländlichen mystischen Islam aus. Wenn der Staat vorgibt, was man tun muss, um ein guter Muslim zu sein, und dabei gleichzeitig gegen viele Positionen konservativer Muslime verstößt, etwa in der Frage der Rechte der Frau, stößt das bei diesen natürlich auf Widerspruch.« Auch der Etatismus gibt Anlass zu Kritik. Die Liberalen wollen keine staatliche Lenkung der Wirtschaft.[127] Doch Hermann merkt an: »Bei aller Kritik gilt es festzuhalten, dass der Kemalismus auch einen wichtigen Modernisierungsschub ausgelöst und ein neues Nationalgefühl hervorgebracht hat. Dann aber verkamen diese zunächst dynamisch wirkenden sechs Prinzipien zu einer statischen und autoritären Ideologie. Ihre Gralshüter akzeptieren sie nur in der Art, wie sie unter Atatürk praktiziert wurden. So wollten sie diese auch nach Atatürks Tod aufrechterhalten. Kritik daran war tabu.«

Von diesen Geburtsfehlern der Republik zeugt bis heute der Kurdenkonflikt, den noch keine Regierung befrieden konnte. Die »kurdische Frage« ist immer noch eine der zentralen Herausforderungen der Republik – und ein sichtbarer

Platz ist für diese Minderheit nur nach den Regeln Ankaras vorgesehen.

Hintergrund: Die Kurdenfrage – oft Feind, selten Freund

Rückblickend betrachtet war es wie ein öffentlicher Mord in Zeitlupe: Als der kurdisch-türkische Sänger Ahmet Kaya am 16. November 2000 im Pariser Exil an einem Herzinfarkt stirbt, hat der erst Dreiundvierzigjährige eine beispiellose Lynchkampagne hinter sich. Bis dahin war der Musiker landesweit für seinen melancholischen Pop gefeiert worden. Vor allem gab er jenen Menschen eine Stimme, die sich gegen die Kurdenpolitik der Regierung zur Wehr setzten – friedlich oder gewaltsam. Auf Türkisch, mit seiner Bağlama (Saz), sang er mit seinem ostanatolischen Akzent über das Drama der Kurden in der Türkei: »Zwei Polizisten flankieren mich / meine Hände in Handschellen / Mutter, finde mich«, heißt es in seinem Song »Beni bul Anne« (»Finde mich, Mutter«). Kaya sang über die Verschwundenen, die vom Geheimdienst der Gendarmerie mit einem weißen Renault vom Typ Toros abgeholt wurden. Zu Tausenden wurden mutmaßliche Aktivisten der verbotenen Arbeiterpartei Kurdistans (Partiya Karkerên Kurdistanê, PKK) in den 1980er und 1990er Jahren auf diese Weise verschleppt – sie wurden entweder nie wieder gesehen, oder man fand später ihre von Folterspuren entstellten Leichname.

Geboren 1957 in ärmlichen Verhältnissen im ostanatolischen Malatya, erlebt Kaya drei Militärputsche und den Beginn des bewaffneten Kampfes der PKK, die seit 2002 auf der EU-Terrorliste geführt wird. Schon sein erstes Album »Ağlama Bebeğim« (»Weine nicht, mein Kind«), mit Zeilen der Schriftsteller Sabahattin Ali und Nâzım Hikmet, wird im Erscheinungsjahr 1985 zensiert. Kaya ist als Musiker zwar immer wieder politischen Anfeindungen ausgesetzt, doch seine Fangemeinde – auch im nationalistischen Lager – ist größer als die seiner Gegner. Der Musiker veröffentlicht neunzehn Alben, verkauft Millionen Tonträger, wird gefeiert – bis zu jenem Abend des 10. Februar 1999, als ihm in einem Istanbuler Luxushotel der Preis eines Journalistenvereins verliehen wird. Im Saal sitzen lauter Prominente, es wird geraucht, gegessen, getrunken. In einem Videoausschnitt ist zu sehen, wie zwei Moderatorinnen den Musiker nach vorne rufen. Der hält den Preis fest und sagt ins Mikro, dass er die Auszeichnung auch den sogenannten Samstagsmüttern widme. Diese Frauenbewegung hält wöchentlich Mahnwachen ab und fordert Aufklärung über den Verbleib ihrer Angehörigen, die nach dem Militärputsch 1980 und in den 1990er Jahren im überwiegend von Kurden bevölkerten Südosten verschwunden sind. Dann sagt Kaya lächelnd: »Weil ich kurdischstämmig bin, werde ich auf meinem nächsten Album einen Song auf Kurdisch singen und einen Clip dazu drehen.«[128] Zunächst wird verhalten geklatscht, doch dann wird er aus dem Publikum mit Messern und Gabeln beworfen. »Sie müssen die kurdische Realität akzeptieren«, sagt Kaya noch, während die Stimmung immer hetzerischer wird. Seine Ehefrau Gülten Kaya erinnert sich später, dass sich innerhalb weniger Minuten plötzlich all diese schicken Frauen und Männer in Monster verwandelten, sie mit Besteck bewarfen und beleidigten, es sei kafkaesk gewesen.

Das Paar verlässt schließlich die Veranstaltung unter Personenschutz. Was Kaya noch nicht ahnt: Sein Schicksal nimmt nun einen dramatischen Verlauf. »Schäm dich, Süßer« titelt die *Hürriyet*. »Die Türkei gehört den Türken« lautet eine andere Schlagzeile der Zeitung.[129] Ertuğrul Özkök, Chefredakteur der *Hürriyet*, schreibt, an jenem Abend seien viele echte Künstler anwesend gewesen, keiner von ihnen habe die Bühne für seine skurrilen Ideen genutzt. Jeder dieser Künstler sei ein Gesicht der Türkei, sie alle hätten viel für das Land getan. »Unter all diesen Menschen gab es nur einen einzigen hässlichen Mann«, schreibt er – und meint damit Kaya.[130]

Ein anderer Journalist beschimpft Kaya als ungebildeten Mann, der aus der Armut komme. Wenige Tage nach Kayas Auftritt wird der PKK-Chef Abdullah Öcalan gefasst. Eine antikurdische Stimmung hat das Land erfasst. In dieser Atmosphäre wird eine Medienkampagne gegen Kaya gefahren, mit erfundenen Zitaten und gefälschten Bildern. Der Sänger soll 1993 in Berlin vor einem Bild des PKK-Führers Öcalan und einer Karte mit den hervorgehobenen kurdischen Gebieten im Südosten der Türkei aufgetreten sein. Außerdem soll er der PKK geholfen haben, indem er bei einem Konzert zu Spenden für die Rebellengruppe aufgerufen habe.

Kaya bestreitet die Vorwürfe, doch es nützt nichts. Er flieht auf eine Tournee durch mehrere europäische Länder und kehrt wegen anhaltender Drohungen und eines laufenden Verfahrens nicht mehr in seine Heimat zurück. Während seiner Abwesenheit wird er wegen Unterstützung der PKK zu drei Jahren und neun Monaten Haft verurteilt. Später wird bekannt, dass die Fotos eine Montage waren. Kaya wird nach seinem Tod in Paris auf dem Friedhof Père Lachaise begraben, mittlerweile ist er voll rehabiliert. Im Jahr 2013 verleiht ihm Staatspräsident Abdullah Gül posthum den Großen Kultur- und Kunstpreis der Türkei. Es gab gar Bemühungen, Kayas Grab in die Türkei zu überführen. »Denn dieses Land ist sein Land«, sagte Staatspräsident Erdoğan noch im November 2022.[131]

Die kurdisch-türkische Sängerin Aynur Doğan (*1975) kennt solche Erfahrungen. Sie wurde 2011 auf dem Istanbul International Jazz Festival ausgebuht, weil sie kurdisch sang. »›Sing türkisch!‹ Sie haben Flaschen geworfen und Kissen und am Ende die türkische Nationalhymne gesungen, bestimmt 300, 400 Leute«, erzählte die Sängerin, die auch in Fatih Akins 2005 erschienenem Dokumentarfilm »Crossing The Bridge« aufgetreten ist, in einem *Spiegel*-Interview. Dass die Stimmung gegen kurdische Künstler feindselig sei, sei sie gewohnt, deswegen trete sie in konservativen Gegenden wie etwa am Schwarzen Meer erst überhaupt nicht auf. Doch der kollektive Angriff in Istanbul habe sie überrascht: »Die Tickets für das Festival sind teuer, die Leute, die kommen, sind Intellektuelle aus der Großstadt, wohlhabend und gebildet. Dass auch diese Menschen so nationalistisch reagieren würden, hätte ich niemals gedacht.« Entsetzt verließ sie die Bühne.[132] Sie habe damals an Ahmet Kaya gedacht, so Doğan.

Eine türkische Redewendung besagt, dass ein Kurde in der Türkei alles sein kann und alles erreichen kann – nur kann er kein Kurde sein. Es gibt verschiedene Auffassungen über die Herkunft des kurdischen Volkes, nicht wenige sind politisch motiviert. Sie stimmen darin überein, dass sich dessen Vorfahren wahrscheinlich zwischen 1000 und 500 v. Chr. im Zagrosgebirge im heutigen Iran niederließen. Dort befindet sich das Territorium, das ab dem 12. Jahrhundert Kurdistan genannt wird. Das Wort Kurdistan bedeutet im Persischen »Land der Kurden«. Um die Jahrtausendwende breiten sich die Kurden in Richtung Westen aus. Heute erstreckt sich ihr Siedlungsgebiet über den Südosten der Türkei, den Nordwesten Irans, den Nordosten Syriens und den Norden Iraks.

Weltweit zählt man über 30 Millionen Kurden, doch eine genaue Übersicht fehlt, da Kurden in den meisten Ländern, in denen sie leben, nicht als eigenständige Gruppe gezählt werden. Sie gelten aber als das größte Volk ohne eigenen Staat.[133] Eine homogene Ethnie sind sie nicht. Viele Kurden haben mehrere Zugehörigkeiten, sagt Martin van Bruinessen.[134] Der niederländische Soziologe hat mit seiner Dissertation zu den sozial-religiösen Strukturen der Kurden 1978 ein Standardwerk vorgelegt.[135] »Kurdische Identität ist etwas, das kommt und geht. Es gibt viele Menschen, die kurdische Wurzeln haben, und viele haben eine gemischte Identität«, so van Bruinessen, der Kurdisch lehrt und unter anderem Gastprofessor für kurdische Studien an der Freien Universität Berlin war. »Es gibt wenig Homogenität. Sprache, Religion und Staatsangehörigkeit trennen die Kurden. So ist für viele alevitische Kurden die alevitische Identität wichtiger als die kurdische, weil sie die Kurden mit dem sunnitischen Islam identifizieren.«

Auch für den Sozialwissenschaftler Güneş Murat Tezcür, Direktor für Politik, Sicherheit und internationale Angelegenheiten der University of Central Florida und Inhaber des Jalal-Talabani-Lehrstuhls für kurdische politische Studien,[136] gibt es keine klare Definition der Kurden. Ein Grund dafür sei der Mangel an Kenntnissen über ihre Anzahl. »Grundsätzlich sind alle Personen, die sich als solche definieren, Kurden. Wir können auch die Sprache als Hauptindikator für das Kurdentum heranziehen, aber dieser Ansatz hilft nur beschränkt weiter«, so Tezcür.[137] »Es gibt Menschen, die aus kurdischen Familien stammen, es aber vorziehen, sich nicht primär als Kurden zu identifizieren. Es gibt auch Personen, die sich als kurdisch identifizieren, aber die kurdische Sprache nicht beherrschen. Es gibt viele Menschen kurdischer Herkunft in der Türkei, die kein Kurdisch sprechen. Ferner gibt es sehr viele Kurden in der Türkei, die kaum Türkisch sprechen.«

Das Kurdische gehört zur indoeuropäischen Sprachfamilie und innerhalb dieser zur Nordwestgruppe des iranischen Sprachzweigs. Damit unterscheidet sich das Kurdische sehr stark vom Türkischen. Es gibt keine einheitliche kurdische Sprache, vielmehr gibt es zahlreiche Dialekte. Am weitesten verbreitet ist das Kurmandschi (Nord-Kurdisch), das etwa in der Türkei, dem Libanon und in Syrien, den nördlichen Teilen des Iraks und im Iran gesprochen wird. Kurmandschi wird mit lateinischen Buchstaben geschrieben. Im Iran und Irak ist noch Sorani (Zentral-Kurdisch) verbreitet, dessen Schrift vom arabischen Alphabet abgeleitet wurde. Der Dialekt Zazaki wird ausschließlich in der Türkei gesprochen, überwiegend im Osten des Landes.[138] Nicht nur in Bezug auf die Sprache sind die Kurden keine homogene Gruppe. Ihr religiöses Spektrum ist breit. Der Großteil von ihnen sind konservative Sunniten, es gibt aber auch kurdische Schiiten, kurdische Aleviten und Jesiden sowie christliche, jüdische und konfessionslose Kurden.

Rund 15 Millionen Kurden sollen in der Türkei leben, womit sie die größte ethnische Minderheit des Landes bilden. Genaue Daten fehlen auch hier. Die Geschichte der Türkei hat auch die Identität der kurdischen Bewohner geprägt. »Seit Beginn der Republik gab es eine Assimilierungspolitik, die teilweise erfolgreich war. Viele haben ihre kurdische Identität verborgen und in offiziellen Umfragen nicht gewagt zu sagen, dass Kurdisch ihre eigentliche Muttersprache ist«, sagt van Bruinessen. Wie »kurdisch« sich Kurden in der Türkei verhalten konnten und können, hängt laut van Bruinessen vom jeweiligen politischen Klima ab. So seien in Phasen der Hoffnung auf eine friedliche Lösung des Konflikts entsprechende Bekenntnisse der Zugehörigkeit häufiger zu vernehmen. »Heute hat man wieder Angst zu sagen, man sei Kurde. Viele haben sich entschieden, die türkische Seite ihrer Identität zu betonen.«

Trotz jahrtausendealter Geschichte in der Region bleibt den Kurden die politische Selbstbestimmung verwehrt. Eine historische Chance tut sich durch den Waffenstillstand von Mudros im Jahr 1918 auf, als Marineminister Rauf Orbay auf einem englischen Kriegsschiff die Kapitulation des Osmanischen Reichs unterschreibt, zu dem auch die kurdischen Gebiete gehören. In Istanbul entstehen in jenem Jahr eine Reihe kurdischer Vereinigungen. Doch sie sind untereinander völlig zerstritten und politisch zu schwach, um die Verhältnisse beeinflussen und sich mit Nachdruck für ihre Interessen einsetzen zu können. Zwar wird den Kurden im Vertrag von Sèvres 1920 ein autonomer Staat in Aussicht gestellt.[139] Doch das böse Erwachen folgt spätestens mit dem Vertrag von Lausanne 1923, in dem die Kurden schlichtweg nicht mehr erwähnt werden – nur nichtmuslimische Minderheiten sollen einen Schutz erhalten.

Nach Atatürks Sieg im Befreiungskrieg können die Kurden keine politischen Forderungen mehr stellen. Sie haben Atatürk, für den es bald nur noch eine, nämlich die türkische Identität gibt, wenig entgegenzusetzen. Weder verfügen sie über politisch starke Organisationen noch über militärische Mittel, um sich Ankaras Absichten entgegenzustellen. Mehrere kurdische Aufstände in den 1920er Jahren werden niedergeschlagen. Dazu sagt Tezcür: »Nach Lausanne wurde Atatürk absolut intolerant gegenüber jedem kurdischen Nationalismus. Wer sich widersetzte, wurde unterdrückt. Damals gab es keine große Massenmobilisierung auf kurdischer Seite; der einigende Faktor war einzig der muslimische Glaube, weshalb der türkische Staat die kurdischen Aufstände relativ leicht niederschlagen konnte und eine Politik der Assimilation betrieb.« Der Soziologe van Bruinessen betont: »In Sèvres war die Türkei in einer schwachen Position, für den Staat verhandelte eine Delegation des Sultans. In Lausanne hingegen verhandelte Ismet Paşa selbst – er wollte eine Teilung des türkischen Staates verhindern.« Laut van Bruinessen spricht Atatürk »bis 1923 von einer Koalition der Türken und Kurden. Danach ist von einer Bruderschaft zwischen Türken und Kurden nicht mehr die Rede. Er spricht nur noch von den Bewohnern der Türkei als einem Volk.«

Nach Ansicht des Soziologen handelt sich aber nicht um einen von Atatürk geplanten Verrat. »Atatürks Ideen, wie man einen Staat gründet und zusammenhält, haben sich im Laufe der Zeit entwickelt.« Zudem habe es den Kurden an Geschlossenheit gefehlt. »Die meisten Kurden waren keine Separatisten, sondern sahen sich zuallererst als Muslime. Unabhängigkeit war für sie kein Ideal. Das strebten nur einige wenige an. Die Mehrheit wollte innerhalb des neuen Staates eine Art von Autonomie und war dem Sultan gegenüber sehr loyal. Für diese Kurden war ihre islamische Identität gegenüber den Armeniern im Osten und den Griechen im Westen wichtiger.«

Nur kurz existiert ein kurdischer Staat von Oktober 1922 bis Juli 1924 im Nordirak (Königreich Kurdistan). 1927 wird im türkischen Osten die ebenfalls kurzlebige kurdische Republik Ararat ausgerufen, und von Januar bis Dezember 1946 gibt es im Nordwesten des Irans den dritten Versuch eines Kurdenstaates (Republik Kurdistan). Seit 1970 besteht im Nordirak die zunächst teilautonome und seit 1991 Autonome Region Kurdistan. Doch das 2017 durchgeführte Unabhängigkeitsreferendum in Irakisch-Kurdistan wird von der Zentralregierung in Bagdad für ungültig erklärt. Nach Ansicht van Bruinessens ist das Scheitern der kurdischen Unabhängigkeits- und Autonomiebestrebungen mit der Geschichte der Region zu erklären; im Interessenkonflikt mit anderen Gruppierungen ziehen die Kurden immer wieder den Kürzeren: »Das Land, in dem die Kurden schon so lange lebten, wurde unter Staaten aufgeteilt, die jeweils eine eigene Nationalpolitik verfolgten – mit eigenen Armeen. Die Kurden hatten keine Armee, sondern nur Guerillakugeln. Gleichzeitig waren sie den Großmächten nie wichtig genug, um sich in ihrem Sinn einzusetzen. Sie hatten keinerlei internationale Unterstützung. Zumal es die internationale Gemeinschaft nicht gerne sieht, wenn sich ein Gebiet von einem Staat abtrennt.«

Die meisten Kurden in der Türkei fordern heute keinen eigenen Staat. Ihr Kampf um mehr Autonomie bleibt ein Wechselbad von Zusagen, Reformen, Erfolgen, Vertrauensbrüchen und immer wiederkehrender Gewalt. Trotz gelegentlicher Tauwetterphasen und einiger Reformen ist eine Lösung der Kurdenfrage nach wie vor nicht absehbar. Der Konflikt hat die Gesellschaft teils vergiftet, traumatisiert und tief gespalten. Der Friedensprozess steckt zwischen der Gewalt anwendenden PKK, türkischen Ultranationalisten und der Regierung fest.

Die Bezeichnung Kurde ist bis Mitte der sechziger Jahre gar ein Tabuwort. Im alltäglichen Sprachgebrauch ist von »Bergtürken«, »Separatisten« oder »Bewohnern Ostanatoliens« die Rede.[140] Nach den erfolglosen kurdischen Aufständen in der Frühphase der Republik herrscht im Osten des Landes jahrzehntelang eher Ruhe. Ankara verfolgt seine Assimilierungspolitik, und viele Kurden wandern in die Städte ab, um von der Industrialisierung zu profitieren. Türken und Kurden werden nahezu ununterscheidbar.[141] Doch die massive Assimilierungspolitik kann den Wunsch nach Autonomie nicht begraben. Diesem Bedürfnis trägt 1978 die Gründung der PKK im Dorf Fis bei Diyarbakır Rechnung. Die Bewegung ist marxistisch geprägt, neben dem Ziel einer kurdischen Autonomie sind der Kampf gegen die Armut und der Zorn auf das nach wie vor bestehende Feudalsystem in den ländlichen Regionen weitere Triebfedern.[142]

Ein Wendepunkt ist der Militärputsch von 1980. Die »Kurdenfrage« mündet zusehends in Gewalt. Zwar wurde die kurdische Sprache bereits 1924 im öffentlichen Raum weitgehend zurückgedrängt, indem die religiösen Bildungseinrichtungen (medrese) abgeschafft wurden und man die Menschen zum Gebrauch des Türkischen drängte,[143] verboten war das Kurdische damals aber noch nicht. Doch die Junta wertet in den 1980er Jahren jegliche kurdischen Eigenheiten als Angriff auf die Nation, etwa das Sprechen der kurdischen Sprache oder das Hören kurdischer Musik.[144] Die Militärs reagieren radikal. Die 1982 für die Parlamentsvertretung eingeführte Zehn-Prozent-

Hürde dient unter anderem als Barriere gegen kurdische Bewegungen. 1983 legt das Sprachenverbotsgesetz das Türkische als Muttersprache aller Türken fest. Es ist somit in offiziellen Zusammenhängen als auch im privaten Leben verboten, Kurdisch zu reden. Neugeborene dürfen nur noch türkische Namen tragen, kurdische Ortsnamen werden türkisiert. Die Militärs wollen alles verbieten, was ihrer Meinung nach die nationale Einheit gefährden könnte.

Weil sich keine politische Lösung abzeichnet, nimmt die PKK sechs Jahre nach ihrer Gründung den bewaffneten Kampf auf – es ist der Beginn des neunundzwanzigsten kurdischen Aufstandes seit Gründung der Republik. Am 15. August 1984 verübt die PKK Anschläge auf eine Polizeistation und Militärunterkünfte in Eruh. In den nächsten Tagen gibt es weitere Anschläge auf Polizisten. Während des darauf folgenden Bürgerkriegs kommen zwischen 1984 und 1999 mehr als 37000 Personen um, wobei die Dunkelziffer wesentlich höher sein dürfte. Mehr als drei Millionen Menschen werden zwangsumgesiedelt, mehr als zehntausend Dörfer im Südosten evakuiert.[145] So soll unter anderem die räumliche Infrastruktur der Separatisten zerstört werden. Laut Tezcür verschaffen die Repressionen gegen die Kurden der PKK mehr Popularität. In den späten 1980er Jahren kommt es erstmals zu einer Massenmobilisierung der Kurden. Tezcür sagt: »Es gab viele Gründe, warum sich zahlreiche Frauen und Männer der PKK anschlossen oder mit ihr sympathisierten. Die PKK stellte die traditionellen gesellschaftlichen und familiären Strukturen in Frage und bot mehr Möglichkeiten für soziale Mobilität. So schlossen sich beispielsweise viele junge Frauen aus ländlichen Gebieten der Organisation an, weil dies die einzige praktikable Alternative zu patriarchalischen Ehen war. Wenn ihre Familienangehörigen von der türkischen Armee getötet oder misshandelt wurden, schlossen sie sich der PKK an, um Rache zu nehmen. In anderen Fällen sahen gebildete junge Menschen in der PKK die Organisation, die bereit und in der Lage war, den repressiven türkischen Staat zu bekämpfen.« Um ihren Kampf zu finanzieren, geht die PKK zum Drogenhandel über und treibt Gelder von im Ausland lebenden Kurden ein.[146]

Turgut Özal, von 1983 bis 1989 Ministerpräsident und von 1989 bis 1993 Staatspräsident mit kurdischen Wurzeln, sucht nach einer politischen Lösung des Konflikts. Er investiert in den Südosten, auch in der Hoffnung, dass Arbeitsplätze die Menschen von militanten Gruppen fernhalten. 1988 wird der Gebrauch des Kurdischen bei Haftbesuchen erlaubt. Hunderttausende kurdische Flüchtlinge werden auch auf seine Initiative hin 1991 während des Zweiten Golfkriegs vom Irak aus in einer humanitären Schutzzone versorgt und auch in der Türkei aufgenommen. Im selben Jahr wird, ebenfalls auf Özals Veranlassung hin, das Sprachenverbotsgesetz von 1983 aufgehoben. Kurdisch darf im privaten Kreis wieder gesprochen werden. Doch das von Özal 1991 eingeführte Gesetz zur Terrorismusbekämpfung führt dazu, dass ein milderer Kurs in der Kurdenfrage insgesamt kaum erreicht wird. Denn das Gesetz stellt terroristische Aktivitäten unter Strafe, wobei der Begriff des Terrorismus einen sehr weiten Auslegungsspielraum lässt, der entsprechend genutzt wird.[147] Vor allem Kurden, Menschenrechtsaktivisten und Journalisten, die sich für die »kurdische Sache« einsetzen, sind davon betroffen.

Trotz der Gewaltspirale im Südosten organisieren sich Kurden auch politisch – doch ihre Aktivitäten werden immer wieder verboten. So wird 1990 die prokurdische Partei Halkın Emek Partisi (Arbeitspartei des Volkes; HEP) gegründet. Erstmals zieht – als Teil eines Wahlbündnisses – eine prokurdische Vertretung ins Parlament ein. Berühmt ist die Vereidigung der kurdischen Abgeordneten Leyla Zana (*1961) im Parlament: Mit durchgedrücktem Rücken steht sie aufrecht vorne am

Stehpult, sie trägt ein Haarband mit den traditionellen Farben der kurdischen Flagge, Gelb, Grün und Rot. Zwar legt Zana ihren Eid in türkischer Sprache ab, doch sie fügt hastig auf Kurdisch hinzu: »Es lebe die türkisch-kurdische Brüderschaft.« Dann verlässt sie rasch den Stehpult, im Parlament werden Buhrufe laut. Bereits 1993 wird die HEP wieder verboten, aber es entstehen fortan immer wieder neue Parteien, welche die kurdische Minderheit vertreten. Die Immunität von Zana wird 1994 unter dem Beifall der Abgeordneten vom Parlament aufgehoben, die Politikerin schließlich wegen »separatistischer Propaganda« und Zugehörigkeit zu einer »bewaffneten Bande« zu fünfzehn Jahren Gefängnis verurteilt. Sie wird zwar vorzeitig 2004 entlassen, wird in den folgenden Jahren jedoch mehrfach wieder verurteilt.

Obwohl er eine etwas moderatere Politik verfolgt, will Özal die Kurden nicht als Minderheit anerkennen: »Das wäre schlecht für sie. Sie sind ein integraler Bestandteil dieser Gesellschaft. Sie stellen Minister, Parlamentarier, es gibt Generäle, viele Richter, Professoren – sie alle leben unter denselben Bedingungen wie jede andere Gruppe in der Türkei«, sagt Özal. »Wenn man sie jetzt zur Minderheit macht, werden sie immer als solche angesehen. Das wäre schlecht für sie. Die Kurden werden ihre eigene Sprache sprechen, werden Lieder singen, Kassetten und Videos haben«, glaubt Özal, erklärt aber im selben Atemzug, dass Kurdisch in der Türkei nicht als Amtssprache anerkannt werde.[148] Dennoch schmäht ihn Politveteran Demirel wegen seiner Liberalisierungspolitik als Landesverräter.[149] Mit Hilfe des irakischen Kurdenführers Dschalal Talabani (er wird von 2005 bis 2014 irakischer Staatspräsident sein) tritt Özal 1992 mit dem PKK-Chef Abdullah Öcalan in Kontakt. Dieser kündigt aus dem syrischen Exil 1993 einen Waffenstillstand an.[150]

Doch nach Özals plötzlichem Tod im Jahr 1993 brechen die

Verhandlungen ab. Als die PKK türkische Soldaten in Bingöl in Ostanatolien angreift und dreiunddreißig unbewaffnete Soldaten ermordet, eskaliert die Situation erneut.[151] In den folgenden Jahren gibt es ein Wechselspiel zwischen Versuchen einer politischen Lösung, etwa unter Bülent Ecevit, und der völligen Verweigerung jeglicher Kommunikation, was erneute Kampfhandlungen nach sich zieht. Ministerpräsidentin Tansu Çiller etwa verweigert den Dialog. Die Türkei habe »keinen Zentimeter Heimaterde zu vergeben«, betont sie. Auf Fragen zu ihrer Menschenrechtspolitik reagiert sie mit: »Sie machen mich krank!«[152] Die Kurdenfrage ist für Çiller eine Erfindung ausländischer Mächte. Wer sich für eine Lösung einsetzt, gefährdet aus ihrer Sicht den Zusammenhalt der Nation. Der Terror der PKK nimmt kein Ende, und der militärische Ansatz der Regierungen nährt die Gewaltspirale. Sie endet erst mit der Festnahme des PKK-Chefs Öcalan. Zumindest vorerst.

Seine Anhänger sehen Öcalan, ein Gründungsmitglied der PKK, als Helden im Kampf für ein unabhängiges Kurdistan. Schwärmerisch nennen sie ihn »Apo« (Onkel). Für die türkische Regierung und auch große Teile der Bevölkerung ist er dagegen ein Massenmörder und lange Zeit der Staatsfeind Nummer 1. »Das schiere Sklavendasein und die Rückständigkeit der Kurden haben mich stets angewidert … Damit der Kurde geliebt wird, muss er aufstehen und kämpfen«, sagte Öcalan einst.[153]

Öcalan wird 1949 in eine kinderreiche, arme Bauernfamilie in Ömerli, einem Dorf in der südöstlichen Provinz Şanlıurfa, hineingeboren. Er arbeitet nach Abschluss einer Berufsoberschule beim Grundbuchamt in Istanbul und zieht nach dem Militärputsch 1971 nach Ankara, wo er sich an der Universität für Politikwissenschaften einschreibt. An der Hochschule wird er Anführer einer linksradikalen Studentenorganisation aus Türken und Kurden. Während bereits in vielen Teilen des

Landes Straßenschlachten zwischen Linken und Rechten die Gesellschaft in Angst versetzen, wendet sich Öcalan immer mehr dem kurdischen Nationalismus zu. Im politischen Aufbruch der 1960er Jahre entstehen mehrere radikale kurdische Gruppen. Viele werden nach dem Putsch 1971 verboten. In der Folge baut Öcalan eine Guerillabewegung auf, die den Verlauf des Konflikts wesentlich verändern wird. Seine 1978 gegründete PKK entwickelt sich zu einer kurdischen Stimme, die die Regierung in Ankara – auch wegen ihres Terrors – schon bald nicht mehr ignorieren kann.

Die PKK und die türkische Armee führen in den folgenden Jahren einen erbitterten Krieg gegeneinander. Die Guerillakämpfer können sich in den Bergen verschanzen. Der PKK-Chef selbst nimmt nicht an den Kampfhandlungen teil. Er hält sich ab 1979 in Syrien auf, um einer Verhaftung zu entgehen. Die PKK-Mitglieder schult Öcalan in Syrien im Marxismus und lässt sie in Lagern im libanesischen Bekaa-Tal sowie im Norden des Irak militärisch ausbilden. Zusätzlichen Aufwind bekommt die radikale Gruppe nach dem Golfkrieg 1991, als sie im kurdisch geprägten Nordirak Rückzugscamps einrichten kann. Die türkische Armee greift sie aber in grenzüberschreitenden Großoffensiven immer wieder an.

Ankara fordert von Syrien die Auslieferung Öcalans, lange vergeblich. Erst als die Türkei dem Nachbarland mit militärischer Gewalt droht, wird es für den kurdischen Separatistenführer gefährlich. Ende 1998 muss er sich auf die Suche nach einem neuen Versteck machen, er wird aus Syrien ausgewiesen. Für ihn beginnt eine Odyssee. Unter anderem flieht er nach Russland, dann mit gefälschtem Pass nach Rom. Dort kommt er in Hausarrest – Deutschland hat wegen eines Dissidentenmordes einen internationalen Haftbefehl gegen Öcalan ausgestellt. Als Deutschland auf eine Auslieferung verzichtet, geht Öcalans Flucht weiter. Am 15. Februar 1999 wird er schließlich in der kenianischen Hauptstadt Nairobi festgenommen. »Seit heute Morgen um drei Uhr befindet sich der Chef der separatistischen Terrororganisation PKK, Abdullah Öcalan, in der Türkei. Der Staat hat Wort gehalten und ihn zur Strecke gebracht. Abdullah Öcalan wird sich nun vor der türkischen Justiz verantworten müssen. Und jeder muss jetzt einsehen, dass der separatistische Terror in der Türkei keine Chance hat«, sagt Ministerpräsident Bülent Ecevit – seine Worte sollten sich als Irrtum erweisen.[154]

Doch zunächst zeigen die Fernsehanstalten nonstop Ausschnitte eines Videos, in dem zu sehen ist, wie der Festgenommene mit verbundenen Augen und in Handschellen an Bord des Flugzeugs sitzt, das ihn in das Land bringt, aus dem er einst geflohen ist. Nachdem man ihm im Flieger das Band von den Augen entfernt hat, sagt ihm ein Mitglied des Sonderkommandos auf Türkisch: »Willkommen in der Heimat. Von jetzt an sind Sie unser Gast.« »Danke«, antwortet der Separatistenführer, »ich liebe die Türkei und das türkische Volk. Ich möchte ihnen dienen. Wenn ich der Türkei einen Dienst erweisen kann, würde ich zufrieden sein.«[155] Die türkische Presse feiert Öcalans Festnahme. Das Massenblatt *Hürriyet* schreibt in einer Schlagzeile auf der Titelseite vom »Sieg« der Türkei und bezeichnet Öcalan in der Zeile darunter als »Babymörder«, daneben ein Foto des Kurdenführers. Die ebenfalls auflagenstarke *Sabah* freut sich über den »Satan hinter Gittern – eine gute Nachricht für die Türkei«.[156]

Bereits am 29. Juni 1999 wird Öcalan zum Tode verurteilt. Der Angeklagte nimmt den Richterspruch auf der Insel İmralı – dem »türkischen Alcatraz« im Marmara-Meer, wo 1961 der gestürzte Ministerpräsident Adnan Menderes hingerichtet wurde – ohne sichtbare Regung auf. Der Rebellenchef sitzt seither auf der Gefängnisinsel in Haft. Auch aufgrund internationalen Drucks wird das Urteil nie vollstreckt. Im August 2002 schafft das türkische Parlament die Todesstrafe in Friedenszeiten ab, um die Chancen auf einen EU-Beitritt zu erhöhen. Öcalans Todesurteil wird in eine lebenslange Freiheitsstrafe umgewandelt.

Öcalan bleibt trotz seiner Inhaftierung eine zentrale Figur im Kurdenkonflikt. Obwohl die Türkei, die Europäische Union und die USA die PKK als Terrororganisation einstufen, wird Öcalan zu einem wichtigen Helfer bei den Bemühungen um ein Ende des Konflikts. Sein Ansehen unter den Kurden und sein Einfluss auf die PKK mit ihren mehreren tausend Kämpfern sind ungebrochen. Die PKK-Kommandeure, die sich im nordirakischen Kurdengebiet verschanzt haben, sowie die führenden politischen Vertreter der PKK im europäischen Exil erkennen Öcalan nach wie vor als höchste Instanz an.

Nach Özal ist Erdoğan der erste Regierungschef, der ernsthaft eine Lösung des seit dreißig Jahren andauernden gewaltsamen Konflikts mit der PKK anstrebt. Denn neben der politisch-militärischen gibt es auch eine finanzielle Komponente. Allein von 1984 bis 2005 hat Ankara vermutlich zwischen 150 und 170 Milliarden US-Dollar für die Bekämpfung der PKK ausgegeben.[157] Erdoğan macht den Kurden Hoffnung auf gleichberechtigte politische Teilhabe, Frieden und Wohlstand. Zweifellos werden in der Ära der AKP die weitreichendsten Reformen in Bezug auf die Kurden durchgesetzt. So wird 2002 der unter Turgut Özal verhängte Ausnahmezustand in den südostanatolischen Provinzen Diyarbakır und Sirnak aufgelöst. »In der Regierungszeit der AKP wurde der Verleugnungspolitik ein Ende gesetzt. Auf unserer Agenda steht nicht Assimilation«, sagt Erdoğan.[158]

Doch die Kurdenpolitik der AKP ist widersprüchlich. Einerseits hat sie Liberalisierungen durchgesetzt und einen Rahmen für eine politische Lösung festgelegt. Erdoğan spricht 2005 davon, dass die kurdische Frage das Problem aller türkischen

Bürger sei – ein anderes Mal aber sagt er, es gebe kein Kurdenproblem. Anderseits hält sich die AKP weiterhin – wie auch die CHP – an das Primat eines rigiden türkischen Nationalismus, der nach Homogenität und Einheit strebt – allerdings nicht mit kemalistischen, sondern mit islamisch-nationalistischen Motiven. Die AKP will wie die CHP die Entstehung eines kurdischen Staates verhindern, die Kurdenpolitik selbst bestimmen und die kurdische Nationalbewegung schwächen.[159]

Die AKP gewährt aber wegen ihres Strebens nach einem EU-Beitritt den Kurden wichtige Verbesserungen. Sie fördert die Wirtschaft in Ost- und Südostanatolien, dem Armenhaus des Landes. Seit 2003 dürfen Kinder auch amtlich wieder kurdische Namen tragen. Im selben Jahr werden in Batman im Südosten Anmeldungen für die ersten Kurdischkurse angenommen.[160] Es folgen entsprechende Angebote in anderen Städten. Zudem startet 2009 der Oberste Rat für Hörfunk und Fernsehen mit TRT6 den ersten staatlichen Fernsehsender in kurdischer Sprache. Kritiker werfen dem Sender allerdings vor, AKP-Propaganda zu verbreiten. So überträgt die Station im Vorfeld der Kommunalwahlen 2009 Erdoğans Besuch in Diyarbakır live, doch die Wahlkampfauftritte anderer Parteien strahlt er nicht aus. 2012 erlaubt das Bildungsministerium, dass Grundschulen muttersprachliche Kurse anbieten dürfen, auch in Kurdisch.[161]

Im November 2009 stellt die AKP ihr Programm zur Lösung der Kurdenfrage vor, ohne indessen die Begriffe »Kurden« und »kurdisch« zu gebrauchen.[162] Diese »Kurdische Öffnung« (Kürt Açılımı) signalisiert zwar, dass die Partei die Kurden als gleichberechtigte Bürger anerkennen will. Doch bereits im Dezember 2009 wird die 2005 gegründete Kurden-Partei DTP (Demokratik Toplum Partisi, Partei der demokratischen Gesellschaft) wegen ihrer Nähe zur PKK verboten. Deren Nachfolgepartei, die Partei des Friedens und der Demokratie (BDP, Barış ve

Demokrasi Partisi), wird ebenfalls unter Druck gesetzt. Dutzende Parteimitglieder werden mit Billigung der AKP verhaftet.

Anderseits entschuldigt sich Erdoğan 2011 im Namen des Staates für den Massenmord 1937/38 an den Kurden in Dersim. Er macht die CHP für die Ereignisse verantwortlich und fordert von deren Vertretern eine Erklärung. »Dersim ist eines der schmerzhaftesten und tragischsten Ereignisse in unserer jüngsten Geschichte. Dersim ist eine Katastrophe, die darauf wartet, aufgeklärt und mutig in Frage gestellt zu werden. Dersim ist die schmerzhafteste und blutigste der Dutzende und Hunderte von Katastrophen der CHP-Regierungen«, sagt er. Ein Tabubruch, lange Zeit durfte gar das Wort »Dersim« nicht verwendet werden, die Provinz heißt seit 1937 Tunceli und gilt bei vielen Türken als Hochburg des Separatismus.[163] 2012 wird bekannt, dass der türkische Geheimdienst MIT (Millî İstihbarat Teşkilâtı) in Oslo Gespräche mit der PKK-Führung aufgenommen hat.[164]

Der Austausch mündet im Februar 2013 gar in offizielle Verhandlungen mit Öcalan – ein überraschender Schritt. Denn damit wirft die Regierung sämtliche Prinzipien, von denen sich die Türkei jahrzehntelang im Kampf gegen die PKK leiten ließ, über Bord. Bereits im März erklärt Öcalan, die Ära des bewaffneten Kampfes sei vorbei. Er will nun die Kernforderung der PKK – die Anerkennung einer eigenen kurdischen Identität innerhalb der Türkei – auf dem Verhandlungsweg durchsetzen. Aus dem Gefängnis heraus schlägt er seinen bewaffneten Anhängern vor, sich aus der Türkei in ihre Lager im Nordirak zurückzuziehen.

Die Friedensinitiative geht weiter. Im September 2013 kündigt Erdoğan ein Demokratiepaket an. Grundschüler müssen fortan nicht länger einen Treueeid auf die Republik schwören. Die bis dahin verbotenen Buchstaben W, Q und X dürfen nun in offiziellen Dokumenten genutzt werden. Damit können Kurden ihre Namen in ihrer Sprache eintragen lassen.[165] Zudem will man über eine Absenkung der Zehn-Prozent-Hürde für den Einzug von Parteien ins Parlament diskutieren – zu dieser Maßnahme kommt es vorerst aber nicht.

Das Demokratiepaket wird im Schatten der Gezi-Proteste vorgestellt. Es soll ein Zeichen der Öffnung für die Präsidentschafts- und Kommunalwahlen im Jahr 2014 setzen. Anderseits ist die Regierung mit dem Vorwurf konfrontiert, mit ihren Vorhaben weit hinter den Forderungen der Kurden zurückzubleiben. Die angekündigten Maßnahmen seien mehrheitlich kosmetischer Natur, so die Kritik, und Erdoğan instrumentalisiere die Kurden für seinen politischen Machterhalt. Trotz der nicht zu leugnenden Verbesserungen in Sachen Menschen- und Minderheitenrechte gilt die »Demokratische Öffnung« schon bald darauf als gescheitert. Aus den Worten der Hoffnung werden Kampfansagen. Denn als die kurdennahe HDP (Halkların Demokratik Partisi, Partei der Demokratie der Völker) bei den Parlamentswahlen im Juni 2015 ihre Unterstützung für das von Erdoğan angestrebte Präsidialsystem verweigert und ins Parlament einzieht, gibt es einen Kurswechsel.

Nach Ansicht des Soziologen van Bruinessen ging Erdoğan aus taktischen Gründen auf die Kurden zu: »Erdoğan ging es darum, an die Macht zu kommen, und einmal dort angekommen, dort zu bleiben. Dazu musste er pragmatisch sein. Und es gab eine Zeit, in der es pragmatisch war, mit den Kurden zu verhandeln«, sagt van Bruinessen. »Ich denke auch, dass er es durchaus ernst meinte, als er von ›Bruderschaft‹ sprach, denn der wahre Feind ist für ihn die säkulare Elite. Als Erdoğan allerdings sah, dass er nicht mit der Unterstützung der HDP an die absolute Macht der neuen Präsidentschaft kommen würde, verbündete er sich mit dem Chef der ultranationalistischen MHP, Devlet Bahçeli«, so van Bruinessen.

Nach der Wahl im Juni 2015 kann die AKP erstmals nicht allein die Regierung bilden, die Koalitionsgespräche scheitern, es werden Neuwahlen angesetzt. Die folgenden Monate sind geprägt von Gewalt, so werden bei einem Bombenanschlag in Ankara am 10. Oktober während einer Friedensdemonstration mehr als einhundert Menschen ermordet. Es ist der schlimmste Anschlag in der Geschichte der Republik. Die erneute Wahl im November kann die AKP mit einer absoluten Mehrheit von 49,5 Prozent für sich entscheiden. Die HDP schafft es mit 10,8 Prozent ins Parlament. Nach den Wahlen beendet die Regierung die Friedensgespräche mit der PKK – der 2013 ausgerufene Waffenstillstand liegt in Trümmern. Nur ein Jahr später verlieren fast alle HDP-Abgeordneten die parlamentarische Immunität. Die treibende Kraft dahinter: Erdoğan. Er sieht in der Partei den verlängerten Arm der PKK. Die Ko-Vorsitzenden der HDP, Selahattin Demirtaş und Figen Yüksekdağ, sitzen seit November 2016 wegen Terrorvorwürfen in Haft.

Manche Kurden in der Türkei halten die Lage heute für noch dramatischer als während des Bürgerkriegs in den 1990er Jahren, als sich der Konflikt vor allem in den ländlichen Gegenden abspielte. Die kurdische Guerilla verübt nun wieder Anschläge auf türkische Sicherheitskräfte. PKK-Anhänger verschanzen sich in Wohngebieten. Ankara wiederum regiert mit Gegengewalt. Die Armee setzt Panzer und Artillerie gegen die PKK ein. In Städten wie Cizre, Silopi oder Şırnak, aus denen Tausende fliehen, herrschen monatelang Ausgangssperren. Ganze Stadtviertel werden dem Erdboden gleichgemacht. Die historische Altstadt der Kurdenmetropole Diyarbakır wird 2015 und 2016 vom Militär systematisch zerstört, die umliegenden Gebäude sind mit Einschusslöchern übersät. 2021 wird ein Verbotsverfahren gegen die HDP vor dem Verfassungsgericht eingeleitet, was aber nur eine weitere Facette der ständigen Repressalien ist. So werden gewählte HDP-Bürgermeister regelmäßig von der

Regierung abgesetzt und durch staatliche Zwangsverwalter ersetzt. Für İsmail Beşikçi[166] setzt die AKP mit dieser Repressionspolitik eine alte Tradition fort. Zwar habe, schreibt der in Istanbul lebende Soziologe, der für seine Arbeit rund um das Thema Kurden und sein Engagement rund siebzehn Jahre im Gefängnis saß, die AKP in ihrer ersten Amtszeit im Rahmen der Harmonisierungsgesetze der Europäischen Union einige positive Schritte in Bezug auf die Kurden unternommen. Er kritisiert aber: »Als die AKP nach 2016 ein Bündnis mit der MHP einging, kehrte sie zu ihrer monistischen, verleugnenden und assimilierenden Staatspolitik zurück.«

Dabei macht Erdoğan nicht an der Grenze seines Landes halt. Die Entwicklungen in den Nachbarländern beunruhigen ihn. In Nordirak gibt es ein autonomes kurdisches Gebiet, und auch in Nordsyrien herrscht eine kurdisch geführte Autonomieverwaltung. Im Jahr 2007 erlaubt das Parlament einen Einmarsch in den Nordirak und verleiht damit einer solchen Intervention eine rechtliche Grundlage.[167]

Seit 2016 besetzt das türkische Militär Gebiete in Nordsyrien. Ankara führt regelmäßig Luftangriffe aus, nach eigener Darstellung gegen PKK-Einheiten. Doch es kommt immer wieder zu zivilen Opfern. 2019 stellt Erdoğan auf der UN-Generalversammlung seine Vision einer Sicherheitszone in Nordsyrien vor. Fortan droht er immer wieder damit, ins benachbarte Bürgerkriegsland einzumarschieren, unter dem Vorwand, kurdische Milizen angreifen zu wollen. Währenddessen ist das Kurdenproblem im eigenen Land wieder sehr weit entfernt von einer Lösung. Ein Schlaglicht darauf wirft ein Urteil aus dem Jahr 2020: Nachdem Erdoğan sich für die Massaker von Dersim/Tunceli entschuldigt hatte, wollten Aktivisten dort eine »Dersim Kultur- und Geschichtsstiftung« aufbauen. Dies wurde aber vom Amtsgericht Tunceli mit der Begründung abgelehnt, dass der Name Dersim offiziell nicht anerkannt sei.

Zudem gefährde solch ein Projekt die nationale Einheit und widerspreche den nationalen Interessen.[168]

Für den Wissenschaftler Tezcür war der von Ankara 2013 initiierte Friedensprozess ohnehin unrealistisch. »Es gab einen großen Unterschied zwischen dem, was die PKK wollte, und dem, was die AKP wollte – und gleichzeitig gewann die kurdische nationalistische Bewegung in Syrien erheblich an Boden, was zu einer Bedrohung für den türkischen Staat wurde«, sagt er.

Was aber könnte Ankara tun, um den Konflikt zu beenden? »Eigentlich ist es sehr einfach«, antwortet van Bruinessen. »Die gewählten Volksvertreter, all diese verhafteten oder ihres Amtes enthobenen Bürgermeister und Parlamentarier, müssten sofort freigelassen werden, und sie sollten ihre politischen Rechte zurückerhalten. Die Regierung muss zudem die kulturelle Freiheit gewährleisten. Zwar ist es nicht mehr verboten, Kurdisch zu sprechen, aber noch immer werden deswegen Menschen verhaftet.«

Für den Umgang mit der PKK sieht der Wissenschaftler eine klare Linie als erfolgversprechend an: »Es gibt nur eine Lösung gemeinsam mit der PKK.« Zwar habe sich ihr militärischer Arm in den Nordirak zurückgezogen, »aber die PKK genießt immer noch breite Unterstützung in der Bevölkerung«. Es sollten, so van Bruinessen, »mit den gewählten Vertretern der Kurden Verhandlungen geführt werden. Das heißt: mit der HDP. Das sind die natürlichen Gesprächspartner. Sie haben Einfluss in der Gesellschaft und Kontakte zur PKK.« Auch Tezcür hält mehr Teilhabe für einen Lösungsansatz, doch er ist pessimistisch: »Für eine Lösung des Konflikts müsste Ankara mehr Pluralismus zulassen, die HDP tolerieren und insgesamt mehr Demokratie wagen – all das sehe ich im Moment nicht.«

Zwei Sichtweisen, die einer dritten, der eines Lobbyisten der AKP-Regierung, diametral entgegenstehen. Kahraman Halisçelik ist Experte für Außenpolitik. Er hat als Journalist in New York gearbeitet, bevor er nach Istanbul zog und Pressesprecher im Außenministerium unter Mevlüt Çavuşoğlu (AKP) wurde. Zum Zeitpunkt des Gesprächs in Istanbul im Juli 2022 ist er Berater der in Istanbul ansässigen »Organization of Turkic States« (Organisation der Turkstaaten). Die Gruppierung treibt die außenpolitische Vernetzung der Türkei mit Turkstaaten wie Kasachstan und Aserbaidschan voran.[169] »Wenn Leute aus den Bergen kommen und Zivilisten töten – und ich bin Kurde –, ist das kein Menschenrecht. Wenn ein Abgeordneter an einer Beerdigung eines solchen Mörders teilnimmt, hat er im Parlament nichts zu suchen«, sagt er und schiebt hinterher: »Stellen Sie sich vor: Wenn ein amerikanischer Abgeordneter zu einem Begräbnis des Islamischen Staates geht, was würde dann passieren? Stellt der Westen diese Frage? Einige westliche Länder behaupten, dass der Kampf der Türkei gegen den Terrorismus gegen die Menschenrechte verstößt. Wenn der Südosten diesen Terrorismus hinter sich ließe, würde es den Menschen dort viel besser gehen – und das sage ich als Kurde. Ein Staat kann nicht mit so einer gewalttätigen Organisation wie der PKK verhandeln«, so Halisçelik.

KAPITEL 2
DEMOKRATIE WAGEN 1939 – 1960

Der Nachlassverwalter Ismet Inönü

Offizier, Außenminister, Ministerpräsident, Staatspräsident, Oppositionsführer, begabter Verhandlungsführer: Ismet Inönü, dessen Hörvermögen seit einem Einsatz im Jemen durch eine Malaria eingeschränkt ist, nutzt seine körperliche Beeinträchtigung zu seinem Vorteil – er hört nur das, was er hören will. »Allah sei gepriesen, ich bin taub«, reagiert er auf Inhalte, die ihm nicht gefallen. Gerne fordert er listig sein Gegenüber auf, sich zu wiederholen. So gewinnt er Zeit, um über seine Antwort nachdenken zu können. Sein Spitzname lautet »The Old Fox«. Anerkennend heißt es über die Gewitztheit und Schläue des Politikers, in seinem Inneren liefen mehrere Füchse umher – so rasch und geschickt, dass sie sich nicht einmal mit den Schwanzspitzen berührten.

Inönü begleitet jahrzehntelang als Gefolgsmann den Republikgründer Atatürk – bis kurz vor dessen Tod. So tragen viele wichtige politische Entscheidungen auch seine Handschrift: etwa die Aufhebung des Sultanats und des Kalifats, die Unterdrückung jeglicher Opposition und die Militäraktion gegen die Scheich-Said-Rebellion, den kurdisch-nationalistischen Aufstand von 1925.[1] Während Atatürk vom Çankaya-Palast in Ankara, seinem Amtssitz, aus seine Befehle erteilt, überlässt er deren Umsetzung oftmals Inönü. Zu Atatürks Lebzeiten gilt der meist treue Inönü als »Zweiter Mann« (Ikinci Adam). Während Atatürk der Architekt des neuen Systems ist, arbeitet Inönü als sein Befehlsempfänger und Baumeister.[2] Nach Atatürks

Tod wird aus ihm die Nummer eins. Endlich kann der ewige Assistent aus dem Schatten seines Mentors heraustreten – nun hat er allein alle Macht in seinen Händen.

1884 als Mustafa Ismet geboren, schlägt der Sohn eines Richters wie Atatürk eine militärische Laufbahn ein. Seinen Nachnamen erhält er erst 1934 nach der Verabschiedung des Namensgesetzes. Er wird ihm vom Parlament verliehen, weil er 1921 während der Kämpfe gegen die Griechen in einem Dorf namens Inönü die türkischen Einheiten befehligte und trotz zahlenmäßiger Unterlegenheit die Griechen besiegen konnte. »Sie sind nicht nur mit dem Feind fertig geworden, sondern auch mit dem widrigen Schicksal der Nation«, lobt ihn Atatürk dafür in einem Telegramm.[3] Beide wachsen in kosmopolitischen Städten auf, Atatürk in Saloniki, Inönü in Izmir. Das Leben im Dorf bleibt ihnen fremd. Sie lernen sich während der Stabsausbildung in Istanbul kennen, werden Freunde und setzen ihren Weg großenteils gemeinsam fort. Wie Atatürk kämpft Inönü bei diversen Schlachten, etwa im Balkankrieg, im Ersten Weltkrieg und während des Befreiungskriegs. Als Dank für seine Loyalität ernennt Atatürk ihn 1922 zum Außenminister.

»Sie kennen sich seit 1916, Inönü ist erst spät dem Widerstand in Ankara beigetreten, er hatte auch keine hohe Position im nationalen Widerstand inne«, sagt Erik-Jan Zürcher[4]. Der niederländische Turkologe hat eines der Standardwerke zur türkischen Geschichte geschrieben.[5] Inönü, so Zürcher, habe nicht zu den Gründern der Bewegung gehört. Diese haben sich als gleichwertige Kollegen von Atatürk gesehen, nicht als Befolger seiner Befehle. »Hingegen war das Verhältnis zwischen Mustafa Kemal und Inönü ein sehr ungleiches. Zentrum der Macht war Atatürk, der Ministerpräsident war sein exekutiver Arm.«[6] Inönü sei völlig abhängig von Mustafa Kemal Paşa gewesen und habe dessen Befehle stets befolgt, so Zürcher.

Auch deswegen schickt Atatürk Inönü nach Lausanne – eine Personalie, die parteiintern überrascht und unter anderem den Ministerpräsidenten Rauf Orbay (1881–1964) verärgert zurücklässt, weil er sich selbst in dieser Position gesehen hat. Inönü habe keinerlei Erfahrung in internationaler Diplomatie vorweisen können, aber weil er gehorcht und keinen eigenen politischen Willen gezeigt habe, habe Atatürk nie etwas von ihm befürchten müssen, sagt Zürcher. Und so steigt Inönü 1923 zum Ministerpräsidenten auf – ein Amt, das er mit kurzer Unterbrechung bis 1937 ausübt.

Als Ministerpräsident ist Inönü der Chef der Regierung, doch Atatürk bleibt der Führer des Landes. Er trifft sich regelmäßig in privater Atmosphäre mit einer Gruppe von Vertrauten, teils sind es Freunde, teils Experten. Mit ihnen diskutiert er alle möglichen politischen Ideen. In der Folge trifft er mitunter Entscheidungen, die den Vorstellungen Inönüs widersprechen. Es bestehen also zwei Gewalten, eine formale und reguläre, die Regierung, und eine informelle – der Präsident mit seinen Abendveranstaltungen. Als es 1937 zu Differenzen zwischen Inönü und dem Wirtschaftsminister Celâl Bayar (1883–1986) kommt, unterstützt Atatürk seinen Ministerpräsidenten nicht, was zum Bruch führt. Inönü tritt kurz vor Atatürks Tod zurück und verlässt vorübergehend die CHP. Die beiden Männer nähern sich erst wieder an, als Atatürk auf dem Sterbebett liegt. Nach Atatürks Ableben am 10. November 1938 wird Inönü am 11. November von der Großen Nationalversammlung zum Staatspräsidenten und zum CHP-Vorsitzenden gewählt, und am 3. Dezember wird er zum Millî Şef (Nationaler Führer) erhoben. Mit diesem Schritt, so glauben die Parlamentarier, folgen sie dem Wunsch Atatürks.[7] Bayar bleibt vorerst noch Ministerpräsident.

Damit beginnt die Ära des bis dahin ewigen Zweiten Inönü, der den autoritären Politikstil seines Vorgängers zunächst teilt.

Dennoch wird es dem passionierten Reiter langfristig nicht gelingen, das Erbe Atatürks als Führer einer geeinten Nation auf dem Weg in die Moderne fortzuführen. Vor allem die durch Atatürks gesellschaftliche Neuordnung entstehenden Spannungen sind eine Belastungsprobe, immer wieder muss zwischen Progressiven und Konservativen vermittelt werden.

Zu Inönüs außenpolitischen Verdiensten gehört, dass es ihm gelingt, die Türkei fast bis zum Ende des Zweiten Weltkriegs aus den militärischen Konflikten herauszuhalten. Entschlossen hält er sich an Atatürks Vorgabe, die Republik möglichst nicht in einen Krieg mit ausländischen Mächten zu verwickeln. Nach der Unterzeichnung des Vertrags von Lausanne war die Wahrung ihrer territorialen Integrität ein wichtiges geopolitisches Ziel der Türkei. Die Republik verhielt sich neutral. Man befürchtete, dass eine Parteinahme eine russische oder deutsche Invasion auslösen könnte. Die Versuche von Adolf Hitlers Botschafter, Franz von Papen, Ankara auf die Seite Berlins zu ziehen, bleiben erfolglos. Erst am 23. März 1945 bezieht Ankara militärisch Stellung: Unmittelbar vor der deutschen Kapitulation, als die Türkei nichts mehr zu befürchten oder zu investieren hat, erklärt Ankara dem Deutschen Reich den Krieg – ohne einen einzigen Schuss abfeuern zu müssen.

Es ist der erste Schritt in Richtung internationaler Bündnisse: Wenige Monate später, am 24. Oktober, wird die Türkei Gründungsmitglied der Vereinten Nationen, im April 1947 folgt die Aufnahme in den Internationalen Währungsfond (IWF). Ebenfalls 1947 garantiert die Truman-Doktrin die territoriale Unversehrtheit der Türkei und Griechenlands und finanzielle Unterstützungen. Während dieser Zeit wächst der Druck aus Moskau auf Ankara. Die Sowjetunion drängt auf den Zugang zu den Meerengen im Bosporus, im Marmarameer und in den Dardanellen. Der Zugang zu diesen Seerouten hätte Moskau einen größeren Einfluss auf die Mittelmeerregion verschafft.

Doch der Druck führt stattdessen zu einem raschen Aufbau von Beziehungen zwischen Ankara und Washington, wobei die USA 1946 Kriegsschiffe in die Region schicken, um die Sowjets zurückzudrängen. Als Gegenleistung für die türkische Unterstützung gegen die Sowjetunion stellen die USA dem Land im Rahmen der Truman-Doktrin wirtschaftliche Hilfe zur Verfügung. 1949 wird die Türkei Mitglied des Europarats.

Inönu treibt die Modernisierung weiter voran: Selbst im Kriegsjahr 1944 werden drei neue Bahnstrecken eröffnet. Unter Inönu entstehen neue Universitäten, ein Hafen und ein Flughafen. Auch gesellschaftlich soll es vorangehen: 1947 erlaubt ein Gesetz, dass sich Arbeitnehmer und Arbeitgeber organisieren, ein Streikrecht wird jedoch nicht genehmigt. Von den Modernisierungsmaßnahmen, die vor allem in den Städten ansetzen, profitiert die Mehrheit der Bevölkerung allerdings nicht.[8] Trotz solcher Bemühungen wie der 1940 eröffneten Dorfinstitute, in denen aus der Stadt entsandte Lehrer unterrichten, ändert sich kaum etwas an den Lebensumständen der Mehrheit. »Devletçilik, das Prinzip des Etatismus, bringt langfristige Investitionen in die Eisenbahn, in die Schwerindustrie, in die industrielle Infrastruktur, doch die Türkei bleibt insgesamt extrem arm. Der Lebensstandard der breiten Bevölkerung hatte keine Priorität. Deswegen hat der Etatismus das Leben des durchschnittlichen Türken kaum verbessert«, sagt Zürcher.

Die Republik hat vom Osmanischen Reich eine rückständige Landwirtschaft mit ungleichen Besitzverhältnissen übernommen. Rund 39 Prozent der landwirtschaftlichen Nutzfläche wurden vor der Republikgründung von einem Prozent der Landfamilien bewirtschaftet. Auch dort, wo ausreichend Land zur Verfügung stand, reichte es nicht zum Leben aus. 75 Prozent der Bauern hatten zu wenig Produktionsfläche, um ihre Familien ernähren zu können. In der Regel wurden die Felder mit von Eseln und Ochsen gezogenen hölzernen Arbeitsgeräten bewirtschaftet. Dennoch bleibt die Landwirtschaft der wichtigste Wirtschaftszweig, sie soll modernisiert werden und so auch die Industrialisierung mit vorantreiben. Doch während des Zweiten Weltkriegs verschlechtert sich die Situation der Bauern noch. Der Preisindex steigt von 1938 bis 1946 um 427,5 Prozent, und 1943 wird eine zusätzliche Steuer eingeführt, gemäß der die Landwirte zwischen 10 und 12 Prozent ihrer Erträge an den Staat abgeben müssen. Hinzu kommen andere direkte und indirekte Steuern.[9] Weil die Steuern in Geldform gezahlt werden müssen, geraten die Bauern in zusätzliche Schwierigkeiten.

Auch wenn Ankara sich aus dem Krieg heraushält, wird die heimische Wirtschaft stark beeinträchtigt. Junge Männer werden zum Krieg abkommandiert, Ochsenkarren von der Armee eingezogen. So führt die Bereitstellung eines Heeres für eine eventuelle Kriegsbeteiligung zur zwangsweisen Freistellung vieler Menschen vom Arbeitsprozess, insbesondere in der Landwirtschaft, weshalb die Produktion nachlässt. Überall herrscht Mangel an nahezu allem, die Preise steigen, während die Löhne sinken. Im Januar 1942 wird das Brot rationiert. Es entsteht ein florierender Schwarzmarkt, dank dessen eine kleine Schicht Gelder anhäufen kann, während die breite Masse die Last der Kriegswirtschaft tragen muss.[10] Der Anteil des Verteidigungshaushalts steigt von 30 Prozent im Jahr 1938 auf 53 Prozent 1942, 1945 fällt er wieder auf 40 Prozent.[11] In den Jahren von 1940 bis 1945 sinkt die Lebenserwartung von 34,5 auf 31,4 Jahre. Die massive Inflation ist für die Republik ein neues Phänomen, selbst während des Unabhängigkeitskrieges hatte es nicht solch eine wirtschaftliche Abwärtsspirale gegeben.[12]

Inönu versucht sich in Schadensbegrenzung – auf Kosten der Minderheiten. Die im November 1942 eingeführte Vermögenssteuer Varlık Vergisi zielt vor allem auf die im Land lebenden Juden, Armenier und Griechen, die für den Löwenanteil der Steuer aufkommen sollen. Diese Kapitalsteuer ist oftmals fünf- bis zehnmal höher als jene für Muslime.[13] Denn Inönü macht für die darbende Ökonomie vor allem die Minderheiten verantwortlich: Diese »versuchen mit ihrer frechen Art, sich unter der Fahne der Freiheit versteckend, unsere wirtschaftliche Entwicklung zu unterhöhlen«. Auch die Presse macht meist die Minderheiten für die wirtschaftliche Misere verantwortlich. Die Zeitungen veröffentlichen Listen von griechischen, armenischen und jüdischen Mitbürgern, die angeblich nicht zahlungsfähig sind.[14]

Die Erhebung der Steuer wird den lokalen Ausschüssen muslimischer Geschäftsleute überlassen. Diese Besteuerungsart hat zur Folge, dass zahlreiche Nichtmuslime ihren Besitz wie Fabriken oder Geschäfte veräußern müssen, die dann von Muslimen weit unter dem Marktwert aufgekauft werden. Diejenigen, die die Steuern nicht zahlen können, werden in Arbeitslager gesteckt, oder ihr Eigentum wird von der Regierung beschlagnahmt. Laut Medienberichten sollen Anfang 1943 schon Arbeitslager für 10 000 Personen errichtet worden sein.[15] Die Steuer treibt viele Betroffene in den Ruin oder gar in den Suizid. Wer kann, verkauft seinen Besitz und verlässt das Land. »Auf diese Weise werden wir den festen Griff der Ausländer auf unseren Markt brechen und das türkische Geld in die Hände der Türken legen«, kommentiert Şükrü Saracoğlu, der von 1942 bis 1946 Ministerpräsident war.[16] Diejenigen, »die von der Gastfreundschaft der Nation profitiert haben und reich geworden sind«, seien nun »mit aller angemessenen Härte« von der Steuer betroffen, so Saracoğlu.[17]

»Ein Schritt, der in diese Zeit passt«, sagt der Turkologe Zürcher: »Die Republik ist aus dem Kampf zwischen türkischen Muslimen und Nichtmuslimen entstanden. Der Konflikt zwischen Muslimen und Christen bricht während des

Balkankriegs aus, während des Ersten Weltkriegs gab es den Völkermord an den Armeniern, und nach dem Krieg gab es den Bevölkerungsaustausch. Der Feind waren vor allem die christlichen Gemeinschaften, die Armenier und die Griechen, und das setzt sich in der Republik fort. Juden wurden nicht als Feinde gesehen, aber in den 1920er und 1930er Jahren waren die Christen und Juden von Istanbul sehr wichtig in der Wirtschaft. Dies führte zu Feindseligkeiten, 1934 zu Pogromen und zu allen Arten von diskriminierenden Gesetzen. Die Varlık Vergisi ist nur die letzte Phase dieser Entwicklung«, so Zürcher. 1944 wird die Zwangsabgabe auf internationalen Druck hin abgeschafft. Einen Ausweg aus der wirtschaftlichen Notlage eröffnet 1947 das Angebot Washingtons, im Rahmen des »Marshallplans« (European Recovery Programme) finanzielle Unterstützung zu leisten. Für Washington ist die Türkei als Grenzland und damit als Wächter am Bosporus interessant. Im Gegenzug für die Gelder fordern die USA, militärische Stützpunkte in der Türkei bauen und nutzen zu können. So dürfen die USA seit 1954 den Stützpunkt Incirlik (dt. Feigenhain) bei Adana nutzen.[18]

Außen- und innenpolitische Probleme zwingen Inönü dazu, in den letzten Kriegsjahren eine taktische Liberalisierung anzugehen. Ein Vorhaben, das bei der CHP-skeptischen Landbevölkerung weiteren Argwohn weckt. Die von der Varlık Vergisi hart getroffenen Minderheiten stehen dem Vorhaben ohnehin skeptisch gegenüber. Denn es ist klar, dass Inönü ein System forciert, in dem er die Republik weiterhin im Rahmen eines hegemonialen Parteiensystems regiert. Der Druck auf Inönu nimmt zu: Die Wirtschaft strauchelt, das Ausland übt Kritik, und weite Teile der Bevölkerung sind unzufrieden. Auch die Bürokraten leiden unter den schlechter werdenden Lebensbedingungen bei gleichbleibendem Gehalt.[19]

Um die Masse bei Laune zu halten, gibt Inönü bei den politischen Reformen nach, in der Hoffnung, so die Kontrolle über die Opposition zu bewahren, die Unzufriedenheiten in der Bevölkerung zu kanalisieren und das Erstarken extremer Bewegungen zu verhindern. 1949 wird – wenn auch begrenzt – der Religionsunterricht wieder eingeführt, den Atatürk vor rund einem Vierteljahrhundert abgeschafft hat, die Eltern müssen einen entsprechenden Antrag stellen.[20] In einer begrenzten Anzahl werden Imam-Hatip-Schulen eröffnet, die zur Ausbildung für Vorbeter und Prediger dienen, 1949 wird in Ankara eine neue Theologische Fakultät gegründet.[21] Gleichzeitig eifert die Regierung weiterhin westlichen Vorbildern nach. Die Anlehnung an die USA führt zu weiteren Belastungen der Beziehungen zur Sowjetunion. Ankara sieht sich daher gezwungen, dem Wunsch Washingtons nach mehr Demokratie und freier Marktwirtschaft entgegenzukommen. Man will den Geldsegen durch den Marshall-Plan nicht gefährden.[22]

Um die innenpolitischen Konflikte zu entschärfen, lässt Inönü 1943 erstmals eine größere Anzahl unabhängiger Parlamentsabgeordneter zu. Doch nicht nur im Parlament entsteht eine Opposition. Auch in der eigenen Partei und auf dem Land mehren sich die Kritiker. Erste Risse im Einparteiensystem zeigen sich 1945, als die Nationale Entwicklungspartei (Millî Kalkınma Partisi, MKP) – auch auf Druck der USA – zugelassen wird. Sie wird allerdings keine nennenswerten Erfolge erzielen. Zur selben Zeit verlässt eine Gruppe von CHP-Mitgliedern die Partei und gründet im Januar 1946 die Demokratische Partei (Demokrat Parti, DP). Mit dabei: der Abgeordnete und von der CHP ausgeschlossene Adnan Menderes (1899–1961) und Celâl Bayar, von 1937 bis 1939 der letzte Ministerpräsident Atatürks und kurzzeitiger Leiter der İş Bankası (Bank für Arbeit). Die DP ist keine Partei von Politneulingen, fast die gesamte Führungsriege hat zuvor bedeutende Funktionen in der CHP ausgeübt.[23]

Menderes und Bayar werden bald zu den einflussreichsten Männern der Republik gehören. Zwar hält die DP nach außen hin meist am Kemalismus fest, doch das ist vor allem eine Taktik, um einer allzu harten Konfrontation mit der noch unangefochten herrschenden CHP aus dem Weg zu gehen. Die DP wendet sich an jene Teile der Gesellschaft, die sich durch die Verwestlichungspolitik der Kemalisten an den Rand gedrängt und gedemütigt fühlen. Die Opposition verspricht alsbald, einige der vom kemalistischen Regime eingeführten säkularen Maßnahmen rückgängig zu machen, und inszeniert sich als »Anti-Establishment-Bewegung«. Anders als die CHP, unter der die staatlich gelenkte Wirtschaft weder nennenswerte Exporte noch Importe erreicht, fordert die konservativ-liberale DP eine freie Marktwirtschaft. Sie wirbt für sich mit der Devise »Liberalisierung der Wirtschaft« und fordert, nicht starr am Etatismus festzuhalten.

Nimmt die CHP die Neugründung anfangs noch argwöhnisch hin, ändert Inönü seine Linie, als die junge Konkurrenz wachsenden Zulauf verzeichnet. Im Mai 1946 verzichtet er auf die Titel Millî Şef und Ebedi Şef und macht den Parteivorsitz wieder zu einem Wahlamt. Doch Inönü unterschätzt die DP. Er hofft, es sei besser, eine Opposition außerhalb der CHP zu haben statt innerhalb der Partei. 1945 gibt es erstmals seit 1930 eine innerparteiliche Opposition gegen ein Gesetzesvorhaben der CHP. »Inönü dachte immer noch, dass er eine Mehrheit haben und die DP nur eine Opposition bleiben würde. Er dachte, er könne Popularität gewinnen, wenn er die Opposition kontrollieren kann. Er hat definitiv nicht erwartet, dass die DP so erfolgreich sein würde«, so Zürcher. Angesichts der breiten Unterstützung für die DP steht die CHP 1946 vor der Wahl, entweder die Opposition gänzlich zu unterdrücken, wie sie es bereits zuvor getan hat, oder den Weg der Liberalisierung weiter zu beschreiten.

In der Hoffnung, die DP ausbremsen zu können, bevor sie sich etablieren kann, werden die für 1947 geplanten Wahlen in den Juli 1946 vorverlegt. Die DP wirbt mit dem Slogan »Es reicht! Jetzt hat die Nation das Sagen!« (Yeter! Söz Milletindir!). Die Abstimmung findet unter unfairen Bedingungen in einer Atmosphäre des Drucks statt. Es gibt keine unparteiische Überwachung der Wahlen, und sobald die Ergebnisse verkündet sind, werden die Stimmzettel vernichtet, was jede Kontrolle unmöglich macht. Zwar erlangt die DP bei dieser ersten Mehrparteienwahl nur bescheidene 13,3 Prozent der Stimmen, die CHP dagegen rund 85,2 Prozent, doch die Entwicklung lässt sich nicht rückgängig machen. Auch Inönü versteht, dass die Öffnung nicht mehr zu stoppen ist – gegen den innerparteilichen Widerstand verteidigt der CHP-Patriarch das Mehrparteiensystem sogar, um damit den Streit innerhalb der CHP zwischen Radikalen und Gemäßigten zu beenden und aufkommenden Ressentiments gegenüber den Alleinherrschern entgegenzuwirken. Inönü stellt sich damit auch gegen den erst kurz amtierenden Ministerpräsidenten Recep Peker, der im September 1947 zurücktritt und sein Amt an Hasan Saka (1885–1960) abgibt. Dass Inönü mit dem Mehrparteiensystem den ersten Machtwechsel im Land einläutet, ist ihm noch nicht bewusst.

Denn mit der Zulassung von Opposition verliert die CHP ihr Monopol nicht nur in der Nationalversammlung. Die neue Situation zwingt sie, um die Macht zu kämpfen – und erstmals muss die CHP um Wähler werben. Dabei wird der Islam im Wettbewerb um die Wählerstimmen zum wichtigen Faktor – im Grunde ebnet das Mehrparteiensystem und damit die DP den Weg für den Aufstieg des politischen Islam. Zum ersten Mal interessieren sich die politischen Eliten für die lange marginalisierten Frommen. Insgesamt folgen auf Inönüs bedeutenden Schritt vom Ein- zum Mehrparteiensystem dreißig Jahre, in denen es zwar demokratische Fortschritte gibt, aber ebenso zahlreiche Rückschläge – und drei Militärputsche.

Das Experiment mit der Demokratie

Die CHP ist eine Partei, die von einer westlich orientierten, urbanen Elite gegründet wurde. Sie hat kaum Bezüge zur Lebensrealität der konservativen, frommen Sunniten im anatolischen Hinterland. Deswegen erstaunt es nicht, dass das von ihr installierte System ein brüchiges Fundament hat. Als besonders geschickt darin, die Kluft zwischen Elite und Volk zu überbrücken, erweist sich hingegen der DP-Mitbegründer Adnan Menderes: Die politisch und gesellschaftlich Ausgeschlossenen sind für ihn die ausschlaggebende Wählerschaft, an deren Bedürfnissen die DP Interesse zeigt – anders als die CHP. Von Fahrettin Kerim Gökay, Professor für Medizin und von 1949 bis 1957 Gouverneur von Istanbul für die eher unbedeutende liberale Yeni Türkiye Partisi (Partei der Neuen Türkei, YTP), stammen aus seiner Amtszeit zwei vielsagende Zitate: »Das Volk überflutet die Strände, der Bürger kann nicht mehr baden.« Oder: »Geht nicht in die Provinzstädte und die Dörfer, um für ihre Unterstützung zu werben: Das würde nur die nationale Einheit untergraben.«[24] Deutlicher lässt sich die Herablassung der Eliten kaum ausdrücken. Die Kemalisten steuern das Land von den Metropolen aus; eine Reise nach Anatolien hält man für überflüssig. So ist am Ende des Zweiten Weltkriegs die Regierung bei einer großen Mehrheit der türkischen Bevölkerung, den Bauern und den Arbeitern, zutiefst unpopulär. Noch 1953 waren insgesamt nur zehn der 40 000 Dörfer an das elektrische Netz angeschlossen.[25] 1950 waren 68 Prozent der Menschen noch Analphabeten, die Lebenserwartung lag bei 38,1 Jahren.[26]

Der DP-Führer Menderes liebt das Bad in der Menge, er verspricht den Einkommensschwachen mehr Geld und mehr Freiheiten, der Landwirtschaft satte Unterstützungen und den Gläubigen wieder mehr Respekt für ihre muslimischen Traditionen. Die DP wirbt damit, dass sie die Türkei in ein »kleines Amerika« verwandeln wolle, dass in »jedes Dorf ein Millionär« gehöre und in jeder Stadt eine Fabrik stehen solle. Die Gruppe der Unzufriedenen ist riesig: Da sind die Großgrundbesitzer, die wegen der Pläne der CHP zur Landreform um ihre Güter fürchten; ferner die Kleinbauern und die Konservativen, die mit der Stadt fremdeln; aber auch westlich orientierte Bürokraten, für die der von der CHP erhoffte Aufstieg ein Traum geblieben ist. Die CHP will eine staatlich regulierte Wirtschaft, die DP eine Marktwirtschaft. Die CHP plädiert für »mehr Staat«, die DP für weniger Bürokratie und eine Liberalisierung der Wirtschaft.[27] Die CHP sieht sich als Wächter des Laizismus, die DP verspricht mehr Rechte für Gläubige. Wegen ihrer Hinwendung zur Peripherie verspotten CHP-Mitglieder die DP-Vertreter als »Landeier«.[28]

Der hitzige Menderes lässt sich in den Dörfern als eine Art Patron feiern. Er inszeniert sich als Mann des Volkes und des Anti-Establishments – obwohl er keineswegs auf dem anatolischen Feld, sondern in der liberalen Metropole Izmir aufgewachsen ist, wo er das American Collegiate Institute besuchte. Nachdem der Reserveoffizier erfolgreich in Atatürks Befreiungsarmee gedient hat, engagiert er sich in der kurzlebigen SCF-Oppositionspartei, nach deren Auflösung wechselt er in die CHP, wird 1931 in die Nationalversammlung gewählt und studiert nebenher Jura und promoviert. Der Held der Arbeiter und Bauern ist selbst Sohn eines wohlhabenden Gutsbesitzers. Nachdem seine Eltern früh versterben, erbt er deren Vermögen. 1945 wird er wegen parteiinterner Uneinigkeiten aus der CHP ausgeschlossen – der Beginn seiner Laufbahn als Begründer der DP.[29]

Am 14. Mai 1950, bei der ersten freien Wahl seit Gründung der Republik und damit der ersten fairen Auseinandersetzung der CHP mit einem politischen Rivalen, verliert die alte Elite ihre Macht. Nun ist die Regierung demokratisch legitimiert. Menderes' Sieg ist auch die politische Aufwertung der Peripherie. Die DP gewinnt mit 55,2 Prozent der Stimmen. Die CHP kommt auf 39,6 Prozent. Weder die Gewinner noch die Verlierer haben mit diesem Erdrutschsieg gerechnet, der im Volksmund auch als »weiße Revolution« bezeichnet wird. Es ist ein friedlicher Umsturz an der Urne, eine dramatische Niederlage für die CHP. Die Kemalisten, die siebenundzwanzig Jahre lang regiert haben, sind nun eine Minderheit im Parlament. DP-Mitbegründer Celâl Bayar wird Staatsoberhaupt,[30] während der einstige Hinterbänkler Menderes das Amt des Ministerpräsidenten übernimmt. Die Wahl ist eine Zäsur – das langjährige und von Atatürk implementierte Regime ist am Ende. In den nächsten Jahrzehnten wird die CHP nur noch zwei Parlamentswahlen gewinnen, 1973 und 1977. Der immerwährende Schlachtruf »Rettet den Laizismus« reicht nicht aus.

Die CHP, die selbst nie auf Grundlage freier und demokratischer Wahlen das Land gestaltet hat, wechselt ohne Widerstand auf die Oppositionsbank, mit Inönü als Chef. Der einstige Diplomat, Feldherr, Präsident und »Elder Statesman« der Generation Adenauers, Churchills und de Gaulles hat eine Schlacht verloren – und beugt sich dem Wählerwillen. Der Regierungswechsel habe sich »mit peinlicher Korrektheit und ruhiger Würde« vollzogen, lobt die *New York Times* die geräuschlose Stabübergabe durch den einstigen Milli Şef. Das Angebot der Militärführung, unter dem Vorwand einer Wahlmanipulation durch Kommunisten einzugreifen, lehnt

Inönü ab.[31] Wenige Wochen nach Amtsantritt lässt Menderes 275 von 300 Generälen pensionieren. Die DP-Regierung entfernt in den höheren Rängen der Armee mögliche Inönü-Anhänger.[32]

Auch DP-kritische Provinzgouverneure ersetzt Menderes durch getreue Demokraten. Die Furcht, nicht sicher im Sattel zu sitzen, solange sich Kemalisten in einflussreichen Positionen finden, plagt die DP. Dem neuen Ministerpräsidenten gelingt es nur scheinbar, selbstbewusst seine Position einzunehmen. »Menderes war eine sehr komplexe Persönlichkeit. Eine extrem charismatische Person«, sagt Jeremy Seal.[33] Der britische Journalist und Schriftsteller, der ein Buch über Menderes' Politik geschrieben hat, beschreibt den Ministerpräsidenten als einen Mann, der wegen seiner Herkunft als Waise zeitlebens unter einem schwachen Selbstbewusstsein gelitten habe.[34] »Am Anfang lief für Menderes alles gut, er konnte seinen Wählern Zugeständnisse machen, was seine Position stärkte. Doch nach den Honeymoon-Jahren von 1950 bis 1953 fingen die Schwierigkeiten an. Er wurde hypersensibel, konnte immer weniger Kritik vertragen. Er hat als Demokrat angefangen, und als sich die öffentliche Meinung gegen ihn wandte, hatte er nicht die Charakterstärke, damit umzugehen«, sagt Seal. Der Ministerpräsident habe sich überschätzt. »Seine Vision zu Beginn war es durchaus, Wohlstand im Land zu schaffen, die Infrastruktur, die Wasserversorgung und Elektrizität auszubauen. Er hat aber nicht langfristig gedacht.«

Die Erwartungen an Menderes sind hoch – der Ministerpräsident geht entschieden ans Werk und fordert die Alteingesessenen heraus. Ihnen bleibt nicht anders übrig, als ihren Statusverlust hinzunehmen. Zwar wurde die DP von Männern gegründet, die politisch in der CHP sozialisiert wurden. Ihr Politikstil und ihre Ziele unterscheiden sich jedoch grundsätzlich von denen der Kemalisten, ihre Abgeordneten sind deutlich jünger und konservativer. Geringer als in der CHP ist zudem in der DP der Anteil jener Abgeordneten, die einen Hochschulabschluss haben oder bereits in der Armee Karriere gemacht haben – von einer »Anatolisierung« der Elite ist die Rede.[35] Besonders auffallend ist, dass fast keiner der DP-Abgeordneten aus der Bürokratie oder dem Militär stammte.[36]

Das Programm der DP umfasst ein Streikrecht für Arbeitende ebenso wie ein freiheitliches Pressegesetz und das Versprechen, Staatsbetriebe zu privatisieren.[37] Doch obwohl die DP-Mitglieder nun an den politischen Schaltstellen sitzen, bleibt häufig eine gewisse Unsicherheit gegenüber den Kemalisten erkennbar, die viele Getreue an den Hochschulen, im Militär und in der Presse haben. Auch deswegen betont die DP regelmäßig ihre Verbundenheit mit dem »nationalen Willen« oder dem »Willen der Nation« (Milli İrade), was Menderes gleichzeitig als Freifahrtschein für die Ausübung absoluter Macht zu nutzen weiß. Wer Kritik an der Regierung übt, verstößt nach diesem Selbstverständnis gegen den »Willen der Nation« und muss sanktioniert werden.

Demokratie ist »Neuland«, und Menderes wagt die ersten Schritte auf diesem nahezu unerschlossenen Terrain. Die erste Phase unter der DP wird auch »die goldenen Menderes-Jahre« genannt, weil die Partei tatsächlich viele ihrer Wahlkampfversprechen umsetzt. Unter anderem weil sich die Weltwirtschaft nach dem Zweiten Weltkrieg erholt und der Koreakrieg (1950–1953) eine Hochkonjunktur auslöst, erlebt die Türkei endlich ein Wirtschaftswachstum. Der unter Atatürk ausufernde Einfluss des Staates auf die Wirtschaft wird zurückgedrängt, stattdessen setzt Menderes stärker auf das freie Spiel des Marktes. Durch Privatisierungen staatlicher Betriebe soll ein wettbewerbsorientiertes System entstehen. Dank der Förderung von privaten Unternehmen entwickeln sich erstmals große Industrieunternehmen.

Bis zur Wirtschaftskrise von 1953/54 werden die Investitionen des privaten Sektors überwiegend durch Finanzhilfen aus dem Ausland gestemmt. Gelder aus dem Marshall-Plan fließen in eine Reihe von Infrastrukturprojekten, die Buslinien werden erweitert und ländliche Gebiete an die Leitungswasserversorgung angeschlossen. Die Menschen aus der Peripherie können jetzt in die Städte fahren, um ihre landwirtschaftlichen Produkte zu verkaufen. Weil hauptsächlich in Straßen investiert wird, wächst das Eisenbahnnetz nur wenig, von 7611 Kilometern Länge im Jahr 1950 nur auf 7895 Kilometer 1960.[38] Zum Vergleich: 1950 verfügte die Türkei nur über etwa 1600 Kilometer befestigte Straßen. Mit technischer und finanzieller Unterstützung aus dem Ausland werden im Laufe des Jahrzehnts weitere 5400 Kilometer befestigte zweispurige Autobahnen gebaut.[39]

Die DP fördert die Mechanisierung der Landwirtschaft und subventioniert die Bauern. »80 Prozent der Menschen in der Türkei leben in Dörfern. Der Boden braucht gutes Saatgut, Düngemittel, Maschinen und Bewässerung. Die Dorfbewohner können das nicht allein tun, wir müssen unsere Hand als Staat ausstrecken«, erklärt Menderes kurz nach seinem Regierungsantritt. Entsprechend erhöht die DP den Haushaltsanteil des Landwirtschaftsministeriums, es gibt Steuererleichterungen im Agrarsektor, und es werden zusätzliche landwirtschaftliche Fakultäten gegründet, um die Ausbildung zu verbessern. Ferner fließen Gelder aus Auslandskrediten – insbesondere aus den USA – in die Industrie und den Bau von Straßen, Kraftwerken und Staudämmen. »Atatürk ist der Begründer der Türkei«, sagt Menderes gern. »Aber ich bin ihr Erbauer.«[40]

Auch international geht die junge Regierung schon im Wahljahr 1950 neue Wege. Außenpolitisch verstärkt Menderes den Westkurs. Dazu tragen der Kalte Krieg und die Angst vor der Sowjetunion bei. Die institutionalisierte Partnerschaft mit dem Westen soll die »kommunistische Gefahr« im eigenen Land bannen, man fürchtet die linken Intellektuellen.[41] 1950 folgt die Regierung dem Aufruf des Sicherheitsrates der Vereinten Nationen, an der Seite Südkoreas an dem 9000 Kilometer entfernt stattfindenden Krieg teilzunehmen. Insgesamt werden 23 000 türkische Soldaten nach Ostasien geschickt, auch Atatürks Adoptivtochter Sabiha Gökçen wirft Bomben ab.[42] Die Opposition wirft Menderes aufgrund seines Alleingangs Verfassungsbruch vor, weil er die Nationalversammlung bei der Entscheidung nicht einbezogen hat. Die türkische Öffentlichkeit hingegen ist stolz auf den gewagten Schritt an der Seite der westlichen Bündnispartner.

Die Teilnahme am Koreakrieg ist nur ein erster Schritt in Richtung militärischer Kooperation mit dem Westen. Bereits 1952 tritt das Land der Nato bei, drei Jahre vor der Bundesrepublik. Der Beitritt der Türkei ist ganz im Interesse der USA – immerhin hat die Türkei eine mehrere hundert Kilometer lange Grenze mit der Sowjetunion. Auch dieses Ereignis feiert die breite Bevölkerung. Endlich sieht man sich auf Augenhöhe mit den westlichen Partnern. »Das ist eine tiefergehende Revolution als diejenige Atatürks«, kommentiert der britische *Observer* Menderes' Kurs.[43]

Nicht nur das wirtschaftliche Wachstum der frühen 1950er Jahre und der außenpolitische Kurs verschaffen der DP immer stärkeren Rückhalt in der Bevölkerung. Die vor allem von Menderes zur Schau getragene Frömmigkeit beeindruckt all jene, die zuvor dafür von der CHP-Regierung verachtet worden sind. Darüber, dass der Ministerpräsident teure Autos liebt, Alkohol trinkt und außereheliche Liebschaften pflegt, sieht man großmütig hinweg. »Ich denke nicht, dass er ernsthaft sehr religiös war, denn er verstieß gegen viele religiöse Regeln. Er wollte mit seiner nach außen gelebten Religiosität wohl eher seine Wähler beeindrucken«, meint auch der Journalist Seal. »Damit hat er seine Populärität gesteigert.« Sofern es Kritik gibt, tut Menderes sie als Neid der Opposition ab. Tatsächlich gelingt es der CHP nicht, sich als echte Alternative zu verkaufen, die Lösungen für die Probleme des Landes anbietet. Die CHP bekommt zu spüren, dass sie nur bei einer Minderheit Rückhalt genießt.

Durch die Einführung eines liberalen Pressegesetzes erweckt die DP zunächst den Eindruck einer demokratischen Öffnung. Doch schon im Januar 1951 erfolgt eine große Welle von Verhaftungen mutmaßlicher Kommunisten, und das Strafgesetz wird verschärft. Die Pressefreiheit wird durch verschiedene Gesetze eingeschränkt, Zeitungen werden verboten. Bereits im Jahr ihrer Regierungsübernahme beginnt die DP, ihr wohlgesonnene Medien finanziell zu unterstützen und regierungskritische Medien wirtschaftlich unter Druck zu setzen. Das staatliche Papiermonopol wird benutzt, um regierungskritische Medien zu gängeln. Das von staatlichen Fabriken hergestellte Papier wird ihnen vorenthalten – ein Vorgehen, das sich durch die gesamte Regierungszeit von Menderes ziehen wird. So muss die kritische Tageszeitung *Hürriyet* wegen fehlenden Papiers ihre Auflage von 220 000 Exemplaren wochentags und 270 000 Ausgaben sonntags auf 120 000 herabsetzen. Auch die Vergabeverfahren für staatliche Anzeigen werden zugunsten regierungsfreundlicher Medien verändert.

Zusätzlich werden mit Gummiparagraphen im Fall von angeblichen Falschmeldungen und Artikeln, die dem Ansehen der Regierung schaden, Geldstrafen angedroht. Das verschärfte Pressegesetz verlangt etwa, dass alles, was berichtet wird, bewiesen werden muss – so sollen Skandale wie die Berichterstattung über die Hintergründe des Pogroms gegen die Griechen von (siehe hierzu ab S. 112) vertuscht werden. »Regierungen, die gute Arbeit leisten, sollten keinen Grund haben, die Freiheit der Presse zu fürchten«, hat er einst in der

Opposition gesagt.[44] Doch nun genügt bereits eine kritische Berichterstattung über Menderes' Politik, um im Gefängnis zu landen. Zwischen 1950 und 1960 sind 2300 Justizverfahren gegen Medienschaffende angängig, 867 Journalisten werden verurteilt.[45] Je beliebter die DP wird, desto mehr entfernt sich Menderes von den großspurigen freiheitlichen Versprechungen. Es ist derselbe Mann, der 1950 ein Pressegesetz auf den Weg gebracht hat, das die *London Times* zu den liberalsten in der Geschichte des Landes zählte.[46]

So wie in Bezug auf die Presse, wird der Ton auch gegenüber der Opposition und den Hochschulen rauer. 1953 verbietet eine Novelle des Universitätsgesetzes den Professoren politische Aktivitäten. Im selben Jahr stimmt die Nationalversammlung für die Beschlagnahmung eines Großteils des CHP-Vermögens; rund 200 Zweigstellen der Partei werden geschlossen.[47] Auch andere Parteien geraten ins Visier: 1954 wird die rechtsnationale DP-Abspaltung Millet Partisi (Nationspartei, *MİLLET*) wegen »antilaizistischer Vorstöße« verboten. Der staatliche Rundfunk wird immer mehr zum Organ der eigenen Propaganda, die Opposition hat darin keine Stimme mehr. Ein Proporz-Wahlrecht verbietet 1954 den Zusammenschluss mehrerer Parteien. In Justiz und Verwaltung werden reihenweise Richter, Staatsanwälte und sonstige Beamte in den Ruhestand versetzt; auf die freigewordenen Stellen rücken DP-hörige Beamte nach.[48] Menderes lässt das Konterfei Inönüs von der Landeswährung entfernen.[49]

Der Kontrollwahn erreicht auch die Peripherie: 1954 werden die von Inönü eingeführten Dorfinstitute wegen Verbreitung »hässlichen linken Gedankenguts« geschlossen.[50] Ebenso werden die noch jungen Gewerkschaften ausgebremst, als sie ein liberales Streikrecht fordern, das die DP als Gefahr für das Wirtschaftswachstum und als potenziellen Nährboden einer zusätzlichen Opposition sieht. Die DP sabotiert Gesetzesvorschläge und versucht, die Arbeitnehmervertreter von den Finanzspritzen der Politik abhängig zu machen und an den Spitzen der Gewerkschaften eigene Sympathisanten zu installieren. Als Menderes an sein Wahlversprechen erinnert wird, befindet er, Streiks müsse es doch in der Türkei nicht mehr geben. Bald gleicht die politische Landschaft de facto wieder einer Einparteienherrschaft, trotz der formal vorhandenen Opposition in der Nationalversammlung. Dort hat die DP genügend Sitze, um rücksichtslos walten zu können.

Trotz der wirtschaftlichen Schwierigkeiten und zunehmenden politischen Repressalien verehren die Menschen im Hinterland Menderes immer noch als einen der ihren, der seine Füße nun statt in Sandalen in Lederschuhe steckt. Denn obwohl der Lebensstandard auf dem Land weiterhin deutlich unter dem in den Städten liegt, ist der Fortschritt auch in der Peripherie spürbar. Auf den neu gebauten Straßen bringen Traktoren statt Ochsenkarren die Ernte vom Land rasch in die Städte. Zudem zahlt die DP für landwirtschaftliche Erzeugnisse höhere Preise als einst die CHP. Dies wird sich allerdings als eines der Kernprobleme der DP-Agrarpolitik herausstellen: Die staatlich festgelegten Erzeugerpreise werden zur Förderung der Landwirtschaft erhöht und subventioniert, um das Ausfuhrvolumen an Agrargütern zu erhalten – man braucht die dadurch erzielten Devisen. Doch gleichzeitig treiben die subventionierten Preise die Inflation hoch.[51]

Menderes macht sich unterdessen bei der Landbevölkerung beliebt mit Sätzen wie: »Die türkische Nation ist muslimisch und wird es für immer bleiben. Es ist tabu, die Religionsfreiheit in diesem Land zu beschneiden.«[52] Auf dem Land interessiert man sich nicht dafür, dass die Rechte der Städter beschnitten werden. So holt die DP bei den Parlamentswahlen im Mai 1954 phänomenale 58,4 Prozent der Stimmen. Die CHP, erstmals als Opposition im Rennen, rutscht auf

35,1 Prozent ab. Das ist ein enormer Erfolg für Menderes, der durch den wirtschaftlichen Aufschwung in seiner Politik bestätigt und von den Bauern massiv unterstützt worden ist. Was er im Wahljubel allerdings noch nicht weiß: Mit diesem Ergebnis hat seine Partei ihren politischen Zenit erreicht. Das Wirtschaftswunder, ein Garant für politischen Rückhalt, geht zu Ende. Menderes hat der Flaute kein langfristiges Entwicklungsprogramm entgegenzusetzen. Schlechte Ernten und zögerliche private und ausländische Investitionen verschärfen die Probleme. Schon 1955 ist das Handelsbilanzdefizit achtmal so groß wie 1950.[53]

Durch zusätzliche Anbauflächen, Kredite, Steuersenkungen und Mechanisierung verdoppelt sich zwar die Produktion zwischen 1950 und 1953, doch führen die Maßnahmen nicht zum erhofften Ergebnis. Zwar gelingt die Einbindung der Landbevölkerung, gleichzeitig wird aber die Kluft zwischen den Bauern und Landarbeitern und den Großgrundbesitzern größer. So können die Großgrundbesitzer die Bodenreformprogramme erfolgreich verhindern, die nach 1945 angestrengten Modernisierungs- und Mechanisierungsprogramme sind lediglich für die reichen Bauern von Vorteil. Die Schattenseiten der Modernisierung treffen vor allem die Ärmsten, durch die Mechanisierung schwindet die Existenzgrundlage vieler Bauern. Diejenigen Kleinbauern, die von der Mechanisierung nicht profitieren können, bleiben auf ihrem ursprünglichen Produktionsstand stehen. Sie arbeiten weiterhin mit Holzpflügen, Drehschlitten und Zugtieren, die zweirädrige Karren mit riesigen Scheibenrädern hinter sich herziehen.[54] Allein zwischen 1951 und 1953 verlieren etwa eine Million Pächter und Tagelöhner ihre Arbeit, die nun von dank westlicher Entwicklungshilfe importierten Traktoren übernommen wird. In der fruchtbaren südtürkischen Tiefebene Çukurova etwa ersetzt ein einziger Traktor die Arbeitskraft von zehn Familien.[55]

Die technische Ausstattung erfolgt durch Importe. 1950 waren 16584 Traktoren im Einsatz, 1960 bereits 42136. Waren 1948 nur 268 Erntemaschinen im Einsatz, sind es 1960 schon 5554. Für die Bedienung der Maschinen sind technische Kenntnisse erforderlich, welche die Landwirte erst erwerben müssen. Wenn die Traktoren nicht mehr funktionieren, können sie allerdings häufig wegen fehlender oder zu teurer Ersatzteile nicht wieder instandgesetzt werden. Die Abhängigkeit der Türkei vom Ausland verstärkt sich.[56]

Die Hoffnung auf Arbeit zieht das Landvolk in die Städte. Machte die Landbevölkerung 1946 rund 75 Prozent der gesamten Bevölkerung aus, sinkt dieser Anteil bis 1960 auf 68 Prozent.[57] Die Landflucht konzentriert sich auf die vier Großstädte Istanbul, Ankara, Adana und Izmir. Die meisten dieser Menschen siedeln sich in den sogenannten Gecekondus an, in Wohneinheiten, die über Nacht am Rand der Städte aufgebaut werden. Die Zahl der Gecekondus verzehnfacht sich nahezu, von 23000 bis 30000 im Jahr 1948 auf 240000 im Jahr 1960. In einer Wohneinheit leben durchschnittlich fünf Personen. Zählte man 1955 rund 250000 Bewohner in Gecekondus, sind es 1960 schon 1,2 Millionen.[58] Gecekondus sind in keinem Stadtplan verzeichnet, es gibt dort keinen Zugang zu Wasser oder Strom. Die Häuser werden mit einfachen Materialien gebaut, ohne Baugenehmigung. Nach altem islamischen Recht darf niemandem das einmal errichtete Dach über dem Kopf genommen werden.[59] Die Industrialisierung erzeugt also neue Trennlinien zwischen Zentrum und Peripherie.

Im Jahr 1963 sind 61,5 Prozent aller Industrieunternehmen in Istanbul, Ankara, Izmir und Adana zu finden, 72,3 Prozent des gesamten Handelseinkommens der Türkei werden in diesen Städten erwirtschaftet. Während die städtische Wirtschaft von den Zuwanderern profitiert, sind diese in keiner Weise sozial abgesichert und haben nicht selten nur saisonale Arbeitsmöglichkeiten. Nicht nur die Armut, auch das Bevölkerungswachstum ist ein Grund für die Landflucht. Die Menschen erhoffen sich in den Zentren bessere Aufstiegs- und Bildungsmöglichkeiten für ihre Kinder und ökonomische Vorteile durch sicherere Jobs in der Industrie.[60] Von etwa 20 Millionen im Jahr 1950 wächst die Bevölkerung auf 28 Millionen im Jahr 1960 und 40 Millionen im Jahr 1975.[61]

Doch es rächt sich, dass die DP auf kurzfristige Erfolge setzt. Eines der Hauptprobleme der DP-Wirtschaftspolitik ist, dass die Partei zu schnell mit zu geringen Ressourcen zu viel zu erreichen versucht. Die Regierung konnte in den ersten Jahren unter anderem mit Hilfe internationaler Gelder hemmungs- und auch planlos investieren und Technologie im Ausland einkaufen, doch das wachsende Devisendefizit gefährdet die Stabilität von Wirtschaft und Währung. Exporteure im Ausland werden gegenüber Geschäften mit der Türkei immer skeptischer. Die wachsende Abhängigkeit von ausländischem Kapital, die steigende Inflation und die mehrfache Währungsabwertung führen dazu, dass schon 1953 die Hermes-Kredit-Versicherung bei Vertragsbrüchen keine Garantie mehr für die Exporteure übernimmt. Bei exportierenden Unternehmen im Ausland wächst daher die Sorge, dass in die Türkei gelieferte Güter nicht mehr bezahlt werden. 1956 fliegt der deutsche Verteidigungsminister Theodor Blank (CDU) nach Ankara, um die türkischen Schulden einzutreiben. Deutschland ist der wichtigste Warenlieferant. Die Türkei verpflichtet sich darauf, Munition im Wert von 750 Millionen D-Mark nach Deutschland zu liefern.[62]

Das mit Finanzspritzen und Investitionen erzielte Wachstum entpuppt sich als Teufelskreis. Bereits 1954 deutet sich eine wirtschaftliche Stagnation an. Die DP hätte zumindest einen Teil ihrer finanziellen Probleme lösen können, wenn sie ein effektiveres Steuersystem eingeführt hätte. Aber politische Erwägungen lassen die Regierung immer wieder zögern, diese Möglichkeit zu nutzen. Stattdessen nimmt sie Kredite bei der Zentralbank auf, woraufhin die Inflation allmählich von 3 Prozent im Jahr 1950 auf 20 Prozent im Jahr 1957 steigt.[63] Doch Menderes leugnet die Rezession und bezeichnet sie als Lügenmärchen der Opposition. Auf die zunehmende Kritik reagiert seine Regierung mit immer mehr Repressionen. Ein neues Gesetz erlaubt es der Regierung, Beamte, einschließlich Professoren und Richtern, zu suspendieren und in den Ruhestand zu versetzen. Aus Protest gegen die zunehmend autoritäre Politik tritt Außenminister Fuat Köprülü (1890–1966), Gründungsmitglied der Regierungspartei, 1957 zurück.

Um der sich ausweitenden Krise zuvorzukommen, zieht Menderes 1957 die Wahlen um ein Jahr vor. Zwar wird die DP noch einmal mit 48,6 Prozent der Stimmen Wahlsiegerin, jedoch ist es ein glanzloser Sieg an den Urnen. Viele Wähler haben sich enttäuscht wieder der CHP zugewandt, die auf 41,4 Prozent der Stimmen kommt. Auch die im Wahlkampf von der Regierungspartei aufgesetzte Propagandaschlacht im Rundfunk unter dem Motto Vatan Cephesi (Vaterlandsfront), mit der die DP versucht, die Massen zu begeistern, bringt keine Trendwende. Die politischen Spannungen verschärfen sich. Die Folgen der willkürlichen Wirtschaftspolitik und der Rezession sind nicht mehr zu übersehen, aber Menderes ändert seinen Kurs des demonstrativen Ignorierens nicht. »Man kann nicht nur von ausländischer Hilfe leben«, mahnt der Oppositionsführer Inönü, doch diese Worte bleiben ungehört.[64]

Ab 1958 führt eine Inflation zu einer wirtschaftlichen Depression. Kaffee verschwindet aus dem Handel, Benzin wird knapp, und zahlreiche Beamte werden entlassen. Staatspräsident Bayar sendet 1958 einen Bittbrief an US-Präsident Dwight

Eisenhower, in dem er als Ursache für die türkische Misere eine Reihe von Missernten seit 1954 anführt. Er bittet um weitere finanzielle Hilfe. Doch Eisenhower lehnt ab, die Probleme seien innenpolitisch herbeigeführt worden.[65] 1958 wird Ankara erstmals beim Internationalen Währungsfonds vorstellig, um neue Geldquellen für fällige Kredite und Zinsen sowie für die heimische Wirtschaft aufzutun, der Türkei werden Kreditpakete zugesagt. Die Regierung wendet sich auch an die Organisation für europäische wirtschaftliche Zusammenarbeit (OEEC), die Wirtschaftshilfen gewährt. Ankara bittet ferner die Bundesregierung um ein deutsch-türkisches Wirtschaftsabkommen.[66]

Neben der liberalen Wirtschaftspolitik war ein Pfeiler von Menderes' Erfolg die Religionspolitik. Das Herausdrängen des Glaubens aus der Öffentlichkeit und seine Verbannung in den privaten Raum durch die Kemalisten war ein Grund für den Machtwechsel im Jahr 1950. Menderes macht einige von Atatürks unpopulären Maßnahmen rückgängig. Schon im Juni 1950, nicht einmal einen Monat nach dem Machtantritt der DP, wird der Ezan, der Gebetsruf, wieder originalgetreu auf Arabisch verkündet. Im Juli startet der staatliche Rundfunk wieder mit den von Atatürk verbotenen religiösen Sendungen. Der Bau von neuen Moscheen wird unterstützt, der Religionsunterricht als Wahlfach in den Schulen eingeführt. Auch Korankurse werden eröffnet, für deren Besuch aber Bedingungen erfüllt sein müssen: Der Besuch ist erst nach Beendigung der Grundschule oder in den Ferien erlaubt, Voraussetzung ist ferner die Beherrschung der lateinischen Schrift, es dürfen keine politischen Botschaften vermittelt werden, und der Unterricht muss durch einen ausgebildeten Hoca erfolgen.[67] Im Dezember 1952 erscheint die türkische Verfassung in osmanischer Sprache, um so auch reaktionäre Kreise anzusprechen. Anti-laizistische Orden werden wieder zugelassen, etwa die Nurcelik-Bewegung, die Süleymanisten und der Ticani-Orden.[68]

Weil sich die Gegner von Atatürks Reformen durch diese Änderungen ermutigt fühlen, kommt es zu Zerstörungen von Atatürk-Büsten, woraufhin sich die DP 1951 genötigt sieht, Handlungen, die das Andenken des Republikgründers beschädigen, unter Strafe zu stellen.[69] Auf der anderen Seite wird die Religion weiter gestärkt. Die Pilgerfahrt nach Mekka wird wieder erlaubt, es werden weitere Imam-Hatip-Gymnasien eröffnet. Je populärer die DP wird, desto mehr lassen sich ihre Mitglieder dazu hinreißen, den Laizismus in Frage zu stellen und die Wiedereinführung des Islam als Staatsreligion sowie der Polygamie zu fordern.[70] In einer Rede vor seiner Fraktion sagt Menderes 1954: »Wenn ihr es möchtet, könntet ihr das Kalifat wieder einführen.«[71] Der Etat für die Religionsbehörde Diyanet wird unter Menderes verfünffacht. Im Jahr 1957 entscheidet er, in Ankara die Kocatepe-Moschee bauen zu lassen. Diese wird erst 1986 fertiggestellt, seither dominiert das pompöse Gotteshaus die Silhouette der Hauptstadt. Die Religionspolitik rührt an die Achillessehne des Landes. Unter den Kemalisten wächst die Sorge, dass immer mehr Frauen ein Kopftuch tragen werden, sie fürchten, dass eine religiöse Generation herangezogen und Atatürks Vermächtnis zusehends herabgesetzt wird.[72]

Die Spitzen des Militärs werden immer unruhiger. Menderes hingegen überschätzt nicht nur sich selbst, sondern unterschätzt auch die immer noch vorhandene Macht der Kemalisten. Anstelle einer Politik der Kompromisse wählt er die permanente Konfrontation. Seine Worte zum Wahlsieg von 1950 wirken im Nachhinein wie eine hohle Phrase: »Der 14. Mai wird immer als ein außergewöhnlich wichtiger historischer Tag in Erinnerung bleiben, der eine Ära beendet und eine neue eröffnet hat. Wir gedenken dieses historischen Tages als Tag des Sieges nicht nur unserer Partei, sondern auch der türkischen Demokratie.«[73]

Der 6. und 7. September 1955: Ein orchestrierter Pogrom gegen die Griechen

Während der Amtszeit von Menderes kommt es zu einer Katastrophe, die als »türkische Kristallnacht«, »türkische Bartholomäusnacht« und »ethnische Säuberungskampagne« in die Geschichte eingehen wird.[74] Sie leitet 1955 die Abwanderung der griechischen Minderheit ein, die seit Jahrhunderten auf dem Gebiet der heutigen Türkei gelebt hat. Schon vor dem Pogrom brodelt es im Land. Der Enthusiasmus für die Menderes-Regierung erlischt allmählich, die DP-Regierung braucht Ablenkungsmanöver. Nach einer Reihe von Bombenanschlägen 1955 in der zyprischen Hauptstadt Nikosia gegen die damalige britische Kolonialherrschaft machen in der Türkei Presse und Politik die Zypernfrage rasch zur Schicksalsfrage.

In diesem Jahr nimmt die griechisch-zypriotische Widerstandsbewegung EOKA (Ethniki Organosis Kyprion Agoniston, Nationale Organisation zyprischer Kämpfer) den bewaffneten Kampf gegen die Briten auf. Sie will einen Anschluss an Griechenland erreichen, worauf die Auseinandersetzungen zwischen den türkischen und den griechischen Inselbewohnern eskalieren. Die türkischen Zyprioten – insbesondere der 1954 gegründete radikale Verein Kıbrıs Türktür Cemiyeti (Zypern ist türkisch) – fordern den Anschluss an die Türkei. Sie werden von Ankara unterstützt. Nicht nur die Mehrheit der Vorstandsmitglieder, sondern auch zahlreiche einfache Mitglieder pflegen Kontakte zu türkischen Regierungsmitgliedern. Die DP schickt Geld. Der *Hürriyet*-Journalist Hikmet Bil (1918–2003), der gleichzeitig Präsident der rechtsnationalistischen Bewegung ist, und Sedat Simavi (1896–1953), Gründer der *Hürriyet*, tragen mit ihren Artikeln viel dazu bei, die Zypernfrage zu einer »nationalen Angelegenheit« zu machen.[75]

Eine Ende August 1955 in London eröffnete Konferenz soll den Konflikt lösen. Sie wird aber wegen der Pogrome ohne Ergebnis abgebrochen. Die türkisch-zyprische Vereinigung verteilt in Istanbul bereits Plakate mit der Aufschrift »Zypern ist türkisch«. Am 6. September meldet der türkische staatliche Rundfunk, dass am 5. September auf dem Gelände des türkischen Konsulats in Thessaloniki, wo das Geburtshaus Atatürks steht, eine kleine Bombe explodiert sei.[76] Dies dient als Anlass, die anti-zyprische Stimmung anzuheizen. Alarmistische Presseberichte und eine zutiefst nationalistische politische Rhetorik lösen eine Welle der Gewalt gegen wehrlose Bürger aus.[77] In ihrer am 6. September veröffentlichten späteren Ausgabe titelt die Zeitung *Istanbul Express*, das Haus Atatürks sei bombardiert worden. Es werden gefälschte Bilder gezeigt, die suggerieren, das Haus sei völlig verwüstet worden.[78] Dabei gingen nur einige Glasscheiben zu Bruch. Statt der sonst üblichen 30 000 werden an diesem Tag 296 000 Zeitungsexemplare gedruckt, die teilweise von Mitgliedern der Zypern-ist-türkisch-Vereinigung verteilt werden.[79]

Noch am selben Abend beginnt in Istanbul die Gewalt gegen die Rum,[80] danach auch in Izmir und Ankara. In der Nacht vom 6. auf den 7. September zerstören fanatisierte Angreifer mit Eisenstangen, Schaufeln, Handsägen und Knüppeln Geschäfte, Kirchen und Autos, die sie Griechen zuordnen. Zwischen 100 000 und 200 000 Personen beteiligen sich an den Ausschreitungen.[81] Sie plündern und zerstören auch Einrichtungen anderer Nichtmuslime, unter ihnen Juden und Armenier. Weithin steigen Flammen auf, der Mob grölt: »Vorwärts nach Athen und Thessaloniki.« Fotos von damals zeigen die völlig zerstörte Einkaufsstraße İstiklal Caddesi, die wichtigste Konsummeile von Istanbul: Schaufenster sind zertrümmert, Markisen heruntergerissen, zertrampelte Waren bedecken die Böden.[82] Augenzeugen berichten von Szenen, die sie an den Zweiten Weltkrieg erinnerten. In den vollkommen verwüsteten Straßenzügen sind Menschen in Lumpen zu sehen, die teure Burberry-Mäntel und Hüte tragen, die sie zuvor aus den Läden entwendet haben.

Der Mob prügelt, schändet Friedhöfe, reißt Tote aus ihren Gräbern. Die Täter verwüsten Kirchen, zerstören Kruzifixe, Ikonen und andere sakrale Gegenstände, reißen Kirchenglocken herunter. Gemäß offiziellen Schätzungen werden 60 griechische Frauen vergewaltigt – die Dunkelziffer ist wohl weitaus höher und wird auf 400 geschätzt. Es wird berichtet, dass auch griechische Jungen vergewaltigt und griechische Männer mitten auf der Straße beschnitten worden seien. Ein Priester soll bei lebendigem Leib verbrannt worden sein.[83] Das Pogrom ist kein spontaner Ausbruch patriotischer Bürger. So ist Augenzeugenberichten zufolge ein Teil der Täter mit Adresslisten unterwegs, die den Weg zu griechischen Haushalten oder Einrichtungen weisen. Zudem waren zuvor türkische Geschäftsinhaber aufgefordert worden, türkische Flaggen an ihre Türen zu hängen, um Verwechslungen zu vermeiden. Schon Wochen vor dem Pogrom hatte der türkische Geheimdienst die Adressen von Nichtmuslimen von Bezirksvorstehern angefordert.[84]

Weil die Angriffe von staatlicher Seite zunächst geduldet werden, haben die Opfer keine Chance auf Hilfe. Mit dem Schutz der Sicherheitskräfte können sie nicht rechnen. Viele Autoritäten stellen sich an die Seite der Täter. In Izmir lässt sich der Gouverneur auf den Schultern von aufgebrachten Demonstranten tragen; er ruft: »Ihr rettet die Ehre von Izmir!«[85]

Polizisten bekunden während der Demonstration rund um Taksim ihre Sympathie für die Zerstörungen, verhalten sich insgesamt eher passiv oder ermutigen die Angreifer gar zum Weitermachen. Es gibt auch Beamte, die den Tätern helfen.[86] Die Feuerwehr kommt oft erst, wenn es schon zu spät ist. Ein später veröffentlichtes Protokoll von der Vernehmung eines Polizisten, der Hilfe verweigerte, gibt dessen Aussage wie folgt wieder: »Heute bin ich kein Kommissar, mein Freund, heute bin ich Türke.«[87] Es gibt aber auch Berichte darüber, dass Türken den Angegriffenen helfen, indem sie diese etwa bei sich zu Hause verstecken. Ruhe kehrt schließlich erst ein, als in den Städten Istanbul, Ankara und Izmir der Ausnahmezustand ausgerufen wird und das Militär eingreift.

Die Angaben darüber, was und wie viel zerstört wurde, variieren. Laut türkischen Quellen wurden 4214 Geschäfte, 1004 Häuser, 73 Kirchen, 1 Synagoge, 2 Klöster, 26 Schulen und 5317 weitere Einrichtungen wie Fabriken, Nachtclubs und Hotels zerstört. Im Februar 1956 wird zwar ein Entschädigungsgesetz zugunsten der Opfer verabschiedet. Der Fonds ist jedoch nur mit 60 Millionen Lira dotiert und reicht längst nicht aus. Zudem erfolgen die Zahlungen verspätet, weil sie durch bürokratische Prozesse behindert werden.[88] Auch die Angaben darüber, wie viele Verletzte und Tote es gegeben hat, sind nicht gesichert: Die Zahl der Verletzten wird zwischen 300 und 600 geschätzt, Täter mit eingeschlossen. Die Zahl der Todesopfer wird je nach Quelle mit 11 oder 15 Personen angegeben.[89]

Der Pogrom ist keine Übersprungshandlung in einer aufgeheizten außenpolitischen Lage, sondern Symptom einer seit Jahrzehnten herrschenden Politik der Diskriminierung von Nichtmuslimen. Nach der Niederlage der griechischen Armee im griechisch-türkischen Krieg 1922 und unmittelbar nach der Unterzeichnung des Vertrags von Lausanne 1923 wurde ein

»Bevölkerungsaustausch« zwischen der Türkei und Griechenland ausgehandelt. Die in der Türkei verbliebenen Griechen – die meisten leben in Istanbul – werden zu einem politischen Faustpfand, das Ankara immer wieder einsetzt. Ihre Rechte werden – wie auch die anderer Nichtmuslime – zusehends eingeschränkt.

1924 werden im Rahmen eines Anwaltsgesetzes Moral und Gesinnung von Juristen überprüft, die zu Minderheiten gehörten. 1927 wird entschieden, dass die geschäftliche Korrespondenz und die Buchhaltung auf Türkisch geführt werden müssen. 1928 wird ein Gesetz verabschiedet, wonach nur ethnisch türkische Mediziner den Arztberuf ausüben dürfen. 1932 wird Ausländern die Ausübung weiterer Berufe verboten – darunter Chemiker, Hausmeister und Chauffeur. Allein 1934 wandern auch deswegen 9000 Griechen aus Istanbul aus, die Verbliebenen müssen höhere Steuern zahlen als ihre muslimischen Mitbürger, was schließlich 1942 in die Varlık Vergisi mündet. Die Türkisierungspolitik macht auch vor dem Bildungssystem nicht halt – der Staat misstraut der Loyalität der Minderheiten und strebt nach absoluter Kontrolle. So wurde 1923 eine Verordnung erlassen, nach der alle Unterrichtsfächer in Schulen von Minderheiten durch Lehrer türkischer Herkunft unterrichtet werden müssen.[90] Zusätzlich angeheizt wird die Stimmung gegen Griechen durch die Medien. Die Tageszeitung *Cumhuriyet* bringt 1955 gar eine regelmäßige Kolumne mit dem Titel »Die Zypernfrage in der Presse Griechenlands und der griechischen Presse in Istanbul«, in der sie natürlich für die türkische Seite Partei ergreift. Auch nach dem Pogrom wird in den Medien teilweise behauptet, dass die Brände gar von Griechen selbst gelegt worden seien.[91]

Die Regierung lehnt jegliche Verantwortung für die Katastrophe ab und macht vor allem »Kommunisten« und Linke für die Ausschreitungen verantwortlich, die damit dem Ansehen des Landes hätten schaden wollen[92] – eine Erklärung, die schon deswegen unglaubwürdig wirkt, weil die Anzahl radikaler Kommunisten in der Türkei zu dieser Zeit überschaubar ist und die Aktivitäten linker Gruppierungen von der Staatssicherheit genauestens überwacht werden. Schon am 9. September werden mehr als 2000 Personen »kommunistischer Gesinnung« festgenommen.[93] Auch die zur raschen Aufklärung eingerichteten Sondertribunale, die bereits am 10. September erste Vernehmungen durchführen, halten zunächst an der Behauptung fest, Kommunisten seien für die Angriffe verantwortlich. Die Gerichtsverfahren gegen die Personen aus dem linken Spektrum enden jedoch meist zugunsten der Angeklagten.[94] Die Zypern-ist-türkisch-Vereinigung wird verboten, das gesamte Vereinsvermögen beschlagnahmt, gegen siebzehn ihrer Mitglieder wird Anklage erhoben. Alle Angeklagten werden schließlich freigelassen.[95] Auch Mithat Perin (1917–2001), der Herausgeber des auflagenstarken *İstanbul Ekspress*, wird nach den Aufständen verhaftet. Allerdings kommt der Publizist, der viele Kontakte in die DP pflegt, bereits nach wenigen Stunden auf Anordnung von Menderes wieder frei – und zieht 1957 gar für die Regierungspartei ins Parlament ein.

Im Nachhinein deutet viel darauf hin, dass die Regierung die Anweisung gab, die Bombe auf dem Gelände von Atatürks Geburtshaus zu platzieren. Als Agent provocateur wirkte ein türkischer Student namens Oktay Engin, der in Thessaloniki lebte und mit einem Stipendium der türkischen Regierung Jura studierte – nach eigener Aussage war Engin zum damaligen Zeitpunkt der einzige türkische Jurastudent in Griechenland. Nach seinem Einsatz an Atatürks Geburtshaus wird er mit Unterstützung Ankaras in die Türkei gebracht. Für Engin lohnt sich der Einsatz: Auf persönliche Anordnung von Menderes erhält er Ende 1956 eine Anstellung, später wird er stellvertretender Polizeichef und Gouverneur in Nevşehir.[96] In einem Interview, das 2001 veröffentlicht wurde, weist er sämtliche Vorwürfe zurück. Er habe niemals etwas mit dem Anschlag oder den Ausschreitungen zu tun gehabt.[97]

Menderes, so wird später bekannt, wollte mit den gezielten Ausschreitungen von seiner verfehlten Wirtschaftspolitik ablenken. Als er sich später einem Gerichtsverfahren stellen muss, sagt er zum Pogrom: »Wir hatten erlaubt, einige Fensterscheiben einzuschlagen.«[98] Auch einige der direkt nach dem Pogrom Angeklagten geben vor Gericht an, Befehle von staatlicher Seite erhalten zu haben. Später wird sich herausstellen, dass Teile der Regierung, der Staatsführung, des Militärs und seiner Geheimpolizei das Pogrom gezielt initiiert hatten. Während bei den Prozessen in Istanbul (1955–1957) die staatliche Verantwortung bewusst ignoriert wurde, wurde das Pogrom bei den 1960 beginnenden Yassıada-Prozessen gezielt genutzt, um mit der DP-Parteispitze abzurechnen, während die Rolle des Militärs verschleiert wurde.[99]

Für die nichtmuslimischen Gemeinschaften der Türkei ist nach dem Pogrom nichts mehr, wie es einmal war. Die Gewalt löst eine weitere Migrationswelle aus, die meisten der zerstörten Geschäfte werden nie wieder eröffnet, das ohnehin schon geringe Vertrauen in den Staat ist endgültig dahin. Fortan wird das Leben für die griechische Minderheit immer schwieriger. Sie werden diskriminiert und schlechter bezahlt. Viele der Griechen, die dennoch in Istanbul bleiben, müssen ihre Heimat schließlich nach der erneuten Zypernkrise im Jahr 1964 zwangsweise verlassen. Ankara annulliert die Aufenthaltsgenehmigungen von Griechen, die mit türkischen Staatsbürgern verheiratet sind. Etwa 30 000 Griechen verlassen daraufhin die Türkei.[100]

Zwar werden die Pogrome in der Türkei – anders als bei anderen Ausschreitungen – nicht unter den Teppich gekehrt, doch eine breite mediale, kritische und intellektuelle Auseinandersetzung der staatlich geförderten Eskalation lässt lange auf sich warten. Keine der nachfolgenden Regierungen hat ein Interesse daran, diesen »Schandfleck« in Erinnerung zu halten. Einzelne Intellektuelle wie der türkische Literaturnobelpreisträger Orhan Pamuk befassen sich mit dem Thema, doch die offizielle Version – wie sie etwa staatsnahe Medien verbreiten – rechtfertigt nach wie vor das Geschehen und verharmlost die Katastrophe. Erst sechzig Jahre nach den Pogromen setzt sich die Türkei mit diesem hässlichen Teil ihrer Geschichte auseinander. 2005 zeigt eine Ausstellung in Istanbul Bilder von der »türkischen Bartholomäusnacht« – unter Recep Tayyip Erdoğan wird zu dieser Zeit immer wieder demonstrativ die ethnische Vielfalt des Landes gewürdigt.[101] Viele Fotos stammen ausgerechnet von einem türkischen Militärrichter, der diese fast fünfzig Jahre aufbewahrt hat. Er hatte überlegt, die Täter zu belangen, es aber nie gewagt. Zehn Jahre später wird bei der ersten Gedenkfeier auf türkischem Boden – am 6. September 2015 in der griechisch-orthodoxen Kirche Panagia in Istanbul – der Opfer jener Nacht gedacht.[102]

Der Staatsstreich von 1960: Beginn einer Putschtradition

Am 17. September 1961 wird der frühere Ministerpräsident Menderes nach einem Putsch hingerichtet. Einen Tag zuvor waren bereits zwei DP-Spitzenfunktionäre von der Junta ermordet worden. Die Schauprozesse gegen die ersten demokratisch gewählten Politiker des Landes hatten ab 1960 auf der kleinen Insel Yassıada stattgefunden, die sich im westlichen Teil der als Ausflugsziel beliebten Prinzeninseln befindet.

Die berüchtigten »Yassıada-Prozesse« haben sich tief in das

Gedächtnis der Türken eingebrannt. Das nur fünf Hektar große Eiland hat viele Transformationen hinter sich. Einst ein Rückzugsgebiet für den britischen Botschafter, war es nach der Ausrufung der Republik zeitweilig Ausbildungsstätte der Marine. Die AKP-Regierung hat die Aufarbeitung der Geschehnisse rund um den Putsch von 1960 massiv vorangetrieben und dies auf Yassıada gleichzeitig mit einem Tourismusprogramm verbunden. Nach 2011 entstehen auf der mittlerweile zum Naturschutzgebiet erklärten Insel Hotels, Cafés, Restaurants und Parkanlagen. Seit 2013 heißt die Insel auch »Demokrasi ve Özgürlükler Adası« (Insel der Demokratie und Freiheiten). In drei Museen werden die Verfahren dargestellt und die damit verbundenen »düsteren Erinnerungen« wachgehalten.[103]

Über tausend Zeugen wurden bei den Yassıada-Prozessen gehört. Auch die Opernsängerin Ayhan Aydan (1924–2009) musste vor die Richter treten: Sie wurde zu ihrer Affäre mit Adnan Menderes befragt. Dem gestürzten Ministerpräsidenten wurde vorgeworfen, er habe das gemeinsame Baby ermorden lassen. »Ich habe Adnan Menderes 1951 kennengelernt. Obwohl er verheiratet war, habe ich ihn sehr geliebt. Alles, was ich wollte, war, ein Kind mit ihm zu haben. Das ist mir nicht gelungen«, sagte die Frau mit erhobenem Haupt.[104]

Der Auftritt von Aydan in dem riesigen Gerichtssaal ist legendär. »Der Versuch der Generäle, Menderes des Kindsmordes zu überführen, war ein Fehler. Denn Aydans Aussage wurde von vielen Menschen als mutiger Akt wahrgenommen, was beiden Sympathien einbrachte«, sagt der Journalist Can Dündar.[105] Er hat der Geschichte zwischen der Opernsängerin und dem Ministerpräsidenten ein Kapitel in seinem Buch über Liebesbeziehungen historischer Personen gewidmet[106] – und er hat als wahrscheinlich einziger Journalist mit Aydan gesprochen. Aydan hatte sich nach ihrer Aussage zurückgezogen und bis zu ihrem Tod nie wieder ein Interview gegeben oder sich sonst öffentlich zu diesem Thema geäußert. Das Gespräch mit Dündar kam zustande, als dieser für den Dokumentarfilm »Demirkırat: Bir Demokrasinin Doğuşu« (Demirkırat – Die Geburt einer Demokratie) zur Ära des ersten Mehrparteiensystems recherchierte. Das Wort Demirkırat lehnt sich an demir kır at an – »eisernes graues Pferd«. So wurde in den 1950er Jahren das Wort *demokrat* in lautmalerischer Weise verstanden.[107] Die ersten Bitten Dündars um ein Interview mit Aydan blieben erfolglos. Doch er fragte über mehrere Jahre immer wieder an, und 2005 lud Aydan ihn endlich für ein Hintergrundgespräch zu sich nach Izmir ein. »Sie war schon über achtzig Jahre alt, doch sie sah immer noch aus wie Ava Gardner. Überall hingen Bilder aus ihrer erfolgreichen Vergangenheit, und es gab ein Foto von Menderes, das sie aus einer Zeitung ausgeschnitten hatte. Sie bete jede Nacht für ihn, sagte sie mir«, erinnert sich Dündar an die Begegnung.

Als die Künstlerin Aydan und der Politiker Menderes eine Affäre miteinander beginnen, sind beide verheiratet und haben Kinder. Er ist in seinen Fünfzigern, sie eine Frau in den Zwanzigern. »Eine außergewöhnliche Beziehung für ein Land wie die Türkei zu dieser Zeit«, sagt der Journalist Dündar. Jahrelang treffen sie sich, und die Liebschaft zwischen den beiden sickert in die Öffentlichkeit. »Menderes war ein Frauenheld. Er hatte viele außereheliche Beziehungen, so auch mit der Frau eines Polizeichefs. Auch das wussten die meisten Leute, aber es wurde nicht für politische Zwecke genutzt«, sagt Dündar. »Als Journalisten von der Affäre zwischen Aydan und Menderes erfuhren, verhinderte Ismet Inönü die Veröffentlichung und nutzte sie auch nicht für seine eigenen Interessen. Für ihn war es eine Privatangelegenheit von Menderes.«

Erst als der Ministerpräsident 1960 verhaftet wird und die Militärs nach einer Möglichkeit suchen, Menderes' Ruf zu zerstören, wird dessen Beziehung mit der prominenten Aydan ausgeschlachtet. Es gibt die Überlegung, ihn wegen »Ehebruchs« anzuklagen, doch dafür müsste Menderes' Frau Berin Anzeige erstatten. Weil Menderes unter Druck erzählt hat, dass sein und Aydans gemeinsames Baby im achten Monat auf die Welt gekommen und wenige Stunden nach der Geburt gestorben sei, kommt es zur Anklage wegen Kindsmord.[108] Mit seinen Affären habe er zudem dem Ansehen des Landes geschadet. Zunächst wird die Klage abgewiesen, da es medizinisch unmöglich sei, die Todesursache eines 1955 verstorbenen Neugeborenen nachzuweisen. Aber das »Komitee für die Nationale Einheit«, eine neu gegründete Gruppe von Offizieren, pocht darauf, und Aydan wird als Hauptzeugin vorgeladen. Dem Antrag von Präsident Cemal Gürsel, eine geschlossene Anhörung durchzuführen, wird nicht stattgegeben, es findet eine offene Befragung statt. Vor Gericht werden angeblich in Menderes' Safe gefundene erotische Bilder und Unterwäsche gezeigt. Zusätzlich wird das Grab des Babys geöffnet, die Knochen werden untersucht. Der Staatsanwalt behauptet, das Kind sei gesund geboren und auf Befehl von Menderes umgebracht worden. »Mein Kind wurde mit acht Monaten geboren und starb. Welche skrupellose Mutter kann dem Tod ihres geliebten Babys zustimmen?«, beendet Aydan ihre Aussage.[109] Der »Baby-Prozess« ist das einzige Verfahren, in dem der Angeklagte freigesprochen wird.

Dass die Ära Menderes vor Gericht endet, ist eine Folge seiner zunehmend repressiven Politik. Einst als populärer Erneuerer angetreten, reagiert er mit fortgeschrittener Amtszeit mit immer größerer Härte auf die politischen Unruhen und wachsenden wirtschaftlichen Probleme. 1959 und 1960 kommt es zu Großdemonstrationen gegen seine autokratische Regierung. Sie werden blutig niedergeschlagen, zeitweise wird das Kriegsrecht ausgerufen. Vor allem Studenten fordern lautstark mit

Parolen wie »Freiheit und Demokratie« den Rücktritt des Ministerpräsidenten. Der schmettert stattdessen seinen jubelnden Anhängern in Izmir entgegen: »Soll ich zurücktreten, weil eine Handvoll Intellektueller in Ankara und Istanbul es will? Mich habt ihr, mich haben Millionen gewählt.«[110] Viele seiner Anhänger können zumeist weder Plakate noch Presseberichte der Opposition lesen. Die geschliffenen Worte der elitären CHP erreichen sie in weit geringerem Maß als das Gepolter der Regierung, die sich dieser Distanz bewusst ist: »Diese Straßendemonstrationen von Kindern werden mich nicht zum Rücktritt zwingen!«, gibt sich Menderes immer noch selbstbewusst, und er spottet: »Was kümmern uns die Intellektuellen, solange die Bauern für uns sind.«

Der Tropfen, der das Fass zum Überlaufen bringt, ist die Entscheidung der Regierung im April 1960, eine Untersuchungskommission im Parlament einzusetzen, um die Aktivitäten einiger CHP-Abgeordneter zu überwachen. Menderes behauptet, CHP-Anhänger würden eine Revolte anzetteln.[111] Als dem Ministerpräsidenten wenig später Soldaten bei einem öffentlichen Auftritt in Eskişehir aus Protest den Rücken zukehren, ahnt Menderes, dass er den Bogen überspannt hat. Er kündigt an, die Untersuchungskommission umgehend zu entlassen, doch es ist zu spät. Eine Gruppe von Offizieren hat längst sein politisches Ende beschlossen. Menderes hat die Macht der Militärs unterschätzt, sagt der Kopenhagener Historiker Mogens Pelt,[112] der ein Buch über die Ära geschrieben hat.[113] So habe Menderes etwas mehr als einen Monat vor dem Putsch dem US-Botschafter erklärt, dass »wir uns zu hundert Prozent auf die Armee verlassen können«, und als der Botschafter gefragt habe: »Sind Sie sicher?«, habe der Ministerpräsident erwidert: »Ich habe keine Zweifel.« – »Der Grund dafür«, so Pelt weiter, »könnte sein, dass zwei Jahre zuvor, im Jahr 1958, ein Gericht neun Offiziere, die der Verschwörung beschuldigt wurden, freigesprochen hatte. Dieser Fall, der als ›Fall der Neun‹ bekannt wurde, könnte Menderes in dem falschen Glauben gelassen haben, dass die türkischen Streitkräfte sich nicht gegen ihn verschworen hatten«, sagt Pelt.

Nach zehn Regierungsjahren endet Menderes' beachtliche Karriere mit einer »Hareket« (Aktion, Bewegung), wie man solche Interventionen in der Türkei nennt. »Ich gehöre zu jenen Leuten, die einen rasanten Sportwagen mit allen Risiken einer langsamen, sicheren Limousine vorziehen«, hat Menderes einmal über sich gesagt. Während einer Autofahrt nach Kütahya wird er von Obersten der Armee angehalten und im Namen des »Komitees für die Nationale Einheit« aus dem Wagen gezerrt. »In diesem Augenblick steht das ganze Land unter der Kontrolle der nationalen Streitkräfte«, erklärt ihm ein General mit vorgehaltener Waffe. »Wir haben Befehl, Sie unter Arrest zu stellen.« Dann spuckt der Offizier dem Ministerpräsidenten ins Gesicht.[114] Der dreifache Wahlsieger ist an seiner Unversöhnlichkeit, seiner Eitelkeit und vor allem an der Armee gescheitert, die der Republik treu ergeben ist. Noch wenige Tage zuvor hat Inönü gewarnt: »Das Schlimmste, was jetzt passieren kann, ist ein Putsch der Armee«, und erklärt: »Wir wollen legal an die Macht kommen.«[115]

Der Putsch wird am Morgen des 27. Mai 1960 vom rechtsextremen Alparslan Türkeş (1917–1997) über den staatlichen Rundfunk verkündet. General Cemal Gürsel (1895–1966), der an der Spitze des Einheitskomitees steht, übernimmt die Funktionen des Staatspräsidenten, des Generalstabschefs, des Premiers und des Verteidigungsministers – nicht einmal Atatürk hat je über so viel Macht verfügt. Mit dieser Bündelung zielt die Junta darauf ab, kritische Positionen umfassend zu kontrollieren. Die Militärs nehmen alle Parlamentsabgeordneten und das gesamte Kabinett fest, die DP wird verboten.[116] Während die

Übernahme in Ankara und Istanbul freudig begrüßt wird, wird insbesondere auf dem Land geschwiegen. Zwar verspricht General Gürsel, er wolle keine Diktatur errichten, sondern strebe Neuwahlen an, er bekennt sich zur Nato, und auch Zeitungen dürfen wieder erscheinen.[117] Doch Menderes' Absetzung hat einen für die junge Republik fatalen Präzedenzfall geschaffen: die militärische Bevormundung der zivilen Regierung. In den nächsten vier Jahrzehnten werden die Streitkräfte drei weitere Regierungen stürzen.

Das Militär bringt eine neue Verfassung auf den Weg, die das Gesetzeswerk von 1924 ablösen soll. Im Verfassungsreferendum vom 9. Juli 1961 wird die neue Verfassung angenommen. Ganze 61,7 Prozent der Türken stimmen dafür, worauf das Militär die Führung des Staates wieder an die Politik übergibt. Mit der neuen Verfassung bauen die Generäle den Staat jedoch um und statten die Armee mit mehr Macht aus: Mit dem Nationalen Sicherheitsrat (Millî Güvenlik Kurulu, MGK) wird erstmals ein militärisches Gegengewicht zur Politik in der Verfassung verankert. Bis zur Verfassungsreform 2021 wird der Sicherheitsrat mehrheitlich mit Vertretern der Streitkräfte besetzt sein, sein Auftrag ist es, darüber zu wachen, dass die Politik der Regierung mit den Grundprinzipien des Kemalismus übereinstimmt. Nach außen gibt sich das Gremium als beratendes Organ. Tatsächlich ist es ein zentrales Instrument des Militärs, um die eigenen Vorstellungen direkt in die Politik einfließen zu lassen – in den folgenden Jahrzehnten wird der Einfluss des Sicherheitsrates immer mehr ausgeweitet.

Hauptziel der Verfassungsänderung war es, ein Machtmonopol der Regierung, über das sowohl die CHP als auch die DP verfügt hatten, zu verhindern, indem Institutionen geschaffen wurden, die als Korrektiv fungierten. Die von den Militärs implementierte Verfassung ist tatsächlich vollkommen neu, sie ist ein liberales Dokument und unterscheidet sich vollständig von der alten Verfassung – mit ihr vollzieht das Land einen großen Schritt in die Moderne. Der Aufbau des Verfassungstextes erinnert an das deutsche Grundgesetz und an die italienische Verfassung.[118] Die neue Verfassung ist überraschenderweise in weiten Teilen frei von Ideologie.[119] Sie ist geprägt vom Misstrauen der Generäle gegenüber der Politik und ermöglicht deswegen eine effiziente Kontrolle, um eine Autokratie zu verhindern. Es ist der Beginn der »zweiten Republik« – nicht einmal fünfzig Jahre nach dem Zusammenbruch des Osmanischen Reichs bekommen die Menschen eine Verfassung, die sie in den Mittelpunkt stellt.[120] So sieht die Verfassung ein Zweikammerparlament vor und setzt das Prinzip der Gewaltenteilung durch, die durch Kontrollmechanismen wie dem Verfassungsgericht und dem Obersten Justizrat flankiert wird. Die Universitäten sollen künftig unabhängig von der Regierung sein, ebenso wie die Radio- und Fernsehgesellschaft. Radio und Fernsehen sollen nicht mehr als Propagandainstrumente der Regierung dienen. Die neue Verfassung lässt zudem ein breiteres Spektrum an politischen Aktivitäten zu als die alte, sowohl nach links als auch nach rechts. Die erste Partei, die eindeutig außerhalb des Kemalismus steht, wird 1961 gegründet: die bis heute existierende Arbeiterpartei der Türkei (Türkiye İşçi Partisi, TİP), der 1962 der spätere Weltliterat Yaşar Kemal beitritt.

Am 14. Oktober 1960 beginnt der Prozess gegen Menderes und seine Getreuen auf der Prinzeninsel Yassıada. Es wird Anklage gegen 592 Personen erhoben. Bis auf einen werden sämtliche DP-Abgeordneten angeklagt, darunter auch Staatspräsident Celâl Bayar.[121] Das Militär führt die Prozesse durch – die Generäle haben dabei vor allem ein Ziel: ihren Putsch zu legitimieren und mit der von ihnen gestürzten DP-Regierung abzurechnen. Die Urteile fällt der Oberste Justizrat (Yüksek Adalet Divanı), dessen Mitglieder allesamt als Kritiker der DP-

Regierung gelten. Die Angeklagten dürfen vor Prozessbeginn kaum Kontakt zu ihren Anwälten haben. Weder die Anklageschrift noch die Dokumente für ihre Verteidigung werden den Beschuldigten vorher zugestellt. Die Altersgrenze für die Todesstrafe, die bisher bei 65 Jahren liegt, wird abgeschafft.[122]

Hans Ulrich Kempski, Reporter der *Süddeutschen Zeitung* und als Prozessbeobachter vor Ort, schreibt am 16. Oktober 1960: »Selbst persönliche Feinde des ehemaligen türkischen Ministerpräsidenten wird der Anblick dieses Mannes nicht unberührt lassen können. Die ganze feiste Rundlichkeit von einst ist weg, auch das stereotype und stets eine Spur zu flotte Lachen. Stattdessen ist da nur noch ein ausgemergeltes und fahles, fast leblos wirkendes Gesicht, dessen tiefeingegrabene Linien sich fortsetzen bis zum schlaff und dürr gewordenen Hals.« Das Schicksal von Menderes ist vorgezeichnet: »Wenn das Revolutionstribunal nicht Milde walten lässt, wird er am Galgen enden.«[123]

Die vom Militär ausgewählten Staatsanwälte fordern die Todesstrafe. Sie werfen den Beschuldigten unter anderem Verletzung der Verfassung und Amtsmissbrauch vor. Es werden möglichst viele Anklagen eröffnet, um eine Verurteilung erreichen zu können. Die Vorwürfe reichen von Mord bis Machtmissbrauch. Manche Anklagen sind absurd: So wird Bayar vorgeworfen, er habe in seiner Funktion als Staatspräsident für 20 000 Türkische Lira einen Hund, den ihm der Schah von Afghanistan geschenkt hatte, an einen Zoo in Ankara verkauft.[124] In den folgenden Monaten verhandelt das Gericht in 19 Strafprozessen gegen die ehemaligen Regierungsmitglieder. Unter anderem wird in diesem Rahmen »festgestellt«, die Bombe vor Atatürks Geburtshaus in Thessaloniki, welche die Pogrome gegen die Griechen auslöste, sei von einem Mittelsmann der Regierung gezündet worden. Mehrfach geht es um Korruption und Machtmissbrauch.

»Von 1950 bis 1960 gab es weder eine Diktatur noch einen Diktator«, sagt Menderes in seiner Verteidigung.[125] Immer wieder kommt es zu Solidaritätsdemonstrationen für den Inhaftierten. Zwar wird versucht, den Angeklagten durch die Offenlegung seiner Schwächen zu entzaubern, doch weder die öffentlich gemachten Liebeleien noch die Korruptionsbehauptungen oder der Vorwurf des Verfassungsbruchs schmälern die Verehrung der Landbevölkerung ihm gegenüber. Sie sind ihm weiterhin dankbar, dass er Moscheen, Fabriken und Straßen bauen ließ und die ländliche Bevölkerung steuerlich begünstigt hat. In der Nacht, so eine der populären Legenden, verlasse Menderes auf einem weißen Pferd seine Zelle in Istanbul und reite zur Eyüp-Sultan-Moschee, um sich dort mit den Engeln wegen seines Prozesses zu beratschlagen. Nach dessen Hinrichtung erzählen sich abergläubische Bauern in den 1960er Jahren, Menderes sei überhaupt nicht tot. Er werde auf einem weißen Schimmel nachts in die Dörfer zurückkehren, um seine Anhänger um sich zu scharen.[126]

Es bleibt nicht bei Legenden: Ein Komplott von Menderes' Anhängern wird aufgedeckt; sie wollten ein Elektrizitätswerk sprengen, um im Schutz der Dunkelheit den populären Gefangenen zu befreien.[127] Für sie ist Menderes eine übermenschliche Figur, die von Gott auserwählt wurde, das Volk zu führen. Dies geht auch auf den Umstand zurück, dass der Ministerpräsident am 17. Februar 1959 einen Flugzeugabsturz auf dem Londoner Flughafen Gatwick überlebte, bei dem die meisten Passagiere ums Leben kamen. Der türkische Rundfunk und die Partei schlachteten die Katastrophe umfassend aus, um einen solchen Mythos zu schaffen.

Am 15. September 1961 werden die Urteile gesprochen: Die Richter verurteilen 15 Mitglieder der DP zum Tod durch den Strang, unter ihnen Menderes selbst und zwei seiner Minister. Staatspräsident Bayar bekommt wegen seiner siebenundsiebzig Jahre eine lebenslängliche Strafe, er wird 1966 begnadigt. 123 Angeklagte werden vom Sondertribunal freigesprochen, alle andere erhalten Gefängnisstrafen, davon 31 Personen lebenslänglich.[128] Menderes selbst hat zuvor versucht, sich in seiner Zelle mit Schlaftabletten das Leben zu nehmen. Man pumpt ihm den Magen aus. Nach internationaler Kritik werden die Todesstrafen in Haftstrafen umgewandelt – bis auf jene für Menderes, den Außenminister Fatin Rüştü Zorlu und den Finanzminister Hasan Polatkan.

Einen Tag nach der Hinrichtung seiner beiden Minister wird Menderes am 17. September auf der Gefängnisinsel İmralı zum Galgen geführt. Am Morgen werden noch Bilder von ihm gemacht – im Pyjama in seiner Zelle. Der Verurteilte will eigentlich so nicht fotografiert werden, es wird ihm gesagt, die Aufnahmen seien für seine Familie bestimmt. Doch sie werden der Presse zugespielt. Noch wenige Stunden vor seiner Hinrichtung wird Menderes untersucht, unter anderem an der Prostata – ein Akt der Demütigung. Das Bild seiner Leiche, im weißen Gewand mit einem Seil um den Hals, kennt wohl jeder in der Türkei.[129]

Die Todesurteile spiegeln die Situation der neuen Machthaber wider. Die Militärherrscher müssen die Angeklagten möglichst vieler Verbrechen überführen, um ihren Putsch zu rechtfertigen. Die Putschisten sind keineswegs eine geschlossene Gruppierung. Innerhalb der Junta steht eine eher gemäßigte einer radikaleren Fraktion zumeist jüngerer Generäle gegenüber. Zwar werden die Radikalen schließlich ins Abseits gedrängt, die Todesurteile waren aber zunächst Zugeständnisse an sie.

Bei den ersten Wahlen vier Wochen nach den Hinrichtungen wird klar, dass die rasch eingeleitete Lockerung der Maßnahmen gegen die zahlreichen Anhänger von Menderes vergebens war. Diese bleiben dem Hingerichteten treu, trotz der Freilassung der Journalisten, trotz der neuen, deutlich demokratischeren Verfassung, trotz der eilig organisierten Neuwahlen und trotz des Versprechens der Armee, sich danach zurückzuziehen. Die Hinrichtung Menderes' durch das Militär hat das Andenken an ihn nicht auszulöschen vermocht. Im Gegenteil: Die Generäle haben einen Märtyrer erschaffen. Zwar gewinnt die kemalistische CHP mit Inönü an der Spitze mit 36,7 Prozent der Stimmen die Wahl nach dem Putsch und macht den inzwischen fast achtzigjährigen Ismet Paşa, wie ihn Freund und Feind nennen, zum vierten Mal zum Ministerpräsidenten. Doch die Gerechtigkeitspartei (Adalet Partisi, AP), die Nachfolgepartei von Menderes' DP, in welcher der Ingenieur und spätere Präsident Süleyman Demirel noch gewöhnlicher Abgeordneter ist, holt fast gleich viele Stimmen, nämlich 34,8 Prozent. Dass die Militärs während des Wahlkampfes bei einem Sieg der AP mit einer erneuten Revolte drohten, hat ihre Anhänger offenbar nicht davon abgehalten, sie zu wählen. Das Parteisymbol der AP ist ein weißer Schimmel, »Rache für Yassıada« der Wahlkampfslogan – und er hat Erfolg.[130] Die CHP und die AP bilden die erste Koalitionsregierung der Republik.

Auch heute noch wird Menderes in der Türkei von vielen verehrt, auch als Sinnbild für die Ungerechtigkeit der Militärs. »Wenn er nur für einige Jahre inhaftiert worden wäre, dann wäre er heute nicht solch ein Märtyrer«, so der britische Autor Jeremy Seal. Ähnlich sieht es auch der dänische Historiker Mogens Pelt: »Adnan Menderes war nicht nur der erste Ministerpräsident der Republik, der eine religiöse Liberalisierung anstrebte. Er war auch noch der erste Ministerpräsident, der demokratisch gewählt und von den Militärs hingerichtet wurde – das hat ihn zu einem Symbol gemacht. Ich nenne es das ›Menderes-Trauma‹.«

Ayhan Aydan muss nach dem Putsch ihr Haus verlassen,

das ihr Menderes geschenkt hatte. Sein gesamter Besitz wurde beschlagnahmt. Sie selbst kehrt kurz auf die Bühne zurück, gibt aber wegen ihres Asthmas ihre Karriere auf. 1963 stirbt ihr Sohn bei einem Unfall. Nach dem Tod ihres Exmannes zieht sie nach Izmir – wo sie bis zu ihrem Tod leben wird. 1990 werden Menderes sowie die Minister Zorlu und Polatkan offiziell rehabilitiert. Ihre Leichname werden von İmralı in ein für sie in Istanbul errichtetes Mausoleum überführt und in einem Staatsakt beigesetzt.

Heute sind Straßen, Flughäfen und Universitäten nach Menderes benannt. Sein Schicksal hat auch bei dem späteren Staatspräsidenten Recep Tayyip Erdoğan, der zum Zeitpunkt der Hinrichtung ein Schulkind war, Spuren hinterlassen: »Damals habe ich nicht viel verstanden. Aber ich sah, dass mein Vater und meine Mutter sehr bestürzt waren«, erinnert sich Erdoğan später an die Ermordung von Menderes. Er preist ihn als einen »Märtyrer für die Demokratie« und wird immer wieder an Menderes erinnern.[131]

Erdoğan hat den Getöteten mehrfach als sein ideologisches und politisches Vorbild bezeichnet, sagt Seal. »Für Erdoğan wurde Menderes von den Menschen umgebracht, die auch versucht haben, ihn aufzuhalten – den Säkularen.« Für den Historiker Pelt ist klar: »Von konservativen Politikern wie Erdoğan wird er als ein Demokrat dargestellt, der für seine Überzeugung hingerichtet wurde. Menderes' Hinrichtung hat dazu geführt, dass seine Politik verklärt wird. Seine planlose Wirtschaftspolitik und die Repressionen gegen Kritiker werden ausgeblendet.«

Hintergrund: Das Diyanet – Instrument der Politik

Für Millionen Muslime in der Türkei ist es ein Freudentag. Für viele Millionen andere hingegen ein Tag der Trauer: Am 24. Juli 2020 strömen Gläubige in Massen zum Gebet in den Istanbuler Stadtteil Fatih auf die historische Halbinsel mit Topkapi-Palast, Hagia Sophia und Blauer Moschee. Sie strömen vorbei an Polizisten und Händlern, die Souvenirs mit der Jahreszahl 1453 verkaufen – dem Jahr, in dem die Osmanen Istanbul eroberten und die byzantinische Kirche Hagia Sophia. in eine Moschee umwandelten. Zehntausende breiten rund um das weltberühmte, 537 von Kaiser Justinian gegründete Gebäude ihre Gebetsteppiche aus. Am Mittag erschallen erstmals wieder Gebetsrufe von den Minaretten der Hagia Sophia. Immer wieder hört man den Ruf: »Gott ist groß!«

Im Inneren des einzigartigen, fast 1500 Jahre alten Sakralbaus, der zum Weltkulturerbe gehört, empfängt Staatspräsident Erdoğan Hunderte geladene Gäste. Der Vorsitzende der Religionsbehörde Diyanet, Ali Erbaş (*1961), hält eine symbolträchtige Freitagspredigt – die erste seit fünfundachtzig Jahren. Wegen des islamischen Bilderverbots bedecken während des Gebets weiße Vorhänge die Mosaike, die christliche Motive zeigen. Während der Imam von der Kanzel spricht, hält er ein Schwert in seinen Händen – ein Verweis auf Sultan Mehmed Fatih II., den »Eroberer Konstantinopels«, der damaligen Hauptstadt des einst mächtigen byzantinischen Reichs.

Atatürk hat den prachtvollen Bau 1935 von einer Moschee zu einem Museum umfunktionieren lassen. Damit wollte er ein starkes Zeichen für den von ihm deklarierten Laizismus setzen. Diese Entscheidung wird am 10. Juli 2020 um 14.53 Uhr vom türkischen Staatsrat aufgehoben.[132] Erdoğan vollzieht eine Kehrtwende und macht seine Vorstellung eines muslimischen Staates augenfällig. Auch deswegen findet das erste Gebet am

24. Juli 2020 statt – dem Jahrestag des Lausanner Vertrags. Erdoğan sagt, ein »Jugendtraum« habe sich für ihn erfüllt. Tatsächlich hat er bereits als Bürgermeister von Istanbul mehrfach gesagt, er wünsche sich die Hagia Sophia als Moschee. Jetzt endlich kann er den islamischen Charakter der Republik unterstreichen und sich als Führungsfigur der Umma, der Gemeinschaft aller Muslime, präsentieren. Erbaş predigt: »Die Sehnsucht unseres Volkes, die sich zu einer tiefen Wunde im Herzen verwandelt hatte, findet ein Ende.«[133]

Erbaş ist als Chef des Diyanet die oberste islamische Autorität des Landes. Das Diyanet (Diyanet İşleri Başkanlığı, Präsidium für Religionsangelegenheiten) ist die Religionsbehörde und damit eine Schlüsselinstitution der Republik.[134] Ihre Rolle und ihr Auftreten haben sich in den vergangenen Jahrzehnten mit dem politischen Klima gewandelt. Als sie am 3. März 1924, am Tag der Abschaffung des Kalifats, gegründet wird, ist es nicht ihre erste Aufgabe, den Triumph der Religion über das Weltliche zu zelebrieren. Ganz im Gegenteil: Das Diyanet ist Ausdruck von Atatürks glühendem Bestreben, die fest im Volk verankerte Religion zu steuern. Die Republik ist von Anfang an als säkularer Staat konzipiert. Religiöser Eifer wird als gefährlich angesehen. Atatürks Variante des Säkularismus verlangt staatliche Hegemonie über religiöse Angelegenheiten. Es gilt der türkische Nationalismus, der den Staat trägt, und nicht wie im Osmanischen Reich der Islam.[135] Die Geistlichen sollen Bedienstete der Regierung sein, Institutionen des Islam werden in die Bürokratie eingebunden.[136] »Der Islam wurde zu einem Instrument, um dieses homogene Nationalvolk zu schaffen. Dazu gründete der Staat die Religionsbehörde Diyanet mit dem Ziel, die Religion zu kontrollieren und die Verbreitung des sunnitischen Islams zu fördern, des Kitts, der die Nation zusammenhalten soll. Ein Problem war dabei, dass der Islam damit seine Autonomie verlor und der Staat eine allein gültige Glaubenspraxis vorgab«, sagt der Islamwissenschaftler und FAZ-Journalist Rainer Hermann.

Die neue Behörde, die für die religiösen Aktivitäten der Bevölkerung und die Verwaltung der Moscheen zuständig ist, soll ein Vakuum nach dem Ende der osmanischen Herrschaft füllen, während der die weltliche und die geistige Führung eng verbunden waren. Die »Privatisierung« des Glaubens erfordert eine staatliche Lenkung.[137] »Ein wichtiger Grund für die Einführung der Diyanet ist die ›mangelnde‹ Organisationsstruktur des Islams«, sagt Levent Tezcan.[138] Der Soziologe und Politikwissenschaftler an der Universität Münster hat über das Diyanet geforscht. »Anders als im Christentum«, erklärt er weiter, »gibt es im Islam keine eigenständige, vom Herrschaftsapparat unabhängige, übergreifende Organisation, die die Religionsangelegenheiten regelt. Es gab zwar das Kalifat, aber dieses hat nicht die Lehre bestimmt, sondern war vor allem politischer Natur. Die höchste religiöse Autorität der Osmanen, Seyhülislam, war Teil des Herrschaftsapparats. Bei der Gründung der Republik stellte sich die Frage, was mit dem Islam geschehen soll, wer zum Beispiel die Ausbildung der Imame gewährleisten und die Moscheen verwalten soll. Außerdem musste sich die neu gegründete Republik vor Gefahren schützen, etwa der Rückkehr des Sultans«, so Tezcan.

Von Anfang an richtet sich das direkt dem Staatspräsidenten unterstellte Diyanet nur an die sunnitische Bevölkerung. Die Nichtsunniten, von denen die Aleviten die größte Gruppe darstellen, werden benachteiligt, der sunnitische Islam wird zum Staatsglauben aufgewertet.[139] Eine genaue Übersicht über die in der Türkei lebenden Aleviten fehlt, doch es wird geschätzt, dass sich jeder fünfte Bewohner der Republik zum Alevitentum bekennt. Zwar leben Aleviten landesweit verteilt, ein Siedlungsschwerpunkt ist aber der Osten Zentralanatoliens.[140] In der Republik gibt es Glaubensfreiheit, aber keine Religionsfreiheit. So werden die Aleviten nicht offiziell als Glaubensgemeinschaft anerkannt und erhalten dementsprechend keinerlei staatliche Unterstützung. Dennoch müssen auch die Aleviten mit ihren Steuergeldern das Diyanet mitfinanzieren.[141] Auch deswegen hat es von alevitischer Seite schon Vorschläge gegeben, das Diyanet aufzulösen und die Gelder den Gläubigen direkt auszuzahlen.

Die Besonderheit des Diyanet besteht darin, dass die Politik den Glauben verwaltet, der dem Nationalstaat zu dienen hat.[142] Sie ernennt die Imame, Prediger und Muezzins. Die Zentrale in der Hauptstadt arbeitet auch die Freitagspredigten aus und schickt sie den Moscheen zu, auch den ausländischen Gemeinden, die dem Diyanet angeschlossen sind. Die Behörde organisiert heute zudem die Pilgerfahrten nach Mekka und bietet Korankurse sowie zahlreiche Bildungs- und Kulturaktivitäten an. Doch so weit gefasst waren ihre Aufgaben nicht immer.

In der Frühzeit der Republik, als diese ein Einparteienstaat war, bestand die Hauptaufgabe des Diyanet darin, die Frommen im Auftrag der CHP zu kontrollieren und die Religion als soziale und moralische Instanz zurückzudrängen. Zu Beginn ist das Diyanet dem Laizismus verpflichtet und muss sich politischer Themen enthalten. Die Behörde fungiert als Verwaltungsorgan und kann allenfalls die Politik über religiöse Fragen informieren. Erst mit dem Wechsel zum Mehrparteiensystem 1946 wurde die konservative, religiöse Bevölkerungsmehrheit zu einem politischen Faktor. Die CHP musste ihren harten Säkularismus lockern. Die Partei erlaubte unter anderem teilweise den Religionsunterricht. Als Nächstes erweiterte Adnan Menderes nach seinem ersten Wahlsieg im Jahr 1950 die Entscheidungsspielräume der Religionsbehörde und stockte die finanziellen Mittel auf, weil er das Diyanet für seine Re-Islamisierungsagenda nutzte.[143]

Die zweite Phase des Diyanet beginnt mit dem Staatsstreich 1960 und endet mit der Regierungsübernahme durch die AKP 2002. In diesen Jahrzehnten wird der Tätigkeits- und Einflussbereich der Behörde schrittweise von verschiedenen Regierungen erweitert. 1961 wird die Behörde in der Verfassung verankert, 1965 wird ihre Tätigkeit gesetzlich geregelt. Die Bedeutung des Diyanet wächst laufend. Seit 1971 sind dessen Mitarbeiter Staatsbeamte.[144] Es ist die einzige staatliche Behörde, in der Frauen ein Kopftuch tragen dürfen. Eine noch weitreichendere Rolle übertragen ihr die Militärs nach dem Putsch von 1980. Sie soll nun zur Festigung der nationalen Solidarität und Einheit beitragen. Die neue Regierung und das Militär betrachten die Religion als Bollwerk gegen die Linken, denn in den 1970er Jahren werden in der Türkei sozialistische und kommunistische Strömungen populär.

Mit der Machtübernahme durch die AKP im Jahr 2002 beginnt die bis heute anhaltende dritte Phase des Diyanet. In dieser wird der Haushalt der Behörde massiv aufgestockt, ihre Verwaltungskapazitäten und ihre Aufgaben werden umfassend erweitert. Regierungspolitik und religiöse Themen werden immer enger miteinander verzahnt. Das macht etwa die Predigt in der Hagia Sophia mit Erdoğan und Erbaş besonders sichtbar, oder auch Erbaş' Erklärung nach dem Putschversuch von 2016, dass dabei getötete Putschisten keine religiöse Beisetzung erhalten werden.[145] Auch ein weiteres Ereignis hat große symbolische Bedeutung: Im September 2021 betet Erbaş bei der Eröffnung eines neuen Dienstgebäudes des Obersten Berufungsgerichts, während ihn Mehmet Akarca, Generalstaatsanwalt am Kassationshof, in seiner Robe begleitet.[146]

Die Regierung fördert auch die Auslandsaktivitäten der Religionsbehörde massiv. Es entstehen Moscheen vom Balkan bis nach Nordamerika. Die neu errichteten Gotteshäuser bezeugen den Macht- und Deutungsanspruch der AKP über die Grenzen des Landes hinaus. Das Diyanet unterstützt Versammlungen wie den Eurasia Islam Council, den Islamischen Rat der Balkanländer, den Muslim Summit der Länder Lateinamerikas und den Gipfel der afrikanischen Religionsführer. Außerdem baut das Diyanet sein Angebot an Korankursen für Schüler aller Altersgruppen drastisch aus.

Das Diyanet wächst beträchtlich. Hatte es im Jahr 2008 rund 83 000 Mitarbeiter, überwiegend Imame, beschäftigt es 2020 bereits 128 000 Personen.[147] Diese sind zuständig für rund 90 000 Moscheen, betreuen 20 000 Korankurse und organisieren Pilgerfahrten nach Mekka für 125 000 türkische Bürger. Mit einem Budget von 13 Milliarden türkischen Lira (1,6 Milliarden US-Dollar) belegt die Behörde 2021 den 13. Platz unter 40 öffentlichen Einrichtungen, die vom Haushaltsbudget profitieren.[148]

Gleichzeitig wächst auch die gesellschaftliche Macht des Diyanet als Autorität in Fragen des alltäglichen Lebens. So erteilt eine kostenlose telefonische Hotline Ratschläge in Glaubensfragen. Die Ratgeber deuten etwa an, eine Leihmutterschaft sei einem Ehebruch ähnlich. Zudem wird davor gewarnt, dass das ausgetragene Kind seelischen Schaden nehmen könne, weil es nicht genau wisse, wer seine Mutter sei.[149] Oder sie erlauben die Verwendung von Augentropfen während der Fastenzeit, weil die geringe Menge an zugeführter Flüssigkeit weder als Essen noch als Trinken gilt.[150] Internationale Schlagzeilen macht die Behörde, als sie 2015 feststellt, dass Toilettenpapier entgegen einer weit verbreiteten Meinung im Islam nicht verboten ist. Aufmerksamkeit erregt sie auch mit der Aussage, das Füttern von Hunden zu Hause, Lotterien und Tätowierungen verstießen gegen den Islam. Das Zupfen von Augenbrauen oder der Kauf von Bitcoins seien ebenfalls unislamisch. Derlei Aussagen rufen in der Türkei vor allem in sozialen Netzwerken Spott hervor. Einige bezeichnen etwa die Empfehlung, die Augenbrauen unangetastet zu lassen, als »Pinzetten-Fatwa«.[151] Es gibt keine Pflicht, sich nach diesen Beurteilungen des Diyanet zu richten, doch Millionen Muslime nehmen sie sehr ernst.

Während Atatürk die Behörde einst gegründet hat, um religiöse Praktiken zu kontrollieren, ist diese nun dazu übergegangen, vermeintlich westlichen Gepflogenheiten den Kampf anzusagen. So veröffentlicht das Diyanet am 30. Dezember 2016 auf seiner Website *diyanet.gov.tr* – wie immer freitags – eine landesweit verlesene Predigt, in der die Neujahrsfeiern als unislamisch kritisiert werden. Unter anderem heißt es: »Es ist bedenklich, dass die ersten Stunden des neuen Jahres mit zu anderen Kulturen und Welten gehörenden Neujahrsfeierlichkeiten zur Verschwendung missbraucht werden.« Es sei unziemlich für einen Gläubigen, »illegitimes Benehmen und Verhalten« zur Schau zu stellen. Dazu gehöre etwa ein Verhalten, das nicht mit »unseren Werten« übereinstimme.

Auch zur Gestaltung des Intimlebens hat die Behörde eine klare Vorstellung – ebenso wie über das, was die Gesellschaft davon zu halten hat. So sagt Erbaş 2020, Homosexualität »bringt Krankheit und dieser Generation den Verfall«. Hunderttausende seien wegen Homosexualität und Ehebruchs dem HI-Virus ausgesetzt. Er ruft dazu auf, Menschen vor »dieser Art des Bösen« zu schützen. Erdoğan stärkt Erbaş gegenüber Kritikern den Rücken und mahnt, jeder Angriff auf Erbaş sei ein Angriff auf den Staat.[152] Folgerichtig wird, weil die Anwaltskammer Ankara Erbaş wegen solcher Aussagen kritisiert, deren Vorsitzender angeklagt.[153] Die Juristen hatten Erbaş als »Person mit einer Stimme aus längst vergangenen Zeiten« bezeichnet – kurz darauf wird ein neues Gesetz vorgelegt, mit dem die Anwaltskammern zugunsten der Regierung neu organisiert werden.[154]

Über die Jahrzehnte hinweg haben die Regierungen verschiedentlich versucht, das Diyanet für ihre Zwecke zu instrumentalisieren. So geriet die Behörde zur religiösen Legitimierungsinstanz politischer Ziele. 1991 unterstützte sie die Antiterrorgesetze. Die Imame riefen zum Gebet für die im Südosten gefallenen Soldaten auf.[155] Als Ankara im Januar 2018 im nordsyrischen Afrin einmarschiert, empfiehlt das Diyanet, für den Sieg türkischer Soldaten zu beten. Im Februar 2018 erhalten alle Moscheen eine Freitagspredigt zum Thema Dschihad.[156] Unter Erdoğan, der von einer frommen Generation träumt, werden die Leiter des Diyanet zu seinen Sprachrohren.[157]

Bis Ende 2010 leitet der als liberal geltende Ali Bardakoğlu (*1952) das Diyanet, er ist noch vom säkularen Präsidenten Ahmet Necdet Sezer (*1941) ernannt worden. Während Bardakoğlus Amtszeit hält sich das Diyanet weitgehend aus politischen Fragen heraus. Als Erdoğan 2010 wieder einmal eine Lockerung des Kopftuchbanns anstrebt, weigert sich Bardakoğlu, muslimischen Frauen das Tragen des Kopftuchs zu empfehlen. Er betont, dass dies keine Anforderung der Religion und keine Bedingung für die Zugehörigkeit zur islamischen Gemeinschaft sei.[158] Auch den Aleviten gegenüber zeigt er sich aufgeschlossen und schlägt vor, diese in das Diyanet zu integrieren.[159]

Kurz darauf wird Bardakoğlu entlassen und durch Mehmet Görmez (*1959) ersetzt, der sich den Wünschen der AKP-Führung gegenüber aufgeschlossener zeigt und dafür großzügig belohnt wird. Als 2015 bekannt wird, dass Görmez ein Dienstauto für mehr als 300000 Euro erhalten soll, verteidigt Erdoğan dies mit den Worten: »Mehmet Görmez ist nicht nur der religiöse Führer der Türkei, er ist ein geschätzter religiöser Führer in der gesamten islamischen Welt.«[160] Aber Görmez muss 2017 ebenfalls das Amt verlassen, Mutmaßungen zufolge soll es auch im Diyanet zahlreiche Anhänger der Gülen-Bewegung gegeben haben (siehe zu Gülen S. 307 ff.), wofür Görmez als Leiter ein großer Teil der Verantwortung zugeschrieben wurde.[161]

Die AKP-Nähe des Diyanet wird immer wieder manifest. So äußert sich Görmez auch zur Hagia Sophia, also zu Erdoğans Jugendtraum, und erklärt: »Die Hagia Sophia ist keine Kirche, kein Museum, sondern das Heiligtum von Mehmed dem Eroberer und allen Muslimen.« Er ruft auch zur »Befreiung der Al-Aqsa-Moschee« auf und sagt 2014, dass es »keinen Unterschied zwischen Israel und ISIS« gebe, was die religiösen Lehren angehe, die zur Gründung der jeweiligen Staatsgebilde geführt hätten. Görmez' Tiraden fallen in eine Zeit, in der auch das politische Ankara gegen Israel austeilt: Im Sommer desselben Jahres greift Erdoğan Israel mit einem Hitlervergleich verbal an, was eine israelische Reisewarnung für die Türkei nach sich zieht.

Im Jahr 2014 unterstützt die offizielle Diyanet-Predigt, die im März kurz vor den Kommunalwahlen an Tausende Moscheen in der ganzen Türkei verschickt wird, die von der AKP verhängten Verbote von Twitter und YouTube. Und am Tag vor den Parlamentswahlen 2015 fordern Imame ihre Gläubigen auf, nicht für »bestimmte Parteien«, sondern für »die Muslime« zu stimmen. Der Wissenschaftler Tezcan sagt: »Unter der AKP wird versucht, mit Religion die Gesellschaft zu kontrollieren. Religionspolitik ist jetzt aktiver Bestandteil der Gesellschaftsformation. Vorher ging es um die Begrenzung des Einflusses religiöser Autoritäten, jetzt ist die Religionspolitik darauf ausgerichtet, eine bestimmte religiöse Lebensführung stärker in die Gesellschaft hineinzubringen. So steht im Strategieplan des Diyanet für 2012 bis 2016, dass der Islam aus der Moschee in die Gesellschaft muss. Die Gesellschaft, so der Wunsch Erdoğans, soll auch durch mehr Religion regierbar gemacht werden. Dabei war der Islam schon immer in der Gesellschaft. Es geht jetzt darum, durch eine aktive Religionspolitik die Individuen zu disziplinieren und die eigene politische Macht abzusichern«, so Tezcan.

Bis zur Einführung des Präsidialsystems 2018 wird der Präsident des Diyanet vom Ministerpräsidenten vorgeschlagen, vom Kabinett bestätigt und schließlich vom Präsidenten der Republik ernannt. Mit der Einführung des Präsidialsystems übernimmt Erdoğan die direkte Kontrolle der Religionsbehörde. Nur kurz nach dem Referendum vom 16. April 2017, das Erdoğans neue Rolle festigt, verkündet dieser den Rücktritt von Görmez. Auch dessen Stellvertreter wird überraschend und ohne Angabe von Gründen seines Amtes enthoben. Die beiden sollen sich gegen die direkte Einmischung der Regierung in das Diyanet ausgesprochen haben. Also macht Erdoğan den Rektor der Yalova-Universität Ali Erbaş zum neuen Diyanet-Chef. In seiner ersten Rede in dieser Funktion zieht Erbaş eine Linie von Fethullah Gülen und seinen Anhängern zum Säkularismus. Es sei wichtig, die »terroristische Organisation« zu bekämpfen und das Erbe aller Märtyrer zu pflegen, die ihr Leben im Widerstand gegen den gescheiterten Putschversuch vom 15. Juli 2016 gelassen haben. Logisch, dass bei so viel Regierungstreue Erbaş' Bruder, Metin Erbaş, eine Stelle an einer Universität erhält, ohne dass er die dafür erforderlichen Qualifikationen besitzt.[162]

Das Diyanet ist auch im Ausland ein Dienstleister und Kontrollorgan Ankaras. Weil zu Beginn der türkischen Migration nach Europa nicht absehbar war, dass die Arbeiter mehrheitlich dort bleiben würden, begann sich das Diyanet erst Anfang der 1980er Jahre für die Auslandstürken zu interessieren. So werden beispielsweise 1982 in den Niederlanden die Islamitische Stichting Nederland und in Belgien das Diyanet de Belgique ins Leben gerufen. In Deutschland entsteht 1984 die Türkisch-Islamische Union der Anstalt für Religion (DITIB), der mittlerweile mehr als neunhundert Moscheegemeinden angehören und die auch Partner der Bundesregierung ist. Auch in Dänemark und der Schweiz entstehen 1985 entsprechende Strukturen.

Die Ditib ist der größte Islamverband in Deutschland. Er sorgt immer wieder für Schlagzeilen, etwa nach dem Putschversuch von 2016. Zahlreiche deutsche, aber auch einige türkische Medien berichten darüber, dass die Imame in den Moscheen für die Regierung Gläubige bespitzeln. »Diyanet ist wie MIT«, war in der *Cumhuriyet* zu lesen – MIT ist die Abkürzung für den türkischen Geheimdienst.[163] Die in den Ditib-Moscheen predigenden Imame werden vom Diyanet nach Deutschland entsandt, sie haben einen Beamtenstatus. Diese Geistlichen sollen von Moscheebesuchern Informationen gesammelt und nach Ankara weitergeleitet haben, um Gülen-Anhänger ausfindig zu machen. Im August 2018 wird bekannt, dass in Ditib-Moscheen in Deutschland für den Einmarsch türkischer Soldaten in Nordsyrien gebetet wird, wo Ankara gegen die syrischen Volksschutzeinheiten YPG vorgeht, die als Ableger der PKK gelten. Als im September 2018 in Köln die Ditib-Zentralmoschee eröffnet wird, hält Erdoğan die erste Rede. Die parteilose Oberbürgermeisterin von Köln, Henriette Reker, sagt ihre Teilnahme an der Feier ab, weil bis zuletzt nicht klar ist, ob sie reden darf.

Das Diyanet ist längst nicht mehr »nur« eine Religionsbehörde, sondern auch ein riesiges Unternehmensgeflecht, das Millionenumsätze macht. Die zum Diyanet gehörende Religionsstiftung (Diyanet Vakfi) betreibt Firmen, die in zahlreichen Segmenten mitmischen. »Es ist deswegen problematisch, weil das Diyanet mit Steuergeldern und staatlichen Beamten diese Geschäfte betreibt. Anders als in der Kirche zahlen in der Türkei alle Steuern an den Staat, der dann das Diyanet mit diesen Steuergeldern finanziert. Alle Bürger müssen religiöse Dienstleistungen zahlen, die aber nicht unbedingt für sie bestimmt sind«, kritisiert der Soziologe Tezcan.

»Keine Stiftung, sondern eine riesige Holding«, schreibt die regierungskritische Tageszeitung *BirGün*[164] über die Stiftung des Diyanet, die 1975 als Wohltätigkeitsorganisation gegründet wurde und seit 1977 Steuerfreiheit genießt. Einnahmen erzielt sie unter anderem mit religiösen Veranstaltungen wie den Hadsch- und Umrah-Pilgerfahrten, mit der Vergabe von Halal-Zertifikaten für Lebensmittel sowie über das angegliederte Unternehmen KOMAS A. Ş. Dieses gab mit der Mitwirkung an der Kocatepe-Moschee in Ankara sein Debüt im Bausektor und realisierte seitdem Hunderte Bauten im In- und Ausland – darunter religiöse Schulen, Moscheen und Hotels. Das Tätigkeitsfeld von KOMAS beschränkt sich jedoch nicht auf den Bausektor, sondern umfasst auch Tourismus- und Reisebüros sowie Bildungseinrichtungen und Kindergärten.[165] Unter Erdoğan startete der Sender »Diyanet TV«, der weltweit empfangen werden kann.[166]

Obwohl das Land unter einer schweren Wirtschaftskrise ächzt, wird das Budget des Diyanet stetig aufgestockt. Für das Jahr 2022 erhält die Behörde laut Medienberichten über 16 Milliarden Türkische Lira – damit wächst der Haushalt der Behörde im Vergleich zum Vorjahr um über 24 Prozent.[167] Im selben Jahr steigt wegen des Ukrainekriegs weltweit die Inflation, die in der Türkei an die 80 Prozent heranreicht – aber auch dafür hat das Diyanet eine Erklärung: »Ohne Zweifel ist es ausschließlich Gott, der die Preise festlegt, der ernährt, der Mangel beschert wie auch Fülle«, heißt es in einer Fatwa der Religionsbehörde auf die Frage eines Türken, wer für die Preissteigerung verantwortlich sei.[168]

KAPITEL 3

DIE TERRORJAHRE 1961 – 1980

Die zweite Republik

Vor allem Linke feiern ihn noch heute wie einen türkischen Che Guevara. Zu seinen Lebzeiten galt er allerdings für die herrschenden Militärs als Staatsfeind: Deniz Gezmiş ist einer der Gründer und Anführer der 1970 gegründeten ultralinken »Volksbefreiungsarmee der Türkei« (Türkiye Halk Kurtuluş Ordusu, THKO), einer Gruppierung der türkischen 68er-Bewegung. Heute »begegnet« man ihm vor allem in Souvenirläden und in Merchandisising-Shops, wo er – mit einem Parka in Tarnmuster bekleidet – Kühlschrankmagnete, Feuerzeuge, T-Shirts und Poster ziert, ein ernst und entschlossen dreinblickender junger Mann mit schmalem Gesicht und Dreitagebart. Bei seiner Hinrichtung 1972 war er erst fünfundzwanzig Jahre alt – unter denen, die sich in der zuvor in der Nationalversammlung und im Senat erfolgten Abstimmung für das Todesurteil ausgesprochen hatten, war auch der damalige Ministerpräsident Süleyman Demirel.[1]

Das Ende von Menderes ist der Beginn der politischen Laufbahn von Demirel. Nach dem ersten Militärputsch schließt er sich 1962 der neuen Gerechtigkeitspartei (Adalet Partisi, AP) an. Über vier Jahrzehnte prägt der markante Demirel die Politik des Landes und übersteht zwei Militärputsche. Sage und schreibe siebenmal wird er zum Ministerpräsidenten ernannt und füllt dieses Amt zwischen 1965 und 1993 für insgesamt zwölf Jahre aus – dann wird er 1993 zum Staatspräsidenten gewählt. Das höchste Amt der Türkei hat er bis zum Jahr

2000 inne. Er hat in diesen insgesamt fünfunddreißig Jahren nicht nur das Schicksal des Linken Deniz Gezmiş entscheidend mitbestimmt, sondern das des gesamten Staates. Seine Anhänger nennen den kinderlosen Demirel Baba (Vater). Er selbst gibt sich den Namen Cumhurbaba (Vater der Nation)[2] und wirbt für sich mit dem Slogan »Rette uns, Papa«. Der Sänger Fikret Kızılok widmet ihm den Song »Demirbaş« (Inventar), in dem es heißt: »Die Beatles waren nicht da (…) Mao war noch nicht gestorben (…) Mandela saß im Knast (…) Süleyman war immer Premier, Premier war immer Süleyman …«[3]

Demirel, dessen Nachname übersetzt »Eisenhand« bedeutet, wird 1924 in Islamköy (Islamdorf) geboren, einem Dorf in der westanatolischen Provinz Isparta. Er ist damit ein Kind der Republik. Er stammt aus ärmlichen Verhältnissen und arbeitet sich teils im öffentlichen Dienst, teils in der Privatwirtschaft nach oben. Er studiert Bauingenieurwesen in Istanbul, wird Wasserbauingenieur und absolviert ein Postgraduiertenstudium in den Vereinigten Staaten. Demirel ist der erste Türke, der 1955 ein Eisenhower-Stipendium bekommt, ein Programm, mit dem sich aufstrebende Führungskräfte in den Vereinigten Staaten fortbilden können. Kurze Zeit später, mit nur einunddreißig Jahren, kehrt Demirel in die Türkei zurück und wird Generaldirektor der Staatlichen Wasserbauwerke (DSİ).[4] In dieser Funktion überwacht er den Bau verschiedener Kraftwerke, Staudämme und Bewässerungsanlagen. Er erhält den Spitznamen »König der Dämme«.[5] Ein weiterer Spitzname lautet »Morrison Süleyman«, weil er vor seiner politischen Karriere kurzzeitig der Türkei-Vertreter des amerikanischen Mischkonzerns Morrison Knudsen war.[6]

Wie Menderes vereinnahmt Demirel die ländlichen Massen – und auch er macht Wahlkampf mit religiösen Inhalten. So lässt er verbreiten, dass sein Vater eine Pilgerreise nach Mekka unternommen habe und die Familie Demirel täglich im Koran lese.[7] Bereits 1964 wird er zum Vorsitzenden der Mitte-Rechts-Partei AP gewählt. Er beeindruckt durch Schlagfertigkeit und mit einer Robustheit, die mit der jener Stiere verglichen wird, welche in seiner Heimatprovinz gezüchtet werden. Man bewundert ihn auch für seine Rolle als Aufsteiger, der vom Land kommt und sich – um keine freche Antwort verlegen – mit dem Establishment anlegt. Immer auf seinen Vorteil bedacht, macht er gemeinsame Sache mal mit den Sozialdemokraten, mal mit den Ultrarechten. Auf die Frage, wie er so häufig seine politische Position wechseln könne, antwortet er: »Dün dündür, bugün bugündür.« – »Gestern war gestern, heute ist heute.« Das Bonmot ist untrennbar mit ihm verbunden. Respekt trägt ihm außerdem sein umfassendes Wissen über die Türkei ein. Es heißt, er könne den Bürgermeister jedes Dorfes beim Namen nennen. Von seinen Anhängern wird er auch »der Prächtige« genannt, angelehnt an Sultan Süleyman den Prächtigen, einer der ersten und wichtigsten Herrscher der Osmanen von 1520 bis 1566.

Demirels erstaunliche Karriere ist auch der Unfähigkeit des Kabinetts Inönü VIII zu verdanken. Ministerpräsident Inönü vermag seine einstige Popularität nicht zu bewahren, geschweige denn zu erhöhen. Es ist der Beginn einer Periode wackliger Koalitionsregierungen – ein Charakteristikum der Türkei in den folgenden Jahrzehnten. So zerbricht die im November 1961 gegründete Koalition schon im Juni 1962. Die zweite Regierung unter Inönü, ein Bündnis mit zwei zuvor unbedeutenden Parteien, löst sich im Dezember 1963 ebenfalls auf. Es folgt die dritte Koalition Inönüs, dieses Mal mit unabhängigen Abgeordneten. Im Februar 1965 gibt Inönü auf, als er seinen Plan für den Staatshaushalt nicht durchs Parlament zu bringen vermag. Er tritt zurück, und für wenige Monate übernimmt Suat Hayri Ürgüplü (1903–1981) von der AP das Amt des Ministerpräsidenten.

Zu dieser Zeit befindet sich Demirel längst im Aufstieg. Er ist quasi ein Gegenentwurf zum greisen Inönü. Er gilt als dynamisch, als zupackender Organisator, der viel von Wirtschaft versteht. Er hat weder Wurzeln im Militär noch im verstaubten kemalistischen Establishment. Stattdessen macht er sich seine bäuerliche Herkunft zunutze. Sein Markenzeichen ist ein Filzhut; er reist damit im Land herum, schüttelt Hände auf Marktplätzen und betont, dass sein Vater »ein Mann der Erde war, mit Schwielen an den Händen«.[8] Dass die CHP ihn spöttisch Sülü Çoban (Schafhirte Sülü) nennt, wendet er für sich zum Vorteil. Mit seiner Propaganda wendet er sich gezielt an ein konservatives Publikum und knüpft an den religionspolitischen Kurs von Menderes an: »Der Staat kann laizistisch sein«, so erklärt er, »aber die Nation kann nicht ohne Religion überleben.« Fast schon gebetsmühlenartig wiederholt er die Warnung vor der »kommunistischen Gefahr« und unterstreicht – quasi als Gegenkonzept zur CHP – den islamischen und volkstümlichen Charakter der AP. Diese bestreitet ihren Wahlkampf mit Slogans wie »Wir sind rechts von der Mitte und auf Allahs Weg«[9] oder »Bauernjunge und kein College« und wirbt damit, dass Demirel und seine Partei die Sorgen der einfachen Leute verstehen.[10]

Inönüs fast dreißigjährige Erfahrung mit dem Einparteienstaat ist kein Vorteil mehr, sondern eher ein Hindernis. Es gelingt ihm nicht, die Wünsche und Hoffnungen der Mehrheit zu antizipieren und in politische Ziele zu integrieren. Statt sich von der überholten bürokratischen und elitären Politik zu verabschieden, verharrt die CHP in ihrer kompromisslosen Haltung gegenüber der nicht urbanen, wenig gebildeten und religiösen Mehrheit. Demirel dagegen, der in der nach Inönüs Rücktritt im Februar 1965 wirkenden Übergangsregierung als stellvertretender Ministerpräsident fungiert, gelingt es bei den Neuwahlen im Oktober desselben Jahres, mit der AP eine sensationelle Mehrheit von rund 52,9 Prozent zu erreichen. Demirel wird zum ersten Mal Ministerpräsident – mit nur einundvierzig Jahren der jüngste, den das Land je hatte. Die CHP erzielt lediglich 28,8 Prozent und damit ihr bis dahin schlechtestes Ergebnis.[11] So übernimmt die AP die einstige Vormachtstellung der DP: Die Wählenden haben sich wieder für eine konservative, religiöse Partei entschieden und gegen die Kemalisten.

Das Ergebnis für Demirel sei Menderes' späte Rache, heißt es in der die Wahlen kommentierenden Presse.[12] Demirel hat im Wahlkampf stets deutlich gemacht, dass er den Kurs von Menderes weiterführen will, und hält daran auch fest: Außenpolitisch vollzieht er eine Hinwendung zum Westen, innenpolitisch setzt er sich für eine stärkere Berücksichtigung der Belange der »einfachen Menschen«, der Bauern und der Gläubigen ein, und wirtschaftspolitisch verfolgt er einen liberalen Kurs. Bei den Wahlen 1969 gelingt es schließlich Demirels AP erneut, mit 46,6 Prozent die absolute Mehrheit zu holen, die CHP hingegen bleibt mit 27,4 Prozent abgeschlagen in der Opposition.[13]

Die Republik befindet sich allerdings in einem schwierigen Transformationsprozess und hat weiterhin mit der Umsetzung des Ziels zu kämpfen, zu einer Industrienation aufzusteigen. Die Türkei hinkt den dafür erforderlichen Entwicklungen hinterher. Dies ist ein Grund dafür, dass man Arbeitskräfte »exportiert«. Ankara unterzeichnet am 30. Oktober 1961 das »Anwerbeabkommen« mit der deutschen Regierung in Bonn, welches sowohl die Bundesrepublik als auch die Türkei nachhaltig verändern wird. Ähnliche Abkommen gibt es auch mit Dänemark, Frankreich und den Niederlanden. Mit diesen und weiteren Maßnahmen gelingt es Demirel, das Wachstum anzukurbeln, die mittleren und späteren 1960er Jahre sind gekennzeichnet von einem Wirtschaftswachstum. Aber der Fortschritt verläuft nicht reibungslos. Die sozialen Spannungen wachsen, und das Entwicklungsgefälle zwischen West- und Osttürkei vergrößert sich, der Ministerpräsident muss schließlich die Lira abwerten. Die Rezession löst Unruhen aus, Arbeiter demonstrieren.

Wie in Westeuropa greift in der Türkei der sechziger Jahre Unzufriedenheit um sich. Nicht nur die studentisch geprägten linken Organisationen protestieren, Unruhe und Gewalt gehen auch von den Ultrarechten aus, vornehmlich von den heute noch aktiven und berüchtigten Grauen Wölfen. Für Deniz Gezmiş, 1947 als Sohn eines Grundschullehrers geboren, beginnt in dieser Situation sein Weg zur führenden Figur der Studentenbewegung. Er wird Mitglied in der sozialistischen »Arbeiterpartei der Türkei« und tritt 1966 sein Jurastudium in Istanbul an. Mehrfach wird er wegen politischer Aktivitäten festgenommen und geht jeweils für kurze Zeit ins Gefängnis. Doch der junge Mann setzt seinen Widerstand gegen das System weiter fort, kurzzeitig besucht er ein palästinensisches Guerillalager. 1969 wird er Mitbegründer der Volksbefreiungsarmee. Die Studierenden rebellieren vor allem gegen den proamerikanischen Kurs des Landes.

Gezmiş' marxistisch-leninistische Bewegung strebt die »echte Unabhängigkeit« der Türkei an, sie will das Land vor allem vom US-amerikanischen Einfluss befreien. Ihre Gewalt richtet sich immer wieder gegen Vertreter der Vereinigten Staaten oder die Symbole der US-Präsenz in der Türkei. So wird im Januar 1969 das Auto des amerikanischen Botschafters Robert Komer angezündet, als dieser die Middle East Technical University in Ankara besuchen will. Komer gilt als Verantwortlicher für die sogenannte Operation Phoenix im Vietnamkrieg, bei der Tausende Vietnamesen ihr Leben verloren. Es brodelt an den Universitäten. Zeitweise werden die Hochschulen in Istanbul und Ankara geschlossen, weil die

Situation in den Hörsälen eskaliert – Gezmiş ist ganz vorne mit dabei.

Ihre Ziele verfolgen die Extremisten mit immer härterer Gewalt. Auf das Konto der Volksbefreiungsarmee THKO gehen Banküberfälle, Bombenanschläge und schließlich die Entführung von vier US-Soldaten im März 1971. Für deren Freilassung fordert Gezmiş' Bewegung 400 000 US-Dollar. Daraufhin lässt Demirel 5000 Soldaten und Polizisten in die Universität in Ankara einfallen, rund 45 000 Mann fahnden landesweit nach Entführern und Entführten.[14] Die Kidnapper beenden die Geiselnahme unblutig. Nach Ablauf des Ultimatums kommen die Soldaten unversehrt frei, laut Medienberichten wird kein Lösegeld bezahlt.[15] Der gewaltsame staatliche Eingriff schützt Demirel jedoch nicht vor dem Eingreifen der Generäle, denn das Militär traut ihm nicht mehr zu, die Kontrolle über das Land zurückzuerlangen.

Es kommt zu Bombenanschlägen und Entführungen. Die Straßenkämpfe vor allem zwischen linken Studierenden und der Polizei halten mehrere Monate an – die Situation erinnert an 1960, als die Armee Menderes stürzte. Weil eine versprochene Bodenreform am Widerstand der Großgrundbesitzer scheitert, beginnen 1969 Bauern damit, Land zu besetzen. Sie fordern, diesen Landbesitz – meist großbäuerliches Privateigentum – unter der Bevölkerung aufzuteilen. Gleichzeitig demonstrieren Bauern gegen die horrenden Zinsen privater Kreditgeber und gegen die kaum zum Überleben reichenden Ankaufpreise der Regierung für landwirtschaftliche Produkte. Hinzu kommt das rasante Bevölkerungswachstum: Hat die Türkei 1950 noch 20 Millionen Einwohner, zählt man 1970 schon 36 Millionen. Die städtische Bevölkerung nimmt zwischen 1960 und 1970 um 5 Millionen Personen zu, in Ankara und Istanbul machen die Bewohner der Gecekondus die Hälfte der Bevölkerung aus.[16] Aber immer noch leben 70 Prozent der

Menschen auf dem Land. Das jährliche Pro-Kopf-Einkommen liegt bei 350 US-Dollar. Gleichzeitig praktizieren 11000 Ärzte in den vier Großstädten des Landes, während sich auf dem Land ganze 4000 Mediziner um 20 Millionen Menschen kümmern. Demirel weiß, dass der Aufschwung für die meisten Menschen kaum zu spüren ist. »95 Prozent der 40000 Dörfer haben keinen Strom.«[17]

Die Proteste nehmen zu. Auch Berg- und Fabrikarbeiter demonstrieren, es kommt zu schweren Zusammenstößen mit der Polizei. Als »Blutiger Sonntag« (Kanlı Pazar) geht der 16. Februar 1969 in die Geschichte ein. Zwei Personen sterben bei tätlichen Auseinandersetzungen zwischen Linken, Rechten und Ordnungskräften. Hunderte werden verletzt. Die Spannungen zwischen linken, rechten und islamistischen Gruppierungen münden wiederholt in Gewalt. Am 15. Juni 1970 ruft das Kabinett das Kriegsrecht aus.[18] Auslöser sind Ausschreitungen, die neben politischen auch soziale Ursachen haben: Das Landeigentum ist einseitig verteilt, 1,5 Prozent der Bevölkerung besitzen ein Viertel des anbaufähigen Bodens, während über 60 Prozent der Bauern sich weniger als ein Viertel des Landes teilen.

Um »die Ordnung wieder herzustellen« und Reformen anzukurbeln, interveniert schließlich am 12. März 1971 das Militär – fast elf Jahre nach dem ersten Putsch. Die Generäle lasten Demirel die politische Instabilität und die Wirtschaftskrise an.[19] Memduh Tağmaç (1904–1978), der Chef des Generalstabs, überreicht dem Noch-Ministerpräsidenten ein Memorandum. Die Militärs werfen der AP vor, das Land in die Anarchie zu treiben und an den Rand eines Bruderkampfes gebracht zu haben. Das Papier fordert eine vehemente Bekämpfung der Anarchie. Falls das nicht unverzüglich geschehe, werde die Armee die Regierung übernehmen. Es ist ein »Putsch durch Memorandum« (12 Mart Muhtırası, 12.-März-Memorandum).

Die parlamentarische Fassade bleibt zwar bestehen, es erfolgen keine Verhaftungen etwa von Politikern. Aber der Eingriff besiegelt das Ende der Regierung Demirel, wenige Stunden nach einem Treffen mit seinem Kabinett tritt er zurück.

Das Militär löst alle Studentenvereinigungen auf. In den folgenden zwei Jahren werden mehr als 10 000 Personen verhaftet, unter ihnen 3600 Lehrer. 28 Menschen werden auf offener Straße erschossen. Erst 1973 wird das Kriegsrecht wieder aufgehoben. Gezmiş und seine Volksbefreiungsarmee stehen im Fokus, ebenso wie andere linksradikale, studentisch geprägte Gruppen, etwa der marxistische »Revolutionäre Jugendbund«. Die Militärs haben aber auch bewaffnete rechte Gruppen, religiöse Rechte und kurdische Gruppen, die ein autonomes Kurdistan anstreben, im Visier.[20]

Über 200 Bücher landen auf dem Index, mehr als eine halbe Million Bücher werden beschlagnahmt und vernichtet, 37 Zeitungen und Zeitschriften werden verboten. In den Gefängnissen wird gefoltert. Zu den Inhaftierten und anschließend Verurteilten gehört der prominente Regisseur und Schauspieler Yilmaz Güney, der Mitgliedern der Volksbefreiungsarmee THKO Unterschlupf gewährt hat. Auch Gezmiş wird vor Gericht gestellt, zum Tode verurteilt und am 6. Mai 1972 zusammen mit zwei Freunden und Mitstreitern – Hüseyin Inan und Yusuf Aslan – in Ankara gehängt. Während führende CHP-Politiker wie Inönü und Bülent Ecevit, Generalsekretär der CHP, die Todesstrafe ablehnen, ist auf einem Foto zu sehen, wie Demirel bei der Abstimmung darüber lächelnd seinen Arm dafür hebt.[21] Doch es gibt durchaus konservative Politiker, die die Hinrichtungen ablehnen, einige skandieren während der Abstimmung darüber im Parlament: »Drei von uns, drei von ihnen!«, womit sie sich auf die Hinrichtung von Ministerpräsident Adnan Menderes 1961 und zweier seiner Minister beziehen.[22]

Anders als Menderes legt sich Demirel nicht mit den Generälen an. Durch Menderes' Schicksal gewarnt und stets im Bewusstsein, dass seine ärgsten Feinde nicht in der CHP, sondern unter den Generälen zu finden sind, wagt es Demirel nie, das Militär zu kritisieren – vielmehr sucht er den Konsens mit den Generälen. »Die Brutalität, mit der gegen Menderes und weitere DP-Politiker vorgegangen wurde, hat bei den politischen Nachfolgern eine Atmosphäre der Angst geschaffen«, sagt der Historiker Mogens Pelt. »So wusste Demirel sehr genau, was ihm hätte passieren können, wenn er sich mit dem Militär angelegt hätte – deswegen war er mit den Militärs sehr vorsichtig.« Er kritisiert lediglich, das »Memorandum« der Generäle sei »unvereinbar mit der Verfassung«.[23]

Nach dem Putsch werden für zwei Jahre technokratische Übergangsregierungen unter dem CHP-Abgeordneten Nihat Erim (1912–1980) und dem parteilosen Ferit Melen (1906–1988) gebildet. Diese technokratischen Regierungen unter Staatspräsident Cevdet Sunay (1899–1982) tun sich vor allem dadurch hervor, dass sie hart gegen Kritiker vorgehen: gegen Linke ebenso wie gegen liberale Kräfte oder Verfechter des politischen Islam. Die Junta revidiert die Verfassung von 1961, weil ihrer Meinung nach insbesondere die Linken die darin festgehaltenen Freiheitsrechte missbraucht haben.[24] Eine trügerische, angespannte Ruhe kehrt ein. Gleichzeitig ist die Aufgabe, die von der provisorischen Regierung erfüllt werden soll, nahezu unlösbar: die Sicherstellung von wirtschaftlicher und politischer Stabilität. Und so bleiben die folgenden Jahre geprägt von Instabilität und kurzlebigen Regierungen.

Politisches Chaos und eine Diktatur der Generäle

Das Lied, das die Folterer während ihrer Arbeit im Hintergrund laufen ließen, war von Junta-Chef Kenan Evren persönlich in Auftrag gegeben geworden. »Türkiyem cennetim« – »Meine Türkei, mein Paradies«, lautete der Titel, den die Sängerin Müşerref Akay oft im Fernsehen sang, meist in einem eleganten engen Kleid in Rot mit weißem Halbmond. In den Gefängnissen sollte das Lied die Schreie der mit Stromschlägen gequälten, mit Hunden attackierten und mit Flaschen penetrierten Inhaftierten übertönen. Überlebende berichten, dass dabei manchmal Ärzte anwesend waren, die darauf achteten, dass die Opfer nicht starben. Doch nicht nur während der Folter wird das Lied gespielt, es ertönt bereits am frühen Morgen, um die Insassen zu wecken, es erklingt tagsüber im Hof und nachts, wenn die Häftlinge Schlaf suchen – das Lied selbst wird zum Folterinstrument. Es wird zum Sound der Militärdiktatur, unter der die gesamte Gesellschaft zu leiden hat.

Auch der Student Cem Yılmaz zählt zu den Opfern und muss die Zeilen über den »Verrat« an der »heroischen Rasse« und über die »verachtenswerten« Feinde der »einzigartigen Nation« über sich ergehen lassen, als er in der Haftanstalt Metris in Istanbul einsitzt. Als Mitglied der 1978 gegründeten linksextremistischen Devrimci Sol (Revolutionäre Linke, auch bekannt als Dev-Sol) verbringt er dort drei Jahre als politischer Häftling und wird misshandelt. Dem Lied verdanke er aber seine weitere Laufbahn, erzählt Yılmaz später in einem Interview. Denn während er gezwungen worden sei, den Song von Akay zu hören, habe er beschlossen, seine eigene Musik zu machen. So gründet er nach seiner Haftentlassung das Musiklabel Anadolu Müzik, das Musik von ethnischen Minderheiten, Volkslieder und Populärmusik produziert und herausbringt. Als er entdeckt, dass die Rechte an »Türkiyem cennetim« für billige 3500 Türkische Lire zum Verkauf stehen, greift er 2007 zu.[25] »Damit habe ich den Folterern eines ihrer Instrumente aus der Hand genommen«, erklärte Yılmaz später.[26]

Ab den 1960er Jahren organisieren sich die politische Rechte und die Islamisten neu. Es gelingt ihnen rasch, dem Volk eine Alternative anzubieten und sich zu einer gestaltenden, einflussreichen Macht zu entwickeln. 1969, während der Zeit der Studentenunruhen und der Straßenkämpfe zwischen Linken und Rechten, erfolgt die Gründung der »Partei der Nationalistischen Bewegung« (Milliyetçi Hareket Partisi, MHP). Es ist eine neofaschistische Organisation, deren Logo aus drei Halbmonden besteht – eine Anspielung auf die Flagge des Osmanischen Reichs. Die MHP tritt offensiv gegen die Linke auf, die sie politisch ausradieren möchte, und nimmt auch die Kurden ins Visier. »Über jeder Rasse steht die türkische Rasse«, lautet ein MHP-Slogan.[27] Gründer und erster Vorsitzender ist der rechtsextreme Alparslan Türkeş, der 1960 als Oberst am Sturz Menderes' beteiligt war und sich seinen Anhängern als Başbuğ präsentiert – als Volks- oder Heerführer. Die Jugendorganisation der MHP sind die berüchtigten Grauen Wölfe (Bozkurtlar), eine paramilitärische Organisation, die gewaltsam gegen Linke vorgeht und vor Mord nicht zurückschreckt[28] und die von der Hitlerjugend beeinflusst ist.[29]

Ab 1970 tritt vermehrt Necmettin Erbakan (1926–2011) auf der politischen Bühne in Erscheinung, als Gründer der Nationalen Ordnungspartei (Millî Nizam Partisi, MNP), der ersten islamistischen Partei der Republik.[30] Erbakan ruft zur Rückbesinnung auf den Islam auf, den er fundamentalistisch auslegt. Er schimpft auf den westlichen Kapitalismus, den er für die türkische Wirtschaftsmisere verantwortlich macht. Damit spricht die MNP vor allem die mittleren und kleineren anatolischen Händler in den unterentwickelten Gebieten an, die am wenigsten von der Wirtschaftspolitik der AP profitiert haben. Fortan fordert der politische Islam das Establishment heraus. Die rechtsextreme MHP hingegen wendet sich an die Ultranationalisten, die militant jegliche Vielfalt ablehnen und sich ideologisch am Turanismus[31] orientieren.

Das Jahrzehnt ist geprägt von wechselnden Regierungen. Zwischen 1972 und 1980 werden sechzehnmal Politiker mit einer Regierungsbildung beauftragt. In sieben Fällen war es nicht möglich, diesen Auftrag zu erfüllen, in zwei Fällen regierten Ministerpräsidenten ohne Vertrauensvotum.[32] Erst 1973 tritt die Übergangsregierung ab. Im Oktober 1973 kommt es zur ersten Wahl nach dem Putsch. Sie endet mit einem überraschenden Ergebnis. Zwar schafft es die AP mit rund 29,8 Prozent klar ins Parlament. Die CHP jedoch erzielt mit 33,3 Prozent der Stimmen ihr bestes Ergebnis seit 1950.[33] Der bisher von Inönü geführten Partei ist in den beiden Jahren, in denen die Nationalversammlung vom Sicherheitsrat gelenkt wurde, eine Neuausrichtung gelungen.

Diese Wiederbelebung verdankt die CHP Bülent Ecevit (1925–2006). Der gemäßigte Linke verkörpert einen völlig anderen Typus Politiker als die vorherigen CHP-Chefs. Sein Vater war Professor für Forensik und hatte auf Wunsch Atatürks erfolgreich für das Parlament kandidiert, in welches er 1943 einzog, Ecevits Mutter war eine der ersten Frauen des Landes, die sich als professionelle Malerinnen etablieren konnten. Bülent war das einzige Kind seiner Eltern. Er absolvierte das Robert College in Istanbul, wo damals ein Großteil der englischsprachigen Elite ausgebildet wurde, und belegte später Kurse an ausländischen Universitäten, unter anderem in Harvard. Außerdem arbeitete er als Presseattaché der türkischen Botschaft in London. Als intellektueller Feingeist bekannt, übersetzte Ecevit unter anderem die Gedichte des amerikanischen Dichters T. S. Eliot sowie des indischen Dichters und Philosophen Rabindranath Tagore ins Türkische und verfasste

Kunstkritiken. Wegen seines dichten schwarzen Haars und seines schwarzen Barts, die er bis in hohe Alter färbt, bekommt er den Spitznamen »Karaoğlan« (»Der schwarze Junge«).[34]

1961 ernennt sein Förderer Inönü Ecevit zum Arbeitsminister, doch 1966 wagt Ecevit die Palastrevolution gegen seinen Gönner – mit Erfolg. Nachdem Ecevit zum CHP-Generalsekretär ernannt worden ist, will er die veraltete Staatspartei in eine moderne Partei »links der Mitte« umwandeln. Dieses Vorhaben führt zum Bruch mit Inönü, der 1972 überraschend von seinem Amt als Parteichef zurücktritt, das er fast fünfunddreißig Jahre innehatte. Noch im selben Jahr stirbt Inönü. Ecevit tritt seine Nachfolge an – und es wird sein Jahrzehnt. Zweimal wird er für die CHP ein Spitzenergebnis einfahren, was der Partei danach nie wieder gelingen sollte.

Eine weitere große Überraschung der Wahlen vom Oktober 1973 ist der Erfolg der islamistischen Millî Selamet Partisi MSP (Nationale Heilspartei). Sie ist die Nachfolgepartei der nur ein Jahr nach ihrer Gründung 1971 vom Militär verbotenen MNP. Der MSP, deren Chef erneut Erbakan ist, gelingt mit 11,8 Prozent der Sprung in die Nationalversammlung. Damit ist sie die erste fundamentalistisch-islamische Partei, die im Parlament vertreten ist.[35] Erbakan hatte mit dem Ausbau der türkischen Rüstungsindustrie und antisemitischen Sprüchen wie »Seit 5700 Jahren regieren Juden die Welt« für sich geworben.[36] Um Regierungschef zu werden, geht der weltliche Ecevit im Januar 1974 nach schwierigen Verhandlungen eine Koalition mit Erbakans MSP ein. Die Bewegung, die noch vor zwei Jahren wegen »Anti-Laizismus« aufgelöst wurde, wird nun salonfähig. Ecevit wird Ministerpräsident. Seine Aufgabe ist keineswegs einfach, denn die Wirtschaft kränkelt nach wie vor. Demirel habe ihm »nicht einen Staat, sondern das Wrack eines Staates« hinterlassen, klagt Ecevit.[37]

Der ideologische Graben zwischen der CHP und der MSP

ist zu tief, um eine stabile Koalition zu bilden. Mit einem riskanten außenpolitischen Manöver versucht Ecevit seine Popularität zu steigern und so seinen ungeliebten Koalitionspartner und den stellvertretenden Ministerpräsidenten Erbakan in den Schatten zu stellen. 1974 befiehlt er die Landung türkischer Truppen auf Zypern. Zuvor hatten griechische Putschisten versucht, den Anschluss der gesamten Insel an Griechenland durchzusetzen – es ist der erste türkische Auslandseinsatz seit dem Koreakrieg, die Insel ist fortan geteilt. Im Norden herrscht die von Rauf Denktaş (1924–2012) geführte türkisch-zypriotische Regierung, im Süden die griechisch-zypriotische Regierung unter Erzbischof Makarios III. (1913–1977). Währenddessen werden im Radio Zeilen von Ümit Yaşar Oğuzcan gespielt: »Ruf mich nicht so aus tiefstem Herzen / Vielleicht komm' ich eines Nachts unvermutet / Wenn du noch nicht schläfst und mich erwartest, / sterb' ich womöglich vor Freude an deiner Tür«, lauten die Verse des Literaten, der vor allem für seine Liebesgedichte bekannt ist. Sein Gedicht »Bir Gece Ansızın Gelebilirim« (»Vielleicht komm' ich eines Nachts unvermutet«) hat er in den 1960er Jahren geschrieben. Es wurde zu einem erfolgreichen Song vertont, der Stimmung gegen die Griechen machen sollte.[38]

Der Konflikt um Zypern reicht zurück bis ins 16. Jahrhundert, als während des Osmanischen Reichs Muslime auf der Mittelmeerinsel angesiedelt wurden. Als Zypern nach dem Ersten Weltkrieg unter britischer Herrschaft stand, forderten christliche Zyperngriechen verstärkt den Anschluss an Griechenland. Die 1950er Jahre waren vom Aufstand der griechischen Zyprer gegen die britische Kolonialmacht geprägt, 1960 wurde die Mittelmeerinsel unabhängig. 1983 rief Rauf Denktaş die Türkische Republik Nordzypern (Kuzey Kıbrıs Türk Cumhuriyeti) aus, die nur von Ankara als unabhängiger Staat anerkannt wird. Südzypern ist seit 2004 Mitglied der Europäischen Union. Kurz zuvor war ein von UNO-Generalsekretär Kofi Annan vorgelegter Plan zur Wiedervereinigung der Insel gescheitert – er war von Ankara unterstützt, von griechischer Seite aber abgelehnt worden. Bis heute (2023) konnte der oftmals in Gewalt mündende Konflikt zwischen türkischer und griechischer Bevölkerung nicht gelöst werden, wiederholte diplomatische Anläufe sind stets gescheitert.[39]

Tatsächlich wird Ecevit als Volksheld und als »Eroberer von Zypern« (Kıbrıs Fatihi) gefeiert, auf Plakaten ist er mit einer Kalaschnikow und einer weißen Taube zu sehen. Doch innerhalb der im Januar 1974 gebildeten Koalition mit Erbakan werden die Meinungsverschiedenheiten immer größer. Schon im September 1974 löst Ecevit die Regierung auf. Kurzzeitig gibt es eine Übergangsregierung, Ministerpräsident wird der parteilose Sadi Irmak (1904–1990), der in Deutschland Medizin studiert hat. Doch schon nach den nächsten Wahlen im März 1975 wird Demirel abermals Ministerpräsident einer rechten Regierungskoalition, die allerdings nur bis Juni 1977 hält. Es folgt ein stetiger Machtkampf zwischen Demirel und Ecevit, die sich als Ministerpräsidenten über Jahre die Klinke in die Hand geben. Anstatt die innenpolitischen Probleme zu lösen, versuchen die Kontrahenten, Abgeordnete der jeweils anderen Partei mit Geld zu einem Wechsel in die eigene Partei zu bewegen, es ist eine Phase der »politischen Sackgasse«. Das Land rutscht weiter ab. Die wirtschaftlichen Probleme nehmen kein Ende. Die Ölkrise von 1973/74 und der fahrlässige Umgang mit Auslandskrediten führen zu steigender Arbeitslosigkeit. Streiks und Ausschreitungen wiederholen sich. Linke und rechte Gruppen tragen ihre Konflikte wieder auf die Straße.

Am Ende des Jahrzehnts herrschen an einigen Orten bürgerkriegsähnliche Zustände. Um nur einige Beispiele zu nennen: Am 1. Mai 1977 wird während der Feierlichkeiten zum Tag der Arbeit auf dem Istanbuler Taksim-Platz vom Dach eines Gebäudes aus in die Menschenmenge gefeuert. Mindesten vierunddreißig Menschen kommen bei dem bis heute ungeklärten Vorfall ums Leben. Der Tag geht als »Kanlı 1 Mayıs«, als »Blutiger 1. Mai«, in die Geschichte ein. Bis heute gibt es keine Beweise dafür, wer hinter diesem Attentat gesteckt hat – die einen sprechen von Rechtsextremisten, die anderen von maoistischen Gruppen.[40] 1978 kommen an der Universität Istanbul sieben Studierende ums Leben, einundvierzig Menschen werden verletzt. Auf die Gruppe wurde eine Bombe geworfen, während zugleich mit automatischen Waffen auf sie geschossen wurde. Auch dieser Fall, das »Massaker vom 16. März« (»Beyazıt katliamı«), wird nie vollständig aufgeklärt. Ein Mitglied der Grauen Wölfe wird zwar 1980 zu elf Jahren Haft verurteilt, aber zwei Jahre später im Berufungsverfahren freigesprochen.[41]

Politiker erhalten Paketbomben, Journalisten werden auf offener Straße ermordet. 1978 wird zudem die PKK von Abdullah Öcalan gegründet. Es vergeht kaum ein Tag ohne politische Attentate und Bombenanschläge. Nur ein Beispiel von vielen: Ende Dezember ermordet ein Mob von Ultrarechten in alevitischen Bezirken der Stadt Kahramanmaraş mindestens hundert Menschen. Die Behörden verhängen in zwanzig Provinzen das Kriegsrecht.[42] Die Inflation steigt weiter, von 20 Prozent 1972/73 auf mehr als 90 Prozent 1979/80.[43] In den Großstädten, aber auch auf dem Land rekrutieren rechts- und linksextremistische Organisationen fortwährend neue Mitglieder, die einander blutige Schlachten liefern. In Ankara und Istanbul beherrschen Privatmilizen ganze Stadtviertel, sie vertreiben »andersdenkende« Bewohner mit Waffengewalt. Wer bleibt, muss mit der Angst leben, von Heckenschützen erschossen zu werden. Dem Terror fallen Politiker, Intellektuelle und einfache Bürger zum Opfer.

Am 1. Februar 1979 wird Abdi İpekçi in seinem Auto mitten in Istanbul erschossen. İpekçi, Chefredakteur der liberalen

Tageszeitung *Milliyet*, ist einer der wichtigsten Journalisten des Landes, er hat sich vor allem für eine Aussöhnung zwischen Türken und Griechen eingesetzt. Der Täter steht den Grauen Wölfen nahe und heißt Mehmet Ali Ağca – er ist jener Mann, der 1981 in Rom einen Anschlag auf Papst Johannes Paul II. verüben wird.

Niemand fühlt sich mehr sicher. Im Dezember 1979 schicken die Streitkräfte ein Warnschreiben an den parteilosen Staatspräsidenten Fahri Sabit Korutürk (1903–1987). Darin äußern sie ihren Unmut über die Lage im Land. Noch aber schauen sie zu. Mittlerweile ist Demirel wieder Ministerpräsident, auch er vermag den Terror nicht zu beenden – tatsächlich sitzt der Führer der rechtsextremistischen Terrorbanden, Ex-Oberst Alparslan Türkeş, als stellvertretender Ministerpräsident mit am Kabinettstisch. Seine Grauen Wölfe heizen die Unruhen an. Im Juli 1980 wird Nihat Erim, der 1971 kurzzeitig Ministerpräsident war, von Mitgliedern der linken Devrimci Sol in Istanbul ermordet. Am Tag seiner Beisetzung wird Kemal Türkler, ehemaliger Präsident des Gewerkschaftsdachverbandes Türkiye Devrimci İşçi Sendikaları Konfederasyonu (Konföderation der Revolutionären Arbeitergewerkschaft, DISK) und einer der Gründer der Arbeiterpartei der Türkei, umgebracht, mutmaßlich als Vergeltung. Der Fall wird nie vollständig aufgeklärt.

Demirel selbst hat die Rechtsextremen gefördert, weil er die Linken als größere Gefahr betrachtet und hofft, sie mit Hilfe der Faschisten im Zaum halten zu können. Zudem ist das Parlament derart zerstritten, dass es nach der im April 1980 endenden Amtszeit von Präsident Korutürk nicht imstande ist, einen Nachfolger zu wählen – nicht einmal nach 115 Wahlgängen innerhalb von sechs Monaten.[44] Die Republik steht vor dem Bankrott. Die Staatskasse ist leer, die internationale Kreditwürdigkeit nicht mehr gewährleistet. Die Menschen stehen für günstiges Brot und Fleisch stundenlang Schlange. Der Strom fällt regelmäßig aus, weil die Regierung die Rechnungen für Öllieferungen nicht mehr begleichen kann. »Wir brauchen zwei, drei Jahre Festigkeit, Geduld und Disziplin«, so bewirbt Wirtschaftsminister Turgut Özal am 24. Januar 1980 sein Austeritäts-Programm. Geplant sind unter anderem die Begrenzung der öffentlichen Ausgaben sowie eine Absenkung der Löhne und eine Abwertung der Lira. Die Reaktion des zu jenem Zeitpunkt als Oppositionsführer waltenden Ecevit ist harsch: »Ein Modell, das in Lateinamerika bankrott ging, wird nun in die Türkei importiert. Es wird entweder nicht funktionieren oder die Demokratie in Not bringen. Es kann nicht ohne Bajonette angewandt werden!«[45]

Ecevit wird recht behalten. Nur wenige Monate nach der Vorstellung des Sparprogramms durch Özal erfolgt der dritte Militärputsch. Nachdem im Juli 1980 die israelische Regierung Jerusalem zur Hauptstadt ihres Landes erklärt hat, kommt es am 6. September 1980 im türkischen Konya, einem Zentrum islamischer Mystik, zu einer Demonstration – zum Entsetzen der Militärs. Die MSP hat den Marsch »zur Rettung Jerusalems« organisiert. Er richtet sich gegen Atatürks Grundlagen der Republik. Geschätzte 100 000 Personen nehmen am Protestzug teil. Viele tragen traditionelle Trachten und schwenken grüne Flaggen mit arabischen Schriftzügen. Sie fordern eine Rückkehr zur *Şeriat*.

Für die Armeespitze ist der Aufzug eine enorme Provokation. Generalstabschef Kenan Evren (1917–2015), Sohn eines Imams, aber überzeugter Säkularist, äußert ein Jahr danach in einem Interview mit der *Zeit*, die Bilder aus Konya hätten ihn sehr wütend gemacht. Die Empörung der Militärs führt dazu, dass auch die zweite Amtszeit Demirels mit dessen Sturz endet. Am 12. September 1980 rollen erneut die Panzer, die Armee nennt die Vorfälle in Konya als einen der Gründe für ihr Einschreiten. Stabschef Evren erklärt im Radio die Übernahme der exekutiven und legislativen Gewalt durch das Militär. Er spricht von einem »widerwilligen Coup«. Die Demokratie sei zur reinen Fassade geworden. »Das türkische Volk suchte im letzten September nach einem Retter, und es ergab sich, dass ich an der Spitze der Umsturz-Bewegung stand«, sagte Evren.[46] Bereits in seiner ersten Ansprache kündigt Evren an, dass die Exekutive ab sofort beim Nationalen Sicherheitsrat liege, der aus den Oberbefehlshabern der türkischen Streitkräfte und Evren bestehe. Das innerhalb weniger Tage zusammengestellte Kabinett aus Bürokraten ist nur noch Befehlsempfänger und ausführendes Organ des Sicherheitsrats.

Die Öffentlichkeit atmet zunächst auf, denn man hofft, dass die bürgerkriegsähnlichen Zustände nun ein Ende haben werden. Doch die Enttäuschung folgt rasch. Die Intervention des Militärs gerät zum Staatsterror gegen den Terror. Kein Putsch hat je so tiefe gesellschaftliche Narben hinterlassen wie der »12. September«, wie der Coup in der Türkei genannt wird. Die Militärs versuchen nicht einmal, ihrem Eingreifen einen zivilen Anstrich zu verleihen. Das Land – oder vielmehr die Bevölkerung – wird dreigeteilt: Es gibt jene, die frei bleiben, jene, die verhaftet werden, und jene, die verhaften. Eine Welle von Festnahmen überrollt das Land, es ist eine Schreckensherrschaft. Militärgerichte verurteilen Verhaftete in Schnellverfahren. 650 000 Menschen kommen in Haft, 230 000 werden vor Gericht gestellt. 517 werden schließlich zum Tode verurteilt, davon werden 50 gehängt, 171 Menschen sterben durch Folter. Rund 30 000 Personen werden aus politischen Gründen aus ihren Jobs entlassen, darunter Lehrer und Universitätsbeamte. Viele verlieren dadurch ihre Pensionsansprüche. Mehr als 14 000 Personen wird die Staatsbürgerschaft entzogen. Für fast tausend Filme gibt es ein Aufführungsverbot.[47]

Hingerichtet wird auch der erst siebzehnjährige Erdal Eren, obwohl sein Todesurteil zweimal vom Obersten Gerichtshof revidiert wird. Der junge Mann war Mitglied der revolutionären Vereinigung Yurtsever Devrimci Gençlik Derneği (Patriotisch revolutionäre Jugendbewegung; YDG-H). Man warf ihm vor, bei einer regierungskritischen Demonstration unmittelbar vor dem Putsch einen Soldaten erschossen zu haben. »Sollen wir ihn etwa durchfüttern, statt ihn aufzuhängen?«, ist der Kommentar von Militärchef Evren. Der Richter, der das Todesurteil aufhebt, weist mehrfach auf Unstimmigkeiten in dem Fall hin und äußert Zweifel an den Untersuchungen. Ohne Erfolg. Erdal Eren stirbt am 13. September 1980 durch den Strang – bis heute wird am Jahrestag seines Todes an seinem Grab in Ankara seiner gedacht.[48]

Anders als bei den Interventionen von 1960 und 1971 ist der Putsch von 1980 lange im Voraus geplant worden. Die Militärs scheinen die Verhaftungen anhand von Listen vorzunehmen, die sie zuvor zusammengestellt haben. Von den Inhaftierungen sind nicht nur Personen betroffen, die in Gewaltakte involviert sind, sondern auch moderate Systemkritiker und Intellektuelle.[49] Teils nimmt die »Säuberungswelle« absurde Züge an. Der am Staatstheater Ankara engagierten Schauspielerin Işik Yenersu wirft man vor, in Paris Gedichte Nâzım Hikmets rezitiert zu haben, eines Poeten, den man zu den Sozialisten zählte und dessen Werke in der Türkei bis 1965 verboten waren.[50] Sie wird entlassen. Der Schauspieler Müjdat Gezen schildert später in einem Interview, wie er seinen Job im bekannten Istanbuler Veranstaltungsort Çakıl Gazinosu verlor, weil er ein Buch über Hikmet geschrieben hat.[51]

Auch die weiteren Maßnahmen der Armee sind drastisch. Alle Parteien, Gewerkschaften und fast alle Berufsverbände werden verboten, Universitäten unter staatliche Aufsicht gestellt. 1981 wird der Hochschulrat YÖK (Yükseköğretim Kurulu) eingerichtet. Dieser setzt alle Rektoren ein, wobei die Ernennungen vom Nationalen Sicherheitsrat genehmigt werden müssen. Der YÖK ist fortan für alles zuständig, was den Lehrbetrieb betrifft. Er bestimmt über die Lehrpläne und legt fest, wann Studenten etwa wegen Disziplinarstrafen von der Universität verwiesen werden sollen.[52] Versammlungen und Demonstrationen bedürfen der vorherigen Genehmigung, Vereinsaktivitäten unterliegen Beschränkungen. Hunderte Professoren erhalten die Kündigung und verlieren ihre Pensionsansprüche. Eine Beschäftigung in anderen Sektoren des Staates ist ihnen untersagt.

Die Junta verfolgt eine Doppelstrategie, um den Tendenzen zur Re-Islamisierung zu begegnen. Weil die Generäle den Glauben als Triebfeder für missliebige politische Aktivitäten ansehen, versuchen sie, einen institutionell kontrollierten Islam zu verankern. Gleichzeitig fördern sie die islamischen Ideen als Gegenmittel zum noch mehr gefürchteten Kommunismus. Nach dem Motto »der Feind meines Feindes« befrieden sie die anatolische Mehrheitsgesellschaft, indem sie Religion als Pflichtfach an den Schulen einführen.[53] Überdies wird die Anzahl der Imam-Hatip-Schulen erhöht, ebenso wie das Angebot staatlicher Korankurse. Evren belebt zudem den islamischen Religionsunterricht in den Schulen, in der Annahme, dies werde das Wachstum der Linken bremsen. Es herrscht immer noch der Kalte Krieg, der Kommunismus ist der Feind.

Die staatlich kontrollierten Religionsangebote sollen dem extremistischen Islam zuvorkommen, ein »richtiges« Glaubensverständnis vermitteln und soziale Unzufriedenheiten kompensieren. Außerdem hofft man, so den kurdischen Widerstand besser in den Griff zu bekommen, da viele Kurden tiefgläubig sind. Zusätzlich soll Religion als Kitt zwischen den verfeindeten Gruppen dienen. »Seit unserer Operation vom 12. September ist die Türkei in einer Art Krankenhaus, und der Patient fühlt sich wohl«, sagt Admiral Işik Biren ein Jahr nach dem Putsch. »Wir werden die Türkei in kürzestmöglicher Zeit in die Demokratie entlassen.«[54]

Das Militärregime nimmt einen umfassenden Umbau von Wirtschaft und Staatsapparat in Angriff. Im ersten Jahr liegt der Schwerpunkt auf der Bekämpfung des Terrorismus und der Sanierung der Wirtschaft. Das Militär verhängt über das gesamte Land den Ausnahmezustand, schränkt die Freiheits- und Grundrechte massiv ein und verbietet politische Parteien über Jahre hinweg. Das Parlament wird aufgelöst, alle führenden Politiker werden verhaftet: Demirel (AP), Ecevit (CHP), Türkeş (MHP) und Erbakan (MSP). Zwar werden sie nach einigen Wochen freigelassen, aber sie und alle anderen Angehörigen des aufgelösten Parlaments erhalten teils ein fünf-, teils ein zehnjähriges Politikverbot.[55] 1981 wird Ecevit erneut kurzzeitig inhaftiert, nachdem er einen Artikel veröffentlicht hat, in dem er die Militärherrschaft kritisiert.

Die Junta lässt eine neue Verfassung aufsetzen und führt im November 1982 ein Verfassungsreferendum durch. Mit Erfolg. Überwältigende 91,3 Prozent der Türken stimmen für das Papier der Generalität. Eine kritische und öffentliche Auseinandersetzung darüber durfte es allerdings nicht geben. Durch ein Dekret wird jede Kritik verboten, die Teilnahme am Referendum ist verpflichtend. Wer nicht abstimmt, muss ein Bußgeld zahlen und verliert für fünf Jahre sein Wahlrecht.[56] Vorab wird versucht, die Farbe Blau aus den Medien zu verbannen. Denn auf dem Stimmzettel ist für das Ja zur Verfassung ein weißes Feld vorgesehen, für das Nein ein blaues. Die neue Verfassung ersetzt jene von 1961, die mit einem ausgeklügelten System von Checks and Balances die Macht der Regierung einschränkte, die Befugnisse des Präsidenten begrenzte sowie die Rechte und Freiheiten des Einzelnen stark betonte.

Im Gegensatz dazu schränkt die Verfassung von 1982 die Individual- und Vereinsrechte ein. Auch die politischen Parteien werden stark reglementiert, mit deutlich detaillierteren und restriktiveren Vorschriften als zuvor. Eine Zehn-Prozent-Hürde für den Einzug ins Parlament erschwert vor allem kleineren Parteien den Einzug ins Parlament. Ein zentrales Merkmal der neuen Verfassung ist die Möglichkeit, alle individuellen Grund- und Freiheitsrechte einzuschränken, um politischem Chaos vorzubeugen. Denn nach Ansicht der Militärs war die vorherige liberale Verfassung ein Grund für die Ausweitung der Unruhen vor dem Putsch.[57] Die Möglichkeiten von Gewerkschaften, Vereinen und Stiftungen, aktiv zu werden, werden stark eingeschränkt, weil sie weder politische Ziele verfolgen noch Unterstützung durch politische Parteien erhalten dürfen.[58] Neu eingeführt wird außerdem eine Pflicht für die Erziehungs- und Lehranstalten, nur in türkischer Sprache zu unterrichten. Das »Sprachenverbotsgesetz« zielt insbesondere gegen das Kurdische.[59] Schließlich garantiert die Verfassung den Putschisten lebenslange Immunität – damit sind sie vor einer späteren strafrechtlichen Verfolgung geschützt.

Der Generalstabschef Evren übernimmt für die nächsten sieben Jahre das Amt des Staatspräsidenten. Er wird später zu einer der umstrittensten Personen des Landes – und 2014 wegen seiner Beteiligung am Putsch zu einer lebenslangen Haftstrafe verurteilt. Während des Verfahrens schwieg er meist. Für den Putsch hat er sich nie entschuldigt. In seiner Wahrnehmung der Ereignisse hat er lediglich Straßenkämpfe zwischen rechten und linken Gruppen beendet, bei denen Tausende umgekommen sind. Er habe, so seine Sicht, wieder geordnete Verhältnisse hergestellt. Den Prozess gegen ihn hatte der damalige Ministerpräsident Recep Tayyip Erdoğan ermöglicht, der seinerseits 2010 erfolgreich ein Verfassungsreferendum initiiert hatte. Die neue Verfassung beendete die bis dato bestehende Straffreiheit der Putschisten. Nur einen Tag nach dem Referendum 2010 gingen aus der ganzen Türkei Strafanzeigen gegen die Generäle ein. Evren musste die Haft wegen seines hohen Alters nicht mehr antreten. Als er 2015 mit siebenundneunzig Jahren starb, erhielt er zwar ein Staatsbegräbnis, Regierungsmitglieder nahmen daran jedoch nicht teil.

Hintergrund: Das Militär – Atatürks Wächter

Jahrzehntelang ist das Militär die selbstbewusste, mächtige Bastion der Republik – die Soldaten gelten als sakrosant. Obwohl nicht vom Volk gewählt, bewacht die Generalität die Fundamente des Staates, es lässt Ministerpräsidenten erhängen und macht Jagd auf Linke, Rechte, Islamisten und Intellektuelle. Die Generäle müssen manchmal nur drohen, um einen Rücktritt zu erzwingen – und sie werden dabei selbst eine Bedrohung für das Land, in dem die demokratischen Strukturen erst schwach ausgebildet sind. Das Militär ist ein Staat im Staate, seine Macht immer spürbar. Mittlerweile stellt es die zweitgrößte Armee der Nato. Doch seine Unantastbarkeit ist nun Vergangenheit.

Wer die Türkei verstehen will, muss die Rolle ihrer Armee verstehen. Über Jahrhunderte waren Staat und Militär im Osmanischen Reich eng miteinander verwoben. Atatürk wiederum ist ein gefeierter Kriegsheld, der auf den Trümmern des Osmanischen Reichs den modernen Nationalstaat erschafft. Er schwört das Militär darauf ein, sein republikanisches Erbe zu verteidigen, gegen jeden religiösen Fundamentalismus vorzugehen und einen Zerfall der Nation zu verhindern. In diesem Sinn hievt er ehemalige Militärs in Spitzenpositionen, wo sie bis 1950 »in zivil« das Land lenken. In der Bevölkerung genießt das Militär ein hohes Ansehen, weil es im Ersten Weltkrieg gegen die Alliierten und im Befreiungskrieg gegen die Griechen erfolgreich Widerstand geleistet hat. Ohne Militär würde es die moderne Türkei nicht geben.

Formal trennt Atatürk zwischen militärischen und zivilen Funktionen, was auch gesetzlich verankert wird. Armeevertreter dürfen keine politischen oder administrativen Posten innehaben, solange sie Uniformen tragen. Sie müssen erst ihre militärische Funktion abgeben, um politische Posten besetzen zu dürfen.[60] Auch Atatürk und Inönü halten sich an dieses Gebot. Mit der Ausrufung der Republik legen sie ihre militärischen Funktionen und Uniformen nieder. Nach der Gründung der neuen Nation treten viele der ehemaligen Befreiungskämpfer in die CHP ein, womit auch die älteste Partei des Landes ihre Wurzeln im Militär hat. Um seine zivile Macht abzusichern, lässt Atatürk den Generalstabschef unmittelbar dem Präsidenten unterstellen. Diese Ämtertrennung von Politik und Militär erhält Verfassungsrang.[61]

Der Militarismus jedoch bleibt ein zentrales Narrativ im kemalistischen Nationalismus. Es geht dabei auch darum, das Trauma des »schwachen« Osmanischen Reichs zu überwinden; die Europäer nannten es im 19. Jahrhundert den »Kranken Mann am Bosporus«. Die Redewendung »Türkün Türkt'ten başka bir dostu yoktur« (»Der Türke hat keinen Freund außer sich selbst«) postuliert eine starke Nation angesichts einer Umwelt, die man als feindlich gesinnt wahrnimmt. Die Redensart »Her Türk asker doğar« (»Jeder Türke kommt als Soldat auf die Welt«) legt den Türken den Militarismus schon in die Wiege. Es herrscht eine Wehrpflicht, auch für im Ausland lebende türkische Staatsbürger.[62]

Wie der Republikgründer misstrauen auch die Generäle der Demokratie und ebenso der Religion. Sie verstehen sich als

Wächter und Verteidiger gegen innere und äußere Feinde wie auch als Beschützer eines vermeintlich von Krisen überforderten politischen Systems. Entsprechend stellen die Militärs die von ihnen initiierten, tatsächlichen oder angedrohten Staatsstreiche der Jahre 1960, 1971, 1980, 1997 und 2007 als notwendige Aktionen zur Wiederherstellung der demokratischen Ordnung und der nationalen Einheit dar, als Maßnahmen gegen Kommunisten, »kurdische Separatisten« oder religiöse Reaktionäre (irtica). Zur Rechtfertigung verweisen die Militärs auf ein akutes Chaos, oder sie erfinden gar Krisen. Eine dauernde Machtausübung ist nicht ihr Ziel. Wenn sie nach ihrem Ermessen die Ordnung im Land wiederhergestellt haben, überlassen sie die weitere Steuerung des Landes den Zivilisten. Ihr Netz aus Kontrollinstanzen, das den Staat durchzieht, bleibt allerdings bestehen – und es wird fortlaufend ausgebaut.

Als Hüter von Atatürks Erbe putschen die Generäle seit 1960 einmal in jedem Jahrzehnt (außer in den 2010er Jahren). Sie greifen ein, wenn sie ihre Privilegien bedroht sehen – bis sie unter Erdoğan selbst auf der Anklagebank landen. Dabei ist das Ringen zwischen Armee und Religiösen keine Auseinandersetzung zwischen Modernen und Reaktionären, wie die Generäle es gern darstellen, sondern ein Konflikt zwischen zwei konservativen Gruppen, die beide demokratische Prozeduren wenig respektieren.

Seine Macht übt das Militär durch formelle und informelle Mittel aus. Es kontrolliert die Politik durch den Nationalen Sicherheitsrat und die Staatssicherheitsgerichte sowie durch verschiedene vom Generalstab eingerichtete Institutionen, etwa durch Gerichte, in denen Militärrichter Zivilisten wegen politisch definierter Vergehen wie Separatismus, Terrorismus und Aktivitäten gegen die Republik verurteilen können. Das wichtigste Instrument ist der Nationale Sicherheitsrat (Millî Güvenlik Kurulu, MGK). Dieser wurde 1933 noch unter anderem Namen gegründet und war für die Sicherheitspolitik zuständig. Nach dem Putschversuch von 1961 wurde der MGK in der Verfassung verankert[63] und hatte gegenüber dem Ministerrat noch eine »unterstützende« Funktion, indem er Sachverhalte »mitteilte«. Bei der Verfassungsänderung nach demPutsch 1971 wurde daraus bereits »empfehlen«. Bei der Verfassungsänderung 1982 wurde dann festgehalten, dass der Ministerrat die Empfehlungen des Sicherheitsrates »mit Vorrang berücksichtigen« müsse.[64]

Obgleich das Gremium formal nur eine beratende Funktion hat, übt es de facto eine militärische Bevormundung aus. Die Militärs sind im Rat in der Überzahl, und der Generalstabschef kontrolliert die zivilen Mitglieder. Der MGK hat das Recht, in jedem Ministerium bestimmend einzugreifen – er wird dadurch zu einer Parallelregierung, die den zivilen Regierungen ihren Willen aufzwingen kann. Zum zeitweise höchsten Entscheidungsgremium wird der MGK schließlich durch den Staatsstreich von 1980, in dessen Folge seine Befugnisse noch weiter ausgedehnt werden. Bis 1983 herrscht der Sicherheitsrat. Zudem sind alle Präsidenten zwischen 1923 und 1989, außer Celâl Bayar, der das Amt von 1950 bis 1960 innehatte, ehemalige Generäle. Erst danach ändert sich diese Tradition, und Politiker mit zivilem Hintergrund übernehmen das Amt. Die Machtverhältnisse im Sicherheitsrat werden allerdings erst mit dem Regierungsantritt der AKP zugunsten der zivilen Politik verändert. Nach Durchsetzung des »Siebten Reformpaketes« im Juli 2003 hat der Sicherheitsrat nur noch beratende Funktion.

Die Armee ist nicht nur ein politischer, sondern auch ein ökonomischer Akteur. Grund dafür ist die Wirtschaftskrise Ende der 1950er Jahre, die auch die Staatsangestellten und damit die Armee erfasst. 1961 gründet die regierende Junta die Militär-Pensionskasse Ordu Yardımlaşma Kurumu (Solidargemeinschaft der Armee, OYAK). Ziel der Institution ist es, den sozioökonomischen Status der Militärs zu verbessern. Fortan müssen Armeeangehörige 10 Prozent ihres Gehalts zur Kapitalbildung der OYAK entrichten. Im Gegenzug stellt der Pensionsfonds Versicherungen und Zusatzrenten für die Armee bereit.

Vor allem höherrangige Militärs profitieren von der OYAK. Aktive und ehemalige Offiziere erhalten Versorgungsleistungen und genießen diverse Annehmlichkeiten, nicht nur im Gesundheitsbereich. Sie bekommen auch zinsgünstige Wohnungsbau- und Heiratskredite und haben Zutritt zu OYAK-eigenen Ferienanlagen, Hotels und Einkaufszentren. Die OYAK ist zwar dem Verteidigungsministerium angeschlossen, agiert aber wie eine Privatholding. Bereits Ende 1970 zählt sie zu den größten Industriekonglomeraten des türkischen Privatsektors. Neben der Steuerbefreiung wegen »Gemeinnützigkeit« ist vor allem das gute Image der Armee förderlich für das Wachstum.[65]

Die von der OYAK profitierenden Militärs werden immer mehr zu einer privilegierten und finanziell gut abgesicherten Kaste. Mitglieder haben zusätzlich zu ihren regulären Altersleistungen aus der staatlichen Pensionskasse Anspruch auf einen erheblichen Ruhestandsbonus aus dem Fonds. Zudem bekommen pensionierte OYAK-Generäle nicht selten Sitze in Verwaltungsräten von Unternehmen mit OYAK-Beteiligung. Das Portfolio wächst stetig: Die Organisation investiert weltweit in Sektoren wie Eisen-, Stahl- und Zementherstellung, Automobilbau, Bauwesen, Bergbau, Energie, Finanzen, Chemie und Logistikdienstleistungen. Sie konkurriert dabei mit milliardenschweren Familienholdings wie Koç und Sabancı, ist jedoch kein privat geführtes Unternehmen, sondern ein Staatsbetrieb, wenn auch weitgehend unabhängig von der Regierung.[66]

2001 etwa erwirbt die OYAK die von Atatürk 1933 gegründete Sümerbank und rettet damit eines der ältesten Bankinstitute des Landes vor einer möglichen Liqudation.[67] So wird die Armee über ihre Pensionskasse zur Beschützerin der Volkswirtschaft. 2015 kauft die OYAK den Frankfurter Aluminiumkonzern Almatis und steigt damit zum größten Stahlproduzenten der Türkei auf. OYAK-Unternehmen tragen 25 Prozent zur türkischen Stahlproduktion bei und kontrollieren 20 Prozent der Automobilindustrie des Landes. Der Fonds gilt als größter Grundbesitzer der Türkei.[68]

Die vielfältigen Einkommensquellen und die äußerst gewinnbringenden Investitionen verringern die Abhängigkeit der Armee von einem bestimmten Wirtschaftssektor und sichern ihr gleichzeitig stabile und regelmäßige Einnahmen, auf die parlamentarische und staatliche Entscheidungen wenig Einfluss haben.[69] »Die Militärs wollten immer das Land regieren. Aber sie wollten das indirekt tun, indem sie die Regierungen das tun ließen, was die Generäle wollten. Denn als sie das Land von 1980 bis 1983 regierten, war das eine Katastrophe für sie. Ihr Putsch fand im Volk zuerst Rückhalt, doch der zerfiel wegen der Korruption im Militär, der Folterungen und der Repressionen«, sagt der Türkei-Experte Gareth Jenkins[70] vom Institut für Sicherheits- und Entwicklungspolitik (ISDP), der seit 1989 in Istanbul lebt und eine Studie über das türkische Militär geschrieben hat.[71] »Von da an wollten die Generäle gleichsam wie Aristokraten die dreckige Arbeit nicht mehr selbst machen. Zivile Regierungen sollten das für sie erledigen. Die Militärs sahen sich als die wahren Vertreter des türkischen Volkes. Wenn sie mit einer Regierung unzufrieden waren, sprachen sie gern mit Journalisten und behaupteten, sie seien besorgt ob der politischen Situation. Sie wussten, dass die Journalisten darüber schreiben würden. Offiziell bezeichnete man das als spontane Gespräche, aber es war alles geplant. Sie rechneten damit, dass die Bevölkerung Druck auf die Regierung ausüben würde, damit diese den Wünschen des Militärs nachkam, sobald die Journalisten die Aussagen des Militärs veröffentlichten«, so Jenkins.

Im Jahr 1999 habe dann eine Transformation begonnen; zu dem Zeitpunkt, als die Türkei EU-Beitrittskandidat wurde. »Das war die erste große Veränderung für die Militärs. Denn zu diesem Zeitpunkt war die Unterstützung für den EU-Beitritt in der Türkei noch sehr groß. Die Militärs wussten: Wenn sie sich offensichtlich in die Politik einmischten, würde Brüssel die Türkei niemals als EU-Mitglied akzeptieren. Dann hätte sich die Stimmung in der Bevölkerung gegen die Militärs gewendet. Trotzdem wollten sie im Hintergrund weiter Politik machen, aber sie konnten nicht direkt sagen: Macht dies oder das. In Gesprächen wiederholten Militärs aber immer wieder: ›Wir können das Land übernehmen, aber das Problem ist der nächste Tag. Die türkische Lira wird fallen. Der Aktienmarkt wird fallen. Die Wirtschaft wird leiden, und die Türkei wird ihre Chance auf einen EU-Beitritt verlieren. Das türkische Volk wird uns hassen.‹«

Doch nach den Wahlen vom 3. November 2002 und mit der Bildung der AKP-Einparteienregierung verschieben sich sukzessive die Machtverhältnisse. Gerade erst als Ministerpräsident gewählt, nutzt Erdoğan die Anforderung der EU, das Militär der zivilen Kontrolle zu unterstellen, zu seinen Gunsten. Bisher hatte man im ganzen Land Angst davor, das Militär wegen seiner Menschenrechtsverletzungen zu kritisieren. Die nun angestoßene Reformwelle ermuntert auch Zivilisten, sich kritisch über die Armee zu äußern. Die zahlreichen indirekten und direkten Militärinterventionen haben schon lange dazu geführt, dass sich nicht nur konservative Muslime, sondern auch liberale Intellektuelle und Journalisten von den Militärs entfremdet haben.

Schwache oder zersplitterte Regierungen haben es den Generälen lange Zeit leicht gemacht, aus dem Hintergrund das

Land zu steuern oder per Putsch einzugreifen. Mit der starken und entschlossenen AKP wird das schwieriger. Die Militärs geben ihre Vormacht allerdings nicht widerstandslos auf. Während der ersten beiden AKP-Regierungen zwischen 2002 und 2007 kommt es immer wieder zu Auseinandersetzungen zwischen der Exekutive und dem Militär. Anlässe dafür sind etwa der Versuch der AKP, das Kopftuchverbot in öffentlichen Einrichtungen aufzuheben, sowie die Hochschulreform, die den Absolventen der religiösen Imam-Hatip-Schulen die Zulassung zum Studium ermöglichen soll.

Zur ersten heftigen Konfrontation kommt es 2007, als Abdullah Gül zum Staatspräsidenten befördert werden soll. Damit wäre er der erste Politiker in dem Spitzenamt, der offen seinen islamischen Glauben praktiziert und dessen Ehefrau ein Kopftuch trägt. Für das Militär ist dies ein Verstoß gegen den sakrosankten Laizismus. Der Generalstabschef interveniert in Form eines E-Memorandums, einer Stellungnahme, die auf der Website des Generalstabs veröffentlicht wird. Doch Ministerpräsident Erdoğan nimmt dieses Duell an und widerspricht dem Militär. Drei Monate später erringt die AKP einen überwältigenden Wahlsieg, und Erdoğan sichert sich Güls Aufstieg ins Präsidentenamt. »Das war ein Schock für die Militärs. Sie verstanden nicht, warum so viele Menschen für die AKP stimmten. Das war der Moment, in dem die AKP wirklich die Macht übernahm; sie musste das Militär nicht mehr fürchten. Auch die Gülenisten fürchteten das Militär nicht mehr«, sagt Jenkins.

Tatsächlich kommt die staatliche Ordnung schon vor dem AKP-Sieg in Bewegung: Im Rahmen ihres Europakurses hat bereits die Vorgängerregierung – zusammengesetzt aus der Demokratischen Linkspartei, der Mutterlandspartei und der Nationalistischen Aktionspartei – neun »Harmonisierungspakete« verabschiedet, die das Land etwa in Hinsicht auf Menschenrechte, Staatsordnung und Gewaltenteilung auf einen EU-Beitritt vorbereiten sollen. Auch die dominante Rolle der Generäle wird tangiert. So beschneidet das siebte Harmonisierungspaket vom 23. Juli 2003 den Einfluss des Nationalen Sicherheitsrats. Seine Entscheidungen sind für die Regierung nun nicht mehr bindend. Sein Generalsekretär ist anders als bisher ein Zivilist. Der Diplomat Mehmet Yiğit Alpogan (*1945) übernimmt dieses Amt im August 2004.

2010 wird ferner das sogenannte Emasya-Protokoll aufgehoben, das der Generalstab nach dem »sanften Putsch« 1997 unterzeichnet hat. Es hatte der Armee erlaubt, unter bestimmten Voraussetzungen auch ohne Genehmigung bei Krisen einzugreifen. Mit einer Verfassungsänderung vom September desselben Jahres werden Straftaten gegen die Staatssicherheit und die Verfassungsordnung, die mutmaßlich von Militärs verübt wurden, der Kompetenz der Zivilgerichte unterstellt. Die Opfer des Putsches von 1980 können nun gegen die Putschisten klagen, und das tun sie auch.[72] Auch die externe Kontrolle des Militärhaushalts wird ausgebaut und einer zivilen Instanz übertragen. »Erdoğan schwächt unsere Armee«, donnert CHP-Chef Kemal Kılıçdaroğlu (*1948). »Er schwächt die Türkei, um sich selbst zum starken Mann zu machen.«[73]

Schon nach dem Wahlsieg 2007 sieht es die AKP nicht mehr als notwendig an, einen Dissens mit dem Militär zu vermeiden. Auf der Basis des eigenen Erfolgs beginnen im Oktober 2008 – wenige Monate nach einem vergeblichen Versuch des Generalstaatsanwalts, die AKP zu verbieten – die ersten Gerichtsverfahren gegen Militärs. Dutzende hochrangige Militärs müssen sich erklären. Man wirft ihnen vor, zum »tiefen Staat« zu gehören, Teil eines angeblichen geheimen Netzwerks namens Ergenekon zu sein und unter der Bezeichnung »Vorschlaghammer« (Türkisch: Balyoz) Planspiele für einen Umsturz der AKP-Regierung durchgeführt zu haben. Die Beschuldigten sollen beispielsweise Bombenanschläge auf Istanbuler Moscheen geplant haben, um gesellschaftliche Spannungen zu provozieren, so die Vorwürfe. Die Gerichtsverfahren und die ihnen vorangegangenen Ermittlungen sind der Beginn einer neuen Zeitrechnung.

Seit 2007 geht die Justiz gegen das ultranationalistische Ergenekon-Netzwerk vor, das die Generalstaatsanwaltschaft als terroristische Vereinigung einstuft. Der Name Ergenekon geht auf ein sagenhaftes Tal zurück, in dem die Turkvölker der Legende nach einst Zuflucht fanden. Auslöser der Ermittlungen zu Ergenekon ist der Fund eines geheimen Waffen- und Sprengstofflagers in einem Istanbuler Vorort im Juni 2007, das Mitgliedern einer nationalistischen Gruppe zugeordnet wird. Dem mutmaßlichen Geheimbund sollen ehemalige Offiziere, Anwälte und Journalisten angehören. Gemäß den Anschuldigungen streben sie eine Wiedererrichtung des Großtürkischen Reichs an. Mit inszenierten Terrorakten – so die Vorwürfe – wollten sie versuchen, das Land zu destabilisieren, um dem Militär eine Machtübernahme zu ermöglichen. Gegen Erdoğan, den Schriftsteller Orhan Pamuk und andere Personen des öffentlichen Lebens soll es Mordpläne gegeben haben.[74] Hunderte Personen werden aufgrund dieses Verdachts festgenommen und im Rahmen der Ergenekon- und verwandter Prozesse angeklagt, unter ihnen ranghohe Militärs wie der frühere Generalstabschef Ilker Başbuğ (*1943). Die Angeklagten weisen alle Vorwürfe zurück und bezeichnen Ergenekon und Balyoz als eine Erfindung der Regierung mit dem Ziel, das Ansehen der Armee zu zerstören. Zur Prozesslawine gibt es unterschiedliche Stimmen: Für die einen sind die Verfahren ein wichtiger Schritt, um die Armee unter zivile Kontrolle zu bringen. Andere sehen darin eine von der Regierung gesteuerte Hexenjagd, um mächtige Gegner aus dem Weg zu räumen. Auch die säkulare Opposition und Bürgerrechtler halten die

Prozesse für ein politisches Manöver, um unliebsame Gegner zum Schweigen zu bringen, zumal unter den Festgenommenen und Beschuldigten auch kritische Journalisten und Intellektuelle sind.

Im November 2010 werden erstmals Generäle von der Regierung suspendiert. Sie werden verdächtigt, in die Putschpläne verwickelt zu sein. Aus Protest gegen die ausufernden Verfahren und Verhaftungen treten im Juli 2011 die vier ranghöchsten Befehlshaber zurück: Der Generalstabschef sowie die Befehlshaber von Armee, Marine und Luftwaffe legen gemeinsam ihre Arbeit nieder. Das so lange unantastbare System zerfällt immer mehr.[75] 2012 werden im Rahmen des Balyoz-Verfahrens mehrere hundert Militärs zu teils lebenslänglichen Haftstrafen verurteilt. Ein Jahr später werden auch im Ergenekon-Prozess Hunderte »wegen gewaltsamen Umsturzversuches« zu langen Haftstrafen verurteilt. Unter den Verurteilten sind Dutzende ranghohe Militärangehörige. Zwar werden die Gerichte die Urteile in den kommenden Jahren wegen mangelnder Beweise wieder kassieren, doch ist die Macht der Armee zu dem Zeitpunkt schon so sehr beschnitten, dass diese den einstigen Einfluss nicht mehr zurückgewinnen kann. Die Ergenekon- und Balyoz-Prozesse sind zudem nicht der letzte Schritt bei der Zurückstufung der Generäle. Der erfolgt nach dem gescheiterten Putschversuch von 2016.

KAPITEL 4
DER SIEGESZUG DER FROMMEN 1981 – 2000

Die dritte Republik

Am 6. November 1983 finden die ersten Parlamentswahlen nach dem Putsch von 1980 statt. Von den insgesamt fünfzehn Parteien, die beim vom Militär gelenkten Nationalen Sicherheitsrat eine Zulassung beantragen, werden nur drei zugelassen – darunter die rechtsliberale Mutterlandspartei (Anavatan Partis, ANAP), die im Mai 1983 von Turgut Özal gegründet wurde, dem ehemaligen Wirtschaftsminister in der nach dem Putsch von 1980 gebildeten Regierung von Bülend Ulusu (1923–2015). Die Militärs gehen davon aus, dass die ANAP nicht mehr als 5 Prozent holen wird. Ganz gegen die Erwartungen der Generäle aber erzielt sie überraschende 45,1 Prozent der Stimmen und wird bis 1991 alleine die Regierung stellen. Özal übernimmt im Dezember 1983 das Amt des Ministerpräsidenten.[1] Er ist einer der schillerndsten Staats- und Ministerpräsidenten, welche die Türkei je hatte. Heute wird er als konservativer Gigant verehrt, der die Peripherie in das Zentrum führte. »Der Staat sollte dem Volk dienen. Die Menschen sind nicht dazu da, dem Staat zu dienen«, lautete seine politische Philosophie.[2]

1927 in Malatya geboren, stammt Özal damit wie Demirel aus dem tiefsten Anatolien. Sein Vater ist Imam, wechselt jedoch in die staatliche Landwirtschaftsbank Ziraat Bankası. Özal arbeitet nach seinem Studium, das er als Elektroingenieur und Wirtschaftswissenschaftler abschließt und teilweise in den USA absolviert, zunächst als Leiter des staatlichen Planungsamtes. Nach dem Putsch von 1971 geht er in die USA, wo er bei der Weltbank anfängt, kehrt jedoch 1973 zurück in die Türkei. Im Jahr 1977 kandidiert er für die MSP, wird aber nicht ins Parlament gewählt. In der neuen Regierung wird er nicht nur Wirtschaftsminister, sondern auch stellvertretender Ministerpräsident. Er verordnet dem Staat einen strikten Sparkurs und führt ambitionierte Reformen durch, so dass die Republik ab Mitte 1983 wieder als kreditwürdig gilt. »Das wichtigste in der Politik ist das Geld«, sagt Özal bei mehreren Gelegenheiten, oder auch: »Erst die Wirtschaft, dann die Demokratie.«[3] Er ist kein Ideologe, sondern ein geschickter Pragmatiker, der den kapitalistischen Wettbewerb in seiner Heimat einführt.

Wegen seiner Leibesfülle wird der neue Ministerpräsident in den deutschen Medien als »anatolischer Ludwig Erhard« gehandelt. Er wird für die nächsten zehn Jahre die bestimmende politische Figur sein, mit einem oftmals unkonventionellen Auftreten und seiner sehr selbstbewussten Ehefrau Semra Özal an der Seite. Sie raucht Zigarren und prahlt: »Die türkische Luft wäre anders, wenn ich nicht wäre«, sie trinkt Whisky und trägt maßgeschneiderte Kleidung: »Wir sind schließlich Weltbürger.«[4] Özal selbst ist Mitglied des Sufi-Ordens der Nakşibendî und gibt damit auch den islamischen Gesellschaftsschichten Rückhalt. Seinen demonstrativ liberalen Lebensstil verbindet er mit öffentlich zur Schau getragener Frömmigkeit: Er veranstaltet Beschneidungszeremonien für Jungen mit Orchesterbegleitung in Stadien und liebt Publicity auch bei religiösen Anlässen. So lässt er sich als erster türkischer Ministerpräsident 1988 medial zur Pilgerfahrt nach Mekka begleiten, posiert im Pilgergewand und beim Umschreiten der Kabaa vor der Presse. Er plädiert dafür, dass Frauen mit Kopftuch Universitäten besuchen dürfen und lässt die Religionsbehörde Diyanet ausbauen. »Der Staat in der Türkei ist laik, aber ich bin nicht laik, ich bin Muslim«, erklärt er.[5] Das hält ihn nicht davon ab,

Hand in Hand mit seiner Frau Nachtklubs zu besuchen. Was seine Lieblingslektüre sei, wird Özal einmal gefragt. »Natürlich Lucky Luke«, sagt er unorthodox.[6]

Auch seine wirtschaftspolitischen Maßnahmen erregen Aufmerksamkeit: 1984 gibt er bekannt, dass Pfandbriefe für die Bosporus-Brücke verkauft werden, um mit den Geldern die Zinsen bestreiten zu können.[7] Gegenüber dem Militär tritt Özal selbstsicher auf. Als der Stabschef 1990 aus Protest gegen die Regierungspolitik zurücktritt, um sich am Zweiten Golfkrieg militärisch zu beteiligen, ernennt Özal seinen eigenen Kandidaten und widersetzt sich damit den Wünschen der Militärs.

Das hat noch kein Politiker zuvor gewagt. Bei einer Militärparade taucht er in T-Shirt und Shorts auf und entschuldigt sich damit, er komme gerade von seinem Urlaub auf einer Yacht. Ohnehin verzichtet er häufig auf formelle Anzüge und kleidet sich gern in Leinenhosen und T-Shirts, manchmal trägt er eine Baseballmütze. Er ist der erste Spitzenpolitiker, der die Existenz der kurdischen Minderheit anerkennt und sich selbst zu seinen eigenen kurdischen Vorfahren bekennt.[8] Özal deutet auch an, in dem Streit um die Genozidfrage mit Armenien einen Kompromiss finden zu wollen, wird aber in der Heimat scharf ausgebremst.

Özal gelingt es erstaunlich lange, ein stabiles System aufrechtzuerhalten, das erst mit seinem Tod 1993 endet. Er fordert die alten Eliten dermaßen unverfroren heraus, dass an seinem natürlichen Ende gezweifelt wird, als er ganz plötzlich an einem Herzinfarkt stirbt. Im Land herrscht das Gefühl vor, dass er einen einzigartigen Platz in der modernen Geschichte eingenommen hat. Dabei war er keineswegs unumstritten. Familie Özal wurde wegen Vetternwirtschaft und Korruption im Rahmen ihrer geschäftlichen Aktivitäten kritisiert, der Ministerpräsident selbst war in den späten 1980er Jahren teilweise äußerst unbeliebt, und die Jahre seiner Präsidentschaft waren von etlichen Konflikten geprägt. Dennoch wird er in zahlreichen Kommentaren als der zweite große Modernisierer nach Atatürk bezeichnet.[9] Der Staatschef wird in dem von ihm gebauten Mausoleum für den hingerichteten Menderes beigesetzt.

Sein Wirtschaftsprogramm findet in drei Phasen statt. Die erste Umstrukturierung von 1980 bis 1983 wird unter der von den Militärs gebildeten Regierung zur Stabilisierung vorangetrieben – was nur durch die Unterdrückung der politischen Linken und der Gewerkschaften möglich wird. In der darauffolgenden Phase von 1983 bis 1987 stehen die Liberalisierung der Wirtschaft und die Beschleunigung des ökonomischen Wachstums im Fokus, eine Liberalisierungspolitik mit drastischen Maßnahmen in der Währungs- und Importpolitik. Um dies umsetzen zu können, ersetzt Özal die etatistisch orientierten Beamten in Schlüsselpositionen durch junge Technokraten, die marktwirtschaftlich-monetaristisch orientiert sind. Sie werden die »Neuen Jungtürken« genannt – angelehnt an die Revolution der Jungtürken von 1908.[10] Ab 1989 erfolgen als dritte Phase weitere Liberalisierungen vor allem im Bereich des Handels.[11]

In der Ärä Özal wird das Land insgesamt moderner. Nach Jahren des Mangels, die durch Importverbote und stetige Devisennot geprägt sind, wird die Türkei nun in die globalisierte Konsumwirtschaft integriert. In den Großstädten tauchen die ersten Shopping-Center auf, und internationale Fast-Food-Ketten eröffnen Filialen in der Türkei. Der Tourismus wird gefördert, eine verbesserte Infrastruktur und Werbeplakate ausländischer Handelsketten verändern das Straßenbild in den Metropolen.[12] Es entsteht eine neue Mittelschicht, die »Özal-Reichen« und die »anatolische Bourgeosie«.[13]

Auch auf politischer Ebene sind die Weichen für eine Öffnung gestellt. 1987 trifft die Regierung Özal ihre bis dahin wichtigste außenpolitische Entscheidung und beantragt die Vollmitgliedschaft der Türkei in der Europäischen Gemeinschaft. Die Liberalisierung der Wirtschaft wirkt sich positiv aus, der Wandel zur Industrienation schreitet voran. Das Bruttosozialprodukt steigt von 1983 bis 1986 jährlich um durchschnittlich fünf Prozent, die Republik wird auf dem Weltmarkt mit Textilien, Metall- und Elektrowaren konkurrenzfähig. Gleichzeitig wächst die Bevölkerung zwischen 1980 und 1990 von 45 Millionen auf fast 60 Millionen an. Das Pro-Kopf-Einkommen verdoppelt sich von 1980 bis 1990 auf etwa 2000 US-Dollar. Özal sagt zu dieser Entwicklung, es sei ein Zeitalter übersprungen worden.[14]

Einheimische Holdings, die Familienunternehmen sind, wie die Sabancı Holding (Banken, Baustoffe, Automobil) oder die Koç Holding (Automobile, Elektrogeräte), können von Özals liberaler Wirtschaftspolitik besonders profitieren. Aber auch die klein- und mittelständischen Unternehmer in der Provinz gehören zu den Gewinnern der Marktliberalisierung. Die sogenannten »anatolischen Tiger« (Anadolu kaplanı) sind aufstrebende Familienunternehmen, deren Besitzer meist aus den anatolischen Provinzen wie Sivas, Kayseri oder Gaziantep stammen. Sie sind konservative Muslime, die sich als Exporteure von Industriegütern etablieren können, wie Mustafa Boydak, dessen Unternehmen zum größten Möbelhersteller des Landes wird.

Nicht alle Teile der Bevölkerung profitieren vom ökonomischen Wachstum: Vor allem in den Städten geraten immer mehr Menschen in Armut: bankrotte Kleinhändler, Arbeitslose, von der Modernisierung verdrängte Handwerker. Auch im Mittelstand müssen die Menschen Einschnitte verkraften. Durch Özals Austeritätspolitik müssen etwa Beamte Gehalts- und Pensionseinbußen hinnehmen. Soziale Sicherungsmaßnahmen sind nur rudimentär vorhanden und beinhalten wenig

Hilfen für in Not geratene Menschen.[15] Auf der Verliererseite stehen vor allem Arbeiter und Angestellte des öffentlichen Dienstes, die nicht in den boomenden Sektoren wie Bank- oder Versicherungswesen tätig sind. Bauern sind durch die Streichung von Subventionen betroffen. Die Einkommensverteilung wird immer unausgewogener. Gleichzeitig werden die ohnehin schon spärlichen Sozialleistungen gekürzt.[16]

Bei einem Referendum, das im September 1987 vor den anstehenden Wahlen abgehalten wird, stimmt eine knappe Mehrheit für eine Aufhebung des Politikverbots, das die Militärs über aktive Spitzenpolitiker aus der Zeit vor dem Putsch von 1980 verhängt hatten. So kandidieren bei den Parlamentswahlen im November auch Erbakan für die von ihm neu gegründete islamistische Wohlfahrtspartei (Refah Partisi, RP), Ecevit für die 1985 von seiner Frau gegründete Demokratische Linkspartei (Demokratik Sol Parti, DSP) und Demirel für seine konservativ-liberale Partei des Rechten Weges (Doğru Yol Partisi, DYP). Den Wahlkampf dominiert Özals regierende Mutterlandpartei, und die ANAP holt an den Urnen erneut die Mehrheit. Doch trotz des Wirtschaftsprogramms des Ökonomen bleiben die armen Menschen auf dem Land oftmals weiterhin perspektivlos. Aus Protest wenden sich immer mehr einstige ANAP-Wähler nun Erbakans Wohlfahrtspartei zu.

Mit dem ausbleibenden wirtschaftlichen Erfolg bröckelt auch Özals Charisma: Dass er politische Versprechen – zum Beispiel die Inflationsrate im Zaum zu halten – nicht einhalten kann, kostet ihn Popularität. Bei den Kommunalwahlen im März 1989, bei denen Bürgermeister und Kommunalparlamente gewählt werden, stimmt nur noch gut jeder fünfte Wahlberechtigte für die ANAP: Es zeichnet sich ab, dass der Stern der Mutterlandspartei sinkt, und es bleibt wenig Hoffnung auf einen erneuten Sieg bei den nächsten Parlamentswahlen, die 1991 stattfinden sollen. »Die Wähler wollten uns einen

Klaps geben«, urteilte Özal hinterher, »aber aus Versehen ist etwas Schlimmeres daraus geworden.«[17]

Özal entscheidet sich für eine Strategie, die ihm selbst eine politische Spitzenposition sichert: Er verlässt 1989 das sinkende Schiff, immerhin verfügt er ja über eine Zweidrittelmehrheit im Parlament, und lässt sich zum achten Staatspräsidenten der Republik küren. Das Amt des Ministerpräsidenten gibt er kommissarisch an Parteigenossen weiter. Damit ist er nach Celâl Bayar der zweite zivile Präsident des Landes, die sechs vorherigen Präsidenten – inklusive Atatürk – waren Militärs. Er ist auch der erste Präsident, der in der republikanischen Zeit auf die Welt kam. Alle seine Amtsvorgänger wurden während der Zeit des Osmanischen Reichs geboren.

Bei den Parlamentswahlen 1991 schafft es der inzwischen legendäre Politveteran Süleyman Demirel mit seiner Partei des Rechten Weges an die Spitze einer Koalitionsregierung. Er hatte im Wahlkampf versprochen, wer ihn wähle, erhalte innerhalb von fünfhundert Tagen zwei Schlüssel: einen für die Wohnung, einen für das Auto – und hat damit Erfolg. Demirel wird zum fünften Mal Ministerpräsident.[18] Doch vorgezogene Parlamentswahlen, rasche Ministerpräsidentenwechsel und eine ökonomische Talfahrt prägen auch die frühen Neunziger, in denen strukturelle wirtschaftliche Probleme aufgeschoben statt angepackt werden: Für die Akteure der Politik hat das eigene politische Überleben Priorität gegenüber mühsamen Reformen.

Demirel lässt sich im Mai 1993 zum neunten Staatspräsidenten wählen. Als seine Nachfolgerin zieht mit Tansu Çiller (*1946) sechzig Jahre nach Einführung des Frauenwahlrechts erstmals eine Frau in den Regierungspalast in Ankara ein. »Die schönste Ministerpräsidentin der Welt«, bejubelt die *Hürriyet* den Aufstieg der neuen DYP-Chefin. Die in den USA ausgebildete Wirtschaftsprofessorin ist erst 1990 in die Partei eingetreten, schon 1991 wird sie unter Demirel Wirtschaftsministerin. Als ihr Vorbild benennt sie die britische Regierungschefin Margaret Thatcher. Mit ihrem Selbstbewusstsein, ihrer Herkunft aus einer reichen, großbürgerlichen Familie und auch ihrer Arroganz verkörpert sie die Sehnsucht vieler Türken nach dem Westen. »Lady Tansu« wird die damals Siebenundvierzigjährige anerkennend genannt, deren Vermögen, mit dem ihres Mannes, auf fünfzig Millionen US-Dollar geschätzt wird. Çillers jugendliche Dynamik verspricht eine Abkehr von der verknöchert väterlichen und erfolglosen Altherrenpolitik, die die gemeinsame kurze Regierungszeit ihrer DYP mit den Sozialdemokraten prägte. Als die *Hürriyet* über »das Absatzklappern der Lady« schreibt, legt sich die Wirtschaftsprofessorin vorsorglich den Spitznamen »Mutti« zu, um so auch ländliche Wähler zu erreichen.

Mit vielen Vorschusslorbeeren aus dem In- und Ausland tritt sie ihr Amt an. Doch Çillers Glanz verblasst rasch. Die Beliebtheit eines »Papa« Demirel wird sie nie erreichen.[19] Sie kann die Inflation nicht senken, ihr Austeritätsprogramm bleibt wirkungslos, die Arbeitslosigkeit steigt weiter, und auch der Konflikt mit der PKK eskaliert. Die »Kurdenfrage« wird wieder militärisch angegangen, Çiller demonstriert Härte und schließt jegliche politische Lösung des Konflikts aus. Ihr Motto: »Jede Stimme für die DYP ist eine Kugel gegen die PKK.«[20] Ein anderer Slogan lautet: »Entweder der Terror wird beendet oder er wird beendet!«[21]

Lange kann sich Çiller nicht im Amt halten: Ende 1995 zerfällt die 50. Regierung der Türkei mit einer ernüchternden Bilanz. Es ist wieder nicht gelungen, die Wirtschaft zu stabilisieren, und die bürgerkriegsähnlichen Zustände im Südosten dauern nun schon fast zehn Jahre an. Der Konflikt kostet viele Menschenleben – und auch sehr viel Geld. Während dieser Phase zerstrittener Koalitionsregierungen können die Islamisten rund um die RP ihre Erfolge weiter ausbauen: Bei den Kommunalwahlen Ende 1994 siegt die Partei landesweit, sie ist die dritte Inkarnation der pro-islamistischen Partei. Das Ergebnis ist ein politisches Erdbeben, denn die RP gewinnt nicht nur in der konservativen und frommen Provinz, sie schafft es auch, die Metropolen zu erobern. In Ankara und in Istanbul regieren fortan Islamisten, sie beerben dort sozialdemokratische Bürgermeister. In Istanbul heißt der Oberbürgermeister nun Recep Tayyip Erdoğan.

Als ein Jahr später, am 24. Dezember 1995, die Wahlen zur Großen Nationalversammlung stattfinden, kann die RP mit 21,4 Prozent ihre Stimmen weiter ausbauen. Zunächst zieren sich die etablierten Parteien, ein Bündnis mit dem Wahlsieger einzugehen, so dass Erbakan keinen Regierungspartner findet. Nach dem erfolglosen Versuch einer Minderheitskoalition, die nur drei Monate Bestand hat, geht Çiller, die sich stets gegen die RP positioniert hat, überraschend ein Bündnis mit Erbakan ein. Die Koalition sichert ihr weiterhin ein politisches Spitzenamt inklusive Immunität: Diese schützt sie vor juristischen Untersuchungen aufgrund zahlreicher Korruptions- und Bestechungsvorwürfe.[22]

1996 erschüttert der Susurluk-Skandal (Susurluk skandalı) das Land und macht die Umrisse des so sogenannten »tiefen Staats« (derin devlet) erkennbar. Über diesen geheimen Staat im Staate – eine Verfilzung von Mitgliedern des Staatsapparates und rechtsextremistischen Untergrundgruppen – wurde bis dahin nur hinter vorgehaltener Hand geflüstert, es gab nie einen Beweis für dessen Existenz. Doch am 3. Oktober 1996 kommen bei einem Verkehrsunfall in der westtürkischen Kleinstadt Susurluk der des mehrfachen Mordes verdächtige, flüchtige Rechtsextremist Abdullah Çatlı, der stellvertretende Polizeipräsident von Istanbul, Hüseyin Kocadağ, und die ehemalige Schönheitskönigin Gonca Us ums Leben. Der Abgeordnete Sedat Bucak von Çillers DYP überlebt als Einziger den Zusammenstoß mit einem Lastwagen. Zwar versprechen die Behörden eine Aufklärung darüber, wie es sein kann, dass diese vier Personen zusammen in einem Wagen sitzen, doch der Vorfall wird nicht vollständig geklärt. Der »tiefe Staat« soll laut Journalisten, Politikern und Historikern jahrzehntelang durch Anschläge auf Linke und Morde an Minderheiten die Gesellschaft gezielt in Angst versetzt und so Regierungen destabilisiert haben, um einen Putsch zu erreichen.[23]

Die überraschend guten Wahlergebnisse, die die RP bei den Kommunalwahlen 1994 und bei den Parlamentswahlen 1995 erzielt hat, erklären sich aus mehreren Faktoren. Die Frommen hatten ein Vakuum gefüllt, das durch Özals plötzlichen Tod und die Schwächung der ANAP entstanden war. Der Siegeszug der RP ist aber auch ein an den Wahlurnen abgegebener Protest all jener, die sich vom Staat vergessen fühlen. Mit akribischer Basisarbeit und einem Netzwerk Freiwilliger, die von Tür zu Tür gehen, kann sich die Partei in der breiten Öffentlichkeit profilieren. Ein Charakteristikum der RP ist ihre Frauenorganisation, die sogenannte »Damenkommission« (Hanımlar Komisyonu), ein politisches Novum: Die Islamisten sind die Ersten, die Frauen gezielt politisch ansprechen, weil sie in ihnen eine wichtige Wählergruppe erkennen – eine Strategie, die später auch die AKP übernehmen wird. Auch der Wohltätigkeit widmet sich die junge Partei, die sich demonstrativ für die Bedürfnisse der Armen interessiert: Mit Hilfe der Spenden von »anatolischen Tigern« und auch von Auslandstürken vergibt die RP Stipendien an Bewohner der Gecekondus. Auch viele Kurden sympathisieren mit der RP, weil diese das kemalistische System in Frage stellt und konservativ ist.

Die Refah profitiert von der Landflucht und dem wachsenden Informationszugang der zahlreichen Binnenmigranten.

Slogans wie »Adil Düzen« (»Gerechte Ordnung«) verfangen bei diesen Menschen mehr als der Nationalismus des Establishments. Die Wahlkämpfer der RP, die sich die Partei Allahs nennt, schenken den Menschen nicht nur Haushaltswaren, sondern hören ihnen zu. Den Kemalisten dagegen gelingt es nicht, auf den gesellschaftlichen Wandel einzugehen – und sie haben auch kein Interesse daran: Sie thematisieren weder die mit der Landflucht einhergehenden Veränderungen in den Städten noch die Interessen und Bedürfnisse der anatolischen Geschäftsleute.[24]

Insgesamt gelten die 1990er Jahre als »verlorenes Jahrzehnt«. Das Land ist politisch instabil und befindet sich wirtschaftlich in einer Dauertalfahrt. Eine 2001 vom Dachverband der Türkischen Industrie- und Handelskammer (Türkiye Odalar ve Borsalar Birliği, TOBB) veröffentlichte Studie kommt zu dem Ergebnis, dass in den 1990er Jahren die türkischen Politiker rund 195 Milliarden US-Dollar verschwendet haben, was dem damaligen jährlichen Bruttoinlandsprodukt gleichkommt. Hätte es diese Verluste nicht gegeben, wäre die heimische Wirtschaft jährlich um 9,2 Prozent gewachsen.[25]

Die demographische Entwicklung und die Landflucht gehören zu den gravierendsten Problemen des Landes. Lebten 1945 noch 18 Prozent der Menschen in den Städten, so sind es 1996 schon 70 Prozent. In den 1980er Jahren erlebt die Migration in die Großstädte einen neuen Höhepunkt. Zwar ist die Binnenmigration ein seit Jahrzehnten bekanntes Phänomen in der Türkei. Nach 1980 nimmt sie jedoch noch einmal stark zu: 1950 lebten noch 25 Prozent der insgesamt 21 Millionen Einwohner in den Städten und 75 Prozent auf dem Land, 1985 macht die Stadtbevölkerung bereits 53 Prozent der nun 51 Millionen Menschen zählenden Bevölkerung aus. Die Metropolen Istanbul, Ankara und Izmir sind dabei die Hauptanziehungsorte für die Massen, die die Dörfer verlassen.[26]

Die Landflüchtigen stehen nicht nur räumlich im Abseits, sondern auch sozial, denn es fehlt an Integrationsmöglichkeiten für diese Neuankömmlinge. Um den Armen Bildungschancen zu ermöglichen, ruft der Gouverneur von Istanbul Wohlhabende dazu auf, Grundschulen zu bauen.[27] Die vom kemalistischen Establishment verachtete Masse wird von der Refah, aber auch von Fethullah Gülen als Potenzial erkannt. Der muslimische Prediger, Gründer der Hizmet-Bewegung, hat sich schon zu dieser Zeit ein weltweites Imperium mit Unternehmen und Schulen aufgebaut. Weil die Generäle nach dem Putsch von 1980 die Organisation Gülens als ein Instrument sehen, um gemeinsam die verabscheute Linke zu bekämpfen – Gülen hatte zuvor mit Weggefährten »Vereine für den Kampf gegen den Kommunismus« aufgebaut –, kann der Prediger weitgehend unbehelligt sein Netzwerk ausbauen. Dabei unterwandert er etwa mit Stipendien und anderen Formen der Wohltätigkeit das System, indem er seine Anhänger vor allem in Polizei und Justiz installiert.[28]

Es sind vor allem die sogenannten »schwarzen Türken« (siyah Türkler), die frommen Muslime, die meist in prekären Verhältnissen leben. Diese werden von den »weißen Türken« (beyaz Türkler), der verwestlichten säkularen Elite, immer noch herabgesetzt. Erdoğan selbst bezeichnet sich immer wieder als »schwarzen Türken«: »In diesem Land besteht eine Trennung zwischen weißen und schwarzen Türken; euer Bruder Tayyip ist einer der schwarzen Türken«, wandte er sich etwa im Oktober 1998 an seine Unterstützer. Auch wenn die »weißen Türken« gebildet sind – oftmals haben sie im Ausland studiert –, pflegen sie ihr undemokratisches Politikverständnis, um die »schwarzen Türken« nicht in ihre Lebenssphären eindringen zu lassen. »Sie wohnen hauptsächlich in Küstenregionen, sind sensibel, wenn es um Säkularismus geht. Sie trinken Alkohol, haben eine hohe Kaufkraft, einen westlichen Lebensstil, und die Frauen tragen keine Kopftücher«, beschreibt der *Hürriyet*-Chefredakteur Ertuğrul Özkök[29] die »weißen Türken«, zu denen er sich auch selbst zählt. Die »schwarzen Türken« hingegen wünschen sich Reformen, um endlich gleichberechtigte Teilhabe zu erlangen und die Gängelung durch die selbsternannte Elite zu beenden.[30] Erdoğan betont zwar immer wieder seine Herkunft, dennoch ist seine Traumatisierung durch die ständige Gängelung seitens des Establishments erkennbar. Erdoğan nennt sich »die Stimme der Stummen«. Einer seiner früheren wohlhabenden Weggefährten erzählt in einem Interview, wenn Erdoğan wütend auf ihn gewesen sei, habe dieser ihn als einen »weißen Türken« beschimpft.[31]

Mit Erdoğan, Erbakan und Gülen haben in den 1990er Jahren drei Männer die politische Bühne des Landes betreten, die die Türkei immens prägen werden. Noch ziehen sie an einem Strang, später werden sie einander befehden: Erbakan ist die graue Eminenz des politischen Islamismus. Der 1926 geborene Sohn eines Richters, der Maschinenbau unter anderem in Deutschland studierte, ist 1953 der jüngste Professor der Türkei. Er unterbricht seine akademische Laufbahn, um in Deutschland an der Entwicklung des Leopard-Panzers mitzuarbeiten. Dann kehrt er in die Türkei zurück, wo er unermüdlich an seinem politischen Durchbruch arbeitet. Wie später Erdoğan muss auch Erbakan einen Marathon hinlegen, bis er am Ziel, der Staatsspitze, ankommt – wobei er nur kurz Ministerpräsident bleiben wird. Nach einem Politikverbot kehrt er erst 1987 auf die politische Bühne zurück, um kurz darauf Vorsitzender der 1983 gegründeten Wohlfahrtspartei zu werden, der er ein gemäßigteres Image verpasst.[32] Er schlägt in dieser Zeit eine modernere Interpretation des Korans vor und schmeichelt den Generälen, weil er verstanden hat, dass er das Militär braucht, wenn er in diesem Land etwas erreichen will. Er legt sogar einen Kranz im Atatürk-Mausoleum in Ankara nieder.

Der achtundzwanzig Jahre jüngere Erdoğan ist Erbakans politischer Zögling. Er nennt seinen zweiten Sohn gar nach Erbakan: Necmettin Bilal. Auf Erdoğans Amt als Bürgermeister folgt ein beispielloser politischer Aufstieg. Er wird zum mächtigsten Politiker der Türkei seit dem Republikgründer Atatürk, und selbstverständlich ist bei diesem Werdegang überhaupt nichts. Wie er es bei der RP gelernt hat, überzeugt der circa 1,85 Meter große athletische Charismatiker auch durch seine Basisarbeit. Er scheut sich nicht davor, in ärmere Viertel zu gehen und dort für sich zu werben. Die Bedürfnisse der Menschen dort sind ihm nicht fremd – im Gegenteil: Er selbst kommt aus einer armen Familie.

Geboren 1954 in Istanbul, wächst er im Istanbuler Armeleuteviertel Kasımpaşa am Goldenen Horn auf. In dessen engen Gassen hängen heute überall Bilder von ihm: Ob in Teestuben, Friseursalons oder kleinen Lädchen – sein Porträt ist überall, respektvoll sprechen die Menschen hier von »Cumhurbaşkanımız« – »unserem Staatspräsidenten«, und das Stadion in Kasımpaşa trägt seinen Namen. Das Viertel liegt im europäischen Teil der Stadt unweit der glitzernden Welt der Kneipen, Clubs und der Einkaufspassagen auf der İstiklal Caddesi. Kasımpaşa ist ein Viertel, in dem Stromausfälle und Probleme mit den Wasserleitungen an der Tagesordnung sind, auf den Straßen türmt sich der Müll, darüber flattert die Wäsche an von Haus zu Haus gespannten Leinen – auch heute noch sind die Seitenstraßen dort unsicher. Die Frauen sind meist verschleiert, die Männer lassen Gebetsketten durch ihre Finger gleiten. Als eine Zeitung Erdoğan als einen »Taugenichts aus Kasımpaşa« verspottet, entgegnet er: »Wer kein Taugenichts ist, kann diesen Job gar nicht machen. Untergehen und wieder hochkommen, das ist es, was ein Taugenichts kann.« Und so heißt es über ihn: »Er kam als Prahlhans aus Kasımpaşa und kehrte zurück als ein Mann aus Etiler«, einem teuren Viertel im Istanbuler Stadtteil Beşiktaş.[33]

Erdoğans Eltern sind fromme Zuwanderer aus dem Schwarzmeergebiet. Sein Vater ist Seemann und Anhänger von Menderes' DP, die Mutter Hausfrau: Erdoğan wächst in sehr bescheidenen Verhältnissen auf. Der Name Recep ist vom arabischen Radschab abgeleitet, wie der für Muslime heilige siebte Monat genannt wird. Der Name Tayyip stammt ebenfalls aus dem Arabischen und bedeutet »gut, schön«. Der Familienname Erdoğan kann mit »männlicher Falke« oder »als Soldat geboren« übersetzt werden.[34] Nach der Grundschule besucht er eine Imam-Hatip-Schule, obwohl deren Absolventen keine Berechtigung zum Besuch einer Universität erhalten, weshalb Erdoğan zusätzliche Kurse an einem regulären Gymnasium belegen muss. Früh fällt er wegen seiner wohlklingenden Koranrezitation auf, weshalb er auch »Korannachtigall« genannt wird. Als Schüler gewinnt er Preise für seine selbstverfassten Gedichte. Schon als Kind begeistert er sich aber auch für Fußball und spielt so leidenschaftlich, dass er »Imam Beckenbauer« genannt wird. Fenerbahçe Istanbul will ihn als jungen Mann verpflichten, doch Erdoğan entscheidet sich für ein Studium. 1973 macht er sein Abitur und legt die Prüfungen der Extrakurse ab, durch die er studieren darf. Laut seinem offiziellen Lebenslauf erhielt er 1981 sein Abschlusszeugnis von der Fakultät für Wirtschafts- und Verwaltungswissenschaften der Marmara-Universität. Die Opposition argumentiert jedoch, dass er keinen Abschluss an dieser Hochschule gemacht habe und seine Dokumente falsch seien.

Während seiner Studienzeit tritt Erdoğan früh der Bewegung von Erbakan bei, in der er rasch aufsteigt. Er wird 1976 im Alter von zweiundzwanzig Jahren zum Vorsitzenden der MSP-Jugendabteilung gewählt und bekleidet diese Position, bis die Partei wie alle anderen politischen Parteien durch den Militärputsch 1980 verboten wird. Nach dem Putsch arbeitet Erdoğan in der Privatwirtschaft. 1983 kehrt er mit der Gründung der RP auf die politische Bühne zurück. Schon 1984 wird er Mitglied des Zentralvorstands der RP. 1989 ist er Kandidat der RP für die Wahlen zum Bezirksbürgermeister im Distrikt Beyoglu in Istanbul, verliert die Wahl allerdings.[35] Doch statt aufzugeben, setzt er die Messlatte einfach höher. Die Partei nominiert Erdoğan 1994 als Kandidaten für das Amt des Oberbürgermeisters der Metropole Istanbul – und er gewinnt die Wahl.

Erdoğan ist nun das Oberhaupt einer einzigartigen Stadt: Istanbul betört mit der Großartigkeit ihrer »betäubenden Eindrücke«, so schwärmte im 19. Jahrhundert der italienische Reisende Edmondo De Amicis.[36] Eine Beobachtung, die bis heute unverändert gilt. Es ist die Stadt mit den vielen Namen: Byzanz, Neues Rom, Konstantiniyye, Stanbul, Konstantinopel, Istanbul. »Stiefkind der modernen, säkularen Türkischen Republik«, nannte die Schriftstellerin Elif Shafak einst die Stadt.[37] Man muss kein Turkologe, Historiker oder Archäologe sein, um die Stadt als das zu sehen, was sie einst war: Über Jahrhunderte hinweg war sie die Hauptstadt zweier großer Reiche – erst des byzantinischen, dann des osmanischen, als Sitz des langlebigsten Kalifats. Konstantinopel galt als Gottes irdische Heimat.[38] Istanbul ist eine der ältesten Städte der Welt und die größte Stadt Europas. Zwar wählte Atatürk 1923 demonstrativ Ankara als Hauptstadt, doch heißt es in einem bis heute häufig zitierten Satz des Lyrikers Yahya Kemal Beyatlı (1884–1958): »Das Schönste an Ankara ist die Rückkehr nach Istanbul.«[39] Wer Istanbul regiert, so lautet ein türkisches Sprichwort, regiert auch die Republik. Was Erdoğan betrifft, so ahnt Erbakan, dass sein Zögling bald über ihn hinauswachsen wird, und wettert gegen dessen Sieg.

Der postmoderne Coup

Der meistverkaufte Tonträger des Jahres 1999 in der Türkei wurde von Recep Tayyip Erdoğan herausgebracht. Er hatte unter dem Titel »Bu Şarkı Burada Bitmez« (Dieses Lied endet nicht hier) ein Album mit Gedichten und Liedern türkischer Künstler zusammengestellt. Darauf findet sich etwa ein Gedicht von Necip Fâzıl Kısakürek (1905–1983), einem islamistisch-antisemitischen Autor, der wegen seiner Opposition zur CHP im Gefängnis saß. »Zindandan Mehmed'e Mektup« (Brief an Mehmed aus dem Kerker) heißt sein Gedicht, das aus der Sicht eines Gefangenen geschrieben ist. Auf dem Cover ist ein ernst blickender Erdoğan zu sehen. Laut Medienberichten wurde das Album eine Million Mal verkauft. Auf der Rückseite des Albums ist vermerkt, dass alle Einnahmen an die Familien von Märtyrern und an Witwen und Waisen gespendet würden.[40]

Das Album erschien anlässlich von Erdoğans Verurteilung, die erfolgt war, weil er im Dezember 1997 ein islamisch-nationalistisches Gedicht bei einer Veranstaltung der Wohlfahrtspartei in der südostanatolischen Provinz Siirt rezitiert hatte – damit sollten die Zeilen des Gedichts sein Leben verändern, und zugleich die Zukunft der Türkei. Rückblickend war Erdoğans viermonatige Haft ein einschneidendes Erlebnis. Er hatte schon davor ein ausgeprägtes Gespür für die Macht und hegte starke Ressentiments gegen die Eliten, die seine Frömmigkeit und seine Herkunft offen verspotteten. Doch in der Haft verstärkten sich diese beiden Eigenschaften noch – und anstatt von der politischen Bühne zu verschwinden, wird der Inhaftierte noch populärer. Viele sehen ihn als einen der Ihren, der zu Unrecht verurteilt wurde. Die Gefängnisstrafe ebnet Erdoğan den Weg zur Eroberung des Amtes als Ministerpräsident. Jahrelang bekam Erdoğan eine schlechte Presse. Als er 1998 wegen Aufstachelung zum Religionshass verurteilt wurde, schrieb die Tageszeitung *Radikal* herablassend, nicht einmal Dorfvorsteher könne er werden. Sie druckte dazu ein großes Bild von Erdoğan ab und fragte spöttisch, wie er es als Absolvent einer religiösen Imam-Hatip-Schule in das Amt des Istanbuler Oberbürgermeisters geschafft habe. So ergeht es Erdoğan seit langem: Säkulare Journalisten machen sich über seine fehlenden Fremdsprachenkenntnisse, über seine Steifheit und auch über sein nach ihrem Geschmack biederes Äußeres lustig. Der Geruch des Emporkömmlings haftet ihrer Meinung nach an ihm.

Doch der Reihe nach: Zwischen 1991 und 1997/98 gibt es sechs Regierungswechsel. Das Muster wiederholt sich wie schon in den Jahrzehnten davor, sämtliche Koalitionen brechen innerhalb kurzer Zeit auseinander. Allein von 1996 bis 1998 amtieren drei verschiedene Koalitionen. Auch das 1996 geschlossene Koalitionsbündnis Çiller-Erbakan ist geprägt von Streitigkeiten: Zwar hat Erbakan sich in seiner ersten Regierungserklärung zum Republikgründer Atatürk und zum Laizismus bekannt, doch pocht er immer mehr auf religiöse Symbole und Traditionen. Er schimpft auf die Dekadenz Europas und wendet sich an die muslimische Welt. Das erschüttert nicht nur seine Regierungspartnerin Çiller, sondern auch das Militär, das ohnehin seit dem Amtsantritt der ungleichen Koalition beunruhigt ist.

Die ersten Staatsgäste, die Erbakan als Ministerpräsident empfängt, sind Abgesandte der ägyptischen Muslimbrüder.[41] Aufsehen erregt er auch, als er im Januar 1997 Mitglieder mehrerer islamischer Bruderschaften zum Iftar, dem abendlichen Fastenbrechen im Ramadan, in seine Residenz bittet. Diese Einladung ist ein provokativer Akt mit großer, vermutlich kalkulierter Wirkung. Denn einige dieser Bruderschaften sind in der Türkei seit 1925 verboten.[42] Die laizistische Presse veröffentlicht entsetzt die Gästeliste jenes Abends, auf der auch der Prediger Fethullah Gülen zu finden ist. Zudem greift der Ministerpräsident alte Wahlversprechen auf, die er im Zuge der Regierungsbildung mit der DYP zunächst auf Eis gelegt hatte. Dazu gehört ein Gesetzesvorhaben, welches das Tragen des Kopftuchs in öffentlichen Verwaltungen wieder ermöglichen soll. Während Erbakans fundamentalistische Wohlfahrtspartei das Gesetz als Ausdruck der Religionsfreiheit propagiert, befürchten Gegner, dies könnte ein erster Schritt hin zur Verschleierungspflicht für Frauen und zur Einführung der Scharia sein.

Mehrfach schlägt Erbakan den Bau von Moscheen in Istanbul und Ankara an Orten vor, die hohen symbolischen Wert für die Kemalisten besitzen: Auf dem Istanbuler Taksim-Platz soll das Gotteshaus in der Nähe des sogenannten »Denkmals der Republik« mit Atatürk entstehen – ein Vorhaben, dass Erbakans Ziehsohn Erdoğan Jahrzehnte später umsetzen wird. So ist Anfang 1997 in den Zeitungen zu lesen, dass der Grundstein für eine Moschee auf dem symbolträchtigen Platz am 29. Mai, dem Jahrestag der Eroberung Konstantinopels 1453, gelegt werden sollte.[43] Doch nicht nur die Statue Atatürks macht diesen Ort symbolträchtig. Der Taksim-Platz und die angrenzenden Straßen mit ihren Bars, Restaurants, Hotels, Kasinos und luxuriösen Geschäften gelten auch als Treffpunkt der säkularen Bewohner der Metropole. Der zweite Moscheebauplatz in spe liegt in Ankaras Stadtviertel Çankaya, das von Atatürk in den 1920er Jahren als Standort für seine Residenz gewählt wurde. »Stück für Stück«, kommentiert die Tageszeitung *Cumhuriyet*, »verwandelt sich die säkulare Republik in einen sunnitischen Staat.«[44] Erbakan provoziert die säkularen Kreise weiter, indem er fordert, die Hagia Sophia wieder in ein Gotteshaus umzuwandeln. Und seine ersten Auslandsreisen als Ministerpräsident führen ihn nicht gen Westen, sondern in den Iran, nach Pakistan, Singapur, Malaysia, Indonesien, Ägypten und Libyen.[45]

Immer öfter fällt in den Leitartikeln der kemalistischen Presse das Stichwort vom drohenden »Staatsstreich«. Von »unerträglichen Spannungen« berichtet die *Hürriyet*, nachdem das Militär Erbakan aufgefordert hat, den islamistischen Einfluss einzudämmen.[46] Das Militär warnt die Fundamentalisten mehrfach und wird auch bei Präsident Demirel vorstellig. Das Fass zum Überlaufen bringt schließlich eine von der Wohlfahrtspartei organisierte Kundgebung in einem Vorort von Ankara. Diese hält am 30. Januar in Sincan, wo die Partei den Bürgermeister stellt, eine islamische Feier ab. Dabei ruft der iranische Botschafter in der Türkei offen zum Befolgen der Scharia auf und prophezeit den Sieg des Islam »in der ganzen Welt«. Es werden Bilder von Führern der pro-iranischen Schiitenmiliz Hisbollah und der radikalen Palästinenserorganisation Hamas gezeigt. Wenige Tage später wird der Bürgermeister abgesetzt und ein Haftbefehl gegen ihn erlassen.[47] In Ankara protestieren im Februar 1997[48] Tausende Türkinnen gegen Erbakans Kurs. Es werden Parolen gegen die Verschleierung, gegen Polygamie und gegen eine Islamisierung gerufen. RP-Politiker bezeichnen den Frauenmarsch als »Separatismus«. Erbakan schimpft, wer an solchen Veranstaltungen teilnehme, sei ein »Parasit«. Doch als Korruptionsvorwürfe gegen Regierungsmitglieder rund um Erbakans Koalitionspartnerin Çiller publik werden, gehen in Ankara abermals rund 150 000 Menschen auf die Straße.[49]

Es rollen keine Panzer durch die Straßen, es gibt keine Ausgangssperre, keine Massenverhaftungen, das Parlament wird nicht aufgelöst, die Verfassung bleibt in Kraft – und doch ereignet sich am 28. Februar 1997 in Ankara ein politisches Erdbeben. Das Militär befürchtet, die Regierung könne ihre islamische Agenda weiter fortführen – und schreitet ein: In einer neunstündigen Dringlichkeitssitzung des Nationalen Sicherheitsrats setzen die Generäle Erbakan dermaßen unter

Druck, dass dieser Tag für ihn der Anfang vom Ende wird. Einen »postmodernen Putsch« (postmodern darbe) nennen die Türken die damaligen Ereignisse: Die Generäle brauchen ihre Soldaten gar nicht erst aus den Kasernen marschieren zu lassen, um zum vierten Mal eine demokratisch gewählte Regierung abzusetzen. Stattdessen setzen sie Erbakan eine Liste von Maßnahmen vor, die sie so bald wie möglich umgesetzt sehen wollen. Unter anderem fordern sie, die Schulpflicht von fünf auf acht Jahre zu erhöhen, um religiösen Schulen einen Riegel vorzuschieben. Auch das Kopftuchverbot müsse bleiben.

Erbakan zögert, dem Zwanzig-Punkte-Papier der Generäle zuzustimmen, und er weigert sich zunächst auch, zurückzutreten. Als Vize-Premierministerin Çiller ankündigt, die Beschlüsse des Nationalen Sicherheitsrates umsetzen zu wollen, und immer mehr Abgeordnete des Koalitionspartners DYP austreten, so dass die parlamentarische Mehrheit verlorengeht, räumt Erbakan schließlich im Juni 1997 sein Amt. Die erst ein Jahr bestehende sogenannte Refahyol-Regierung zerfällt, im Januar 1998 wird Erbakans Wohlfahrtspartei verboten, das Parteivermögen wird eingezogen.[50] Erbakan selbst erhält ein fünfjähriges politisches Betätigungsverbot – als Ministerpräsident wird er durch den ANAP-Politiker Mesut Yılmaz (1947–2020) ersetzt, der zwischen 1991 und 1999 dreimal als Ministerpräsident fungiert. Die Wohlfahrtspartei ist damit die dritte Partei Erbakans, die aufgelöst wird. Weil das Verbot absehbar ist, gründen 1997 einige RP-Mitglieder die Tugendpartei (Fazilet Partisi, FP).

Auch Recep Tayyip Erdoğan schließt sich der FP an. Als Bürgermeister von Istanbul hat er sich als gläubiger Technokrat gezeigt. In dieser Position wird er immer populärer, weil er die urbane Infrastruktur modernisiert, Wasserleitungen erneuert und die Müllabfuhr auf Vordermann bringt. Er präsentiert sich als sozial und nicht korrumpierbar – und betont stets seine Herkunft. Erdoğan bringt Ordnung in die Metropole, er baut Sozialleistungen aus und macht sich an die Tilgung des Schuldenbergs. Er führt umweltfreundliche, mit Erdgas betriebene Busse ein, das Straßennetz der Stadt wird ausgebaut. Er eröffnet die erste U-Bahn und lässt zusätzliche Grünflächen anlegen. Bei all dem stellt er seine Frömmigkeit zur Schau, seine Frau und die beiden Töchter tragen selbstbewusst ein Kopftuch, was einem politischen Bekenntnis gleichkommt. Und nicht alles, was er tut, stößt auf Begeisterung: So gehört zu seinen ersten Amtshandlungen auch ein Alkoholverbot in städtischen Lokalen – ein klares Signal hinsichtlich der gesellschaftspolitischen Ziele des Stadtoberhaupts. »Wird Istanbul ein neues Teheran?«, fragt die Tageszeitung *Milliyet* besorgt. »Wir werden niemandem den Schleier aufzwingen«, versucht Erdoğan zu beschwichtigen, um die Angst vor einer Islamisierung einzudämmen. »Diese Ängste sind unbegründet«, sagt er. »Das religiöse Leben in Istanbul hat sich nicht verändert, seitdem wir dort zu sagen haben.«[51]

Kurz darauf spricht er wie schon Erbakan davon, am Istanbuler Taksim-Platz eine Moschee errichten zu wollen. Frauen rät Erdoğan zu einem Kopftuch, Sitzungen eröffnet er mit Koransuren, und er nennt sich selbst »Imam von Istanbul«. Ballett, schimpft er, sei »pornographisch«, als Partnerstadt für Istanbul wünscht er sich Mekka. Immer wieder stellt er sich gegen den Laizismus: »Ich sage, dass Menschen nicht laizistisch sein können. In unserer Verfassung steht allerdings, dass die Bürger der Republik Türkei laizistisch seien, dass der türkische Staat laizistisch sei. Ist der Laizismus eine Religion oder nicht? Wenn nicht, dann kann man den Laizismus nicht dem Islam gegenüberstellen.«[52] Auch Sätze wie dieser, die er als frisch gewählter Bürgermeister äußert, steigern die Besorgnis der Säkularen: »Wenn meine Kommandozentrale mir sagt, in diesem Kampf musst du eine Priesterkutte tragen, dann ziehe ich die

Priesterkutte an und tue meine Pflicht. Denn unser Kampf ist kein gewöhnlicher Kampf.«[53]

Das Rezitieren des umformulierten religiös-nationalistischen Gedichts *Asker Duasi* (»Gebet für den Soldaten«) des osmanischen Denkers Ziya Gökalp (1876–1924) im Rahmen seiner Rede im Dezember 1997 in Siirt, der Heimatstadt seiner Ehefrau Emine, bringt ihn schließlich ins Gefängnis:

»Die Minarette sind unsere Bajonette
Die Kuppeln sind unsere Helme
Die Moscheen sind unsere Kasernen«

So lauten die Verse, die Erdoğan vortrug – er beendete seine Rede unter großem Jubel.

Gökalp, ein Schüler des französischen Soziologen Émile Durkheim (1858–1917), hatte einst Atatürk das wissenschaftstheoretische Gerüst für seine nationalistisch-türkische Staatsauffassung geliefert, deshalb finden sich seine Verse in vielen Schulbüchern wieder.[54] Doch das kümmert die Justiz wenig. Im April 1998 befindet ein Gericht Erdoğan für schuldig, die Bevölkerung »unter Hervorhebung von religiösen und rassischen Unterschieden zum Hass und zur Feindschaft provoziert und aufgehetzt« zu haben. Er wird zu einer zehnmonatigen Haftstrafe verurteilt und seines Amtes enthoben. Das Verfahren findet in Diyarbakır statt, wo sich das der Provinz Siirt nächstgelegene Staatssicherheitsgericht befindet. Erdoğan bestreitet die gegen ihn erhobenen Vorwürfe, darunter Aufstachelung zum Hass. Er habe niemanden provozieren wollen, seine Äußerungen seien missverstanden worden. Doch das Gericht befindet, er habe mit seinen Worten gegen Artikel 312, Absatz 2 des türkischen Strafgesetzbuches verstoßen.

Zehntausende Menschen protestieren in Istanbul gegen Erdoğans Absetzung. Für seine Anhänger ist er ein Held, dem

Unrecht getan wurde. Erdoğan greift das Urteil während einer Kundgebung an. »Wir haben keine unabhängige Justiz«, sagt er unter dem Applaus der Menge. Und weiter: »Wir leben in einem repressiven und totalitären System, das die Meinungs- und Pressefreiheit ebenso unterdrückt wie fast alle anderen Menschenrechte.« Zu Recht befindet er: »Wenn ich kein Gedicht lesen würde, sondern ein Nummernschild, würden sie wieder einen Grund finden, mich in den Knast zu sperren.«[55] Ausgerechnet der Mann, der später die freie Meinungsäußerung massiv beschneiden wird, muss wegen eines Gedichts hinter Gitter.

Von der zehnmonatigen Haftstrafe sitzt er schließlich vier Monate ab. Einen Tag vor seinem Haftantritt im März 1999 gibt er dem *Spiegel* ein Interview: Für seine Verurteilung seien Ministerpräsident Bülent Ecevit und sein Vorgänger Mesut Yılmaz verantwortlich, erklärt er darin. Gefragt, wie er sich nun fühle, antwortet er: »Fragen Sie lieber meine Richter, wie sie sich fühlen.«[56] Auf der Fahrt ins Gefängnis begleiten ihn Hunderte seiner Anhänger im Autokonvoi. Tausende Menschen säumen seinen Weg ins Gefängnis, sie rufen: »Die Türkei ist stolz auf dich!« Bevor sich die Gefängnistüren schließen, fährt er zum Gebet in die Istanbuler Eyüp-Sultan-Moschee, seine Familie ist bei ihm – Emine Erdoğan trägt eine schwarze Sonnenbrille, um ihre Tränen zu verstecken. Dahinter ist ein starres Gesicht zu sehen. Der Gefängnisaufenthalt wird auch später, als er Präsident ist, in Erdoğans Lebenslauf auf der Regierungshomepage erwähnt. Verurteilung und Haft bremsen seine politische Karriere nicht aus – im Gegenteil: Es scheint, als würde er unter dem massiven Gegenwind des kemalistischen Establishments erst zur Höchstform auflaufen – und kaum ist er wieder draußen, macht er weiter, trotz eines fünfjährigen Politikverbots.

Erdoğan wird später diejenigen büßen lassen, die folterten

und auch ihn zu stoppen versuchten. Sowohl die Putschisten von 1980 als auch jene von 1997 werden unter Erdoğans Ägide zur Verantwortung gezogen werden. 2013 beginnt in Ankara der Prozess gegen die mutmaßlichen Anführer des Militärputsches von 1997. Gut zwanzig Jahre nach dem »sanften Putsch« werden 2018 rund zwanzig frühere Generäle wegen ihrer Beteiligung daran zu lebenslangen Haftstrafen verurteilt.

Hintergrund: Die Kopftuchdebatte – zwischen Populismus, Kemalismus und Islamismus

Büşra Cebeci und Rümesya Çamdereli sind sich noch nie begegnet. Beide sind Feministinnen, sie leben in Istanbul und kämpfen dafür, selbstbestimmt und gleichberechtigt zu leben. Beide begannen mit zwölf Jahren, ein Kopftuch zu tragen – freiwillig, wie sie sagen, weil es in ihren Familien so vorgelebt worden sei. Die Journalistin Cebeci legte mit zweiundzwanzig Jahren ihr Kopftuch ab und hat es seither nicht mehr getragen. Sie schrieb ein Buch zum Thema, das 2021 veröffentlicht wurde.[57] Auf Twitter hatte sie Anfang 2023 rund 39 000 Follower.[58] Rümesya Çamdereli wiederum studierte IT-Wissenschaften.[59] Sie ist Musikerin und Mitbegründerin des Blogs Reçel (Marmelade), auf dem sich regierungs- und gesellschaftskritische muslimische Frauen äußern.[60]

Für die einen ist das Kopftuch ein Symbol ihrer Religiosität und der Emanzipation, für die anderen ein politisches Bekenntnis und ein Zeichen der Unterdrückung. Eine Studie aus dem Jahr 2018 kommt zu dem Ergebnis, dass rund 58 Prozent der Türkinnen sich ein Kopftuch umlegen, wenn sie das Haus verlassen.[61] Die Diskussion um das Kopftuch wird über viele Jahrzehnte als Glaubensstreit geführt und von Kemalisten und Religiösen auf dem Rücken der Frauen ausgetragen. Dabei geraten zuweilen die üblichen Wahrnehmungsschemata durcheinander, wenn etwa konservative Gläubige bei der Rechtfertigung des Kopftuchs plötzlich zu Verteidigern von Frauenrechten werden. Die Säkularen ihrerseits sehen sich bei der Abwehr des Kopftuchs traditionell als Hüter der Menschen- und damit auch der Frauenrechte. Die Gegner und die Befürworter der religiösen Kopfbedeckung leben lange Zeit in getrennten Welten, sie begegnen einander mit einer Mischung aus Verachtung und Furcht. In dem verwestlichten Raum der Kemalisten sind Kopftuchträgerinnen Verkäuferinnen auf dem Markt oder Ehefrauen von Hausmeistern, die mit ihrer Kinderschar am Stadtrand leben oder in der Hausmeisterwohnung im Keller. Dass Frauen freiwillig das Kopftuch tragen, passt nicht in ihre Vorstellungskraft. Sie binden es entweder aus Zwang um, oder weil sie ungebildet und damit selbst rückschrittlich ist. Dass es Frauen gibt, die nicht von ihnen »befreit« werden wollen, scheint den Kemalisten unvorstellbar.

Es ist ein Konflikt mit weit zurückreichenden historischen Wurzeln, ein zäher Kampf in einem Land, in dem sich die Lage in Bezug auf Frauenrechte seit den 1950er Jahren nur langsam verbessert hat und in dem in sehr konservativen Kreisen die Redewendung »Die besten Frauen sind die, die Schafen gleichen« zitiert wird. Die männlich dominierte Debatte darüber, was Frauen anziehen sollen, spaltet die türkische Gesellschaft. In den ersten Jahrzehnten der Republik verwehren Entscheidungsträger – meist männliche Vorgesetzte und Politiker – gläubigen Frauen ihre Grundrechte. Nirgendwo in Europa wird das Kopftuchverbot so lange so strikt praktiziert wie in der Türkei. Die Ausgeschlossenen protestierten unter Berufung auf die Religionsfreiheit.

Unter der Regierung Erdoğan haben sich die Machtverhältnisse allmählich verschoben. Fühlten sich früher die Verhüllten unter Druck, sind es heute die Unverhüllten. Sie haben Angst vor dem Verlust ihrer Freiheit.[62] Auf beiden Seiten findet man militante Wortführer. Literaturnobelpreisträger Orhan Pamuk widmet dem Thema in seinem Roman »Schnee« einen eigenen Erzählstrang: In der im Nordosten gelegenen Provinzstadt Kars verfallen junge Frauen, die wegen ihres Kopftuchs nicht studieren dürfen, in Depressionen oder nehmen sich gar das Leben. »Die bringen sich um, weil sie nicht mit dieser Fahne, dem Symbol des politischen Islams, auf dem Kopf in den Unterricht dürfen«, kritisiert ein Protagonist des Romans.[63]

Was die Türkinnen und Türken auf dem Kopf tragen, ist seit dem Beginn der Republik keine reine Privatsache, sondern ein ideologisches Schlachtfeld: Während Atatürk den Fez, die männliche Kopfbedeckung zur Zeit der Osmanen, generell verbietet, ist er beim Kopftuch vorsichtiger – ein klares Verbot vermeidet er. Atatürk weiß, dass ein umfassendes Kopftuchverbot Widerstand hervorrufen könnte. Vor allem auf dem Land, wo diese Tradition tief verankert ist.[64] Aber nach der Kleiderrevolution (Kıyafet Devrimi) sollen Frauen laut republikanischer Ordnung zeitgenössische, moderne Kleidung tragen (çağdaş kılık ve kıyafet). Diese Bestimmung kann man als Ablehnung von islamischer Kleidung auslegen, die insbesondere für Frauen in offiziellen Funktionen – etwa Richterinnen, Parlamentarierinnen und Polizistinnen – gilt.[65]

Es gab nie ein Gesetz, das ausdrücklich das Tragen eines Kopftuchs verboten oder reguliert hätte. Die Türban-Debatte (türban = Kopftuch) beginnt in den 1950er Jahren, vor allem an den Hochschulen. Immer wieder gibt es Meldungen über Frauen, die wegen ihres Kopftuchs von der Universität verwiesen wurden. So wird 1968 Hatice Babacan, die als Studentin an der Theologischen Fakultät der Universität Ankara mit einem Kopftuch zum Unterricht erschien, von der Verwaltung dazu aufgefordert, unverschleiert in die Universität zu kommen. Babacan, Tante von Ali Babacan, dem späteren stellvertretenden AKP-Ministerpräsidenten, wird schließlich von der Hochschule verwiesen. »Wir haben seit neunzehn Jahren keine Studentin mit Kopftuch in den Fachbereich Theologie gelassen, wie können Sie es wagen, ein Kopftuch zu tragen?«, soll eine Dozentin damals gesagt haben.[66]

Ende der 1960er und Anfang der 1970er Jahre nimmt die Zahl der Studentinnen, die das Kopftuch tragen, zu. Nach dem Staatsstreich vom 12. September 1980 allerdings wird der Kopftuchbann an den Hochschulen strenger ausgelegt. An manchen Hochschulen dürfen sich Frauen gar nicht einschreiben, wenn sie für das Bild auf dem Studentenausweis ihr Haar verbergen. Zuweilen weigern sich Dozenten, Lehrveranstaltungen abzuhalten, wenn sie Kopftuchträgerinnen im Hörsaal sichten. Oder das Sicherheitspersonal verwehrt den Trägerinnen den Zugang zum Campus. Es kommt zu Massenprotesten, angeführt von verschleierten Studentinnen, weshalb die Medien auch von einer Türban-Bewegung schreiben. Mit Sitz- und Hungerstreiks fordern die Frauen die Aufhebung des Kopftuchverbots. Sie stammen überwiegend aus einfachen anatolischen Familien. Sie lehnen allzu traditionelle Lebensweisen ab, erkennen aber im Kopftuch keinen Widerspruch zwischen Glauben und Bildungsfähigkeit.[67]

Trotz des Verbots aber können Studentinnen oftmals mit Kopftuch studieren. Denn in der Zeit nach dem Putsch von 1980 gibt es immer wieder Änderungen in den Regelungen zum Kopftuch, mal werden sie gelockert, dann wieder werden die Lockerungen rückgängig gemacht – oder umgekehrt. So verbietet der 1981 gegründete Hochschulrat YÖK, eine Säule der säkularen Ordnung, 1982 in einem Rundschreiben zur Kleiderordnung das Kopftuch. Doch das Verbot wird nicht überall durchgesetzt, und viele Studentinnen können ihr Studium auch mit Kopftuch abschließen. Als Präsident Kenan

Evren dies missbilligt, wird das Kopftuch 1987 erneut als Disziplinarvergehen verboten.

Auch in den folgenden zehn Jahren gibt es ein ständiges Hin und Her. Mit der Regierungsbeteiligung der Wohlfahrtspartei 1996 unter Necmettin Erbakan bekommt das Thema neue Brisanz. Er will Frauen das Tragen von Kopftüchern in öffentlichen Verwaltungen, Schulen, staatlichen Krankenhäusern und Universitäten erlauben. Offiziere sollen nicht mehr unehrenhaft entlassen werden können, wenn herauskommt, dass ihre Frauen sich verhüllen. Ein Vorstoß, gegen den der oberste Befehlshaber der türkischen Streitkräfte, General Ismail Hakki Karadayi, bei Staatspräsident Süleyman Demirel interveniert.

Nach dem Putsch von 1997 wird das Tragen von Kopftüchern in Universitäten und anderen öffentlichen Gebäude ausdrücklich verboten. An der Istanbuler Universität etwa betreten Frauen, die zuvor ihr Kopftuch versteckten, den Campus in Begleitung von Demonstranten, die gegen das Verbot protestieren. Als Anhängerinnen der Türban-Bewegung an die Universitäten kommen, treffen sie auf Sicherheitsteams, die sie nicht hereinlassen.[68] An den Universitäten wird versucht, in sogenannten ikna odaları – in Überzeugungs- bzw. Überredungszimmern –, die Widerspenstigen dazu zu bringen, auf eine Verhüllung zu verzichten. Den Studentinnen werden Angebote gemacht, wie Stipendien, damit sie ihr Kopftuch abnehmen. Gelegentlich müssen sie eine Erklärung unterschreiben, in der sie versprechen, die Universität ohne Kopftuch zu betreten. Es wird berichtet, dass sogar den Familien der Studentinnen gedroht wird, wenn diese nicht nachgeben.[69] Um den Druck zu erhöhen, werden solche Gespräche manchmal mit einer Kamera aufgezeichnet.

Doch die Frauen sind kreativ beim Versuch, diese Regeln zu umgehen. Im Jahr 2000 gibt es Medienberichte über ein Fotostudio im zentralanatolischen Konya, das auf Passbildern

Kopftücher zum Verschwinden bringt. Vor allem Schülerinnen und Studentinnen nutzen diese Möglichkeit.[70] So können sie sich an Bildungseinrichtungen einschreiben, ohne tatsächlich das Kopftuch ablegen zu müssen. Es bilden sich vor allem an den Universitäten zwei Gruppen von Studentinnen: Diejenigen, die ihre Haare nicht bedecken, und diejenigen, die eine Perücke oder einen Hut aufsetzen, weil sie wegen des Türban-Verbots sonst nicht den Hörsaal betreten dürften. Wer weder das Tuch abnehmen will noch eine Perücke tragen mag und es sich leisten kann, studiert im Ausland.

Auch außerhalb der Hochschulen gibt es immer wieder Versuche, den Bann auszudehnen. So wird 2003 eine Zeugin aus einem Gerichtssaal geworfen, weil sie ein Kopftuch trägt. Noch 2006 wird die Ernennung einer Lehrerin zur Direktorin einer Grundschule annulliert, weil sie privat ein Kopftuch trägt. Dies sei mit einem »zeitgenössischen laizistischen Erziehungssystem« nicht vereinbar, urteilt das Gericht. Wie strikt das Kopftuchverbot durchgesetzt wird, zeigt der Fall Hüda Kaya. Die verwitwete Mutter nimmt 1999 an einer Demonstration gegen das Verbot teil und wird daraufhin festgenommen und angeklagt. Die Staatsanwaltschaft fordert gar die Todesstrafe. Kaya muss schließlich mehrfach ins Gefängnis. Die Aktivistin und nach eigenen Aussagen frühere Anhängerin türkischer Nationalisten sitzt nun für die prokurdische HDP mit Kopftuch im Parlament.[71] Das Kopftuch, so schreibt die Soziologin Nilüfer Göle, vermittelt der Umwelt soziale Informationen. Durch das Bedecken ihres Haares sind diese Frauen sofort als Musliminnen erkennbar. »Sie treten offensiv für ihre muslimische Identität ein. Überdies vermitteln sie die Botschaft, dass sie die religiösen Vorschriften eifriger und genauer beachten als jene, die ihre Religiosität auf die Privatsphäre beschränken.«[72]

Inzwischen ist das Kopftuch längst auch zu einem modischen Accessoire geworden, in grellen Farben von Bekleidungsherstellern wie Tekbir designt und auf Modeschauen sowie in TV-Werbespots präsentiert und vertrieben. Recep Tayyip Erdoğan ist es, der schließlich als Ministerpräsident dafür sorgt, dass das Kopftuchverbot aufgehoben wird. Die Familie Erdoğan ist vom Thema persönlich betroffen. Weil sich seine Töchter verhüllen, studierte die ältere Tochter Esra in den USA, die jüngere Sümeyye in den USA und in Großbritannien. »Ich bin ein leidender Vater. Meine zwei Töchter absolvieren ihr Universitätsstudium ganz einfach deshalb im Ausland, weil sie es in der Türkei nicht können, wenn sie ihren eigenen Glauben achten wollen. In den USA ist das erlaubt«, sagt Erdoğan 2004 in einem Interview.[73]

Seit der Machtübernahme der AKP ist das Tuch eines der am heftigsten umstrittenen Themen: Im April 2003 boykottieren Staatspräsident Ahmet Necdet Sezer und der Generalstab einen Empfang des AKP-Parlamentspräsidenten Bülent Arınç aus Anlass des Unabhängigkeitstages. Auch die Oppositionspartei CHP bleibt dem Empfang fern. Sie wollen damit ein Zeichen setzen, indem sie ein Zusammentreffen mit der Ehefrau von Arınç vermeiden, die ein Kopftuch trägt. Dabei haben Arınç und andere führende AKP-Politiker erklärt, ihre Ehefrauen würden zu Hause bleiben. Ein halbes Jahr später, wenige Tage vor den Feiern zum achtzigjährigen Bestehen der Republik am 29. Oktober 2003, flammt erneut ein Streit auf. Anlass ist die Entscheidung von Präsident Sezer, die Ehefrauen von AKP-Abgeordneten nicht zum Staatsempfang am Republiktag einzuladen – während die Frauen der Abgeordneten der CHP ausdrücklich willkommen sind.

Das Verbot schränkt nicht nur die Familie Erdoğans ein. So soll dem politisch und in Bezug auf den Islam moderaten Außenminister Abdullah Gül 2007 das Präsidentenamt verweigert werden, weil seine Gattin Hayrünnisa Gül ein Kopftuch trägt, laut eigenen Angaben bereits seit ihrer Kindheit. Nachdem sie ihr Abitur in Abendkursen nachgeholt hat, will sie sich 1998 an der Universität Ankara einschreiben. Wegen ihres Tuchs bleibt ihr dies verwehrt. Sie klagt deswegen beim Europäischen Gerichtshof für Menschenrechte gegen das Kopftuchverbot. Sie zieht die Klage aber zurück, weil sie nicht gegen den Staat vorgehen will, dessen Außenminister ihr Ehemann ist. »Das Kopftuch verhüllt nicht mein Gehirn«, sagt sie.

Als Minister und Regierungssprecher in der Regierung Erbakan vermeidet Gül es, seine Gattin zu protokollarischen Terminen mitzunehmen. Doch alsbald wird ihr Tuch zum Politikum. Als sie nach einer Staatskrise und dem Sieg ihres Mannes als erste First Lady mit Kopftuch in den Präsidentenpalast in Ankara einzieht, schreibt die säkulare *Cumhuriyet:* »Das Kopftuch ist auf dem Weg in den Präsidentenpalast.« Das Satiremagazin *Leman* karikiert Hayrünnisa Gül als *Playboy*-Bunny mit Hasenohren über dem Kopftuch.[74]

Die Präsenz der neuen First Lady ist zunächst begrenzt. Unmittelbar nach dem Amtsantritt ihres Mannes als Präsident im August 2007 findet eine Militärparade anlässlich des Sieges der Türkei über griechische Truppen im Jahr 1922 statt. Weder Hayrünnisa Gül noch Emine Erdoğan sind dabei – das Militär hat sie nicht eingeladen. Dabei bleibt es nicht: Jahrelang gehört es zur »Normalität« des politischen Alltags, dass die beiden Partnerinnen der Regierungsspitze wegen ihrer Verhüllung an Staatsempfängen nicht teilnehmen. Im Dezember 2007 ernennt Präsident Gül den Soziologieprofessor Yusuf Ziya Özcan zum neuen Vorsitzenden der Hochschulaufsicht YÖK. Während seine Vorgänger das Tuchverbot rigoros umgesetzt haben, verspricht Özcan eine Lockerung.[75]

Erdoğan ist der erste Ministerpräsident, der sich demonstrativ gemeinsam mit seiner verhüllten Frau und seinen bedeckten Töchtern in der Öffentlichkeit zeigt. Vor allem Tochter Sümeyye gilt lange Zeit als außenpolitische Beraterin ihres Vaters, womit sie die Eliten vor den Kopf stößt. Soziologin Göle nennt das eine »Überschreitung der Räume«, ein Eindringen in die Sphären, die bisher den säkularen Eliten vorbehalten waren. »Die Türken, die fürchten, sie könnten ihre Errungenschaften im Bereich der persönlichen und sexuellen Freiheiten verlieren, ihre säkulare Macht; die Türken, die die Entwicklung wie eine Invasion erfahren, sich durch die neuen frommen Mittelschichten und ihre politische Popularität bedroht fühlen, versuchen, durch Verbote – vom Kopftuchverbot an den Universitäten bis zum Verbotsantrag gegen die Regierungspartei – Barrieren zu errichten«, schreibt Göle.[76]

»Es gibt eine seltsame Ähnlichkeit zwischen den Männern der islamischen Gemeinschaft und den Säkularisten jener Zeit [gemeint ist die Kopftuchdebatte der 1980er und 1990er Jahre, C. A.]. Die Anwesenheit von Frauen mit Kopftuch war damals nicht das Problem, sondern die Art und Weise, wie diese Frauen in das gesellschaftliche Leben einbezogen wurden. Zum Beispiel war niemand von einer Putzfrau mit Kopftuch besessen, niemand bezeichnete sie als ›reaktionär‹, weil sie ein Kopftuch trug. Die Frage stellte sich nicht, wenn diese Frauen Putzfrauen wurden, sondern wenn sie eine Karriere als Lehrerinnen, Anwältinnen und in ähnlichen Berufen anstrebten. Offensichtlich waren weder die Säkularisten noch die Islamisten darauf vorbereitet«, sagt die Feministin und Journalistin Büşra Cebeci.[77]

»Wir alle wissen um die Unterdrückung von Frauen, die mit Kopftuch in diesen Bereichen studieren wollten, und wir können immer noch Videos oder Zeitungsausschnitte finden, die zeigen, wie die säkulare Regierung und die säkularen Medienchefs diese Frauen ins Visier nahmen. Was im Verborgenen bleibt, ist die Haltung der Islamisten gegenüber diesen Frauen zu jener Zeit. Viele Frauen, die diese Zeit erlebt haben, erzählen, wie sie von ihren islamistischen Chefs ausgebeutet wurden, wie sie geächtet wurden, wie sie für die Hälfte des Gehalts arbeiten mussten, weil man ihnen sagte, dass ›ihnen in dieser Verkleidung sowieso niemand einen Job geben würde‹.« Auch die Politik nimmt die Journalistin ins Visier: »Wir haben jahrzehntelang auf die Aufhebung des Verbots gewartet, und es gab immer wieder Drohungen, dass das Verbot fortbestehen oder wiederkommen würde, wenn die CHP an die Macht käme. Die Menschen wurden auf diese Weise verängstigt. Sowohl Politiker als auch andere Männer haben diese Frauen instrumentalisiert.«

Die eingangs erwähnte IT-Wissenschaftlerin Rümeysa Çamdereli[78] musste ihr Tuch ebenfalls in der Schule und an der Universität ablegen. »Das war eine traumatische Erfahrung. Jede Minute wurde ich daran erinnert, dass dies eine Zumutung war. Jeden Tag musste ich an den Sicherheitsleuten vorbeigehen. Einige von ihnen fanden, dass der Hut nicht gut genug sitze, und ließen einen nicht hinein. Auch heute noch fühle ich mich unwohl, wenn ich das Sicherheitspersonal sehe«, erinnert sie sich. Büşra Cebeci blickt ebenfalls mit gemischten Gefühlen zurück: »Als ich in der High School war, musste ich mein Kopftuch ablegen, um die Schule zu betreten. Es war kein Drama, aber es war unangenehm. Ich nahm mein Kopftuch am Eingang ab und setzte es wieder auf, als ich die Schule verließ. Es war ein Bildungssystem, das mich nicht so akzeptierte, wie ich war. Ich wurde wie jemand behandelt, der nicht zu mir gehört.«

Cebeci entscheidet sich im dritten Semester, im Jahr 2016 in Konya, das Tuch abzulegen. Immer wieder sei ihr nachgesagt worden, eine AKP-Anhängerin zu sein. Man fragte sie, ob sie das Tuch auch unter der Dusche trage. »Ständig in bestimmte Formen gepresst zu werden, in meiner Individualität ignoriert zu werden, war eine Situation, die mich wütend machte. Nicht ich wurde gesehen, sondern mein Kopftuch. Gläubige Männer unterstellten mir, dass ich nur wegen Erdoğan studieren könne. Die Antwort auf fast jeden regierungskritischen Kommentar, den ich in den sozialen Medien abgab, lautete: ›Dank wem studierst du denn mit deinem Kopftuch?‹ Ich weiß sehr wohl, dass ich oder alle anderen Frauen mit Kopftuch dank des Kampfes anderer Frauen studieren konnten«, sagt sie wütend. Außerdem sei ihr ständig erklärt worden, wie eine Frau mit Kopftuch zu sein habe. »Sie sollte nicht rauchen, sie sollte dies oder jenes nicht tun. Sie sollte nicht lachen oder dieses oder jenes tragen – aber ich habe all diese Dinge getan. Sie fragten: ›Bist du nicht eine Muslima?‹ Die Menschen vergessen, dass sich unter dem Kopftuch ein menschliches Wesen befindet.«

Um zu testen, wie sie sich ohne Tuch fühlen würde, trug Cebeci in ihrer Studienzeit draußen manchmal eine Mütze. Kurz bevor sie ihre Wohnung erreichte, nahm sie diese ab und rannte mit offenem Haar nach Hause. Doch dann kam der Moment, als sie endgültig beschloss, auf eine Bedeckung zu verzichten: »Ich hatte noch lange Haare, und es war sehr windig draußen. Der Wind zerzauste mein Haar, es fühlte sich sehr gut an. Ich habe mich gefragt, ob mich jemand erkannt hat. Das war einer der aufregendsten Momente meines Lebens.« Ihr Vater redete zwei Jahre lang nicht mit ihr. Heute hat sich die Familie mit der Entscheidung der Tochter arrangiert.

Als die verschleierte Sportlerin Kübra Dağlı 2016 Taekwondo-Weltmeisterin wurde, beschwerte sie sich, dass nicht über ihren Erfolg, sondern über ihr Kopftuch gesprochen wurde.[79] Auch Rümeysa Çamdereli weiß, wie es ist, wenn andere Menschen über einen urteilen. Sie spielt leidenschaftlich E-Gitarre und tritt damit öffentlich auf. »Am Anfang wurde ich oft von Konservativen dafür kritisiert, ich solle mein Kopftuch abnehmen. Mir wurde vorgeworfen, eine Spionin zu sein. Aber seit 2011 sind Frauen mit Kopftuch sichtbarer geworden, und jetzt fragen mich junge Mädchen immer öfter, wie ich das alles geschafft habe. Ich versuche, ein Vorbild zu sein, damit sich auch Frauen mit Kopftuch verwirklichen können.«

Nicht nur an den Bildungseinrichtungen gibt das Tuch Anlass zu Konflikten: Als 1999 die damals einunddreißigjährige Istanbuler Abgeordnete der Tugendpartei, Merve Kavakçı, versucht, mit Tuch ins Plenum zu gelangen, kommt es zum Aufruhr. Staatspräsident Demirel spricht von einer »Provokation«, Ministerpräsident Bülent Ecevit nennt den Vorfall eine »Herausforderung des Staates«. Abgeordnete springen von ihren Plätzen auf und fordern: »Raus mit dir! Raus mit dir!«[80] Der Generalstaatsanwalt beantragt wenige Tage später ein Verbot der Tugendpartei. Kavakçı ist für ihn nur ein weiteres Indiz für die extremistischen Tendenzen innerhalb der Partei. Gegen die junge Abgeordnete wird wegen »Aufstachelung zum religiösen Hass« ermittelt. Sie verliert ihr Mandat. Die Verteidiger des Laizismus fürchten, dass mit dem Wegfall eines Kopftuchbanns das Fundament des Staates zerfallen könnte.

Das Bildungsministerium schließt sogar Schulen, weil diese gegen das Kopftuchverbot verstoßen. Der Konflikt spitzt sich zu. Als der Theologieprofessor Zekeriya Beyaz im Jahr 2001 demonstrierenden Studenten sagt, dass das Kopftuchverbot bleiben werde, wird er mit einem Messer angegriffen und schwer verletzt. 2002 wird der konservative islamische Journalist Mehmet Şevket Eygi nach einem kritischen Artikel über das Kopftuchverbot wegen »Aufstachelung zu religiösem Hass« zu zwanzig Monaten Gefängnis verurteilt. »Seit 45 Jahren werde ich wegen meiner Meinungen verfolgt«, sagt er nach der Urteilsverkündung. »Wenn ich den Artikel in einem Land der EU oder in Kanada geschrieben hätte, wäre ich nicht verurteilt worden.«[81]

Doch selbst Einzelklagen vor dem Europäischen Gerichtshof für Menschenrechte (EGMR) haben keinen Erfolg. Im Juni 2004 erklärt der EGMR das Kopftuchverbot an den

Hochschulen für rechtens. Die erstinstanzliche Entscheidung wird im November 2005 bestätigt. Zwar werde die Klägerin daran gehindert, ihre Religiosität zu zeigen, räumen die Richter ein, aber das Verbot entspreche der in der türkischen Verfassung verankerten Trennung von Staat und Religion, stellen die Straßburger Richter fest. Klägerin war eine Medizinstudentin, die 1998 vom Studium von der Universität Istanbul ausgeschlossen wurde, weil sie sich weigerte, ihr Kopftuch abzulegen. Die Frau wechselte daraufhin an die Universität im österreichischen Wien.

Zwischen 2006 und 2008 vertiefen sich die Spaltungen. Der Anwalt Alparslan Arslan ist der Polizei schon zuvor wegen seines islamischen Extremismus aufgefallen. Im Mai 2006 erschießt er aus Wut über das Kopftuchverbot einen Richter des Obersten Verwaltungsgerichts in Ankara. Die Kammer hatte zuvor das Kopftuchverbot in staatlichen Institutionen verschärft. Sie bestätigte die Entlassung einer Lehrerin, weil diese zwar nicht in der Schule, aber auf dem Weg dorthin ein Kopftuch getragen hatte. Nach dem Attentat versammeln sich 25 000 Personen am Mausoleum Atatürks in Ankara, um für den Laizismus zu demonstrieren. An der Beisetzung des ermordeten Richters nehmen mehr als 20 000 Menschen teil.

Zu dieser Zeit tritt Erdoğan an, um das frisch bestätigte Verbot abzuschaffen. Allerdings hat er erst mit Gül als Präsident genug Rückhalt und überdies die Rückendeckung der ultranationalistischen MHP, um sein altes Wahlversprechen durchzusetzen. Als die AKP 2008 ein Gesetz zur Aufhebung des Kopftuchverbots in den Universitäten ins Parlament einbringt, kommt es in Ankara zu einer Großdemonstration mit mehr als 100 000 Teilnehmern gegen dieses Vorhaben. Dennoch realisiert die AKP gemeinsam mit der MHP die Gesetzesänderung. Studentinnen dürfen fortan auf dem Campus ein Kopftuch tragen, das unter dem Kinn zusammengebunden wird und nicht das Gesicht verdeckt. Die CHP ruft daraufhin das Verfassungsgericht an. Die höchsten Richter erklären mit einer Mehrheit von neun gegen zwei Stimmen die vom Parlament mit großer Mehrheit verabschiedete Neuregelung für verfassungswidrig. Sie verstößt nach Ansicht der Richter gegen die laizistischen Prinzipien des Landes. Die Lockerung könne zudem dazu führen, dass auf Frauen, die ihr Haar nicht bedecken, Druck ausgeübt werde. Die kemalistisch geprägte Generalstaatsanwaltschaft versucht darauf, die AKP wegen solcher religionsunterstützenden Vorhaben zu verbieten. Doch sie scheitert.

Im Oktober 2010 hebt die türkische Hochschulbehörde das Kopftuchverbot für Studentinnen in den Hörsälen auf, 2013 erfolgt die Aufhebung im öffentlichen Dienst und im Parlament. Auch Anwältinnen dürfen fortan mit Kopftuch vor Gericht erscheinen. Vierzehn Jahre nach der Absetzung der Abgeordneten Merve Kavakçı wagen es Frauen erstmals wieder, mit einem Kopftuch im Parlament zu erscheinen: Die AKP-Abgeordneten Gülay Samancı, Nurcan Dalbudak, Sevde Bayazıt Kaçar und Gönül Bekin Şahkulubey brechen 2013 dieses Tabu, und diesmal bleibt es nur bei Kritik. Konsequenzen gibt es für die vier Politikerinnen nicht.[82]

2015 leitet erstmals eine Richterin mit Kopftuch ein Gerichtsverfahren. Ein mit dem Handy aufgenommenes Foto der Juristin löst in sozialen Netzwerken eine heftige Kontroverse aus. Einige sehen es als Zeichen des Fortschritts und der Gleichberechtigung. Andere befürchten, es sei ein weiterer Schritt hin zu einem religiösen Staat. Die AKP nutzt diese Spaltung in einem 2015 gesendeten Parteiwerbespot geschickt aus. Darin erzählt eine weinende Schauspielerin mit Kopftuch ihre Geschichte: Obwohl sie eine Top-Studentin gewesen sei, habe sie nicht an die Universität gehen dürfen, ohne ihr Tuch abzunehmen. Während die Musik anschwillt, schluchzt sie und beschreibt den »Überzeugungsraum«, in dem versucht worden sei, sie davon zu überzeugen, ihre Kopfbedeckung abzulegen.[83]

Seit 2015 dürfen kopftuchtragende Angehörige von Soldaten militärisches Gelände betreten, und seit 2016 ist es Polizistinnen im Dienst erlaubt, ihr Haar zu verhüllen. Ein Jahr später wird Frauen erlaubt, im Militärdienst ein Kopftuch zu tragen. Die Stimmung in der Öffentlichkeit verändert sich. Was noch wenige Jahre zuvor undenkbar gewesen wäre, nimmt man nun ohne Widerstand hin. Es ist gleichzeitig eine weitere Demütigung der Armee. Drohten die Militärs 2007 noch mit einem Putsch, weil ein konservativer Politiker mit verhüllter Ehefrau sich für das Spitzenamt bewarb, müssen die Generäle inzwischen die Kontrolle durch die AKP hinnehmen.[84] 2021 dann wird erstmals einer Offizierin mit Kopftuch an der Militärakademie ein Diplom überreicht. Das Bild, wie Müberra Öztürk vom Generalstabschef Yaşar Güler die Urkunde überreicht wird, ist das Zeugnis eines weiteren Bruchs mit Atatürks Republik.[85]

Obwohl die AKP das Verbot aufgehoben hat, möchte Rümesya Çamdereli sich nicht mit der Partei gemein machen: »Wir sind nicht gegen die AKP, um dagegen zu sein. Wir sind gegen ihre jüngste Politik, und wir sind insbesondere dagegen, dass die Regierung uns für ihre eigene Politik benutzt. Sie behaupten immer, dass das Kopftuchverbot wiederkommen kann, wenn sie weg sind, und das ist eine Instrumentalisierung. Wir wollen auch nicht, dass man uns als ›unsere Schwestern mit Kopftuch‹ bezeichnet, denn hier fängt das Problem an. Wir sind nicht die Schwester von jemandem«, kritisiert sie und fügt an: »Auch wir muslimischen Feministinnen sind vom Ausstieg aus der Istanbul-Konvention[86] und den konservativen Vorstellungen der Regierung betroffen. Wir können nicht hinnehmen, dass Frauen, die kurze Kleider tragen, wegen ihres Glaubens angegriffen werden, das betrifft alle Frauen.«

Kopftuchträgerinnen müssen sich in der Türkei nicht mehr verstecken. Im Gegenteil, viele treten öffentlich selbstbewusst auf. Anders als die vorherige Generation tragen sie keine bodenlangen Mäntel oder weiten Röcke, sondern enge Jeans und schminken sich. Doch Tatsache ist auch, dass viele Mädchen und Frauen unfreiwillig ihr Haar verhüllen. 2019 trendet im sozialen Netzwerk Twitter der Hashtag #10YearChallenge, unter dem Frauen Bilder von sich mit und ohne Kopftuch zeigen. Sie berichten davon, wie sie meist von Familienangehörigen zur Verhüllung gezwungen wurden und wie sie sich selbst befreit haben, indem sie das Tuch ablegten. Sie vernetzten sich auf der Website mit dem Namen »yalnizyurumeyeceksin« – »Du wirst nicht mehr allein sein«.[87] Und sie berichten anonym über ihre Erfahrungen mit einem Kopftuch sowie über die schwere Entscheidung, ihr Haar zu zeigen.

Rund ein Jahr vor den Feierlichkeiten zum hundertsten Jahrestag der Gründung der Republik wird das Kopftuch erneut zu einem politischen Instrument. Wie schon zuvor schürt Erdoğan im Herbst 2022 die Angst davor, dass ein Kopftuchbann eingeführt werden könnte, wenn die AKP nicht mehr an der Macht sein sollte. Zuvor hatte CHP-Chef Kemal Kılıçdaroğlu mit Blick auf die kommenden Wahlen 2023 angekündigt, dass seine Partei das Recht auf das Kopftuchtragen gesetzlich verankern wolle. Tatsächlich bringt die CHP einen entsprechenden Gesetzentwurf ein, wobei Kılıçdaroğlu, dessen Partei über Jahrzehnte das Aufheben von Verordnungen gegen die Verhüllung bekämpfte, wenig glaubwürdig versichert, es gehe nicht um Wählerstimmen, sondern um das Recht auf eine freie Kleiderwahl. »Wir haben in der Vergangenheit Fehler hinsichtlich des Kopftuchs gemacht«, so der Oppositionschef.[88] Eine Steilvorlage, die Erdoğan aufgreift, wenn er befindet, dass dieses Vorhaben nicht ausreichend sei. Er wolle das Recht auf ein Kopftuch in der Verfassung verankern. Doch anders als die Spitzenpolitiker scheint die türkische Gesellschaft zu diesem Zeitpunkt eigentlich wenig Diskussionsbedarf zu diesem Thema zu haben: Eine 2021 vom Meinungsforschungsinstitut Metropoll veröffentlichte Studie kommt zu dem Ergebnis, dass rund 83 Prozent der Türken es befürworten, dass Frauen im öffentlichen Dienst ein Kopftuch tragen dürfen. Nur knapp 11 Prozent sind dagegen. Sogar die CHP-Wählerschaft unterstützt zu mehr als 80 Prozent das Recht, ein Kopftuch zu tragen.[89]

Hintergrund: Die Angst und das Gefängnis – die türkische Schule der Literatur

Wenn Halil Ibrahim Özcan[90] über seine Vergangenheit erzählt, spiegelt sich darin auch der Umgang seines Heimatlandes mit kritischen Schriftstellern wie ihm: Seit jeher braucht es besonderen Mut, als Autor in der Türkei seine Stimme zu erheben. Dass der Staat gegenüber laut vernehmbaren Intellektuellen eine harte Gangart einschlägt, ist eine unrühmliche Konstante in der Geschichte der Republik. Unter Erdoğan ist für viele auch die Selbstzensur Teil des Alltags geworden – ebenso wie das Leben im Exil.

Als Mitglied einer linken Stadtguerilla war Halil Ibrahim Özcan in den 1970er Jahren in Straßenkämpfe verwickelt – und bekam die Gewalt der Junta hautnah zu spüren. Nach dem dritten und brutalsten Militärputsch des Landes am 12. September 1980 wurde er verhaftet und verurteilt. Er verbrachte zehn Jahre in neun verschiedenen Gefängnissen und wurde während seiner Haft gefoltert.

Heute ist der in Istanbul lebende Autor 2. Präsident des türkischen PEN und Vorsitzender des Writers-in-Prison-Komitees des Autorenverbands. Auch wenn er nun in Freiheit lebt, stellt der Mann mit der sanften Stimme seinem Land in Sachen Meinungsfreiheit ein Armutszeugnis aus: »Seit Jahren stehen die Gefängnistüren für Schriftsteller in der Türkei weit offen. Das war schon vor der Ära Erdoğan der Fall. Insbesondere nach dem Putsch von 1980 wurde es für Schriftsteller schlimmer«, so Özcan.

Damals wurden im staatlichen Fernsehen konfiszierte Bücher gemeinsam mit konfiszierten Waffen gezeigt. Die jetzige Regierung unterscheidet sich laut Özcan jedoch von allen ihren Vorgängerinnen dadurch, dass sie massiver gegen unliebsame Autorinnen und Autoren vorgeht. Etwa fünfzig von ihnen sitzen derzeit in türkischen Gefängnissen, erzählt er im August 2022. »Um schreiben oder eine andere Kunst ausüben zu können, braucht es freies Denken. Die Erfahrungen in unserem Land zeigen leider, dass Schriftsteller und Kulturschaffende nicht frei sind«, sagt Özcan. Die Rechtsstaatlichkeit sei »ein Witz«.

Schon vor der Gründung der Republik lebten kritische Autorinnen und Autoren gefährlich. Das hat sich seither nicht geändert. Wer es wagt, politisch heikle Themen aufzugreifen oder die Machthaber anzugreifen, muss mit Gefängnis oder gar mit dem Tod rechnen – oder ins Ausland fliehen. Das Gefängnis ist eine Lebenstatsache von Künstlern. Ein türkisches Sprichwort besagt: »Wer Schriftsteller werden will, muss ins Gefängnis.«

Das prominenteste Beispiel ist Nâzım Hikmet (1902–1963), der wichtigste Literat der Türkei. Sein Leben war geprägt von einer enormen Schaffenskraft – aber auch von Leid, Verfolgung und Flucht. Seine sozialrevolutionär inspirierten Verse, aus denen eine tiefe Nähe zur Heimat und zu den einfachen Menschen spricht, passten nicht zu den Vorstellungen, die die kemalistischen Machthaber der jungen Republik von einer modernen Gesellschaft hatten. Als »Vaterlandsverräter« wegen »Subversion« und »kommunistischer Umtriebe« verurteilt und geächtet, verbrachte Hikmet einen großen Teil seines Lebens hinter Gittern und im Exil, wo ein erheblicher Teil seiner Dichtung entstanden ist. Seine Werke waren von 1936 bis 1965 verboten. Erst seit den 1990er Jahren gelten sie als Klassiker der türkischen Literatur.

Inzwischen ist der einst Verfolgte voll rehabilitiert. Das Bild des Mannes mit dem leicht gewellten Haar, dem Schnauzbart und den blauen Augen hängt heute in der Türkei in zahlreichen Cafés und Kultureinrichtungen. Der »blauäugige Riese« wird er liebevoll genannt. Die Unesco erklärte das Jahr 2002 gar zum Nâzım-Hikmet-Jahr. Nâzım ist zudem ein beliebter Vorname für Jungen. Für die heutigen Machthaber geht von Hikmet keine Gefahr mehr aus. Im Gegenteil: Es gehört fast schon zum Repertoire für Politiker nahezu aller Parteien, den Poeten zu erwähnen oder zu zitieren. Auch Staatspräsident Erdoğan trug öfter seine Gedichte vor, etwa als er in seiner Rede in Trabzon 2018 aus dem Epos vom Befreiungskrieg[91] zitierte oder als er während seiner Rede zum 70. Jahrestag der Atomwaffenangriffe auf Hiroshima und Nagasaki auf Hikmet zurückgriff.[92] Im Jahr 2009, unter der Herrschaft der AKP, erhielt Hikmet symbolisch seine türkische Staatsbürgerschaft zurück. Noch neun Jahre zuvor war eine von linken Gruppierungen gestartete Initiative zur posthumen Wiedereinbürgerung des heute Gefeierten gescheitert. Eine dem damals amtierenden Premierminister Bülent Ecevit, selbst ein Dichter, überreichte Petition mit 500 000 Unterschriften blieb erfolglos. Vor allem Politiker der an der damaligen Koalitionsregierung beteiligten MHP weigerten sich, ein entsprechendes Dekret zu unterzeichnen.[93]

Der 1902 im damals osmanischen, heute griechischen Thessaloniki geborene Dichter gilt als Vater der türkischen Lyrik. Er stammt aus einer Aristokratenfamilie des Osmanischen Reichs. Seine Mutter Celile Hikmet ist die Tochter eines osmanischen

Generals und die Enkeltochter des deutschstämmigen Ludwig Karl Friedrich Detroit, der im Osmanischen Reich als Feldmarschall tätig war. Hikmets Vater ist Beamter im Außenministerium, er schickt seinen Sohn während des Ersten Weltkriegs auf eine Marineakademie. Es ist vor allem die Mutter, die das Interesse des Sohnes für Literatur und Kunst fördert. Sie ist eine der ersten türkischen Malerinnen.[94]

Mit elf Jahren schreibt Hikmet sein erstes Gedicht, »Feryad-ı Vatan« (Heimatklage). Zwar nimmt er als junger Mann noch an Atatürks Befreiungsbewegung teil, doch bricht er rasch mit dem Nationalismus. Er verlässt das besetzte Istanbul und reist 1921 durch Anatolien. Er ist entsetzt über die Armut, die er während seiner Erkundungen in seinem Heimatland sieht. Kurze Zeit später geht er in die Sowjetunion, was damals noch unverdächtig ist, da die Sowjetunion Atatürks Nationalregierung unterstützt. Während des Soziologiestudiums in Moskau wird Hikmet Mitglied der illegalen Türkischen Kommunistischen Partei und bleibt fortan Kommunist, was sich in seinen Werken spiegelt und auch zum Kern des lebenslangen Konflikts mit dem türkischen Staat wird. »Ich, Sohn eines Paschas, wechselte meine Klasse und wurde Kommunist«, schrieb er einmal. Nach seiner Rückkehr in die Türkei wird Hikmet Ran, so sein bürgerlicher Name, wegen seiner politischen Aktivitäten verfolgt und fährt 1925 erneut nach Moskau. Immer wieder wird er in den nächsten Jahren aus der Türkei ins Ausland fliehen und dann von Heimweh getrieben zurückkehren. Wiederholt verurteilt ihn die türkische Justiz wegen seiner Texte und seines Aktivismus. Siebzehn Jahre seines Lebens verbringt er in verschiedenen Gefängnissen, zwölf Jahre lebt er im Exil.

Nach der Veröffentlichung seines ersten Gedichtbandes »835 Zeilen« (835 Satır) im Jahr 1929 wird er in der türkischen Kulturszene schlagartig berühmt. Fortan veröffentlicht er regelmäßig. Auch international erregt er Aufsehen. 1932 stellt ihn das amerikanische Büchermagazin *Bookman* als einen der »Poeten der neuen Türkei« vor. Ein einheitliches Etikett würde allerdings seinem Werk nicht gerecht. In Moskau freundet er sich mit den russischen Dichtern Wladimir Wladimirowitsch Majakowski und Sergei Alexandrowitsch Jessenin an. Durch sie lernt er Futurismus, Konstruktivismus und Dadaismus kennen. Mit seinem Schreiben revolutioniert er die türkische Dichtkunst, indem er mit der osmanischen Literaturtradition bricht und einen freien Rhythmus und die Umgangssprache verwendet. Seine Schriften reichen von universellen Themen wie Krieg und Leiden bis hin zu Liebesgedichten. Bekannt ist Hikmet vor allem für seine Epen, in denen er die Geschichte der Türkei aus Sicht verschiedener Charaktere schildert. Seine ersten Gedichte verfasst er noch während der Spätphase des Osmanischen Reichs in der von persischen und arabischen Worten durchsetzten altosmanischen Sprache und mit arabischen Zeichen, später schreibt er in lateinischer Schrift.

1938 wird Hikmet wegen »Anstiftung zu revolutionären Unruhen« zu achtundzwanzig Jahren Zuchthaus verurteilt. Während seiner Zeit im Gefängnis übersetzt er Leo Tolstois »Krieg und Frieden« und schreibt sein Meisterwerk »Menschenlandschaften« (Memleketimden İnsan Manzaraları). Ein Begnadigungsgesuch bleibt unbeantwortet. 1950 wird er vorzeitig aus dem Gefängnis entlassen, ermöglicht durch ein Amnestiegesetz der neu gewählten DP-Regierung unter Ministerpräsident Adnan Menderes. Zuvor gab es internationale Proteste gegen Hikmets Inhaftierung. Unter anderen setzten sich Jean-Paul Sartre und Pablo Picasso für ihn ein.

Gerade ein Jahr in Freiheit, erhält der inzwischen Neunundvierzigjährige 1951 die Einberufung zum Militärdienst. Es ist die Zeit des Kalten Krieges. Die Türkei will Nato-Mitglied werden. Hikmet entzieht sich dem Militärdienst durch eine erneute Flucht in die Sowjetunion. Er muss seine Frau und seinen Sohn zurücklassen. Während in der Sowjetunion seine Ankunft gefeiert wird, wird er in der Türkei als »Agent«, »Vaterlandsverräter« und »kommunistischer Propagandist« beschimpft. Selbst die linksliberale *Cumhuriyet* betitelt ihn als »Satellit Moskaus«. Zeitungen drucken sein Porträt, damit Leser darauf spucken können.

In seinen letzten Lebensjahren tourt der zu Hause Geächtete durch die Welt und reist dorthin, wo er erwünscht ist – als wäre er auf der Flucht. Er ist zu Gast in der DDR, in China und auf Kuba, und immer wieder ist er auch in Paris. In der französischen Haupstadt freundet er sich mit dem türkischen Künstler Abidin Dino (1913–1993) an. Dieser lebt dort wegen seiner politischen Arbeiten ebenfalls im Exil, unter anderem illustrierte er Hikmets Gedichtbände. Legendär ist die Geschichte, nach der Hikmet den Maler Dino fragt: »Kannst du mir ein Bild vom Glück malen, Abidin?« – und dieser mit einen Gedicht antwortet.[95]

Hikmets Weltbild ist keineswegs starr. Zwar preist er in mehreren Gedichten Stalin und wird in der Sowjetunion für seine marxistisch geprägten Werke bejubelt, doch seine Begeisterung für Moskau weicht einer gewissen Desillusionierung. Als ihm die türkischen Behörden Anfang der 1950er Jahre die Staatsbürgerschaft entziehen, lehnt er ein sowjetisches Aufnahmeangebot ab und entscheidet sich stattdessen, polnischer Staatsbürger zu werden. Hikmets Bitten um die Erlaubnis, in sein Heimatland zurückzukehren, verhallen. Er erliegt 1963 im Alter von zweiundsechzig Jahren in Moskau einem Herzinfarkt und wird dort auf dem Prominentenfriedhof Nowodewitschi begraben.[96]

Die unrühmliche »Tradition«, kritische Schriftsteller zu verhaften und zu verfolgen, prägte auch Sabahattin Alis Leben – bis in den Tod. Sabahattin Ali, Jahrgang 1907, studiert in Berlin und arbeitet zunächst in der Türkei als Lehrer, Übersetzer und Publizist. Er übersetzt Lessings Minna von Barnhelm und Werke von Chamisso, E.T.A. Hoffmann, Heinrich von Kleist und Rilke ins Türkische und schreibt als einer der ersten Autoren des Landes Romane über Bauern. Auch Sabahattin Ali verbringt viel Zeit in türkischen Gefängnissen. Seine sozialkritischen Texte dürfen bis 1965 nicht in seiner Heimat erscheinen. Das Ende dieses Banns erlebt der Autor nicht mehr. Als er 1948 nach neuerlichen Haftstrafen aufgrund von Todesdrohungen über die Grenze nach Bulgarien fliehen will, wird er während der Fahrt auf einem Boot getötet. Ein Fluchthelfer wird wegen Mordes verurteilt, aber nur wenige Monate später im Rahmen eines Amnestiegesetzes freigelassen. Bis heute ist nicht geklärt, wer hinter der Tat steckte. Sabahattin Alis »Die Madonna im Pelzmantel« (»Kürk Mantolu Madonna«) ist eines der meistgelesenen Bücher der Türkei.[97]

Die Reihe der verfolgten Schriftsteller setzt sich über die Jahre fort: Kemal Tahir (1910–1973) wird von einem Militärgericht zu fünfzehn Jahren Haft verurteilt, weil er seinem Bruder ein Buch von Sabahattin Ali gegeben hat. Aziz Nesin (1915–1995), der bekannteste Satireautor der Türkei, muss wegen seiner Islam- und Regierungskritik rund zweihundertmal vor Gericht erscheinen. Er erlebt und überlebt Zensur, Brandanschläge und Bedrohungen sowie fünf Jahre Haft, in denen er gefoltert wird. Ahmed Arif (1927–1991), einer der meistgelesenen Lyriker des Landes, sitzt von 1950 bis 1952 im Gefängnis. Sein »Vergehen«: Er hat ein Gedicht über den sogenannten Muğlalı-Vorfall geschrieben, bei dem 1943 auf Befehl eines türkischen Generals dreiunddreißig kurdische Schmuggler erschossen wurden. Ebenfalls inhaftiert wird 1994 mit zweiundzwanzig Jahren der Dichter İlhan Çomak – er sitzt wegen Mitgliedschaft in einer terroristischen Vereinigung (der PKK) – auch 2023 noch im Gefängnis. Çomak hat während seiner

Haft acht Gedichtbände veröffentlicht, für die er zahlreiche Preise erhalten hat.[98]

Selbst die Flucht ins Ausland bietet keine Garantie für Sicherheit. Das zeigt das Schicksal des im Oktober 2021 in Berlin verstorbenen Doğan Akhanlı, der in zahlreichen Romanen und Theaterstücken den Völkermord an den Armeniern aufgegriffen hat.[99] Der Autor lebte ab 1992 in Köln, nachdem er in der Türkei mehrfach verhaftet worden war und wegen seines politischen Engagements ab 1985 zweieinhalb Jahre im Militärgefängnis von Istanbul verbracht hat. 2017 wird er während eines Urlaubs in Spanien aufgrund eines internationalen Haftbefehls festgenommen. Spanien verweigert jedoch die Auslieferung des angeblichen Terroristen. Schließlich kann Akhanlı nach zwei Monaten nach Deutschland zurückreisen.

»Eigentlich hat jede Regierung Druck auf Schriftsteller ausgeübt. Die Erdoğan-Regierung ist jedoch besonders effektiv darin«, konstatiert der Schriftsteller Özcan und schildert, wie das Schreiben in der Türkei immer mehr zum unberechenbaren Minenfeld und die »Schere im Kopf« zum Schutzschild wird. »Heute werden Anklageschriften verfasst, in denen fiktive Vorwürfe erhoben werden. Dabei wird um jeden Preis versucht, etwas zu finden oder herauszuholen – egal wie absurd der Weg dahin ist: Die Angeklagten werden beschuldigt, keine Schriftsteller zu sein. Ihnen wird oft vorgeworfen, eine terroristische Gruppe zu unterstützen. Aber sie tun es nicht. Schriftsteller verfolgen wie Journalisten die Nachrichten und verwenden sie in ihren Romanen. Auch wenn es zu keiner Verurteilung kommt, hat das negative Folgen für die Betroffenen«, sagt Özcan.

»Bei fast jedem Thema, über das sie schreiben, müssen sie berücksichtigen, dass sie sich dadurch bei den Machthabern oder Nationalisten unbeliebt machen können. Daraus entsteht Selbstzensur«, beschreibt Özcan. »Schriftsteller müssen immer befürchten, für bestimmte Themen eingesperrt zu werden.« Selbstzensur werde häufig praktiziert, wenn es um die armenische Frage, um Kurden und Minderheiten wie die Aleviten gehe. Auch Özcan räumt ein, sich selbst zensiert zu haben. »Über vieles, was ich in zehn Jahren Haft erlebt habe, konnte ich nicht schreiben.«

Worte wiegen schwer in diesem Land, in dem laut Verfassung Meinungsfreiheit herrscht, in dem aber de facto eine kritische Meinung Menschen ins Gefängnis bringen oder zur Zielscheibe mörderischer Nationalisten werden lassen kann. Ein Wort, ein Satz, ein Tweet, die das Innere des Systems kritisieren – selbst ein Like in einem sozialen Netzwerk reicht aus, um im Gefängnis zu landen oder Leib und Leben in Gefahr zu bringen.

Der Mangel an Liberalität im Umgang mit Kritikern eint die alten kemalistischen Eliten und die Konservativ-Religiösen. Dass weltbekannte Autorinnen und Autoren wie Nâzım Hikmet, Yaşar Kemal, Aslı Erdoğan, Elif Shafak oder Orhan Pamuk ihren Lesern weltweit die Türkei, ihre Geschichte und Identität, aber auch ihre Probleme näherbringen, schützt sie nicht vor dem Hass der Nationalisten. Während sie teilweise im Ausland klischeehaft als Brückenbauer gelobt werden, die »zwischen Orient und Okzident vermitteln«, sind sie für manche Landsleute bloß Unruhestifter und Vaterlandsverräter, welche die Türkei schlechtmachen wollen. Wegen angeblicher Beleidigung des »Türkentums« werden sie nach dem umstrittenen Strafrechtsparagraphen 301 angeklagt. Sie werden als »Agenten des Auslands« beschimpft und erhalten Todesdrohungen. »Man sieht uns immer als potenzielle Abtrünnige, wenn nicht als Verräter. Das Land zu kritisieren ist fast gleichbedeutend damit, es zu hassen«, so beschreibt Elif Shafak die Lage der Schriftsteller.[100]

Dass auch internationaler Erfolg keine Schutzgarantie ist,

zeigt das Beispiel Orhan Pamuks, der 2006 – als erster Türke – den Literaturnobelpreis erhält. Spätestens damit wächst das internationale Interesse an seinen Werken immens – in der Heimat hingegen steht der intellektuelle Preisträger in der Kritik. Verschärft wird die Stimmung gegen ihn, weil kurz vor der Preisentscheidung bekannt wird, dass Frankreich die Leugnung des Völkermords an den Armeniern, den auch Pamuk aufgreift, unter Strafe stellt. So wirft ein Kommentator der linksliberalen Zeitung *Milliyet* Pamuk vor, sein eigenes Volk und Land verraten zu haben, um seine Geschichten zu verkaufen. Die regierungsnahe Tageszeitung *Sabah* kommentiert: »Wirklich erfreut können wir nicht sein. Denn wir können Pamuk nicht als ›einen von uns‹ ansehen. Ganz im Gegenteil sehen wir ihn als jemanden, der ›uns verkauft‹ und ›mit Lügen sein Volk beschuldigt‹ hat.«[101] Die Online-Ausgabe der *Hürriyet* titelt: »Armenischer Schatten über dem Nobelpreis« und befindet, Pamuk sei doch nur ein durchschnittlicher Autor.[102]

Mittlerweile ist Pamuk der bedeutendste türkische Autor der Gegenwart. Eine kritische Stimme ist er seit Jahrzehnten. Pamuk wird 1952 in Istanbul geboren – ein Jahr nach der Flucht des Dichters Hikmet in die Sowjetunion. Er wächst in einer gutbürgerlichen Familie auf. Sein Großvater, ein Diplom-Ingenieur, ist einer der ersten Fabrikanten in der Türkei. Bereits sein Vater versucht sich in den 1940er Jahren als Schriftsteller, jedoch ohne Erfolg. Wie bei vielen türkischen Mittelstandsfamilien üblich, verbringt Pamuk seine Sommer auf den der Stadt vorgelagerten Inseln. Er studiert Architektur und Journalismus, will Maler werden, bevor er sich dem Schreiben zuwendet. Mit seinem 1990 erschienenen Werk »kara kitap« (1994 als »Das schwarze Buch« auf Deutsch veröffentlicht) setzt er sich international durch.

Spätestens mit seinem 2002 publizierten Buch »Schnee«

(»kar«), das Anfang 2005 in deutscher Übersetzung erscheint und in der *New York Times* als bestes ausländisches Buch gewürdigt wird, erlangt er internationalen Ruhm. Er wird mit Preisen überhäuft, 2005 erhält er den Friedenspreis des Deutschen Buchhandels – ein Jahr später den Literaturnobelpreis. Schauplatz des Romans ist die entlegene anatolische Grenzstadt Kars in den 1990er Jahren. Der Protagonist interviewt gegen die Politik aufbegehrende junge Frauen, autoritäre Atatürk-Anhänger und charismatische Islamisten. Plötzlich putscht das Militär und keiner kann mehr aus Kars entkommen – die Stadt ist von Schneemassen eingeschlossen.

Pamuk äußert sich immer wieder zu politischen Themen. So solidarisiert er sich mit dem 1995 angeklagten Yaşar Kemal und verteidigt Salman Rushdies »Satanische Verse«. Er kritisiert Einschränkungen der Meinungs-, Presse- und Kunstfreiheit durch die AKP, protestiert gegen die Flutung eines der ältesten Siedlungsgebiete der Welt zugunsten eines Staudamms und prangert YouTube- und Twitter-Blockaden an.

Das bleibt nicht ohne Folgen: 2005 steht Pamuk wegen »Herabsetzung des Türkentums« vor Gericht, weil er in einem Interview mit dem *Zürcher Tagesanzeiger* den Völkermord an den Armeniern kritisiert hat, oder wie er es formuliert: »Weil ich als Einziger sage, dass in der Türkei eine Million Armenier und 30 000 Kurden ermordet wurden!« Auf YouTube kursiert daraufhin ein Video des selbsternannten »Türkischen Kommandos für Vergeltung«, auf dem neben der Leiche des ermordeten armenischen Journalisten Hrant Dink (siehe hierzu in Kapitel 5: Ein ideologisches Justizsystem) auch Fotos seines Freundes Pamuk zu sehen sind.[103] Pamuk steht damals auf der Todesliste nationalistischer Extremisten. Dabei hat er das Tabuwort »Genozid«, das in der internationalen Geschichtsschreibung unbestritten ist, nie benutzt. Das Verfahren gegen Pamuk wird schließlich eingestellt. Ein Lokalpolitiker ruft dazu auf, seine Bücher zu verbrennen. Erdoğan, damals Ministerpräsident mit starken EU-Ambitionen, verteidigt Pamuk: »Meine Haltung zur Meinungsfreiheit ist klar, weil ich selbst bei diesem Thema schon einmal Opfer gewesen bin«, sagt Erdoğan.[104]

Als Pamuk 1999 die Auszeichnung als Staatskünstler erhalten soll, lehnt er diese ab: »Seit Jahren werfe ich dem Staat vor, dass er Schriftsteller ins Gefängnis wirft, das Kurdenproblem mit Gewalt lösen will und einen engstirnigen Nationalismus vertritt«, kritisiert er.[105] »Ich beziehe klar Position: für Europa, für Demokratie, für Meinungsfreiheit. Darum wollen sie mich töten«, sagt Pamuk 2008 in einem Interview und schiebt hinterher: »Meine Leibwächter sind meine besten Freunde. Das ist der Preis, den ich zahlen muss.«[106]

Pamuk ist nicht der erste prominente Schriftsteller, der sich mit dieser hohen Auszeichnung des türkischen Staates schwertut. Yaşar Kemal nahm diese nach einer Bedenkzeit im Jahre 2008 zwar von Staatspräsident Abdullah Gül an, doch mahnte er gleichzeitig: »Ich will diese Ehrung als Zeichen dafür sehen, dass in der Türkei der Kampf für Frieden und Menschenrechte nicht mehr marginalisiert wird.«[107] Kemal, der große kurdische, volksnahe Erzähler, hat wie kein anderer Schriftsteller in Gedichten, Kurzgeschichten und Romanen das harte Leben in der Peripherie beschrieben. Mit seinem 1955 veröffentlichten Roman »Ince Memed« (»Memed, mein Falke«), der eine Millionenauflage erreicht, wird er zum meistgelesenen Autor seines Landes und international berühmt. Sein Romanheld ist der Bauernjunge Memed, der sich gegen die Herrschaft der Großgrundbesitzer auflehnt. Das Werk wird in rund dreißig Sprachen übersetzt. In seiner anatolischen Trilogie mit den Romanen »Orta Direk« (»Der Wind aus der Ebene«, 1960), »Yer Demir Gök Bakir« (»Eisenerde, Kupferhimmel«, 1963), »Ölmez Otu« (»Das Unsterblichkeitskraut«, 1968) werden erstmals in der türkischen Literatur in poetischer Sprache die Bewohner im Taurus und in der Kilikischen Ebene in den Mittelpunkt gestellt. Kemal schreibt nicht aus der Perspektive des Außenstehenden, sondern aus dem Blickwinkel des Zugehörigen.[108] »Wir standen bis zu den Knien in der Armut«, hat Kemal seine Kindheit einst beschrieben.[109]

Der Romancier kommt wahrscheinlich 1923 im südanatolischen Dorf Hemite als Sohn türkisch-kurdischer Eltern auf die Welt. Sein Geburtsdatum ist unbekannt. Sein Geburtsname lautet Kemal Sadık Gökçeli, der Vater meldet ihn am 6. Oktober 1923 bei den Behörden an. Seine Kindheit ist dramatisch. Bei einem Unfall verliert er früh ein Auge, und als er gerade einmal vier Jahre alt ist, muss Kemal mitansehen, wie sein Adoptivbruder seinen Vater ersticht. Das schwer traumatisierte Kind beginnt zu stottern. Als einziges Kind im Dorf lernt Kemal Lesen und Schreiben, und es gelingt ihm, das Stottern zu überwinden. Mit sechzehn Jahren zieht er als Epenerzähler durch die Dörfer Çukurovas. Er verdient Geld, indem er für andere Menschen Briefe verfasst. Er arbeitet auch als Hirte, in Fabriken, als Aushilfslehrer und als Wasserträger. Gleichzeitig schreibt er seine ersten Gedichte – und erlebt bald die ersten Repressionen. Als Siebzehnjähriger erhält er 1940 wegen eines Gedichts seine erste Haftstrafe. 1950 wird er erneut verhaftet, im Gerichtsverfahren jedoch freigesprochen. Auf Anraten des Richters, der ihn vor einer drohenden Ermordung warnt, flieht er nach dem Prozess nach Istanbul, wo er zunächst obdachlos ist.

Auf Vermittlung erscheinen 1951 in der liberalen Tageszeitung *Cumhuriyet* seine ersten Erzählungen über Armut und Ausbeutung auf dem Land. Er arbeitet darauf zwölf Jahre als Journalist für das Blatt und nimmt in dieser Zeit den Namen Kemal an. Für die *Cumhuriyet* berichtet er in langen Reportagen aus den ostanatolischen Dörfern. Nach dem Putsch von

1971 lässt die Militärregierung den Romancier schließlich wegen seiner Arbeit für die marxistische Türkische Arbeiterpartei ein drittes Mal inhaftieren. Nach internationalen Protesten kommt er wieder frei.[110] 1972 wird er für den Literaturnobelpreis vorgeschlagen.

Weil so viele Schriftsteller in der Türkei inhaftiert werden, bezeichnet Kemal das Gefängnis als »Schule der türkischen Gegenwartsliteratur«.[111] Ungeachtet aller Repressalien hört er Zeit seines Lebens nicht auf, die Politik zu kritisieren. So prangert er die Machthabenden immer wieder wegen ihrer Kurdenpolitik an: »Die Regierung hat Hunderttausende vertrieben, die halbtot vor Hunger und Elend umherziehen und kein Dach und kein Zelt über dem Kopf haben. Ankara hat eine Völkerwanderung in Gang gesetzt und somit auch dem waffenlosen kurdischen Volk den Krieg erklärt«, schreibt er 1995 in einem Essay für das Nachrichtenmagazin *Der Spiegel*. Darin heißt es auch: »In diesem totalen Krieg wurden unglaubliche Massaker und Folterungen begangen. Die Türkische Republik legte den See trocken, so gut sie nur konnte. Aber den Fisch zu fangen, gelang ihr nicht.«[112] Er halte es wie Heinrich Böll, den er sehr verehre: »Einmischung erwünscht!«[113] Für seinen Artikel wird er zu zwanzig Monaten Gefängnis auf Bewährung verurteilt. Er muss seine Haftstrafe nicht antreten.

Trotz des nationalistischen Hasses wird Kemal wegen seines Engagements parteiübergreifend als eine Art »Gewissen der Nation« verehrt. Denn er macht sich nicht mit einer Seite gemein, sondern setzt sich allgemein für Menschenrechte ein und kritisiert auch die PKK für ihren bewaffneten Kampf gegen die Regierung. Auch im Ausland wird er geschätzt. 1997 erhält er für sein literarisches Schaffen den Friedenspreis des deutschen Buchhandels. »Für Arme, Ausgebeutete und aus politischen oder ethnischen Gründen Verfolgte hat sich dieser Anwalt der Menschenrechte selbstlos und mutig eingesetzt – Gefängnis und Exil nicht scheuend«, begründet die Jury ihre Wahl.[114] »Ich denke nicht daran, mich einschüchtern zu lassen«, sagt Kemal kurz nach der Preisverleihung in der Frankfurter Paulskirche. Alle Journalisten, seine Leser und Hörer sollen wissen, »dass ich jedes Mal, wenn ich über Menschenrechte und Demokratie, über die Situation der Minderheiten in der Türkei spreche, zugleich eine Gefängnisstrafe riskiere«. Er warnt: »Solange man versucht, einer Minderheit ihre Sprache, ihre Zunge abzuschneiden, kann von einer Demokratie in diesem Land keine Rede sein.«[115] Der neben Orhan Pamuk wohl bedeutendste türkische Schriftsteller stirbt 2015 mit einundneunzig Jahren.

Für Özcan ist Kemal ein Vorbild, mit ihm verbinden ihn biographische Parallelen. Aufgewachsen ist Özcan im zentralanatolischen Kayseri in einer kinderreichen und in prekären Verhältnissen lebenden Familie. Die meiste Zeit habe er in der Bibliothek verbracht, erzählt Özcan. Er hat rund zwanzig Bücher veröffentlicht, darunter auch Gedichtbände. Einige davon hat er während der Haftzeit von Hand auf Papier niedergeschrieben. Immer wieder wagt er es, politisch brisante Themen aufzugreifen, etwa die Armenierfrage in seinem 2016 erschienenen Roman »Haçin«. »Dafür wurde ich scharf kritisiert und stand unter großem Druck. Für das Buch reiste ich aufs Land, um zu erforschen, wie die Natur dort aussah, wie die Blumen dufteten, wie die Vögel sangen, was dort früher gegessen wurde. 1994/1995 machte ich Fotos und wurde vom Landrat gefragt, ob ich einen Roman schreibe, damit Armenier das Land dort kaufen können.«

Auch wenn zumeist die Repressionen gegen männliche Autoren international Aufmerksamkeit erregen, sind viele türkische Schriftstellerinnen ebenso betroffen. Die Geschichte der Verfolgung von Autorinnen in der modernen Türkei beginnt bereits mit Sabiha Sertel (1895–1968), die als erste professionelle Journalistin des Landes gilt. Mit ihrem Mann Mehmet

Zekeriya Sertel (1890–1980) gibt sie unter anderem das Literaturblatt *Resimli Ay* (Bebilderte Monatszeitschrift) heraus, für das von 1924 bis 1931 auch Nâzım Hikmet schreibt. »Demokratie ist die Regierung des Volkes durch das Volk für das Volk«, so lautet das Motto der Zeitschrift in Anlehnung an Abraham Lincoln. Sertel ist auch eine Vorkämpferin des Feminismus. Sie setzt sich in ihrer Arbeit mit der Gleichberechtigung auseinander, sie verteidigt die Arbeiterrechte und kritisiert die soziale und politische Lage des Landes. Wegen ihrer kritischen Berichterstattung geraten Sabiha Sertel und ihr Mann immer wieder in Konflikt mit der CHP-Regierung.

1929 wird Sertel wegen ihres Artikels »Savulun Geliyorum!« (»Macht Platz, jetzt komme ich«), in dem sie die soziale und politische Ordnung kritisiert, angezeigt – und als erste türkische Publizistin in der jungen Republik aufgrund ihrer Arbeit verurteilt. Nachdem *Resimli Ay* 1931 eingestellt werden muss, veröffentlicht sie weiterhin kritische Texte. Ihre Zeitschrift *Projektör* wird bereits nach Erscheinen der ersten Ausgabe im Jahr 1936 von der Regierung eingestellt. Im selben Jahr bringt das Paar die Tageszeitung *Tan* heraus, die zu einer der wichtigsten oppositionellen Zeitungen des Landes wird, doch es kommt immer wieder zu zeitweiligen Verboten und zu Anfeindungen. 1945 zerstört ein von der Regierung angestifteter Mob das Verlagshaus. Später wird bekannt, dass die Jugendorganisation der CHP dahinter steckte. 1946 steht das Ehepaar vor Gericht. Sie werden als »Landesverräter und »Kommunisten« diffamiert. Trotz eines Freispruchs sehen die beiden keine Zukunft in der Türkei, wo sie die Polizei weiterhin kontrolliert und finanzielle Schwierigkeiten sie plagen. Sie fliehen und leben unter anderem in Budapest, Paris und Moskau. Im Exil engagieren sie sich weiterhin für die Kommunistische Türkische Partei (Türkiye Komünist Partisi, *TKP*). Sertel stirbt am 2. September 1968 im aserbaidschanischen Baku.[116] Ihr Mann stirbt 1980 in Paris.[117]

Sabiha Sertel bleibt längst nicht die einzige verfolgte Schriftstellerin. So werden die religiösen Autorinnen Emine Şenlikoğlu (*1953) und Şule Yüksel Şenler (1938–2019) nach den Militärputschen von 1960 und 1980 aufgrund ihrer Schriften wegen »Verstoßes gegen den Laizismus« zu Haftstrafen verurteilt. In die Reihe der türkischen Schriftstellerinnen im Exil gehört auch die regierungskritische Journalistin und Autorin Ece Temelkuran (*1973), die nach dem gescheiterten Putschversuch von 2016 ins kroatische Zagreb zieht, um weiterem Druck seitens der Regierung zu entgehen. Auch die international bekannte Schriftstellerin Aslı Erdoğan lebt seit ihrer Freilassung aus türkischer Haft im September 2017 im Exil in Deutschland. Die 1967 in Istanbul geborene Autorin hat für die Literatur eine naturwissenschaftliche Karriere aufgegeben. Von 1991 bis 1992 war sie als Physikerin am europäischen Kernforschungszentrum Cern in Genf tätig. 1996 erschien ihr erster bedeutender Roman »Der wundersame Mandarin« (»Mucizevi Mandarin«). Die ehemalige Balletttänzerin hat zahlreiche Literaturpreise erhalten. Wer sie trifft, begegnet einer zarten, fast schon fragil wirkenden Frau, die jahrelangen politischen Druck hinter sich hat.

Wegen ihrer regierungskritischen Artikel wird sie im August 2016, kurz nach dem vereitelten Putsch, für viereinhalb Monate in Istanbul inhaftiert und angeklagt. Der Staatsanwalt fordert eine lebenslange Haftstrafe. Auf internationalen Druck hin kann sie schließlich ausreisen.[118] Im Februar 2020 wird sie in Istanbul für nicht schuldig befunden – vorgeworfen hat man ihr »Mitgliedschaft in einer Terrorvereinigung« sowie »Zersetzungsversuche«. Das Gericht ordnet zudem die Einstellung eines Verfahrens wegen »Terrorpropaganda« an, das gegen Aslı Erdoğan wegen ihrer Beiträge in der prokurdischen Zeitung *Özgür Gündem* lief. Eine Rückkehr in ihr Heimatland schließt die Schriftstellerin dennoch aus: »Eine weitere Festnahme würde für mich den Tod bedeuten«,[119] begründet sie die Entscheidung für den Verbleib im Exil. Die Haft ist für die Betroffenen eine leidvolle, beängstigende Erfahrung. In dieser Notsituation, sagt Özcan, der Vorsitzende des Writers-in-Prison-Komitees, sei vor allem Aufmerksamkeit für die Betroffenen hilfreich. »Wenn ein Schriftsteller ins Gefängnis muss, braucht er auf jeden Fall Unterstützung von außen, sei es in Form eines Briefes, einer Stimme oder eines Buches, das in seiner Utopie Farbe annimmt.«

Auch die 1971 in Straßburg geborene Bestsellerautorin Elif Shafak hat die Türkei verlassen und in London eine neue Heimat gefunden. Die Verfasserin von international vielbeachteten Werken wie »Der Bonbonpalast« oder »Unerhörte Stimmen« und promovierte Politikwissenschaftlerin wurde wegen einer ihrer fiktiven Romanfiguren verklagt. In Shafaks Buch »Der Bastard von Istanbul« beklagt ein Mann den Völkermord der Türken an den Armeniern im Ersten Weltkrieg. »Ich bin der Enkel von Überlebenden des Genozids, deren Familie unter den Händen der türkischen Schlächter starb«, heißt es dort. Für nationalistische Juristen war das 2006 der Anlass, die bekannteste Autorin der Türkei vor Gericht zu zerren.[120] Shafak wird zwar freigesprochen, doch zurück bleibt das Entsetzen darüber, dass die Meinungsfreiheit nicht einmal für Romanfiguren gilt.[121] Eine absolut surreale Erfahrung sei das gewesen, erinnert sich Shafak, zum ersten Mal sei ein fiktionales Werk vor Gericht gestellt worden. »Mich hat das sehr erschüttert, nicht nur wegen des Prozesses, sondern weil ultranationalistische Mobs auf der Straße gegen mich protestierten, auf Fotos von mir spuckten und mich beschimpften.«[122]

Es gilt heute ebenso wie in den Jahrzehnten zuvor: Wer sich in der Türkei als Schriftsteller kritisch äußert, begibt sich in Gefahr. »Ich lebe in einem Land, das seine Generäle, Polizeioffiziere und Staatsmänner schon zu Lebzeiten würdigt und ehrt, seine Schriftsteller aber mit Gerichtsverfahren und Haftstrafen plagt«, schrieb einst Orhan Pamuk.[123] Als er gefragt wird, ob es nicht »eine Art Ehre« für einen türkischen Autoren sei, einmal im Gefängnis gewesen zu sein, antwortet er: »Wäre es nicht eine viel größere Ehre, der erste türkische Autor zu sein, der nie dort war? Ist das nicht viel besser? Besser für die Türkei und besser für den Autor?«[124]

KAPITEL 5

DAS PARADOX DER FREIHEIT

Der Weg in die Depression

Der Rückschlag durch Erdoğans Inhaftierung im März 1999 wirkt nicht lange nach. Sie steht im Gegenteil am Anfang einer Entwicklung, aus der Erdoğan gestärkt hervorgeht. Die 1997 von seinem Ziehvater Erbakan gegründete Tugendpartei (FP) wird 2001 wegen Verstoßes gegen den Laizismus verboten. Zu diesem Zeitpunkt spaltet ein Streit die Partei. Während ein Flügel an religiös konservativen Inhalten festhält, fordert der andere ein Umschwenken zu gesellschaftspolitischen Reformen und eine weniger starke Fokussierung auf Glaubensfragen. Da die beiden Strömungen einander unversöhnlich gegenüberstehen, teilen sich die Anhänger der Tugendpartei in zwei Gruppierungen auf, in die Erneuerer (yenilikçiler) und die Traditionalisten (gelenekçiler). Erbakans Getreue gründen nach dem Verbot eine eigene Partei, die Wohlergehenspartei (Saadet Partisi, SP), doch sie können nicht mehr an ihre alten Erfolge anschließen. Die Ära der islamistischen Bewegungen im Parlament endet.

Erdoğan dagegen gehört zu den Reformern innerhalb der alten FP.[1] Mit Gleichgesinnten – unter ihnen der spätere langjährige Staatspräsident Abdullah Gül – gründet er im August 2001 die Partei für Gerechtigkeit und Entwicklung (Adalet ve Kalkınma Partisi, AKP). Die Abkürzung AK steht für das Wort »rein« oder »weiß«, das türkische Wort »adalet« ist vom arabischen Wort für Gerechtigkeit abgeleitet. Als Parteisymbol wählen die Initiatoren eine Glühbirne. »Wir haben unsere Lektion gelernt: Radikalismus funktioniert nicht in diesem Land«, erklärt Erdoğan Anfang 2002. Vom »politischen Islam« wolle er nichts mehr wissen. »Ich bin Muslim, doch das ist meine Privatangelegenheit. Der Staat soll gleichen Abstand zu allen Glaubensrichtungen halten«, sagt Erdoğan.[2]

Das kemalistische Establishment unter dem parteilosen Staatspräsidenten Ahmet Sezer und Ministerpräsident Bülent Ecevit bleibt ihm gegenüber skeptisch. Erdoğan wird 2002 vom Verfassungsgericht aufgefordert, die Mitgliedschaft in seiner neuen Partei aufzugeben. Das tut er zwar, doch er weigert sich, den Vorsitz abzugeben, indem er sich aufs Parteistatut beruft. Dieses lässt zu, dass die AKP auch von einem Nichtmitglied geführt wird. Wegen des politischen Betätigungsverbots aufgrund seiner Verurteilung 1998 darf Erdoğan allerdings für die vorgezogenen Parlamentswahlen am 3. November 2002 nicht kandidieren. Das hindert ihn auch daran, das Amt des Ministerpräsidenten zu übernehmen, als seine AKP den Wahlsieg holt, denn dieses Amt ist Parlamentariern vorbehalten.

Doch es ist erneut der Gegenwind der »weißen Türken«, der Erdoğan den Nimbus eines kämpferischen Underdogs verschafft, der es nicht hinnimmt, von »denen da oben« ausgegrenzt zu werden. »Wir beugen uns nur beim Gebet«, so lautet ein charakteristisches Zitat von ihm.[3] Obwohl sein Name auf keinem Stimmzettel zu finden ist, ist er die bestimmende Figur des AKP-Wahlkampfes. Aufgrund der Erfahrungen in der Vergangenheit und in dem Bewusstsein, dass die säkulare Elite und das Militär sie mit großem Misstrauen beobachten, positionieren sich die AKP-Leute demonstrativ kompromissbereit – als eine Partei, die mit Erbakans ideologischem Ansatz und dessen Ein-Mann-Führungsstil gebrochen hat. Man wehrt sich heftig gegen das Etikett »islamistisch«.

Die AKP stellt sich als konservativ-demokratisch dar, sie befürwortet die Trennung von Religion und Staat ebenso wie die westliche Orientierung der Türkei. Sie spricht Fromme und Atheisten gleichermaßen an. Mit der Formel »wertkonservativ, wirtschaftsliberal, westorientiert und globalisierungsfreundlich« macht sich eine Gegenelite auf den Weg zur Macht. Im Wahlkampf präsentiert sich der einstige Systemkritiker Erdoğan nun als geläuterter, frommer Konservativer, der kaum noch öffentlich über den Islam spricht. Stattdessen propagiert er konkrete Programme, die das Land modernisieren und weiterentwickeln sollen.

Getragen wird die Partei von der religiösen Mittelschicht.[4] Die AKP setzt im Wahlkampf auf Themen ohne Bezug zur Religion, wie den Kampf gegen die Arbeitslosigkeit und die Modernisierung des öffentlichen Dienstes. Erdoğan lobt nun öffentlich die Vorteile des säkularen Systems und macht deutlich, dass er einen Beitritt seines Landes zur EU unterstützt. Eine EU-Mitgliedschaft würde die Meinungsfreiheit ebenso wie religiöse Freiheiten in der Türkei stärken, argumentiert er. Und das wäre für die Ziele seiner Gesinnungsgenossen durchaus hilfreich. So präsentiert sich die Partei als moderne Alternative zur Politikerkaste des Landes, die bei der Bewältigung der Wirtschaftskrise versagt und den Eindruck erweckt hat, nur ihre eigenen Interessen zu verfolgen.

Erdoğan vergleicht die AKP mit den etablierten konservativen Parteien in Europa. »Wir sind eine konservative und demokratische Partei wie die deutsche CDU«, sagt er während des Wahlkampfs in einem Interview mit der spanischen Zeitung *El País.* »Wir haben mit der CDU vieles gemeinsam«, betont er. »Bei der Verteidigung der Familie und der traditionellen Werte liegen wir auf einer Linie. Ein Unterschied besteht darin, dass die CDU eine Feindlichkeit gegenüber Ausländern an den Tag legt. Das ist bei uns absolut nicht der Fall.«[5] Er hat die roten Linien der Militärs erkannt und verstanden, dass nur eine politische Liberalisierung die Machtbasis der AKP festigen kann. Die um Stimmen kämpfenden AKP-Vertreter präsentieren sich als eine Mischung aus Markt, Moral und Liberalismus – mit dem Versprechen, eine Musterdemokratie anzustreben.

Erdoğans Kritiker nehmen ihm die Wandlung nicht ab. Sie sehen in ihm weiterhin den religiösen Eiferer, der den modernen Politiker bloß vortäuscht, um später, wenn er an der Macht ist, das säkulare Erbe Atatürks abschaffen zu können. Millionen Türken jedoch, vor allem jene, die durch den wirtschaftlichen Kollaps in den vergangenen Jahren Arbeitsplätze und Ersparnisse verloren haben, sehen in Erdoğan einen der ihren. Für die Misere machen sie die Vorgängerregierungen verantwortlich.

Gleichzeitig ist Erdoğans demonstrativer Pro-EU-Kurs eine Botschaft an den Westen, dass die ach so liberalen Kemalisten nicht willens seien, die Türkei in die Europäische Union zu führen – er als praktizierender Sunnit hingegen schon. Gegen Erdoğan, den aufstrebenden Wortführer des Anti-Establishments, hat die seit 1999 wieder von Bülent Ecevit geführte Regierung schlechte Karten. Die Lebenswelten der Eliten und der Marginalisierten könnten unterschiedlicher nicht sein. Treffen die beiden Gruppierungen aufeinander, sind die Rollen klar verteilt: Die Angehörigen der säkularen Oberschicht genießen trotz Krise weiterhin die Opern im Atatürk-Kulturzentrum, um anschließend im noblen Istanbuler Hotel Pera mit Champagner anzustoßen und französische Leckereien zu genießen. Für sie sind Frauen, die Kopftuch tragen, im Wesentlichen Putzfrauen, die ihre Wohnungen und Büros schrubben und ansonsten unsichtbar sind. Mit bärtigen Männern haben sie in erster Linie Kontakt, wenn diese ihnen die Einkäufe zur Haustür schleppen, wo die Boten rasch an der Schwelle abgefertigt werden. Die Vertreter der Elite sehen sich selbst als offen und weltgewandt, doch sie verachten die Religiösen. Sie sind Traditionalisten, die jede Veränderung des Status quo ablehnen, denn sie wollen ihre Privilegien nicht verlieren. Entsprechend nehmen sie kaum Anteil am Schicksal jener Hunderttausender, die in Arbeitslosigkeit und Armut abrutschen. Ebenso wenig interessieren sie sich für einen EU-Beitritt oder für Reformen zur Demokratisierung.

Die schwierige Wirtschaftslage und der Prestigeverlust der führenden politischen Parteien, die in den wechselnden Koalitionen regieren, führen dazu, dass sich die Türken an neuen politischen Akteuren orientieren. Eine Finanzkrise beutelt die Türkei ab 2000. Die alte Kaste ist verbraucht, sie hat weder Ideen noch ein Programm zur Lösung der Probleme. Der Staat ist ihre Beute. Trotz mehrerer Abkommen mit dem IWF gelingt es nicht, einen Kollaps zu vermeiden. Ankara wird zum größten Schuldner des IWF. Ein Staatsbankrott droht. »Die Türkei erlebt einen Nervenzusammenbruch«, sagt der ehemalige Weltbank-Vize Kemal Derviş (*1949), der im März 2001 von Ecevit eilig als eine Art Superminister aus Washington herbeigerufen wird, um das Finanzsystem zu reformieren.[6] Derviş hat mehr als zwanzig Jahre lang für die Weltbank und als Leiter des Entwicklungsprogramms der Vereinten Nationen gearbeitet. Nun soll er die schwerste Wirtschaftskrise seit der Gründung der Republik in den Griff bekommen. Viele Menschen, vor allem jene, die ohnehin wenig haben, verlieren in den Finanz- und Währungsturbulenzen ihre Ersparnisse. Betroffen sind vor allem kleine und mittlere Betriebe, aber auch Unternehmer, die auf Kredite auf Devisenbasis gesetzt haben und denen jetzt der rasante Wertverlust der türkischen Lira finanziell das Genick bricht.

Die Implosion der türkischen Banken und die galoppierende Inflation machen den Weg für einen Neuanfang frei. Marode Staatsbetriebe, Korruption und Vetternwirtschaft lassen das Versagen der alten Elite manifest werden. Selbstbereicherung ist ihr wichtiger als eine saubere Staatsführung. Das wird auch im Bankensektor sichtbar. Nicht selten werden Kredite nach politischer Zugehörigkeit und nicht gemäß wirtschaftlichen Kriterien vergeben. Die Bevölkerung wiederum ist einer massiven Inflation ausgesetzt. Gleichzeitig ist der fast achtzigjährige Ministerpräsident Ecevit ständig krank, es wird gar spekuliert, er leide an Parkinson. Zeitweise leitet er die Regierungsgeschäfte vom Krankenbett aus.

Die Schwäche der Etablierten ist Erdoğans Chance. Die vorgezogenen Parlamentswahlen im November 2002 führen zu einem Erdrutsch und einem Generationenwechsel. Mit ihrem Sieg – vergleichbar mit Menderes' Erfolg im Jahr 1950, der das Machtmonopol der CHP beendete – stellt die AKP die politische Landschaft auf den Kopf. Sie fegt das Establishment von der Bühne – die jüngste Partei übernimmt dank eines Stimmenanteils von 34,3 Prozent die Führung. Damit benötigen die Newcomer keinen Koalitionspartner, denn die Partei erringt zwei Drittel der Abgeordnetenmandate im Parlament. Von den achtzehn zur Wahl stehenden Parteien sitzt wegen der immer noch herrschenden Zehn-Prozent-Hürde im neuen Parlament außer der AKP nur noch die CHP, die 19,4 Prozent der Stimmen holt. Die Partei des Rechten Weges der früheren Ministerpräsidentin Çiller verpasst mit 9 Prozent der Stimmen knapp den Sprung ins Parlament. Für die Demokratische Linkspartei (Demokratik Sol Parti, DSP) des bisherigen Ministerpräsidenten Ecevit ist das Ergebnis vernichtend. Sie erhält nur rund ein Prozent der Stimmen. »Wir haben Selbstmord begangen«, kommentiert der inzwischen Siebenundsiebzigjährige – es ist zugleich das Ende von Ecevits politischer Karriere.[7]

Der AKP-Mitbegründer Abdullah Gül wird Regierungschef. Der Wirtschaftsfachmann gilt als der »zweite Mann« in der AKP, der wie Erdoğan in jungen Jahren von Erbakan geprägt wurde. Während dessen Regierungszeit war Gül Staatsminister und Regierungssprecher. Der 1950 geborene Gül studierte Ökonomie in Istanbul und unter anderem in London. Von 1983 bis 1991 arbeitet er als Wirtschaftsexperte in der Islamischen Bank für Entwicklung in Dschidda, Saudi-Arabien.[8] Für die Wohlfahrtspartei von Erbakan zieht Gül 1991 erstmals ins Parlament ein. Obwohl seine Frau ein Kopftuch trägt, gehört er nicht zu jenen, die daraus ein Politikum machen. In seiner Zeit als Minister und Sprecher der Regierung Erbakan hat er es vermieden, seine Frau zu protokollarischen Empfängen mitzunehmen. In Richtung Europa gibt er sich schon vor seinem Amtsantritt als AKP-Ministerpräsident offen. Er plädiert für den EU-Beitritt und distanziert sich von der islamistisch geprägten Vergangenheit. »Ich kann diese Wurzeln nicht leugnen. Aber glauben Sie mir, die AKP ist anders. Für unsere Wähler ist Religion wichtig, aber auf einer individuellen Basis«, sagt er, und befindet: »Wenn Europa eine wirklich globale Führungsmacht werden will, muss es seinen Horizont erweitern. Die Türkei ist ein Gewinn, keine Belastung für Europa.«[9]

Nach dem Sieg seiner Partei 2002 hat Erdoğan infolge seines Politikverbots zwar kein politisches Amt inne, dennoch reist er durch die Welt und trifft hochrangige Politiker. So wird er im Dezember 2002 in Washington von US-Präsident George W. Bush empfangen. Durch eine Hintertür gelingt Erdoğan schließlich doch der Weg ins Ministeramt: Einen Monat nach den Parlamentswahlen annulliert die Wahlaufsichtsbehörde in Ankara das Ergebnis in der südostürkischen Provinz Siirt. Die AKP hat das dortige Resultat wegen angeblicher Unregelmäßigkeiten angefochten. Es werden Nachwahlen in der Provinz anberaumt. Gleichzeitig setzt das von der AKP dominierte Parlament eine Verfassungsänderung zugunsten Erdoğans durch, die sein Politikverbot aufhebt, um ihm so per Nachwahl den

Weg ins Parlament und schließlich ins Ministerpräsidentenamt zu ermöglichen.

Als Erdoğan im März 2003 bei der Nachwahl in Siirt kandidiert, ist er erfolgreich. Das Wahlergebnis klinge »wie ein Gedicht« in seinen Ohren, triumphiert der frisch gewählte Abgeordnete Erdoğan. Er spielt damit auf jene Verse an, die er fünf Jahre zuvor in Siirt zitiert hat. Später, 2021, wird er in Siirt erneut jene Verse von Ziya Gökalp vorlesen. »Sie wollten mein politisches Leben beenden, indem sie mich wegen eines Gedichts, das ich in Siirt gelesen habe, inhaftierten«, wird er seinen tausenden Anhängern entgegenrufen.[10]

Nachdem Erdoğan seinen Eid als Abgeordneter abgelegt hat, tritt Ministerpräsident Gül zurück und macht den Weg frei für seinen Nachfolger: Recep Tayyip Erdoğan. Der neue Regierungschef verzichtet nach diesem Coup auf eine Klage vor dem Europäischen Gerichtshof für Menschenrechte gegen sein eigenes Land. Ursprünglich wollte er in Straßburg gegen seine Verurteilung von 1998 vorgehen. Für die Türkei beginnt damit ein neues politisches Zeitalter. Von nun an wird Erdoğan zunächst geduldig und beharrlich alle Hürden, die ihm im Weg stehen, beseitigen, ebenso wie all jene Personen, die ihm gefährlich werden könnten.

Geliebt und verhasst: Der Aufstieg des Recep Tayyip Erdoğan

Sein Vater, erzählt Erdoğan, sei ein autoritärer Mann gewesen. Wenn das Kind Recep Tayyip ein »böses Wort« gesagt habe, dann sei er dafür sehr hart bestraft worden. Seine Familie sei so arm gewesen, dass das Geld nicht einmal für ein Fahrrad ausgereicht habe, so schildert Erdoğan als Ministerpräsident sein Aufwachsen. Um das Familieneinkommen aufzubessern und sich Schulbücher leisten zu können, verkauft er Wasser, Sesamringe und Postkarten auf der Straße. Dort lernt er notgedrungen, sich gegen widrige Umstände durchzusetzen. In den Sommern muss er nach Rize, um bei der Tee- und Haselnussernte im nahegelegenen Dorf seiner Familie zu helfen.[11] Wer sich seine Biographie anschaut, der versteht, wie er zu diesem Kämpfer geworden ist, der mit der Wahl zum Ministerpräsidenten einen entscheidenden Schritt errungen hat. Den Populismus, seine Willenskraft und sein Durchhaltevermögen führen seine Biographen auf die Eigenheiten des Istanbuler Viertels Kasımpaşa und seinen strengen Vater zurück. In dem Viertel seien die Menschen stolz auf ihre herausfordernde Art, deshalb habe Vater Ahmet seinen Sohn gezüchtigt – dieselbe Härte verlange Erdoğan nun auch seinen Mitmenschen ab. Für seine Gegner sollte die Lage nach und nach ungemütlich werden.

Erdoğan und seine AKP sind zu Beginn ihrer Regierungszeit aber auch jene, die erheblich zur Demokratisierung des Staates beitragen. Unter ihrer Führung folgen Jahre des Aufschwungs und der Öffnung – Erdoğan klingt wie ein Liberaler, der die Rechte von Minderheiten anerkennt und nach friedlichen Lösungen sucht. Doch in gewisser Weise ist er immer noch der Fußballer aus Kasımpaşa, ein zielstrebiger Taktiker, ausdauernd und zugleich sehr impulsiv. Schon vor ihrem Wahlsieg erklärt die Partei, dass ein Beitritt zur EU eines ihrer Hauptziele sei. In diesem Sinn treibt sie nach Regierungsantritt Reformen voran, um möglichst bald Beitrittsverhandlungen aufnehmen zu können. Die AKP setzt eine Reihe von Maßnahmen durch, um das Justizsystem, die Beziehungen zum Militär und die Menschenrechtspraktiken mit den europäischen Normen in Einklang zu bringen. Sie erleichtert den Zugang zur Gesundheitsversorgung und zu Wohnkrediten, und sie investiert in den armen

Südosten des Landes. Die Todesstrafe wird abgeschafft, die Folter verboten. Das Straf- und Zivilrecht werden auf Wunsch der EU ebenfalls reformiert.

Yaşar Yakış prägt den EU-Beitrittsprozess maßgeblich. Der Berufsdiplomat ist 2001 nach vierzigjähriger Karriere in Pension gegangen. Er war zuvor unter anderem Botschafter in Saudi-Arabien und Ägypten und danach ständiger Vertreter seines Landes im UN-Büro in Wien.[12] Eigentlich möge er keine Politik, sagt Yakış. Er habe sich nach seiner langen Zeit im Ausland auf seinen Ruhestand inmitten eines Haselnussgartens gefreut, wo er seine Memoiren schreiben wollte. Doch dann habe ihn Abdullah Gül angerufen. Die beiden kennen sich aus ihrer Zeit in Saudi-Arabien, wo Gül für die Entwicklungsbank arbeitete. Yakış schätzt das Auftreten und Denken von Gül, so dass er sich von ihm überreden lässt, eines der Gründungsmitglieder der AKP zu werden und in der Partei für die außenpolitischen Themen mitverantwortlich zu sein.

»Gül war unabhängig im Kopf. Also beschloss ich, der Partei beizutreten«, sagt Yakış. Zudem habe ihn gereizt, dass Erdoğan das Land habe reformieren wollen. »Er hat nicht versucht, die konservativen Kreise abzuweisen, was für mich wichtig ist, weil ich aus einer ländlichen Gegend komme. Auf die Bedürfnisse der Konservativen einzugehen, war ein wichtiger Punkt. Die Art und Weise, wie der Säkularismus in der Türkei praktiziert wurde, war bisweilen übertrieben.« Yakış' erste außenpolitische Priorität ist der Start des EU-Integrationsprozesses, ein Ziel, das auf seine Initiative hin ins Parteiprogramm aufgenommen wird. Als Erdoğan Ministerpräsident wird und Gül das Außenministerium übernimmt, wird Yakış Vorsitzender des EU-Harmonisierungsausschusses im Parlament.

Die Republik erholt sich schnell von dem Krisenjahr 2001. Schon zwei Jahre nach der schwersten Wirtschaftskrise in der Geschichte des Landes bahnt sich ein Wirtschaftswunder an.

Um bitter benötigte Milliardenkredite zu erhalten, verpflichtet sich die Türkei auf ein ehrgeiziges IWF-Reformprogramm. Dazu gehören Privatisierungen, eine Neuordnung des Bankenwesens und die Kürzung der Staatsausgaben. Es hilft: Die Jahresinflation liegt 2003 bei nur noch 23 Prozent. Das ist der niedrigste Stand seit Jahrzehnten. Zuvor stieg die Teuerung teilweise auf über 100 Prozent.[13] Die AKP kann dabei wesentlich von der Arbeit des vorigen Wirtschaftsministers Kemal Derviş profitieren, der in der Regierung unter Bülent Ecevit bereits entsprechende Reformen eingeleitet hatte. Die Weichen für eine wirtschaftliche Globalisierung der Türkeit wurden schon unter Turgut Özal gestellt.

Für die Türkei beginnt eine nie dagewesene Phase des Wachstums. Der neue Wohlstand zeigt sich überall, von den Industriestädten wie Kayseri bis hin zu den Ausstellungsräumen der Metropolen, wo die Warteliste für einen neuen Mercedes Monate beträgt. Im Akkord eröffnet Erdoğan Messen, spricht auf Wirtschaftskonferenzen und weiht Fabriken ein. Tatsache ist aber auch, dass die Bekämpfung der Armut nur schleppend vorankommt. Gemäß einer 2003 veröffentlichten Studie haben zehn Millionen Türken nur etwa 85 Cent pro Tag für den Kauf von Lebensmitteln zur Verfügung. Mit einem Pro-Kopf-Einkommen von etwa 2900 Euro im Jahr ist die Türkei das mit Abstand ärmste EU-Bewerberland.[14] Besonders groß ist die Armut im Südosten. Dort liegt das Pro-Kopf-Einkommen rund 70 Prozent unter dem Landesdurchschnitt.[15] Doch insgesamt wächst zwischen 2002 und 2007 das jährliche Bruttoinlandsprodukt durchschnittlich um 6,8 Prozent.[16] Zwischen 2002 und 2007 verdoppelt sich das Durchschnittseinkommen.[17] Und das strikt durchgeführte Privatisierungsprogramm lockt ausländische Investoren an.

Anders als seine Vorgänger jettet Erdoğan durch Europa, um für eine Aufnahme in die EU zu werben. Zwar hat man der

Türkei schon 1999 den Kandidatenstatus in Aussicht gestellt, doch Fortschritte gibt es seither nicht. Erdoğan hält einen Beitritt bis 2012 für realistisch. Die Türkei habe sich »den westlichen Werten verschrieben«, sagt er. Er will das Land in eine »Musterdemokratie« verwandeln. Bei einem Vortrag im September 2003 in Deutschland betont er: »Wir wollen die Demokratie in unserem Land auf das höchste Niveau bringen.« Beim Thema Folter habe seine Regierung »null Toleranz«.[18]

Erdoğan ist aber auch ein verurteilter Islamist, was einen Teil seiner Anziehungskraft erklärt – denn während die Kemalisten starr und stur sind, ist er dynamisch. In einer Welt, die noch die Anschläge vom 11. September 2001 zu verarbeiten versucht, scheint er eine Brücke zwischen den Religionen zu sein. Er übertrifft zunächst alle Erwartungen. Im Westen wird Erdoğan nun als Führer eines sich nach Demokratie sehnenden, stabilen muslimischen Landes gesehen. 2004 wird er in Berlin als »Europäer des Jahres« ausgezeichnet. Die Laudatio hält der damalige Bundeskanzler Gerhard Schröder (SPD). Die in Brüssel erscheinende Zeitung *European Voice* nominiert den Türken ebenfalls zum »Europäer des Jahres«. Als die US-Zeitschrift *Time-Magazine* die »100 einflussreichsten Menschen des Jahres« aufs Podest hebt, ist kein europäischer Politiker dabei – wohl aber Erdoğan.

Während die AKP den EU-Beitritt ansteuert, blockiert die ideologisch verknöcherte CHP die Reformvorhaben schon um des Protestes willen. Dem kemalistischen Bollwerk mit seinen reaktionären Tendenzen gelingt es nicht, eine Antwort auf die dynamische AKP zu formulieren. Die CHP hat nur die Angst im Angebot, die AKP hingegen weckt Hoffnungen auf Aufstieg. Die Sozialdemokraten wiederum sind gefangen in einem ideologischen Korsett. Kurden, Aleviten und Religiöse versprechen sich von einem EU-Beitritt mehr Autonomie oder gar Gleichberechtigung. Die konservative AKP baut einen Weg in die Zukunft, während die Nationalisten von einem »Zerfall des Staates« schwadronieren.

Unmittelbar vor der Entscheidung in Brüssel veröffentlicht die *Bild* im Dezember 2004 einen offenen Brief Erdoğans, in dem er für den EU-Beitritt wirbt. »Der 17. Dezember entscheidet auch über europäische Kernwerte und das Schicksal der weiteren Zusammenarbeit unserer Nationen«, schreibt Erdoğan. Sein Land habe alle Wünsche der EU erfüllt und werde eine Bereicherung für die Union sein. »Es sollte kein Zweifel daran bestehen, dass wir auf diesem Weg nicht stehenbleiben, sondern weiter voranschreiten werden«, ist in seinem Brief zu lesen.[19]

In Deutschland ist ein EU-Beitritt der Türkei sehr umstritten. Während die SPD und vor allem Bundeskanzler Schröder sowie die Grünen einer Vollmitgliedschaft Ankaras gegenüber nicht abgeneigt sind, plädiert die CDU / CSU für eine »privilegierte Partnerschaft«. Die damalige CDU-Chefin und spätere Bundeskanzlerin Angela Merkel gehört zu den größten Skeptikern. Sie warnt noch einen Tag vor der Entscheidung der Staats- und Regierungschefs der fünfundzwanzig EU-Staaten, ein Beitritt der Türkei wäre eine politische Katastrophe. Im Land werde gefoltert, die Religionsfreiheit sei eingeschränkt, und die Grenzen der EU würden mit der Türkei über Europa hinausreichen. Damit wiederholt Merkel die üblichen Argumente, die Beitrittsgegner auch in anderen Ländern vorbringen. Sie betonen den muslimischen Charakter des Landes, den Gegensatz zwischen West und Ost und weisen darauf hin, dass das Land zu arm und zu anders sei. Eine diffuse Islamfurcht prägt ihre Bedenken. Insbesondere die Vorbehalte Merkels und des französischen Staatspräsidenten Nicolas Sarkozy, der die Türkei nicht in der EU haben will, zeigten, dass Brüssel auf Ankara nicht vorbereitet gewesen sei, sagt Paul Levin, Direktor am Institut für Türkeistudien an der Universität Stockholm und Autor von mehreren Büchern über die Türkei.[20]

Während man in den EU-Ländern der Türkei und ihrem Regierungschef skeptisch gegenübersteht, wird Erdoğan zu Hause für seinen Eifer und Wirtschaftsliberalismus gefeiert. »Tayyip Abi« – »großer Bruder Tayyip« nennen ihn seine Unterstützer. Es ist paradox: Ausgerechnet ein Konservativer öffnet das Land und bricht mit Tabus. Zwischen 2002 und 2004 werden neun Harmonisierungspakete verabschiedet, mit dem Ziel, in Brüssel vorgelassen zu werden. Einst ein islamistischer junger Wilder, sucht Erdoğan nun die Nähe zu Europa und wagt in der Heimat mehr Demokratie. Das verschafft ihm auch das Vertrauen liberaler Intellektueller und der Kurden. Dem noch vor wenigen Jahren als Islamist verschmähten Erdoğan gelingt eine historische Weichenstellung.

Anfang Oktober 2004 empfiehlt die EU-Kommission die Aufnahme von Beitrittsverhandlungen mit Ankara. Die Zeitung *Hürriyet* kommentiert jubelnd: »Gestern war ein Tag, an dem der große Atatürk unter uns hätte sein sollen. Er hätte miterleben müssen, wie der von ihm vor 80 Jahren (…) eingeschlagene Weg, wie die von ihm durchgeführten Umwälzungen das bis heute konkreteste Resultat gezeitigt haben. Dass dieses Ergebnis ausgerechnet Recep Tayyip Erdoğan, ein Politiker mit ausgesprochen konservativen und sogar religiösen Zügen, herbeigeführt hat, hätte ihn vielleicht noch glücklicher gemacht.«[21]

Nach vierzig Jahren des Wartens beschließt auch der EU-Rat im Dezember, die Beitrittsverhandlungen mit der Türkei ab Oktober 2005 aufzunehmen. »Eines Tages soll der letzte Schritt vollzogen werden: Die Türkei soll vollberechtigtes Mitglied der Gemeinschaft sein«, sagte der erste Präsident der Europäischen Wirtschaftskommission, der Christdemokrat Walter Hallstein, bereits am 12. September 1963.[22] »Eines Tages wird auch Anatolien ein Teil Europas sein«, prophezeite einst Atatürk.[23]

Doch die Opposition fürchtet weiterhin, Erdoğans Demokratiebekundungen seien bloße Lippenbekenntnisse. Entsprechend legt sie auch Kleinigkeiten gegen ihn aus: Als der Ministerpräsident bei einem Bankett die Gabel in der rechten Hand hält, zitiert die *Hürriyet* einen Religionsexperten mit dem Statement, dies sei »eine schöne islamische Tradition«. Auch der Prophet Mohammed habe mit der rechten Hand gegessen. Als die Regierung ein neues Arbeitsrecht anvisiert, das die Sonntagsarbeit erleichtern soll, behauptet die CHP, die AKP wolle damit den westlichen Sonntag durch den islamischen Freitag ersetzen und diesen zum Feiertag beziehungsweise arbeitsfreien Tag machen.

Die Opposition und die regierungskritische Presse werden nicht müde, auf angebliche islamistische Bestrebungen der AKP aufmerksam zu machen. Immer wieder hält man Erdoğan Sätze wie diesen vor: »Man kann nicht gleichzeitig säkular und muslimisch sein. Der Säkularismus wird natürlich verschwinden, wenn diese Nation es will.«[24] Oder die Aussage, die Demokratie sei wie ein Bus, aus dem man wieder aussteigen könne, wenn man sein Ziel erreicht habe. »Mich wundert, wie naiv Erdoğans Freunde in der Europäischen Union sind«, warnt 2004 der *Hürriyet*-Kolumnist Emin Çölaşan: »Wie können sie übersehen, dass er mit den Auflagen aus Brüssel nur die Armee entmachten und damit die säkulare Stütze dieses Landes entreißen will, um nach und nach den ganzen Staat unter seine Kontrolle zu bringen?«[25]

Die Kritiker sträuben sich entsprechend gegen das Vorhaben der AKP, im Nationalen Sicherheitsrat die Anzahl der Zivilisten zu erhöhen, die der Militärs zu reduzieren und einen Zivilisten zum Vorsitzenden des mächtigen Gremiums zu machen – zumindest formal würde diese Maßnahme die Demokratie stärken. Auch seine Kompromissbereitschaft in der Außenpolitik weckt Misstrauen, etwa bei der Zypernfrage.

Während die AKP einen Plan der Vereinten Nationen zur Wiedervereinigung der Insel unterstützt, widersetzt sich das Militär dem Plan hartnäckig. Der Konflikt um Zypern bleibt ungelöst, und dieser Stillstand wird zu einem großen Hindernis für die EU-Mitgliedschaft.

Erdoğan will auch den schon mehr als fünfundzwanzig Jahre dauernden Konflikt zwischen Ankara und der PKK lösen. Er braucht die Kurden als Wähler, weshalb die AKP im Südosten Waschmaschinen und Kühlschränke verteilt.[26] Er sei zu einer »radikalen Lösung« bereit, um den blutigen Konflikt zu lösen, sagt Erdoğan und spricht von einer Friedensinitiative. Weil er Gespräche mit dem Staatsfeind Nummer 1, Abdullah Öcalan, zulässt, werfen ihm Abgeordnete der CHP vor, den Separatismus zu unterstützen und damit die Spaltung des Landes zu fördern.[27]

Erdoğan nutzt die Forderungen Brüssels für sein eigenes politisches Überleben und bricht die Vormacht des Militärs. Dank der EU-Reformpakete gelingt es ihm, die politischen Befugnisse des Militärs einzuschränken. »Die AKP-Führung brauchte die Hilfe der EU, um einen Justiz- oder Militärputsch zu verhindern«, sagt Paul Levin. »In der Tat haben viele Beobachter die Aussicht auf eine EU-Mitgliedschaft als einen der Hauptgründe dafür genannt, dass sich das Militär trotz des Bruchs säkularer kemalistischer Tabus nicht in die Politik einmischte.«

Mit der These der Kritiker, die AKP sei mit einer versteckten Agenda angetreten, tut sich Levin schwer: »Ich kann mich sehr wohl irren, aber aus meiner Sicht war das Interesse an einem EU-Beitritt durchaus vorhanden, zumindest bei vielen AKP-Politikern. Es wurde viel dafür getan, dass die Türkei 2005 Beitrittsverhandlungen aufnehmen konnte, und die AKP hat in ihren ersten Regierungsjahren viele und manchmal schwierige Reformen durchgeführt.« Levin gibt aber auch zu bedenken: »Es ist natürlich eine Tatsache, dass die Gründer der AKP nie in einer traditionellen demokratischen Partei erzogen wurden, sondern in der Wohlfahrtspartei in der Tradition der Millî Görüş aufgewachsen sind, die stark nationalistisch und islamistisch geprägt ist. Aber bis etwa 2010 war die Partei eher eine breite Koalition von Akteuren, zu denen auch gemäßigte Politiker gehörten, deren Interesse an einem EU-Beitritt der Türkei schwer zu bezweifeln ist.«

Der Autor und Journalist Hugh Pope, der von 1987 bis 2015 in der Türkei gelebt und ein Buch über das Land geschrieben hat,[28] sagt: »Viele Leute meinen, Erdoğan habe all diese Reformen in den 2000er Jahren alleine durchgeführt. Das hat er nicht. Es war der Europäische Rat von Helsinki am 10. und 11. Dezember 1999, der einen Durchbruch in den Beziehungen zwischen Ankara und Brüssel herbeiführte. In Helsinki wurde die Türkei ohne Vorbedingungen offiziell als Beitrittskandidat anerkannt, der den anderen Kandidatenländern gleichgestellt ist«, sagt Pope. Tatsächlich hat schon die alte Mitte-links-Koalition unter Bülent Ecevit Anpassungsgesetze im Hinblick auf eine Annäherung an die EU verabschiedet. So wurde beispielsweise die Bekämpfung der Inflation in den Jahren 1998 und 1999 von der damaligen säkularen, vom Militär unterstützten Regierung durchgeführt. »Erdoğan hatte einfach Glück, dass die CHP so inkompetent war, dass sie das Feld offen gelassen hat. Er ist politisch sehr intelligent, und im Laufe der Jahre hat er gelernt, was er tun muss, um seine Rivalen zu schlagen«, urteilt Pope.

Auch ein Ökönom, der namentlich nicht genannt werden will, relativiert einige Erfolge der AKP-Regierung. »Der wirtschaftliche Wandel in der Türkei begann in den 1980er Jahren, als die Reformen von Turgut Özal eine Öffnung einleiteten. Dank diesen begann die Industrie zu florieren, auch in Anatolien – zum Beispiel in Kayseri oder Maraş. Die Menschen wurden durch die Özal-Reformen wohlhabender«, sagt der Mann, der einst bei der Zentralbank tätig war. »In den 1990er Jahren hatten wir wechselnde Koalitionsregierungen mit vielen Problemen, aber der Prozess der wirtschaftlichen Transformation ging weiter, die Interaktion mit der globalen Entwicklung lief weiter. Im Jahr 2002 übernahm die AKP eine bereits vorbereitete Bühne, sonst tat sie nichts. Die Türkei war schon vorher ein wichtiges Industrieland. Was sich 2002 änderte, war der politische Transformationsprozess. Die AKP sorgte für politische Stabilität. Das führte dazu, dass die 1995 eingeführte Zollunion zwischen der Türkei und der EU besser funktionierte. Aber ansonsten setzte die AKP das vom Internationalen Währungsfonds 2001 aufgestellte Programm und die Reformen von Kemal Derviş um. Sie haben nichts anderes getan, als das vorbereitete Stadium zu übernehmen und die Forderungen des IWF umzusetzen.«

Der Streit um das Kopftuch gehört zu den explosivsten innenpolitischen Themen. Erdoğan will von Anfang an eine Lockerung des Verbots durchsetzen. Die Opposition und das Militär lassen allerdings nichts unversucht, um dies zu verhindern. Als 2007 eine Präsidentschaftswahl ansteht, erwägt Erdoğan, sich als Kandidat aufstellen zu lassen. Doch mehr als 300 000 Personen demonstrieren im April in Ankara für eine säkulare Türkei und gegen eine Kandidatur Erdoğans, worauf sich dieser zurückzieht. Eine Kapitulation kommt für ihn aber nicht in Frage, und so schickt er seine treue rechte Hand ins Rennen, Außenminister Abdullah Gül, den er seinen Bruder nennt. Die Nominierung von Gül löst eine monatelange Staatskrise aus und führt zu vorgezogenen Parlamentswahlen. Güls Ehefrau trägt ein Kopftuch, eine First Lady mit bedecktem Haar ist aber immer noch undenkbar zu dieser Zeit. Deswegen kommt Gül in einer ersten Stellungnahme direkt auf das Kopftuch seiner Partnerin zu sprechen. Er betont, dies sei eine persönliche Entscheidung, die es in einer Demokratie zu respektieren gelte.

Die Präsidentschaft ist ein prestigeträchtiges, überwiegend zeremonielles Amt. Aber in Krisenzeiten kommt ihm eine wichtige Rolle zu. Denn das Staatsoberhaupt kann Gesetzgebungsverfahren blockieren, wie das der zu dieser Zeit amtierende Ahmed Necdet Sezer (*1941) gegenüber der Regierung Erdoğan mehrfach tut. Zudem ernennt der Staatspräsident den Ministerpräsidenten, wobei er vorgeschlagene Kandidaten ablehnen kann. Er ernennt ferner hohe Justizangehörige, Universitätspräsidenten und die Spitzen des staatlichen Rundfunks sowie der Zentralbank.

In der ersten Wahlrunde scheitert Gül nur knapp an der erforderlichen Zweidrittelmehrheit. Die Krise um die Wahl des Präsidenten spitzt sich zu, als sich das Militär einmischt. Kurz nach dem ersten Wahlgang inszeniert die Armee am 27. April 2007 einen »E-Coup«. Auf der Website des Militärs warnt die Führung, dass »die türkischen Streitkräfte notfalls nicht zögern werden, ihre Position und Haltung als absolute Verteidiger des Säkularismus deutlich zu machen«. Die Armee verfolge die Präsidentenwahl und die damit verbundene Debatte um die säkulare Ordnung mit Sorge. In einer unmittelbar nach dem Wahlgang veröffentlichten Mitteilung der Armee heißt es: Niemand solle vergessen, das die Streitkräfte »entschieden für die Verteidigung des Laizismus eintreten«. Notfalls werde die Armee »ihre Haltung und ihr Vorgehen deutlich machen«. Doch das schreckt Erdoğan nicht ab. Selbstbewusst weist er den Generalstab in die Schranken. Dieser unterstehe, so hält es eine Regierungserklärung fest, »der Befehlsgewalt des Ministerpräsidenten«.[29]

Wenige Tage später demonstrieren in Istanbul Hunderttausende gegen den islamischen Kurs der AKP. In Izmir protestieren rund eine Million Personen mit den Landesflaggen.

»Die Türkei ist und bleibt säkular«, ist auf Plakaten zu lesen. Nachdem die CHP wegen angeblicher Unregelmäßigkeiten Einspruch erhoben hat, erklärt das Verfassungsgericht den Urnengang für ungültig. Die Entscheidung der Verfassungsrichter sei »eine Kugel gegen die Demokratie«, kritisiert Erdoğan. Auch als die Präsidentschaftswahl im Mai wiederholt wird, kann Gül die notwendige Zwei-Drittel-Mehrheit nicht erreichen. Die AKP konzentriert sich daraufhin auf die Parlamentswahlen. Sie wird im Juli mit 46,6 Prozent als Regierungspartei bestätigt. Das sind 13 Prozent mehr Stimmen als 2002. In 69 der 81 Provinzen ist die Partei die stärkste Kraft, von den Frauen haben 51 Prozent für sie gestimmt. Das Ergebnis ist keine Überraschung. Der westlich orientierte Gül ist beliebt, und viele Türken haben genug von den Einmischungen des Militärs.

Nun benötigt Gül im Parlament nur noch eine einfache Mehrheit. Im dritten Wahlgang wird er im August schließlich zum neuen Staatsoberhaupt gewählt. Noch wenige Stunden vor der Wahl warnte Generalstabschef Yaşar Büyükanıt (1940–2019) auf der Internetseite des Generalstabs davor, dass »Zentren des Bösen« versuchen würden, den Säkularismus in der Türkei zu zersetzen. Die Streitkräfte seien entschlossen, die Trennung von Staat und Religion zu verteidigen. Doch allen Widersachern zum Trotz triumphiert die AKP vier Monate nach ihrem ersten Anlauf über das säkularistische Establishment.

Immer wieder ist die AKP in den vergangenen Jahren mit ihren Vorstößen für eine Lockerung des Kopftuchverbots am Widerstand der Säkularen gescheitert. Doch im Februar 2008 setzt das Parlament per Verfassungsänderung eine Freigabe des Kopftuchs für Studentinnen durch. Das Recht auf eine höhere Bildung dürfe nicht wegen der Kleidung eines Mädchens eingeschränkt werden, argumentiert Erdoğan. »Für Freiheit und

Wohlergehen in der Türkei müssen wir das machen«, so der Regierungschef. Nur vier Monate später fällt jedoch das Verfassungsgericht erneut ein politisches Urteil und stoppt nach einer Klage der CHP die Aufhebung des Kopftuchverbots. Das Gesetz verstößt nach Ansicht der Richter gegen den Laizismus.

Das Kopftuch ist längst zu einer Chiffre dafür geworden, wer die Macht im Staat hat. Die Kemalisten wollen das Verdikt der Volksmehrheit nicht akzeptieren. Und die AKP ist nicht mehr kompromissbereit. Deswegen setzt die alte Elite alle ihr noch verbliebenen Instrumente ein, um die AKP doch noch zu bezwingen. Die weiterhin kemalistisch geprägte Justiz strengt nun ein Verbotsverfahren gegen die AKP an. Diese wolle das Land in einen islamischen Staat umwandeln, die »säkularen Fundamente« seien in Gefahr, so der Vorwurf. Die Geschichte droht sich zu wiederholen. Alle bisherigen islamistischen Parteien in der Türkei sind entweder durch militärische Interventionen oder Urteile des Verfassungsgerichts geschasst worden: 1971 verbot das Verfassungsgericht die 1970 gegründete Partei der Nationalen Ordnung; 1980 wurde nach dem Militärputsch die 1972 gegründete Partei der Nationalen Rettung verboten; 1988 verbot das Verfassungsgericht die 1983 gegründete Wohlfahrtspartei; 2001 wurde die 1997 gegründete Tugendpartei verboten, schon kurz vor den Parlamentswahlen 2002 gab es die Überlegung, auch die neu gegründete AKP verbieten zu lassen, doch wurde davon abgesehen – jetzt sollte es sie als Regierungspartei ereilen.

Was in anderen Demokratien eine Seltenheit ist, gehört in der Türkei zum Alltag. Von einem »Parteien-Friedhof« schreiben türkische Medien. Seit der Gründung der Republik wurden rund zwei Dutzend Parteien verboten, vor allem kurdische, linke oder islamistische. Alle bedrohten sie nach Ansicht der Justiz den Laizismus oder die Einheit des Landes. Die AKP wäre fast die nächste geworden. Dabei regieren die AKP und Erdoğan das Land schon seit sechs Jahren. Die innenpolitische Lage ist so stabil wie nie zuvor.

Die Anklageschrift ist ein dünnes Dossier, es umfasst Zeitungsartikel und Zitate. Die Anklage zielt auch darauf, einundsiebzig AKP-Spitzenpolitiker, unter ihnen Erdoğan, aus der Politik auszuschließen. Die Generalstaatsanwaltschaft wirft der AKP vor, ein »Zentrum antilaizistischer Aktivitäten« zu sein, und begründet ihren Antrag mit der Lockerung des Kopftuchverbots, der Einschränkung des Alkoholkonsums in Bars und Restaurants sowie der Erleichterung des Hochschulzugangs für Absolventen der Imam-Hatip-Schulen. Die Partei wolle eine Gesellschaft, in der die Religion im Mittelpunkt stehe, und ein islamisches Regime errichten. Die AKP überlebt diesen Versuch eines »Verfassungsputsches« nur knapp. Im Juli 2008 stimmen sechs der elf Verfassungsrichter für ein Verbot der Partei. Nötig gewesen wären sieben Stimmen. Allerdings beschließt das Gericht, die staatlichen Gelder für die AKP um die Hälfte zu kürzen. »Die Entscheidung ist eine Warnung, eine ernste Warnung«, kommentiert der Gerichtsvorsitzende Haşim Kılıç.

Erdoğan kann sich wieder als Opfer inszenieren, das überlebt hat und weiterkämpft. Am 12. September 2010, am 30. Jahrestag des Militärputsches von 1980, bringt er ein Verfassungsreferendum zur Abstimmung. Es zielt auf eine Runderneuerung jener Verfassung, die damals nach dem Staatsstreich von den Generälen diktiert wurde. Gegner werfen Erdoğan vor, mit der Reform noch mehr Macht an sich reißen zu wollen. Selbst kritische Türken erkennen aber im Vorschlag durchaus Verbesserungen zugunsten der Demokratie. Das Vorhaben spaltet das Land. Sechsundzwanzig Änderungen an den 177 Verfassungsartikeln sind vorgesehen. Darunter sind Dinge wie eine rechtliche Besserstellung von Frauen, Kindern und Behinderten sowie konsensfähige Bestimmungen für eine weitere Einschränkung der politischen Macht der Militärs. So soll die zivile Kontrolle über die Militärs gestärkt werden, womit die Beteiligten des Putschversuchs von 1980 nicht mehr vor Strafverfolgung geschützt wären. Mit einer Mehrheit von 57,9 Prozent wird das Reformpaket angenommen.

Erdoğans Beliebtheit wächst auch unter den Türken im Ausland. Vor allem in Deutschland hat er eine breite Anhängerschaft, die er mit regelmäßig kundgegebenen populistischen Parolen bei der Stange hält. Anders als so viele Politiker zuvor hat Erdoğan seine Versprechen nicht nur gehalten, sondern übertroffen. Er hat den Türken ihren Nationalstolz zurückgegeben, und seine Geschichte ist eine Aufstiegsgeschichte, an der sie sich ein Vorbild nehmen. Sie rufen ihn »Üstat!«, »Lehrmeister!«; er begrüßt sie als »kardeşler« (Geschwister). Sie nehmen seine Wagenburg-Mentalität in Kauf und finden es teils gut, dass er mit Drohungen auf vermeintliche Angriffe oder Kritik antwortet. Wen kümmern schon Diskussionen über Meinungsfreiheit, Sperrungen von sozialen Netzwerken und angebliche Wahlmanipulationen, wenn man sich selbst endlich in politischer Sicherheit wähnt? Solange der Ministerpräsident sich als vermeintlicher Beschützer inszeniert, wird die ständige Kritik von Intellektuellen, Liberalen, Salonlinken überhört. Auch kann der Mann, den seine Kritiker einen »Diktator« nennen, sich auf die Unterstützung so vieler Türken verlassen, weil die politische Konkurrenz immer noch versagt. Seine Anhänger sehen in ihm einen autoritären Modernisierer, um den andere sie beneiden. Einen, der einen starken Staat will. Ein entscheidender Machtfaktor ist zudem Erdoğans Talent, die richtigen Tasten auf der emotionalen Klaviatur der Türken zu nutzen – und so wird ihm eine beispiellose Verehrung entgegengebracht. »Wenn er mich bitten würde, für ihn zu sterben, ich würde es tun«, ist von manchen seiner Anhänger zu hören.

»Recep Tayyip Erdoğan ist einer von uns« ist auch so ein Refrain, der sich immer wiederholt.[30]

Im Februar 2008 sagt Erdoğan vor rund 20 000 meist türkischstämmigen Zuhörern in der Köln-Arena, dass Integration wichtig sei: »Wir dürfen uns nicht als Fremde betrachten, sondern müssen uns als wesentliches Element dieses Landes sehen.« Er fordert die Leute auf, die deutsche Sprache zu lernen, fügt aber hinzu, dass man Integration nicht mit Assimilation gleichsetzen dürfe: »Assimilation ist ein Verbrechen gegen die Menschlichkeit.« Dies könne niemand von den im Ausland lebenden Türken verlangen. Das Gleiche wiederholt Erdoğan zwei Jahre später in Düsseldorf. »Ich sage Ja zur Integration. Ihr müsst euch integrieren, aber ich bin gegen Assimilation«, ruft er den rund 10 000 Zuhörern zu. Er beobachte Ausländerfeindlichkeit in Deutschland und anderen Ländern mit Argwohn: »Islamophobie ist ein Verbrechen gegen die Menschlichkeit, genauso wie Antisemitismus.« Jeder habe das Recht, seinen Glauben zu praktizieren.

Erdoğan hat den Zeitpunkt seiner Propaganda geschickt gewählt, denn er stellt sich wenige Monate später zur Wiederwahl. Die Türkei ist ein anderes Land als das, dessen Regierung er vor zehn Jahren übernommen hat – ein boomendes, wohlhabenderes und demokratischeres. Die Bevölkerung verfügt über mehr Geld. Allerdings nimmt auch die Privatverschuldung zu. Ein Sinnbild für den Wandel ist die teilstaatliche Airline Türk Hava Yollari (THY). Stand das Kürzel früher für »They hate you«, steht es nun für »They hug you«, seit 2008 ist die Airline Mitglied der Luftfahrtallianz Star Alliance. Die Flotte der weißroten Flieger wächst rasant. Früher brachte die Fluggesellschaft zumeist Gastarbeiter mit abenteuerlichen Maschinen in die alte Heimat. Nun beschafft die Airline neue Flugzeuge und entwickelt sich zu einem attraktiven Anbieter von Destinationen in über hundert Ländern. Internationale Prominenz wirbt für die Fluggesellschaft, die ein ernsthafter Konkurrent für Gesellschaften wie die Lufthansa wird. Auch der Tourismus boomt. Dreißig Millionen Personen besuchen jährlich die Türkei.[31]

In Istanbul wachsen die Häuser in die Höhe. Seit dem Regierungsantritt der AKP gewinnt die Stadt an zusätzlicher Zugkraft. Beflügelt durch die demokratischen Reformen und die Hoffnung auf einen EU-Beitritt, kehren Auslandstürken zurück. Neue Clubs, Restaurants, Hotels, Galerien, Museen und Geschäfte werden eröffnet. Istanbul vibriert. Auf den Dachterrassen tanzen die Menschen, Fatih Akin widmet der Musikszene den Film »Crossing the Bridge«. Zeitweise erlebt Istanbul einen derartigen Boom, dass das US-Magazin *Newsweek* die Megacity als »Cool Istanbul« feiert. »Europas hipste Stadt ist nicht länger auf Europa angewiesen«, schreibt *Newsweek*.[32] »Es war eine Zeit, in der ich die Türkei als ein anderes Land wahrnahm als die Türkei meiner Kindheit: Die hatten eine stabile Wirtschaft. Die Türkei war ein Industrieland geworden, ein demokratisches, mediterranes Land. Eine Atmosphäre des Aufbruchs prägte die Kunst. Die Szene war nicht so verkrustet wie in Deutschland, unglaublich dynamisch und flexibel«, erinnert sich der Künstler Jochen Proehl.[33]

Im Jahr 1958 in Lübeck geboren, lebt Proehl von seinem achten bis zum sechzehnten Lebensjahr in Istanbul, wo sein Vater als Lehrer an der deutschen Schule unterrichtet. Die Rückkehr nach Deutschland sei für ihn wie eine »Entwurzelung« gewesen. »Istanbul ist eine wunderschöne Stadt, eine Stadt, in der ich eine glückliche Jugend hatte. Ich war aus Istanbul herausgerissen worden«, erzählt er im Café des Marinemuseums im Istanbuler Stadtteil Beşiktaş. Immer wieder kommt er in die Metropole, für Ausstellungen und Lehraufträge. Das Land und die Menschen lassen ihn nicht los. Heute ist er künstlerischer Direktor der Istanbuler Bahçesehir-Universität. Die Eröffnung des Museums Istanbul Modern im Jahr 2004 sei für die Kulturszene wichtig gewesen, »weil Istanbul nun auch als Stadt der modernen Kunst wahrgenommen wurde. Es änderte sich etwas in der Eigen- und Außenwahrnehmung Istanbuls.« Das Museum für moderne türkische Kunst wurde von Erdoğan eröffnet, Bundeskanzler Gerhard Schröder sprach ein Grußwort. »Viele Institutionen haben damals Künstlerstipendien für Istanbul eingerichtet. Man hatte das Gefühl, dass Istanbul wie die Kunstszene in London in den 1960er Jahren wahrgenommen wurde«, sagt Proehl. Vom »kranken Mann am Bosporus« spricht niemand mehr. Das einstige Sorgenkind tritt nun auf Augenhöhe mit Berlin, Peking, Washington oder Riad auf.

Wenn die Türkei in den Schlagzeilen ist, dann wegen Erdoğan. Vor allem die Auslandstürken lieben ihn für seinen autoritären Kurs. Wenn die internationale Gemeinschaft über ihn spottet, wenn ausländische Medien ihn kritisieren, dann reagieren die Anhänger mit einem »Jetzt erst recht!«. Dass dieser Politiker, der selten lächelt, immer gnadenloser wird, stört sie nicht. Im Gegenteil: Sie verehren ihren »Lider« (Führer) umso mehr. Er ist ihr Held, der ihnen mit ernster Miene zuhört und mit starker Stimme ihre Interessen vertritt. Wer ihn angreift, greift sie alle an. Um Erdoğan entsteht ein Personenkult.

Entsprechend selbstbewusst präsentiert sich die AKP vor den Parlamentswahlen im Jahr 2011. »Die Türkei ist bereit, das Ziel ist 2023«, steht auf Plakaten der Partei, die sich auf das hundertjährige Bestehen der Türkischen Republik beziehen. Es stellt sich gar nicht die Frage, ob die AKP gewinnt. Offen ist nur, wie hoch der Sieg sein wird. Die AKP gilt als haushohe Favoritin. Unter Erdoğan hat sich das Pro-Kopf-Einkommen verdreifacht, 2010 beträgt das Wirtschaftswachstum 9 Prozent.[34] Wie Israel ist die Türkei in der Region nun ein Staat, der mit einer wachen Zivilgesellschaft, freien Wahlen und wirtschaftlichem Erfolg glänzt. Erdoğan verspricht weitere Reformen, neue Flughäfen, Staudämme und einen neuen Bosporus-Kanal. Alles scheint möglich.

Die AKP erringt denn auch einen historischen Sieg. Zuvor ist es nur der DP unter Adnan Menderes gelungen, drei Wahlen hintereinander zu gewinnen (1950, 1954 und 1957). Hatte die AKP im Jahr 2002 noch 34,3 Prozent und 2007 schon 46,6 Prozent der Stimmen erhalten, erreicht sie 2011 gar 49,9 Prozent. Die AKP-Führung bezeichnet sich entsprechend als Vorbild für andere muslimische Länder. Am 12. Juni 2011 sagt Erdoğan den Tausenden, die sich versammelt haben, um den großen Sieg der AKP zu feiern: »Sarajevo hat heute so viel gewonnen wie Istanbul. Beirut hat genauso viel gewonnen wie Izmir. Damaskus hat genauso viel gewonnen wie Ankara. Ramallah, Nablus, Jenin, das Westjordanland und Jerusalem haben genauso viel gewonnen wie Diyarbakır.«[35]

Mit der Annäherung an die EU geht es allerdings nicht vorwärts. Die Tatsache, dass Länder wie Rumänien und Bulgarien den EU-Beitritt bereits geschafft haben, sorgt für Verstimmung. Angesichts der Hinhaltung durch Brüssel wendet sich Ankara vermehrt dem Nahen Osten, Russland und Zentralasien zu. Außenminister Ahmet Davutoğlu spricht dabei von »strategischer Tiefe«. Einen Bruch in der Beziehung zur EU bedeutete bereits das Scheitern des Friedensplans für Zypern im Jahr 2004. Das sei einschneidend gewesen, sagt der frühere Außenminister Yaşar Yakış. »Damals mahnte die Opposition in der Türkei, dass dieser Plan der griechischen Seite zu viele Zugeständnisse mache, weshalb die Türkei ihn nicht akzeptieren solle. Doch Erdoğan entschied sich, für den Annan-Plan zu werben, obwohl der Führer der griechischen Zyprioten, Tassos Papadopulos, sich weigerte, das Papier mit den Vorschlägen des UN-Generalsekretärs Kofi Annan zur Wiedervereinigung Zyperns zu unterzeichnen. Erdoğan tat dies auch auf Druck aus Brüssel. Das Ergebnis des Referendums war eine Katastrophe.

Während die Türken dafür stimmten, sprachen sich die Griechen dagegen aus. Die Griechen nahmen Zypern in die Europäische Union auf, die Türken hingegen, die für den Annan-Plan stimmten, blieben außen vor. Das war für Erdoğan der Wendepunkt«, so Yakış. »Er ist zum Schluss gekommen, dass die Europäer unzuverlässig sind. Er fühlte sich verraten und erwartete, von ihnen erneut verraten zu werden. Also musste er neue Partner finden. Er setzte dabei auf die islamische Idee.« Der Wissenschaftler Paul Levin teilt diese Ansicht: »Die türkische Seite stimmte dem Plan zu, und bis heute ist die Türkei in der EU-Warteschleife. Obwohl Zypern versprochen hatte, dies nicht zu tun, blockierte es weitere EU-Beitrittsgespräche, nachdem die Türkei sich geweigert hatte, das Zusatzprotokoll zum Abkommen von Ankara in Bezug auf Zypern umzusetzen«, ergänzt er.

Unter den muslimischen Staaten pflegt die Türkei jahrzehntelang die engsten Beziehungen zu Israel. 2007 und 2008 vermittelt die Regierung sogar kurzzeitig zwischen Israel und Syrien. Doch es kommt zu einem Bruch, als die AKP die Beziehungen zum Iran und zur Hamas-Regierung in Gaza vertieft und sich darum bemüht, die humanitäre Hilfe für Gaza zu erleichtern. Auf dem Weltwirtschaftsforum in Davos im Januar 2009 greift Erdoğan den israelischen Präsidenten Schimon Peres scharf an und verlässt wutentbrannt das Podium, weil der Moderator ihn unterbricht. Erdoğan demonstriert auf theatralische Weise, dass Israel die Freundschaft mit der Türkei nicht länger als selbstverständlich betrachten kann. Er hat scheinbar vor niemandem Angst, und dafür wird er zu Hause frenetisch bejubelt.

Es kommt sogar zu einer Annäherung mit dem verfeindeten Nachbarstaat Armenien. Beide Länder haben 1993 ihre Beziehungen wegen des Konflikts zwischen Aserbaidschan und Armenien um die Kaukasus-Enklave Berg-Karabach abgebrochen. Ankara hat sich auf die Seite Aserbaidschans gestellt, zu dem Berg-Karabach völkerrechtlich gehört. Ein weiterer Konfliktherd ist die Anerkennung des Massakers an Armeniern im Jahr 1915 im Osmanischen Reich. Jerewan fordert von Ankara, die Gewalttaten als Völkermord anzuerkennen, was die Türkei zurückweist.

Nach der Ermordung des armenischen Journalisten Hrant Dink in Istanbul reist Präsident Gül 2008 als erster türkischer Staatschef in die frühere Sowjetrepublik. Nach einem hoffnungsvollen Auftakt und den gegenseitigen Besuchen der Präsidenten bei Fußballspielen ihrer Nationalmannschaften unterzeichnen die Außenminister beider Staaten zwei Protokolle zur Annäherung ihrer Länder. Geplant sind die Aufnahme diplomatischer Beziehungen und die Entwicklung bilateraler Beziehungen. Doch der Prozess scheitert 2010, Armenien erklärt den historischen Versöhnungsprozess für beendet. Zuvor hat Erdoğan gedroht, 100 000 illegal in der Türkei lebende Armenier auszuweisen. Dies ist seine Reaktion darauf, dass der Stockholmer Reichstag und der Auswärtige Ausschuss im US-Repräsentantenhaus die Verfolgung der Armenier im Osmanischen Reich als Völkermord bezeichneten.

Nach dem Wahlsieg von 2011 wächst auch die außenpolitische Wirkung des Landes. Ankara sieht sich als dynamische Regional- und Ordnungsmacht. »Neo-Osmanismus« bürgert sich als Begriff für diese neue Außenpolitik ein. Während Aufstände den Nahen Osten erschüttern, nennen Reformer in Ägypten, Jordanien, Libyen, Marokko, Syrien und Tunesien oft die Türkei und die AKP als Vorbilder. In der islamischen Welt wird Erdoğan immer mehr gefeiert – noch mehr nach Davos. 2010 erhält er in Saudi-Arabien den König-Faisal-Preis. Er habe sich besondere Verdienste bei der Suche nach einer Lösung für den Israelisch-Palästinensischen Konflikt erworben.

Der Erfolg fördert die Überheblichkeit. Nachdem das Militär als politische Kraft geschwächt wurde, hört die AKP auf, eine Anti-Establishment-Partei zu sein. Vielmehr setzt Erdoğan seine Macht immer willkürlicher für seine eigenen politischen Interessen ein. Die ersehnten EU-Beitrittsverhandlungen haben zwar begonnen, doch die Türkei ist nicht bereit. Zwischen der Hoffnung auf Öffnung und der Realität klafft eine Lücke. Noch immer hat sich die Republik nicht zu einem demokratischen Staat gewandelt. Die Gläubigen in der Regierung sind nun genauso versessen darauf, ihre Lebensweise durchzusetzen, wie es einst die Säkularen waren.

»Erdoğan hat eine Wandlung durchlaufen. Am Anfang war er von starken islamischen Ideen getrieben. Als er Vorsitzender der Refah in Istanbul war, sagte er, dass ein Mensch nicht gleichzeitig Muslim und Säkularist sein könne. Es ist tief in ihm verwurzelt, dass der Säkularismus nicht mit dem Islam vereinbar ist, aber um des politischen Friedens willen hat er diesen Gedanken zurückgestellt, und es ist ihm gelungen, beides zu tun: Säkularismus und Islam miteinander zu versöhnen«, sagt Yaşar Yakış. »Am Anfang zeigte er diese Flexibilität, indem er die säkularen Menschen nicht unter Druck setzte. Er machte auch Zugeständnisse und distanzierte sich etwas von seiner islamistischen Ideologie, um einen Mittelweg zwischen seinem Denken und jenem der Wähler zu finden. Er vermied eine harte Konfrontation mit dem Establishment, dem Militär, der Staatsverwaltung und den Intellektuellen. Erdoğan hat das Establishment nicht frontal angegriffen, sondern versucht, es Schritt für Schritt zu überzeugen. Doch nach 2011 ist Erdoğan ein anderer Politiker geworden, mit großem Misstrauen gegenüber der Europäischen Union. Er schränkte die Grundrechte in der Türkei ein. Die Rechtsstaatlichkeit ist jetzt völlig beseitigt. Es ist eine ganz andere Türkei geworden. Je stärker die Partei wurde, desto mehr ist sie vom Weg abgekommen. Aber er ist fest in ihrer Vorstellung verwurzelt, dass die Demokratie ein Zug ist, aus dem man aussteigen kann, wann immer man will. Das entspricht nicht meiner Vorstellung von Demokratie«, kritisiert der frühere Diplomat.

Ist Erdoğan also gescheitert im Versuch, ein Demokrat sein? Nein, findet der Autor Hugh Pope. »Erdoğan hat nie einen Hehl daraus gemacht, dass er ein Autokrat ist, und hat seinen Glauben stark betont. Er ist kein Schauspieler, wie immer wieder spekuliert wird. Vielmehr ist er sehr ehrlich, denn er hat immer gesagt, was er will, und er hat sich immer daran gehalten«, sagt er. »Es geht ihm nicht in erster Linie darum, jeden Tag in die Moschee zu gehen – auch wenn er das gerne möchte –, sondern sein öffentliches Auftreten dient in erster Linie der Festigung seiner Macht, um sicherzustellen, dass die Menschen sich ihm unterordnen. Letztlich möchte er vielleicht eine Gesellschaft, die den Regeln des Korans folgt. Aber in der Türkei gibt es große Hindernisse, um dieses Ziel zu erreichen, und das weiß er auch. Es gab eine eher liberale Gruppe um Erdoğan herum, Leute wie Abdullah Gül, Ali Babacan und Yasar Yakış. Diese Liberalen drängten auf den EU-Beitritt. Erdoğan war nur deshalb dafür, damit er gegen die von ihm gefürchteten innenpolitischen Kräfte, nämlich das Militär, vorgehen konnte. Die EU in diesem Prozess an seiner Seite zu haben, war für ihn enorm wichtig und hilfreich.«

Während das Land modernisiert wird, wird es gleichzeitig bigotter. Dass 2006 eine Kinderserie mit einem Ferkel aus dem TRT-Fernsehprogramm gestrichen wird, weil es nicht zur heimischen Kultur passe, lässt sich noch belächeln. Doch Erdoğan mischt sich in das Privatleben der Menschen ein: Angesichts der sinkenden Geburtenrate denkt er laut über eine Geburtsprämie nach. Trotz aller Zugeständnisse an Minderheiten lässt er sich immer wieder von seinen populistischen Instinkten leiten. So bezeichnet er das »Denkmal der Menschlichkeit« in Kars im Grenzgebiet zu Armenien als monströs. Es überschatte eine Moschee, schimpft er. Nachdem auch türkische Nationalisten gegen das Versöhnungsdenkmal protestiert haben, wird es abgerissen.

Auch die mentalen Gegensätze im Land bleiben bestehen. Die liberalen Intellektuellen führen weiterhin ein anderes Leben als die Mehrheit der Türken. In Metropolen wie Istanbul, Ankara und Izmir sind Frauen mit knapper Kleidung, die zusammen feiern und Alkohol konsumieren, eine Selbstverständlichkeit. In Städten wie Konya oder Urfa hingegen sind die Frauen verhüllt. Die dortige Gesellschaft ist weiterhin patriarchalisch. Bars, Nachtclubs und glitzernde Konzerntürme, über die Touristen in den Metropolen staunen, sind dort unvorstellbar.

Unter Erdoğan werden die Imam-Hatip-Schulen ausgebaut. Er selbst ist Absolvent eines solchen Gymnasiums, wo Vorbeter und Prediger für Moscheen ausgebildet werden, also die Imame und Hatips. Die bereits 1924 errichteten Schulen wurden zeitweise wegen mangelnden Interesses geschlossen. Nach der Ablösung der CHP durch die DP in den fünfziger Jahren schossen diese Ausbildungsstätten wie Pilze aus dem Boden. Weil sie wegen ihrer religiösen Ausrichtung umstritten waren, konnten die Absolventen lange Zeit nur weiterführende theologische Hochschulen, aber keine anderen Universitäten besuchen. Deswegen versprach Erdoğan schon früh, diese Benachteiligung zu beseitigen.[36]

Die politische Perspektive verengt sich. Hunderte Medienschaffende müssen sich vor Gericht erklären – als angebliche Anhänger der Untergrundorganisation Ergenekon oder der terroristischen PKK, oder weil sie Karikaturen veröffentlicht haben, die Erdoğan etwa als Pinocchio oder Katze darstellen. Das freie Wort ist zunehmend gefährdet. So wird die türkische Mediengruppe Doğan Yayın, welche die Hälfte des privaten türkischen Medienmarktes beherrscht, unter anderem das Massenblatt *Hürriyet* herausgibt und den türkischen Ableger des US-Nachrichtensenders CNN kontrolliert, 2009 zu einer Steuerstrafe mit der Rekordhöhe von umgerechnet 2,2 Milliarden Euro verurteilt. Der Konzern wirft der Regierung vor, wegen seiner regierungskritischen Berichterstattung mit der ungewöhnlich hohen Strafe belegt worden zu sein. Doğan-Medien haben nämlich über einen deutsch-türkischen Spendenskandal im AKP-Umfeld berichtet. Erdoğan ruft deswegen seine Anhänger zum Boykott der Blätter auf. »Ihr werdet dafür bezahlen!«, sagt er an die Adresse von Doğans Journalisten.[37] Der Ministerpräsident, der einen historischen Wandel eingeleitet hat, droht zu einer Belastung zu werden. Von seinen drei Versprechen aus dem Jahre 2001 »Gerechtigkeit, Freiheit und Brot«, so zeichnet sich ab, will er zwei nicht länger einhalten.

Die Gezi-Proteste: Überall ist Widerstand

Güven Sag[38] kann sich noch sehr gut daran erinnern, wie er 2013 zum ersten Mal gegen die Regierung auf die Straße gegangen ist. Fast zehn Jahre sind vergangen, er war zweiundzwanzig Jahre jung, als die Gezi-Proteste das Land erfassten – und gemeinsam mit seiner jüngeren Schwester ist er in Istanbul auf den Straßen mit dabei, um sich zu Wehr zu setzen: »Wir wurden von den Polizisten behandelt, als seien wir Ungeziefer: Es wurde so viel Tränengas gegen uns eingesetzt, dass ich am Abend meist keine Stimme mehr hatte, weil ich so viel husten musste«, erinnert er sich. Damals habe er gar überlegt, sich zu bewaffnen, um sich gegen die Staatsgewalt zu wehren – doch dazu kam es nicht mehr. Der Staat beendete die Revolte gewaltsam, und irgendwann konnten die Menschen einfach nicht mehr. Weil jedes kritische Wort das Leben zerstören kann, wird Güven Sag hier nicht bei seinem richtigen Namen genannt.

Für Teile der Regierung ist er ein Terrorunterstützer. Auf meine Frage, ob ich seinen Namen nennen dürfe, überlegt er kurz, entschließt sich dann aber lieber für die Anonymität, um seine Familie und sich selbst zu schützen – vielleicht spricht er auch deshalb in unserem Gespräch den Namen Erdoğan nicht ein einziges Mal aus.

Als die ersten Meldungen über Streitigkeiten zwischen Umweltschützern und Polizisten im Gezi-Park kommen, ist Güven Sag noch verhalten. Noch ahnt niemand, dass die guten Jahre bald vorbei sind. Der junge Mann arbeitet in einem Staatsbetrieb nicht weit weg vom Taksim-Platz, aufgewachsen ist er in der Istanbuler Mittelschicht. Er gehört jener Generation an, die erstmals über längere Zeit eine stabile türkische Politik und eine florierende Wirtschaft erlebt. Es entsteht eine urbane Mittelschicht, deren Kinder Twitter und Facebook nutzen, bei H & M und Mango einkaufen, studieren und mit Freunden übers Wochenende ins Ausland fliegen.[39] Die Furcht vor einem Militärputsch kennen sie nur aus Erzählungen, und Freiheit ist eine Selbstverständlichkeit für sie.

Doch während diese Mittelschicht heranwächst, dringt immer mehr der autoritäre Führungsstil der Regierung in ihren Alltag ein. Auch Güven Sag erlebt zunehmend, wie die Politik versucht, sein Leben zu bestimmen. Er hat genug vom islamischen Spießertum, von den Kollegen im Büro, die genau zur Kenntnis nehmen, dass er nicht zum Freitagsgebet geht, und davon, dass AKP-Sympathisanten befördert werden. Während er seinen Glauben nicht definieren möchte, ist seine Mutter klar gläubig, doch innerhalb der Familie sei dies kein Problem, sagt er – und so wie in seiner Familie will er auch in seinem Alltag draußen selbst bestimmen, wie er leben möchte.

Noch wenige Monate vor den Gezi-Protesten im Jahr 2013 ist die politische Stimmung in der Türkei weitgehend entspannt. Die Regierung beteiligt sich erstmals an der Einladung zum Newroz-Fest, der Neujahrs- und Frühlingsfeier der Kurden. Der inhaftierte PKK-Führer Abdullah Öcalan ruft seine Organisation gar zur Waffenruhe auf. Vor Gericht darf nun kurdisch gesprochen werden. Der Duft eines »kurdischen Frühlings« liegt in der Luft. Die Regierung bemüht sich, den Konflikt mit der PKK zu beenden. In den Augen westlicher Staats- und Regierungschefs hat Erdoğan die Türkei zu einer unverzichtbaren islamischen Demokratie geformt, die ein Vorbild für andere islamische Länder darstellt.

In Deutschland wiederum wirbt der ehemalige Bundeskanzler Gerhard Schröder weiterhin für eine EU-Vollmitgliedschaft der Türkei. Im April verabschiedet Ankara eine Reform der Anti-Terror-Gesetze, um Brüssels Forderungen nach Meinungsfreiheit nachzukommen. Die türkische Wirtschaft wächst, Erdoğan kann das als seinen Erfolg verbuchen. Seine Regierung kündigt im Mai an, die letzte Tranche seines IWF-Kredits zu begleichen – das Land wird damit erstmals seit 1952 beim IWF keine Schulden mehr haben. Als die AKP 2002 die Macht übernahm, hatte Ankara beim Internationalen Währungsfonds noch mehr als 16 Milliarden US-Dollar Schulden.[40] Erdoğan verkörpert eine liberale, europafreundliche Regierung, und er hat die Rückendeckung von IWF und Weltbank. Das Ansehen der Türkei im Ausland ist gestiegen. Zwischen 2003 und 2012 haben ausländische Anleger rund 400 Milliarden US-Dollar in die türkische Wirtschaft investiert; in den zwanzig Jahren zuvor waren es magere 35 Milliarden gewesen.[41] Die Türkei wird zu einem Global Player.

Zugleich treibt der Ministerpräsident in neoliberaler Manier gigantische Bauvorhaben voran, die bei Wissenschaftlern, Oppositionellen und Umweltschützern Kritik hervorrufen. So soll eine dritte Brücke über den Bosporus den Namen des osmanischen Herrschers Yavuz Sultan Selim (1470–1520) tragen, der die Aleviten und Schiiten gnadenlos verfolgt hat. Und mitten in einem Naturschutzgebiet entsteht ein gigantischer Flughafen für Istanbul.

Ferner gibt es Pläne für einen zusätzlichen, künstlichen Bosporus-Kanal. Erdoğan selbst bezeichnet das Vorhaben als »verrückt«, für die Gegner ist es ein »Alptraum«. Der Bosporus ist die Lebensader der Millionenstadt, die sich mitten durch die Metropole schlängelt. »Königin aller Meeresengen« nannte der französische Forschungsreisende Petrus Gyllius vor rund fünfhundert Jahren die Verbindung zwischen Schwarzem Meer und Marmarameer.[42] Die Presslufthammer der Baustellen sind der Sound, der die Stadt prägt. Während für den Ministerpräsidenten seine Bauvorhaben ein Symbol der Stärke sind, sehen seine Kritiker darin ein Zeichen von Größenwahn. Am 29. Oktober 2013, anlässlich des 90. Jahrestages der Gründung der Republik, wird unter dem Bosporus nach gut neunjähriger Bauzeit der Marmaray-Bahntunnel eröffnet. Es ist der weltweit erste Tunnel, der zwei Kontinente – Europa und Asien – verbindet. Schon Abdülmecid I., der 31. Sultan der Osmanen, der von 1839 bis 1861 regierte, plante den Bau eines Tunnels unter der Meerenge. Ein französischer Architekt lieferte einen Entwurf. Aber es mangelte damals an Geld und Technologie.[43]

Auch den Islam hat Erdoğan im Blick. Für die Errichtung der größten Moschee des Landes bestimmt er persönlich den Ort. Er will, dass das Gebäude von möglichst jedem Standpunkt der Megacity aus sichtbar ist. Seine Wahl fällt auf den *Çamlıca*-Hügel auf der asiatischen Seite Istanbuls, wo 2013 der Grundstein gelegt wird. Das Gotteshaus wird im Jahre 2019 eröffnet und bietet Platz für 63 000 Gläubige. Vier der sechs Minarette sind 107,1 Meter hoch, sie sollen an die Schlacht von Manzikert im Jahr 1071 erinnern. Zum Vergleich: Die Minarette der 1616 eröffneten Sultan-Ahmed-Moschee, die zum Unesco-Weltkulturerbe gehört, sind »nur« 64 Meter hoch.

Erdoğan beruft sich zunehmend auf das Osmanische Reich

und die islamische Tradition. Gleichzeitig versucht er, den westlichen Lebensstil zurückzudrängen. Kurz vor den Gezi-Protesten werden die Regelungen zum Verkauf von Alkohol verschärft. Allein die Biersteuer steigt seit Erdoğans Amtsantritt um 700 Prozent, unterdessen entstehen immer mehr Moscheen und Imam-Hatip-Schulen.[44] Der Ministerpräsident kritisiert den Republikgründer wegen seines Alkoholkonsums. Überhaupt nennt er jeden, der trinkt, einen Trunkenbold. Er befindet gar, wer ein Glas Wein in der Woche trinke, sei ein Alkoholiker.

Abtreibungen bezeichnet Erdoğan als Mord. Die Frauen fordert er auf, mindestens drei Kinder zu gebären und möglichst keinen Kaiserschnitt durchführen zu lassen. Der sinkenden Geburtenrate will er mit einer Prämie entgegenwirken. Frauen, die keinen Kinderwunsch haben, nennt er »unvollkommen«. Erdoğan benimmt sich wie ein strenger Übervater, der über alle wacht und zu allem eine Meinung hat. Er sieht sich als »Lider«, als Führer, der die Menschen mit harter Hand lenkt und alles bestimmen will. Seine Anhänger nennen ihn »Reis« – »Oberhaupt«. Die Politik richtet er zusehends auf seine Person aus. Kritiker macht er mundtot oder lässt sie einsperren – Güte kennt er nicht. Das zunehmend repressive Klima weckt den Widerstand in der Stadtbevölkerung. 2013, bei den Gezi-Protesten, entlädt sich schließlich eine über Jahre angestaute Wut. Dabei wird manifest, dass die Regierung Angst hat. Sie schickt Polizisten los, die gegen die Demonstranten vorgehen. Man droht sogar mit dem Militär. Doch die Aufständischen lassen sich monatelang nicht vertreiben – bis die Staatsmacht so hart durchgreift, dass sich die Demonstranten zurückziehen müssen.

Wer die Gezi-Proteste verstehen will, muss sich heute auf dem Taksim-Platz umschauen, der sowohl für das kemalistische Establishment als auch für die Linke und die Religiös-

Konservativen einen hohen Symbolwert hat. Eigentlich ist es ein langweiliger Platz, geprägt von Beton, Konsum und Fast Food. Doch wohl nirgends zeigt sich die Zerrissenheit der Türkei eindrücklicher als hier. Im Zentrum des Platzes steht das legendäre Denkmal der Republik. Auf dessen Vorderseite ist Atatürk in Militäruniform zu sehen, die er während des Unabhängigkeitskrieges trug. Auf der Rückseite sieht man ihn, umgeben von Regierungsvertretern, in ziviler Kleidung, hinter ihm Angehörige der »einfachen Bevölkerung« wie Arbeiter und Lehrer, auch eine Frau ist zu sehen. Das elf Meter hohe Denkmal, das 1928 enthüllt wurde, wirkt mittlerweile fast schon klein, denn nebenan ist eine große Moschee gebaut worden. »Habt keinen Zweifel daran, dass die Stimme, die gerade hier vor der Taksim-Moschee widerhallt, alle Imperialisten, Terrorunterstützer und Feinde der Menschheit, die es auf unser Land abgesehen haben, stört«, sagt Erdoğan bei der Eröffnung des Gotteshauses im Mai 2021. Die Gezi-Demonstranten bezeichnet er als »Terroristen«.[45] Das einstige Atatürk-Kulturzentrum am Platz (Atatürk-Kültür-Merkezi) ist abgerissen worden. An seiner Stelle steht nun ein neues Kulturzentrum.

Am Taksim-Platz beginnt die İstiklal Caddesi, die Straße der Unabhängigkeit. Es ist die bekannteste Shoppingmeile der Stadt. Die Gegend spiegelt die Vielfalt der Türkei wider, den Laizismus und den Islam, Konsum und Glauben.[46] »Alle Regierungen, vor allem die autoritären, versuchen, ihre Spuren in Architektur und Kultur zu hinterlassen. Und sie versuchen, dafür die symbolischen Bauwerke ihrer Vorgängerregierungen zu zerstören. Nach dem Motto: Jetzt bin ich hier, alles, was nicht passt, muss weg und durch meinen Stil ersetzt werden«, sagte die landesweit bekannte Architektin Mücella Yapıcı einmal in einem Gespräch mit dem Deutschlandfunk über die Politik mit der Architektur.[47]

Die Bäume aber, die stehen noch: In Sichtweite des Taksim-

Platzes liegt der Gezi-Park, wo 2013 die landesweiten Proteste ihren Ursprung hatten. Seither stehen hier meist Wasserwerfer, damit sich unerwünschte Demonstrationen schnell auflösen lassen. Die Proteste beginnen Ende Mai 2013 mit einer friedlichen Aktion gegen die geplante Beseitigung des Gezi-Parks, einer etwa drei Hektar großen Grünzone, der einzigen in dieser vom lärmenden Verkehr geprägten Umgebung.[48] Auf dem Gelände will man ein historisches Kasernengebäude neu errichten, das unter anderem als Einkaufszentrum dienen soll. Damit verliere das Istanbuler Zentrum eine weitere Grünfläche, kritisieren Demonstranten. Um die Abholzung zu stoppen, schlagen sie im Park ihre Zelte auf. Bis dahin war es eine kleine Anlage, in der die Menschen an Ständen Tee trinken, spazieren gehen und sich auf den Bänken und Wiesen ausruhen konnten.

Sie sind keine Revolutionäre, sondern Umweltschützer. Ihr Widerstand entfacht im ganzen Land eine Welle des Aufbegehrens. Die Polizei geht brutal gegen die Umweltschützer vor. Mit Folgen. Nach offiziellen Angaben nehmen etwa 3,5 Millionen Menschen landesweit an den Kundgebungen teil. Selbst bis dahin unpolitische Leute gehen auf die Straße. Seither gibt es in der türkischen Gegenwartsgeschichte eine Zeit vor und eine Zeit nach Gezi. Hätten die Polizisten damals die friedlichen Demonstranten nur abgeführt, wäre es wohl nie so weit gekommen. Erdoğan hat nicht gemerkt, dass eine neue Generation herangewachsen ist, die genug hat von den moralischen Einmischungen des Regierungschefs. Sie will keine Vorschriften, weder von Laizisten noch von Traditionalisten.

Gezi wird zu einem Politikum. Weltweit sieht man, zu welcher Brutalität die türkische Regierung in der Lage ist, aber auch, wie unzufrieden viele Menschen inzwischen mit Erdoğan sind. Denn es ist nicht nur die Anzahl der Teilnehmer, sondern auch der Charakter der Proteste, der diese so bemerkenswert macht: Politisch völlig gegensätzliche Gruppen stellen sich gegen den Ministerpräsidenten, minderjährige Schüler, LGBTQ-Vereinigungen, Fans der Fußballklubs Beşiktaş und Fenerbahçe Istanbul, Umweltaktivisten, Oppositionspolitiker, Feministinnen, Frauen mit Kopftuch, Konservative, Liberale und Kemalisten, Kurden, Sunniten und Aleviten. Sogar AKP-Wähler sind dabei. Auch eine Gruppe mit dem Namen »Antikapitalistische Muslime« formiert sich gegen Erdoğan.[49] Es ist eine bunte Versammlung, welche die Grünfläche und die eigene Freiheit bewahren will. Man tanzt und macht Musik. Die Stimmung gleicht einem Festival oder einem Protestcamp. Doch je heftiger der Staat reagiert, desto größer wird die Wut.

Das Reizgas der Wasserwerfer wabert durch die Straßen in die angrenzenden Häuser. Für Güven Sag, der inmitten der Reizgasschwaden steht, ist das ein Erweckungserlebnis. Mit Helm, Schwimmbrille und Gasmaske ausgerüstet, erlebt er, dass der Staat nicht davor zurückschreckt, das Leben von Menschen, die ihn kritisieren, zu gefährden. Der junge Mann sieht aber auch, dass er nicht alleine ist mit seiner Wut – und erfährt die breite Solidarität untereinander. Er schildert mir ein Beispiel: Ein junger Demonstrant versucht, einen Pflasterstein in zwei Teile zu zerschlagen. Als ihm das nicht gelingt, zeigt ihm ein älterer Herr, wie es funktioniert. Noch immer höre ich in Sags Stimme eine gewisse Bewunderung, wenn er berichtet, wie sich während der Gezi-Proteste Menschen aus unterschiedlichsten Milieus gemeinsam für ihre Freiheit einsetzten. »Das werde ich nie vergessen«, sagt er. Zum ersten Mal im Leben habe er solch eine geschlossene Solidarität unter fremden Menschen erlebt, »eine verrückte Zeit«.

Die Protestierenden lassen sich nicht aufhalten. Wer sich nicht nach draußen wagt, stellt sich auf einen Balkon oder an ein Fenster und trommelt auf Kochtöpfen – es ist der Sound des Widerstands. »Überall ist Taksim, überall ist Widerstand«, ist zu hören. »Nieder mit Erdoğan«, rufen einige. Die Demonstrationen weiten sich auf 79 der insgesamt 81 Provinzen aus. Staatspräsident Gül zeigt Verständnis. »Demokratie bedeutet nicht allein, Wahlen durchzuführen«, sagt Gül. Unterschiedliche Meinungen müsse man äußern können. Die Botschaft der Demonstranten sei gehört worden. Erdoğan wiederum schwankt zu Beginn. Erst zeigt er unnachgiebige Härte, zwischenzeitlich ein wenig Rücksicht, dann wieder maßlose Aggressivität. »Wir werden keine Toleranz mehr zeigen«, sagt er. Und: »Was hat man denn erwartet? Etwa, dass ich in die Knie gehe und die Demonstranten bitte, ihre Stofffetzen vom Atatürk-Kulturzentrum zu nehmen? Wenn man das Härte nennt, ja, dann ist das so. Entschuldigung, aber Tayyip Erdoğan wird sich nicht ändern.«[50] Ein AKP-Politiker behauptet gar, die Demonstranten würden an einem Plan für eine Atombombe basteln.[51]

Die Aufstände werden mit jenen auf dem Kairoer Tahir-Platz verglichen. Wochenlang ziehen sie sich dahin. Zu sehen sind knüppelnde Polizisten, die Menschen vor sich hertreiben, brennende Autos, niedergetrampelte Grünflächen, zerstörte Scheiben, Barrikaden, blutende Menschen, Tote – unter ihnen auch Kinder. Doch die Fernsehsender zeigen diese Bilder meistens nicht. Die regulären Nachrichtensendungen erwähnen die Ausschreitungen nur kurz, um dann über andere Themen zu berichten. Man zeigt Kochshows oder Dokumentationen über Pinguine und Adolf Hitler. Soziale Netzwerke wie Twitter (#occupygezi, #DirenGeziParki) und Facebook ermöglichen es, sich über die Vorgänge zu informieren. Die Selbstzensur und die Regierungsnähe der meisten Medien sind offensichtlich. »Es gibt jetzt eine Bedrohung, und die heißt Twitter«, zürnt Erdoğan. »Das beste Beispiel für Lügen kann man da finden. Für mich ist Social Media die schlimmste Bedrohung unserer Gesellschaft.«[52] Auch deswegen ist Gezi der erste Social-Media-

Aufstand der Türkei. Über ihre Smartphones organisieren die Menschen die Demonstrationen.

Solidaritätsbekundungen aus der ganzen Welt fruchten nichts. Die Protestbewegung schaltet in der *New York Times* eine ganzseitige Anzeige. »Die Bevölkerung der Türkei hat gesprochen, wir werden uns nicht unterdrücken lassen«, heißt es darin. Während der zehnjährigen Regierungszeit von Erdoğan seien die bürgerlichen Rechte und Freiheiten der Türken kontinuierlich beschnitten worden. Zahlreiche Journalisten, Künstler und Beamte seien festgenommen worden, schreiben die Inserenten.[53] Erdoğan ist nicht an einer Entschärfung der Lage interessiert. Mit Vehemenz schimpft er auf die Demonstranten und steigert sich in eine Wut, die keinerlei Dialog zulässt. Als Vize-Premierminister Bülent Arınç sich für die »übermäßige Gewalt« der Polizisten entschuldigt, lobt Erdoğan diese und nennt das Durchgreifen der Polizei »heroisch«. Sie habe in einem langen Kampf standgehalten und einen »sehr herausfordernden Demokratietest erfolgreich bestanden« und damit eine »Heldengeschichte« geschrieben.[54]

Erdoğan trifft sich zwar mit einer kleinen Gezi-Delegation, doch er entschuldigt sich niemals für die Polizeibrutalität oder die Todesfälle. Stattdessen droht er, der Geheimdienst werde mit den Demonstranten »abrechnen«. Erdoğan zeigt sich arrogant und spöttisch. Er nennt die Demonstranten çapulcu (sprich: Tschapuldschu), zu deutsch: Plünderer und Gesindel. Er vermutet ausländische Kräfte hinter dem zivilen Ungehorsam. Eltern fordert er auf, ihre Kinder nach Hause zu holen. »Ich warne zum letzten Mal: Mütter, Väter, bitte holt eure Jugendlichen ab.« Die Proteste seien von Kräften organisiert, die den Fortschritt des Landes aufhalten wollten. »Es gibt jene, die es nicht vertragen, dass die Türkei großartiger und stärker wird.« Als die Polizeigewerkschaft im Juni kritisiert, dass die Beamten seit Wochen im Dauereinsatz stünden, werden Sicherheitskräfte aus dem Südosten herangezogen. Sie verfügen über jahrelange Erfahrungen im Kampf gegen den Terror.[55]

Bis zum Ende der Proteste im August 2013 werden rund 8000 Menschen verletzt, wobei die Zahlen hier variieren. Sieben Menschen sterben bei den Protesten – darunter der vierzehnjährige Berkin Elvan, der auf dem Weg zum Bäcker von einer Tränengasgranate am Kopf getroffen wird und nach einem monatelangen Koma seinen Verletzungen erliegt. Seine Mutter, Gülsüm Elvan, beschuldigte Erdoğan, für den Tod ihres Sohnes verantwortlich zu sein. Erdoğan befand, der Jugendliche sei ein »Terrorist«. Mehr als 5000 Personen werden inhaftiert, wobei auch hier keine genau Bestimmung möglich ist. Die meisten kommen nach kurzer Zeit wieder frei, aber bis heute sitzen Gezi-Demonstranten in Gefängnissen. Die Sehnsucht der »Generation Gezi« nach mehr Freiheit ist enttäuscht worden.

Noch Jahre später werden Demonstranten oder mutmaßliche Unterstützer vor Gericht gezerrt – etwa der bekannte Geschäftsmann Osman Kavala. Er wird im April 2022, nach vier Jahren Untersuchungshaft, wegen versuchten Umsturzes in Istanbul zu lebenslanger Haft verurteilt. Der Kulturförderer und Menschenrechtler wurde zuvor zwar vom Vorwurf, die Gezi-Proteste unterstützt zu haben, freigesprochen. Aber er landet gleich wieder im Gefängnis, weil er sich am Putschversuch von 2016 beteiligt haben soll. Der Richter, der die Inhaftierung Kavalas anordnete, wird 2022 befördert – obwohl ihm die entsprechende Qualifikation fehlt.[56] Doch weil für Erdoğan die Vergeltung einfacher ist, als den wütenden Menschen zuzuhören, zieht er die falschen Lehren aus den Protesten: Missstände, welche die Menschen auf die Straßen getrieben haben, werden nicht behoben, stattdessen wird weiter ausgegrenzt, und die Repressionen werden verschärft.

Auch neun Jahre später hört Erdoğan nicht auf, über die Gezi-Demonstranten zu schimpfen: »Die sind krank, das sind Flittchen«, sagt er im Parlament und bezieht sich auf Demonstranten, die angeblich mit Bierflaschen eine Moschee besucht haben.[57] Güven Sag war bei dem Vorfall dabei, er sagt, das sei gelogen. Niemand habe in der Moschee Alkohol getrunken. Stattdessen habe man Zuflucht vor der enthemmten Polizei gesucht und verletzte Personen hineingetragen. Auch ein Muezzin, der in der Moschee war, konnte sich später nicht an solch ein Szenario mit Bierflaschen erinnern. Für Güven Sag sind die Äußerungen des Präsidenten Anzeichen dafür, dass dieser Angst vor seinem eigenen Volk hat. Auch deswegen kann er der ernüchternden Bilanz der Gezi-Proteste etwas Positives abgewinnen: »Die Regierung weiß, dass sie viele Gegner hat«, sagt er. Er ist stolz darauf, zu den Gezi-Demonstranten zu gehören. Hätte es die Proteste nicht gegeben, dann hätte er vielleicht in seinem Alltagstrott weitergemacht – doch er hat vor kurzem gekündigt, es sei Zeit für einen Neuanfang, irgendwo. Die Türkei sei seine Heimat, sagt er, er werde immer wieder zurückkehren – aber momentan gebe es keine Hoffnung mehr für junge Menschen wie ihn.

Mit den Gezi-Protesten endet eine Phase beispielloser politischer und wirtschaftlicher Entspannung. Die Hoffnungen auf Reformen und auf Frieden mit den Kurden zerplatzen. Die AKP sitzt allerdings sicher im Sattel. Selbst ein Korruptionsskandal kann ihre Erfolgswelle nicht brechen. Im Dezember 2013 werden Dutzende Personen aus dem Umfeld der Partei festgenommen, wegen Verdachts auf Schmiergeldzahlungen und Bestechlichkeit. So soll die Halkbank für Schmiergeld Sanktionen gegen den Iran unterlaufen haben, und durch Bestechung sollen illegal Baugenehmigungen erteilt worden sein. In sozialen Medien kursiert ein angeblich abgehörtes Gespräch Erdoğans mit seinem Sohn, in dem er diesen vor der Justiz warnt. Der Ministerpräsident besteht darauf, dass das Band gefälscht sei. Doch anstatt die Angelegenheit aufzuklären, entlässt Erdoğan fast die halbe Regierung. Tausende von Polizisten, Staatsanwälten und Richtern werden versetzt. Er prangert die Ermittlungen als »Justizputsch« an. Alle Bestechungsvorwürfe werden fallengelassen.

Der Ministerpräsident wie auch regierungskritische türkische Medien vermuten die Bewegung des Predigers Fethullah Gülen hinter den Ermittlungen. Deren Ziel soll es laut Erdoğan sein, die Regierung vor den Kommunalwahlen am 30. März 2014, einem wichtigen Test für die AKP, zu schwächen. Die AKP war bei ihrer Gründung 2001 unter anderem als Bekämpferin von Korruption angetreten – die Vorwürfe treffen also ins Herz ihrer politischen Identität. Doch Erdoğans Anhänger rufen bei Demonstrationen: »Wir sind alle Tayyips Soldaten.« Sie bleiben ihm treu und bescheren der AKP bei den Kommunalwahlen einen weiteren Sieg. Die AKP erzielt 42,8 Prozent, die CHP dagegen nur 26,3 Prozent.

Die Repression geht danach weiter. Die Zensur und die Jagd auf Kritiker werden ausgeweitet, die außerparlamentarische Opposition wird niedergeknüppelt. Gleichzeitig wachsen die außenpolitischen Spannungen. Das Verhältnis zu den meisten Staaten in der Region verschlechtert sich. Doch schuld sind immer die anderen. Nach dem Sieg bei den Kommunalwahlen kündigt Erdoğan an, Gegner »bis in ihre Höhlen« zu verfolgen. Außenpolitisch schürt er Konflikte. Im darauffolgenden Präsidentschaftswahlkampf sagt er etwa: »Jetzt hat der Terrorstaat Israel mit seinen Grausamkeiten in Gaza Hitler übertroffen.« Erdoğans dröhnender, nationalistischer und populistischer Stil trägt viel zu seinem Erfolg bei. Für seine Anhänger wiegt der Nationalstolz schwerer als Twitter-Sperren. Die Wirtschaft ist das wichtigste Ass in Erdoğans Ärmel. Während seiner mehr als elfjährigen Regierungszeit hat sich das Pro-Kopf-Einkommen gemäß den Daten der Weltbank verdreifacht. Das Wirtschaftswachstum liegt 2013 bei 4 Prozent.

So beginnt Mitte 2014 ein völlig neues Kapitel: Als erster direkt vom Volk gewählter Staatspräsident übernimmt Erdoğan nach mehr als elf Jahren als Regierungschef die Führung des Landes. Er wird bei den Präsidentschaftswahlen Anfang August im ersten Durchgang mit 51,8 Prozent gewählt. Der Wahlsieg ist keine Überraschung, denn die Opposition ist demoralisiert. Wie in den Jahrzehnten zuvor gelingt es ihr nicht, sich als attraktive Alternative zu präsentieren. Erdoğan wiederum vollendet seinen seit zwanzig Jahren verfolgten politischen Aufstieg. Ministerpräsident wird Außenminister Davutoğlu (*1959). Der Politikprofessor aus dem zentralanatolischen Konya, der in seiner Schulzeit in Istanbul Deutsch lernte, erhält damit den Lohn für seine bedingungslose Loyalität.

Erdoğan strebt nach mehr. In seiner neuen Funktion will er nicht nur repräsentative Aufgaben erfüllen, sondern das politische Geschehen weiterhin gestalten. »Ich bin parteiisch – für mein Volk. Ich wahre zu jeder politischen Partei die gleiche Distanz. Diese anderen Parteien sind alle gleich: Sie vertreten eine faschistische Gesinnung. Sie pinkeln an die Wände von Moscheen«, so hatte er schon zuvor seine Vorstellung vom Amt eines unparteiischen Staatspräsidenten skizziert.[58] Als Amtssitz wählt er in Ankara den kurz zuvor eingeweihten Präsidentenpalast Cumhurbaşkanlığı Sarayı. Ursprünglich hätte das riesige, in einem Waldgebiet gegen den Widerstand von Umweltschützern errichtete Gebäude als Sitz des Ministerpräsidenten dienen sollen. Mit rund tausend Zimmern ist es einer der größten Staatspaläste der Welt – damit ist sichtbar, dass Erdoğan ganz oben angekommen ist.

Zwar verliert die AKP bei den Parlamentswahlen im Juni 2015 mit 40,9 Prozent die absolute Mehrheit, weil der kleinen prokurdischen HDP mit 13,1 Prozent der Einzug in die

Nationalversammlung gelingt. Doch dann erfasst der Terrorismus mit voller Wucht das Land. In der an der Grenze zu Syrien gelegenen Stadt Suruç reißt ein Selbstmordattentäter dreiunddreißig Menschen, die meisten junge kurdische Aktivisten, mit in den Tod. Man vermutet den »Islamischen Staat« hinter dem Attentat. Die Regierung ist mit dem Vorwurf der Mitschuld am Anschlag konfrontiert, weil sie Nachschublinien der Terrormiliz durch ihr Gebiet toleriert haben soll. Vor allem Kurden demonstrieren gegen die Regierung, der sie Untätigkeit gegenüber dem IS vorwerfen. Teile der PKK verüben Anschläge auf türkische Sicherheitskräfte. Erdoğan beendet den Friedensprozess mit den Kurden und setzt nach gescheiterten Koalitionsverhandlungen für den November Neuwahlen an. Inmitten des Wahlkampfs werden am 10. Oktober bei einer Friedenskundgebung in Ankara 102 Menschen getötet. Wieder machen die Behörden den IS dafür verantwortlich. In dieser Atmosphäre der Angst erzielt die AKP im November 49,5 Prozent. Damit ist der von Erdoğan angestrebte Weg zum Präsidialsystem geebnet. Das Parlament kann nun die Verfassung ändern. Das Staatsoberhaupt, bis dahin überwiegend mit repräsentativer Funktion, hat seitdem die politische Richtlinienkompetenz eines Regierungschefs.

Weitere Terroranschläge erleichtern die Einführung des autoritäreren Führungssystems, das der Bevölkerung mehr Sicherheit verspricht: Am 12. Januar 2016 sterben bei dem Selbstmordanschlag eines mutmaßliches IS-Attentäters in der Istanbuler Altstadt 12 deutsche Touristen. Am 17. Februar werden bei einem Anschlag der kurdischen TAK-Freiheitsfalken in Ankara 29 Menschen ermordet. Am 13. März erfolgt in der Hauptstadt ein weiteres Attentat, mit 33 Toten. Wiederum bekennen sich die Freiheitsfalken zur Tat. Am 19. März sterben vier Passanten auf der Istanbuler Einkaufsstraße İstiklal Caddesi durch einen mutmaßlichen IS-Selbstmordattentäter. Und am 28. Juni töten IS-Terroristen auf dem Istanbuler Flughafen 41 Menschen. Im Südosten herrschen wieder bürgerkriegsähnliche Zustände. Zudem stranden Hunderttausende Flüchtlinge in der Türkei.

Den größten Schock löst in der Nacht vom 15. auf den 16. Juni der Militärputsch aus – der vierte in der Türkei. Für die meisten erfolgt er völlig unerwartet.

Hintergrund: Ein ideologisches Justizsystem

In den 2010er Jahren kursierte ein Witz in der Türkei: Im Hochsicherheitsgefängnis Silivri nahe Istanbul fragt ein Gefangener einen Beamten nach einem bestimmten Buch. Der Beamte sucht gewissenhaft in der Gefängnisbibliothek nach der Lektüre, findet diese aber nicht. Dennoch versucht er, die Stimmung aufzumuntern. Zwar sei das Buch nicht vorhanden, aber dafür sei der Autor hier im größten Gefängnis des Landes hinter Gittern. Eine andere Geschichte lautet, dass der nach dem Putschversuch 2016 in Silivri inhaftierte Schrifsteller Mehmet Altan (*1953) nach einem seiner eigenen Bücher fragte, es aber nicht bekam. Begründung: Es sei verboten worden.[59]

Silivri ist nicht nur das größte Gefängnis der Türkei, sondern auch Europas, und es gilt in der Türkei als ein Ort mit einer sehr hohen Dichte an Prominenten und Intellektuellen. Die schwierige Situation der Kulturschaffenden wird ab und an mit Galgenhumor kommentiert. So lautet ein anderer Witz, der Ort mit der höchsten Alphabetisierungsrate des Landes sei der Gefängniskomplex Silivri. Es ist ein steinernes Symbol für ein politisch durchtränktes Justizsystem.

Mustafa Kemal Atatürk baute ein vollständig neues Rechtssystem auf. Er führte das Zivilrecht nach Schweizer Vorbild ein, und beim Strafrecht orientierte er sich am italienischen Recht. Jahrzehntelang stützte sich die Justiz auf Atatürks Erbe; seine Dogmen waren die Leitlinien der Juristen.[60] »Die kemalistisch geprägte Justiz hatte ein Ziel: die kemalistische Revolution zu verteidigen und zu implementieren, und dazu passend gab es ein eigenes Gerechtigkeitsempfinden. Zwar wurde immer wieder die Unabhängigkeit der Justiz betont, aber wenn es um die Prinzipien von Atatürk ging, gab es keinen Auslegungsspielraum. In dieser Sache war die Unabhängigkeit unerwünscht«, sagt Osman Can,[61] Professor für Verfassungsrecht an der Marmara-Universität in Istanbul. Der Jurist arbeitete von 2002 bis 2010 am türkischen Verfassungsgericht. »Früher war das Ziel der Modernisierung die ›Rettung des Staates‹ vor dem Zerfall. Das war die Aufgabe der Elite. So entstand eine Kluft zwischen der westlich orientierten Minderheit und der konservativen Mehrheit«, erklärt Can. »Das Justizsystem wurde daher von Anfang an politisch geformt und institutionalisiert und hatte auch die Aufgabe, einen Beitrag zur Etablierung des neuen Staates zu leisten, der aus den Trümmern des Osmanischen Reichs, aus den Traumata von Kriegen, Massenvertreibungen, Völkermorden und aus der Angst vor Ausrottung hervorging.«

So machen Richter und Staatsanwälte regelrecht Jagd auf Kurden, Intellektuelle und Kritiker, meist mit der Absicht, die Einheit der Nation zu wahren. Somit schützt die Justiz den Staat vor dem Bürger – und nicht umgekehrt.[62] Als die Generäle 1960, 1971, 1980 und 1997 putschen, gibt es keine Gerichtsbarkeit, vor der sie sich rechtfertigen müssen. Sie bilden eine Kaste, die keine Eindringlinge duldet, auch deswegen lässt die Justiz seit der Jahrtausendwende nichts unversucht, um Erdoğan zu stoppen. Erdoğan – dessen weiterer Aufstieg mit dem Politikverbot und der Gefängnisstrafe von 1998 verhindert werden sollte – gelingt es dann aber doch, in dieses abgeriegelte

System einzudringen, so dass er ehemalige Putschisten bestrafen und Militärs von Zivilgerichten verurteilen lassen kann.[63]

Ein erster Schritt auf dem Weg dorthin gelingt der AKP mit den Justizreformen, die mit Blick auf einen erhofften Beitritt zur EU in Gang gesetzt werden. 2005 tritt ein neues Strafgesetzbuch in Kraft. Es löst das seit 1926 geltende ab, das auf dem italienischen Strafgesetzbuch »Codice Zanardelli« beruhte. Erstmals wird der Schutz des Bürgers über den des Staates gestellt. Gemäß den Vorgaben aus Brüssel werden die Rechte von Frauen und Kindern gestärkt. Unter anderem werden Strafen wegen Vergewaltigung, Kinderschändung und Folter erhöht. Erstmals können Personen, die »Staatsgegner« gefoltert haben, dafür strafrechtlich belangt werden. Doch trotz der Reformen ändert sich die Mentalität im Apparat nicht – die türkische Justiz bleibt politisch geprägt. Ihre Waffen sind Partei- und Politikverbote (gegen einzelne Politiker) sowie Sonderparagraphen.[64] Die alte Garde, die vorgibt, für westliche Werte einzustehen, ist zutiefst misstrauisch gegenüber den damit verbundenen Freiheiten. Kritikern legen die dazugehörenden Politiker geschickt Steine in den Weg, indem sie das Gespenst des Extremismus heraufbeschwören.

Ein Beispiel dafür ist der berüchtigte, 2005 eingeführte Artikel 301 im reformierten türkischen Strafgesetzbuch. Er kommt regelmäßig zur Anwendung, wenn Kritiker mundtot gemacht werden sollen. Der Artikel verbietet die »Beleidigung des Türkentums« und die Herabwürdigung staatlicher türkischer Institutionen. Möglich sind Strafen von sechs Monaten bis zu drei Jahren. Dabei wird im Gesetz explizit festgehalten, dass kritische Meinungsäußerungen keine Straftat darstellen. Doch die rigide Auslegung in der Frage, was als kritische Meinungsäußerung gilt und was als Angriff gegen den Staat, erlaubt es der Justiz, jeden zu belangen, der sich kritisch über die Türkei äußert – diese Gelegenheit nutzen vor allem kemalistischnationalistische Juristen. Insbesondere Intellektuelle müssen sich wegen angeblicher Verstöße gegen diesen Gummiparagraphen vor Gericht verantworten. In den meisten Verfahren geht es um Äußerungen zur Armenier- oder zur Kurdenfrage. Der Paragraph fördert den radikalen Nationalismus im Land. Denn eine Anklage aufgrund von Artikel 301 bedeutet, als Feind der Türkei gebrandmarkt zu werden. Der Betreffende wird zu einer Hassfigur für Extremisten.[65]

Die beiden Professoren Ibrahim Kaboğlu und Baskın Oran, die einen Bericht über die Situation der Menschenrechte für die erste Regierung Erdoğan angefertigt haben, werden 2005 aufgrund von Artikel 301 angeklagt. Den Akademikern wird vorgeworfen, mit ihrem Bericht zur Minderheitenfrage staatszersetzendes Gedankengut verbreitet zu haben. Unter anderem hatten sie vorgeschlagen, eine neue Definition des Minderheitenbegriffs zu diskutieren und eine Debatte über die türkische Identität zu führen. Beide werden allerdings 2008 freigesprochen.[66] Recht bekommen die zwei Wissenschaftler auch 2010 vor dem Europäischen Gerichtshof für Menschenrechte (EGMR) in Straßburg. Dieser befindet die Türkei für schuldig, Kaboğlus und Orans Recht auf freie Meinungsäußerung verletzt zu haben. Die in der Türkei eingeleiteten Ermittlungen gegen die Wissenschaftler hätten sie »zwangsläufig« unter Druck gesetzt und sie damit zur Selbstzensur gezwungen, urteilten die Richter.

Im türkischen Gerichtssystem kann jeder Bürger eine Beschwerde einreichen, um Staatsanwälte zur Untersuchung von Verstößen gegen Artikel 301 aufzufordern. Die meisten Gerichtsfälle, in denen es um die Meinungsfreiheit geht, beginnen auf diese Weise. Auch der türkische Literaturnobelpreisträger Orhan Pamuk und die international bekannte Autorin Elif Shafak werden nach kritischen Äußerungen zum Genozid an den Armeniern zur Zeit des Osmanischen Reichs wegen »Beleidigung des Türkentums« angeklagt (siehe hierzu in Kapitel 4: Die Angst und das Gefängnis). Der Prozess gegen Pamuk wird Anfang 2006 eingestellt, und Shafak wird im September 2006 freigesprochen. Doch auch wenn es zu Freisprüchen kommt, die Anklagen haben immer eine einschüchternde Wirkung auf alle, die Kritik äußern wollen.[67]

Die Gräueltaten an den Armeniern sind von mehr als einem Dutzend Staaten als Völkermord bezeichnet worden. Zu ihnen gehören Deutschland, Österreich, Frankreich, die Schweiz und die Niederlande. Dagegen beharrt Ankara auf der Position, dass die Vertreibung und deren Folgen nicht als Genozid zu bewerten seien. In der Türkei ist dieses Thema hochsensibel. So wird der durch ähnlich kritische Äußerungen bekannte türkisch-armenische Journalist der Zeitung *Agos*, Hrant Dink, im Januar 2007 in Istanbul ermordet – auch er ist unter dem Paragraphen 301 angeklagt und zu sechs Monaten Haft verurteilt worden. Er hat in Artikeln die Massaker an den Armeniern als Völkermord bezeichnet. Pamuk wirft der Justiz und der Regierung daraufhin vor, Mitschuld an Dinks Tod zu tragen.[68] Zu Dinks Beisetzung marschieren in Istanbul über 100 000 Teilnehmer vom Verlagsgebäude zur Kirche, auf Plakaten steht: »Wir alle sind Hrant« und »Wir alle sind Armenier«. In Fußballstadien werden allerdings auch Transparente hochgehalten, auf denen zu lesen ist: »Wir sind alle Ogün« – so der Vorname des jugendlichen Mörders. Ultranationalistische Politiker beharren auf der Aussage: »Wir sind nicht Hrant und nicht Armenier, sondern Mehmet und Muslime.«

Die Anklagen aufgrund von Artikel 301 häufen sich. Die Tageszeitung *Radikal* meldet, dass allein in den ersten drei Monaten des Jahres 2007 vor Gericht 744 Fälle verhandelt worden seien, darunter auch gegen Kinder. Im gesamten Jahr 2006 seien es nur 835 gewesen.[69] Der Strafrechtsartikel erweist sich für die Türkei als Stolperstein auf dem Weg nach Brüssel. Die

EU fordert mehr Reformen zugunsten der Meinungs- und Religionsfreiheit. Die regierende AKP ist gewillt zu handeln, die kemalistische Staatsanwaltschaft versucht, dies zu verhindern und die AKP zu verbieten. Diese entgeht knapp einer gerichtlich verordneten Auflösung.[70] Der Paragraph wird zwar nicht abgeschafft, aber abgemildert. Fortan ist lediglich die Verunglimpfung der türkischen Nation und des türkischen Staates strafbar, aber nicht mehr die des Türkentums. Zudem senkt man das Strafmaß von drei auf maximal zwei Jahre. So dient Artikel 301 der Regierung immer noch dazu, kritische Stimmen vor Gericht zu zerren.[71]

Unter Erdoğan kommt ein weiterer juristischer Knebel zum Einsatz: der Vorwurf der Präsidentenbeleidigung. Die schon vor, insbesondere aber nach dem Putschversuch von 2016 mit Hilfe von AKP-Sympathisanten neu aufgestellte Justiz verurteilt Tausende Personen wegen angeblicher Schmähung des Staatsoberhauptes. Zwar gibt es den Straftatbestand der Präsidentenbeleidigung schon vor der Ära Erdoğan im türkischen Strafgesetzbuch, doch kein Politiker vor ihm nutzt diesen Paragraphen derart häufig wie Erdoğan. So hat es unter seinen drei Vorgängern Gül, Sezer und Demirel »lediglich« 1169 Anklagen gegeben. Doch allein 2020 werden mehr als 31 000 Ermittlungsverfahren wegen Präsidentenbeleidigung eingeleitet. Seit der Wahl Erdoğans 2014 zum Präsidenten bis Ende 2020 gibt es 160 000 solcher Vorwürfe aus dem Präsidentenpalast. 39 000 Personen müssen sich deswegen vor Gericht verantworten. Laut Medienberichten erhalten über 3600 Angeklagte eine Haftstrafe, es gibt in knapp 13 000 Fällen eine Verurteilung.[72]

Zwar kündigt Erdoğan nach der gescheiterten Revolte 2016 als Zeichen seines guten Willens die Rücknahme aller Klagen wegen Beleidigung an, doch das sind nur Floskeln. Was als Beleidigung angesehen wird, ist Auslegungssache des empfindsamen Präsidenten. Oftmals ärgert er sich über kritische

Bemerkungen in sozialen Netzwerken. So verklagt er im April 2020 den prominenten Moderator Fatih Portakal, der während der Coronapandemie auf Twitter andeutete, dass Erdoğan nach seinem Spendenaufruf demnächst wohl auch noch die Ersparnisse der Türken wolle.[73] Die CHP sammelt Geld für einen Solidaritätsfonds, um ihrem Vorsitzenden Kemal Kılıçdaroğlu zu helfen, der wegen zahlreicher Beleidigungsklagen Erdoğans immer wieder zu Geldstrafen verurteilt wurde. Der Sozialdemokrat hat laut eigenen Angaben gar sein Sommerhaus verkauft, um für Verfahren zu bezahlen, die Erdoğan gegen ihn angestoßen hat.[74]

Seit 2013 baut Erdoğan die Justiz für seine Interessen um. Aus Loyalität oder schon in vorauseilendem Gehorsam lassen Juristen Wahlen annullieren, soziale Netzwerke schließen, Verbote über Seiten wie Wikipedia verhängen, Widerständler und gar eigene Kollegen festnehmen. Dass die Vereinigung der Rechtsanwaltskammern der Türkei (Türkiye Barolar Birliğ, TBB), ein kemalistisch geprägter Berufsverband, der auf die Einhaltung der Gewaltenteilung pocht, Erdoğan nicht wohlgesonnen ist, hat sie hinlänglich bewiesen. Nach den Korruptionsermittlungen gegen dessen Umfeld, für die Erdoğan seinen Erzfeind Gülen verantwortlich macht, werden Dutzende Richter und Staatsanwälte zwangsversetzt. Tatsächlich bestreiten auch Erdoğan-Kritiker nicht, dass im Justizwesen relativ viele Gülenisten arbeiten.

Erdoğan entlässt über 3800 Richter und Staatsanwälte, darunter auch zwei Verfassungsrichter – das sind mehr als ein Viertel der 14 000 Richter und Staatsanwälte im Land. Den Entlassenen wird oftmals eine Verbindung zur Gülen-Bewegung nachgesagt. Doch diese Fachleute fehlen bei der Bearbeitung der Verfahren, deren Anzahl wegen der Massenverhaftungen nach dem Putschversuch sprunghaft in die Höhe steigt. Die türkischen Gefängnisse sind schon vor der Revolte überfüllt, nun muss das Justizsystem zusätzlich Tausende Fälle bearbeiten. Auf publizierten Bildern ist zu sehen, wie Dutzende Festgenommene in Handschellen zusammenstehen müssen, während sie darauf warten, befragt zu werden. Die Regierung kündigt deswegen den Bau neuer Gerichtsgebäude und Gefängnisse an.

Die türkische Anwaltskammer bemängelt, die Massenentlassungen hätten zu einem drastischen Qualitätsverlust im Justizwesen geführt. Ihr Vorsitzender, Metin Feyzioğlu, beklagt, dass manche Juristen schon nach wenigen Wochen Referendariat zum Richter ernannt werden. Als im Januar 2017 im Parlament über die Verfassungsreform zugunsten eines Präsidialsystems abgestimmt wird, warnt Feyzioğlu vor einem »Sultanat« und dem Ende der Demokratie. Doch Erdoğan gelingt es, die Volksabstimmung im April 2017 über die Einführung des Präsidialsystems zu gewinnen. Seitdem werden von den dreizehn Mitgliedern des Richterrats vier vom Präsidenten ausgewählt und sieben von der parlamentarischen Mehrheit. Die anderen zwei Stellen werden mit dem Justizminister und seinem Stellvertreter besetzt, die ebenfalls vom Präsidenten ernannt werden. Damit hat der Präsident künftig großen Einfluss auf das Gremium, das für die Ernennung der Richter und Staatsanwälte zuständig ist.[75]

Dass 2019 die meisten der traditionell AKP-kritischen Anwaltskammern einen Empfang im Präsidentenpalast boykottieren, nützt nichts mehr. Immer wieder kommt es zu Entlassungen unliebsamer Juristen. 2020 leitet die Oberstaatsanwaltschaft in Ankara ein Verfahren gegen die Anwaltskammer in Ankara ein, nachdem diese den Diyanet-Chef Ali Erbaş wegen homophober Äußerungen scharf kritisiert hat. Erdoğan warnt die Anwaltskammern: »Ein Angriff auf den Diyanet-Chef ist ein Angriff auf den Staat«.[76] Kurz darauf verabschiedet das Parlament eine umstrittene Reform der Anwaltskammern.

Nun können in den einundachtzig Provinzen des Landes zusätzliche, regierungsfreundliche Anwaltskammern gegründet werden – bis dahin gab es jeweils nur eine. Als in Ankara Anwälte in schwarzen Roben in einem Park demonstrieren, um diese Gesetzesänderung zu verhindern, wird ihr Protest durch eine Antiterroreinheit aufgelöst.[77]

Auch vor dem Verfassungsgericht macht Erdoğan nicht halt. Galt dieses als unantastbare, politisch unabhängige kemalistische Instanz, kehrt er nun auch dort die Verhältnisse um. Seither haben die Ernennungen nichts mehr mit der Qualität der Richter zu tun, sondern damit, wie regierungstreu sie sind. Das Verfassungsgericht ist mittlerweile derart geschwächt, dass es von niedrigeren Gerichten missachtet wird.

Ein Beispiel für die daraus entstehenden Folgen ist der Fall der Brüder Mehmet und Ahmet Altan (*1950). Sie gehören zu den prominentesten Intellektuellen des Landes. Mehmet ist Wirtschaftswissenschaftler, Ahmet Schriftsteller – beide erreichen Millionenauflagen mit ihren Büchern. Ihr Vater Çetin Altan (1927–2015) war ein legendärer Schriftsteller, einer der ersten sozialistischen Parlamentsabgeordneten, die nach dem Putsch 1971 verhaftet wurden. Damals warteten die Brüder zusammen mit der Mutter vor den Gefängnistoren auf den Vater. Nun werden sie gemeinsam nach der niedergeschlagenen Revolte 2016 festgenommen. In einer Talksendung hatten sie vorhergesagt, dass auch die AKP eines Tages ihre Macht verlieren werde und sich dann vor Gericht verantworten müsse. Sie werden in Silivri inhaftiert. Als 2018 die Verfassungsrichter zum Schluss kommen, dass die Untersuchungshaft der Brüder deren Recht auf Sicherheit und Freiheit sowie ihr Recht auf Meinungs- und Pressefreiheit verletze, weigert sich ein untergeordnetes Gericht in Istanbul, dem Urteil nachzukommen und die Altans freizulassen. Sie werden zu lebenslanger Haft verurteilt, später aber durch ein Kassationsgericht doch aus der Haft entlassen. Ahmet Altan wird 2019 in einem weiteren Verfahren wegen »Unterstützung einer Terrorgruppe«, also der Gülen-Bewegung, abermals verurteilt, dieses Mal zu zehneinhalb Jahren Gefängnis. Er kommt aber im April 2021 wieder frei.

Im Jahr 2019 wird erstmals ein Verfassungsrichter verurteilt: Alparslan Altan, einst Vizepräsident des Verfassungsgerichts, der nach dem Putschversuch 2016 festgenommen wurde, wird wegen angeblicher Mitgliedschaft in der mittlerweile als terroristisch eingestuften Gülen-Bewegung zu elf Jahren und drei Monaten Haft verurteilt. Der Jurist hat alle Vorwürfe zurückgewiesen.

Gleichzeitig spielt das türkische Verfassungsgericht selbst eine politisch unrühmliche Rolle. Seit dessen Gründung im Jahr 1963 hat die Justiz mehr als zwei Dutzend Parteien verboten. Vor allem kurdische, linke und religiöse Parteien sind betroffen. Hintergrund der Verfahren ist die Annahme, die Nation vor Bewegungen schützen zu müssen, welche die Einheit und den Kemalismus gefährden.

Im Juni 2021 eröffnet das oberste Gericht ein Verbotsverfahren gegen die prokurdische Oppositionspartei HDP, die zweitgrößte Oppositionspartei des Landes. Erdoğan wirft ihr vor, ein verlängerter Arm der PKK zu sein, die in der Türkei, Europa und den USA als Terrororganisation gilt. Im Januar 2022 entlässt Erdoğan den Justizminister Abdulhamit Gül, der zuvor mehr Rechtsstaatlichkeit beim Umgang mit Kritikern gefordert hat. Ersetzt wird dieser durch einen treuen Gefolgsmann Erdoğans.[78] Auch sonst werden Juristen, die dem Kurs der Staatspräsidenten folgen, befördert: Der Staatsanwalt, der die Klage gegen den Journalisten Can Dündar vorbereitete, wurde an das Verfassungsgericht berufen. Und der Staatsanwalt, der den Mäzen Osman Kavala verhaften ließ, wurde zum Vize des Justizministers befördert.

»Die Unabhängigkeit der Justiz wurde politisch und rechtlich untergraben, insbesondere durch die Einführung des Präsidialsystems 2017«, kritisiert Osman Can, der von 2012 bis 2015 AKP-Mitglied war. Er sagt, die Partei stehe ihm weder ideologisch noch politisch nahe. »Doch weil sie lange Zeit eine effektive Mehrheit hatte und Möglichkeiten für demokratische Reformen eröffnete, wollte ich dazu beitragen.« Weiter sagt Can, der Erdoğan persönlich kennt: »Die Vorstellung, dass Leib und Leben seiner Familie bedroht seien, dürfte ihn wohl dazu verleitet haben, jegliche Entscheidungskompetenz an sich zu reißen.« Mit dem Präsidialsystem habe Erdoğan die Justiz mittelbar und unmittelbar entmachtet, die Gewaltenteilung sei quasi aufgehoben. »Der Großteil der ordentlichen Richter wurde nach dem Putschversuch entlassen und durch AKP- und MHP-Sympathisanten ersetzt. Die Mehrheit der Verfassungsrichter agiert mittlerweile zugunsten von Erdoğan – er hat somit quasi Zugriff auf das Verfassungsgericht«, so Can.

Im World Justice Report 2022 erreicht die Türkei Rang 116 von 140 Ländern.[79] Zusehends entsteht der Eindruck, dass Urteile schon vor deren Verhandlung feststehen. Beispielhaft für die neue Ausrichtung der Justiz ist der Fall des Unternehmers, Mäzens und Menschenrechtsaktivisten Osman Kavala. Er wird im Oktober 2017 festgenommen, Erdoğan verunglimpft ihn als »roten Soros der Türkei«, in Anlehnung an den US-amerikanischen Milliardär und Philanthropen George Soros. Der Kulturförderer Kavala gründete mehrere NGOs, unterstützte kleine systemkritische Verlage und zivilgesellschaftliche Initiativen, die zum Beispiel den Austausch der türkischen Mehrheitsgesellschaft mit Minderheiten wie Kurden und Armeniern fördern. Im Februar 2020 wird Kavala zwar vom Vorwurf, die regierungskritischen Gezi-Proteste von 2013 unterstützt zu haben, freigesprochen. Nur Stunden nach dem Freispruch erfolgt jedoch ein neuer Haftbefehl, diesmal wegen Spionage und angeblicher Beteiligung am Putschversuch von 2016. Im Dezember 2020, nach mehr als drei Jahren in Untersuchungshaft, weist das Verfassungsgericht eine Klage des Kulturmäzens gegen seine Untersuchungshaft ab. Bülent Arınç, Jurist, AKP-Gründungsmitglied und einst stellvertretender Ministerpräsident, kritisiert die Anklageschrift, selbst ein Kind würde so etwas nicht schreiben, so lächerlich sei das. Er fordert die Freilassung Kavalas.[80] Doch im April 2022 wird Kavala zu erschwerter lebenslanger Haft verurteilt, eine Strafe, die als Ersatz für die Todesstrafe eingeführt wurde. Entgegen der Forderung des Europäischen Gerichtshofs für Menschenrechte wird Kavala nicht aus der Haft entlassen, er sitzt im Hochsicherheitsgefängnis Silivri. Die Richter bleiben dabei: Der Philantrop soll durch Finanzierung der Gezi-Proteste und Beteiligung am Putschversuch den Sturz der Regierung geplant haben.[81]

Die Nacht des 15. Juli 2016: Marionetten, Putschisten und zwei einstige Weggefährten

Bülent Mumay[82] beobachtet den Stau auf der Bosporusbrücke, die von seiner Terrasse aus zu sehen ist. Es ist Freitag, der 15. Juli 2016, ein milder Sommertag. Bald werden die Istanbuler aus dem Urlaub zurückkehren. Mumay überfliegt die Nachrichten in den sozialen Medien. Es ist von Soldaten die Rede, die auf der Brücke Autos anhalten und die Fahrer kontrollieren. In sozialen Medien beginnen wilde Spekulationen. Die Brücke ist bekannt dafür, dass von dort öfter Selbstmörder in den Bosporus springen, doch dieses Mal liegt etwas anderes in der Luft. »Es war klar, dass etwas im Gange war«, sagt Bülent Mumay. Er ist Journalist, für die *Frankfurter Allgemeine Zeitung* schreibt er die Kolumne »Brief aus Istanbul«.[83] Er war zuvor Leiter der Online-Redaktion der Zeitung *Hürriyet*. Auf Druck der AKP-Regierung wurde er entlassen.[84]

Gegen 22 Uhr kreisen über Istanbul und Ankara auffällig viele Hubschrauber, und Kampfflugzeuge donnern über die beiden Metropolen. Es erscheinen die ersten Eilmeldungen: Teile des Militärs haben geputscht, Soldaten haben den Atatürk-Flughafen in Istanbul abgeriegelt, sie besetzen strategisch wichtige Positionen und sperren die Brücken über den Bosporus. »Als es keine Zweifel mehr gab, dass es sich um einen Putschversuch handelte, sagte ich meiner damaligen Freundin, dass, egal wer gewinnt, Erdoğan oder die Gülenisten, sie auf die Gesellschaft Druck ausüben, Journalisten inhaftieren und Zeitungen schließen werden. Denn das war nach jedem Putsch in der Türkei der Fall, und ich hatte Angst, dass wir so etwas 2016 wieder erleben würden«, erzählt Mumay.

Doch die Aktion scheint chaotisch geplant zu sein. Einem Hubschrauberteam, das Erdoğan in seinem Urlaubsort Marmaris aufspüren sollte, gelingt es trotz einer Schießerei mit den Wachleuten in seinem Hotel nicht, den Präsidenten gefangen zu nehmen. Auch haben die Putschisten nicht genügend Rückhalt innerhalb des Militärs. Generalstabschef Hulusi Akar (*1952) weigert sich, sich den Putschisten anzuschließen. Ein Adjutant legt ihm Handschellen an, ihm wird der Mund zugehalten und eine Waffe an den Kopf gedrückt, doch Akar unterzeichnet die Putscherklärung nicht. Er wird von seinen eigenen Untergebenen als Geisel genommen.[85]

Nachdem die Putschisten die Kontrolle über einen Fernsehsender übernommen haben (weitere Medien und die Mobilfunknetze bleiben unangetastet), geben sie im Staatsfernsehen ihre Machtübernahme bekannt. Es sind tumultartige Szenen, zitternd liest die Nachrichtensprecherin Tijen Karaş im Sender TRT in Ankara die Mitteilung der Putschisten vor. Sie verkünden, »die verfassungsmäßige Ordnung, die Demokratie, die

Menschenrechte und die Freiheiten« im Land wiederherstellen zu wollen. Ohne Erdoğan namentlich zu erwähnen, heißt es in der Erklärung, seine Regierung habe die Institutionen des Landes zerstört, sich an Korruption beteiligt, den Terrorismus unterstützt und die Menschenrechte missachtet. »Es war die schlimmste Sendung in meinem Leben«, wird Karaş später erzählen. Hinter den Kameras hätten die Putschisten Waffen auf sie gerichtet.[86]

Die Aufständischen verhängen eine Ausgangssperre und deklarieren das Kriegsrecht. Auf den Straßen in Istanbul und Ankara sind Schüsse zu hören und gelegentlich der Knall einer Explosion. Für einen Moment sieht es so aus, als würde eine der stabilsten Regierungen in der Region gestürzt werden. Eine der blutigsten Nächte der türkischen Gegenwartsgeschichte beginnt. Es ist ein Wendepunkt mit furchtbaren Konsequenzen, die noch heute zu spüren sind.

Zunächst spricht Ministerpräsident Binali Yıldırım im Privatsender NTV und verkündet, die Regierung habe die Situation unter Kontrolle. »Die vom Volk gewählte Regierung bleibt an der Macht«, sagt Yıldırım. »Diese Regierung wird nur gehen, wenn das Volk es sagt.«[87] Gegen 23.30 Uhr wird Erdoğan mit dem Chat-Dienst FaceTime im Privatsender CNN Türk aus Ankara live zugeschaltet. Die Kamera im Studio zoomt auf das Smartphone, das die Moderatorin Hande Fırat in der Hand hält und auf dem der Staatspräsident erscheint. »Herr Präsident, wir hören Sie«, sagt sie. »Guten Abend«, erwidert Erdoğan, »die heutigen Ereignisse sind der Umsturzversuch einer Minderheit innerhalb der Streitkräfte.«[88] »Er fährt fort: »Ich rufe unser Volk auf, sich auf den Plätzen und am Flughafen zu versammeln. Sollen sie mit ihren Panzern und ihren Kanonen machen, was sie wollen.«[89] Ein sehr geschickter Schachzug. Denn obwohl das Land zutiefst polarisiert ist, indem die eine Hälfte der Bevölkerung Erdoğan unterstützt und die andere Hälfte erbittert gegen ihn ist, sind sich die Türken in ihrer Ablehnung eines Staatsstreichs einig – und das haben die Aufständischen offensichtlich unterschätzt.

Die Menschen erinnern sich noch gut an den Putsch 1980 und an die darauf folgende Militärdiktatur, sie wollen so etwas nie wieder erleben. Zehntausende folgen dem Ruf des Staatspräsidenten, auch Gegner Erdoğans sind darunter. Sie klettern auf Panzer, stoppen Lastwagen, reden auf Soldaten ein, während zugleich Soldaten auf Demonstranten schießen und Putschisten Polizeistationen und Kasernen stürmen und das Parlament in Ankara angreifen. Gleichzeitig attackieren Kampfjets in der Nähe des Präsidentenpalastes aufrollende Panzer der Putschisten. Auch die Polizei und alle Oppositionsparteien stellen sich auf die Seite der Regierung.

Die Muezzine rufen von Minaretten herab das Volk dazu auf, Widerstand zu leisten. Derweil landet Erdoğan gegen vier Uhr morgens in Istanbul, wo ihn jubelnde Anhänger empfangen. »Dieser Aufstand und diese Bewegung sind ein Geschenk Gottes für uns. Warum? Weil diese Aktion uns die Gelegenheit gibt, die türkischen Streitkräfte zu säubern«, kündigt er an. »Wir werden unser Land nicht diesen Invasoren überlassen. Es wird ein gutes Ende nehmen.« Er nennt sogleich einen Schuldigen: »Das war die Parallelorganisation höchstpersönlich«, sagt er und kündigt an: »Sie werden einen sehr hohen Preis für diesen Verrat zahlen.«[90]

Bülent Mumay erinnert sich: »Schon in der Nacht des Putsches wusste ich, dass dieses Ereignis die Türkei sehr verändern würde. Aber ich konnte mir nicht vorstellen, dass Erdoğan innerhalb weniger Monate das System so sehr zu seinen Gunsten verändern würde und wir dann eine Art sultanartiges Präsidialsystem haben würden.« Tatsächlich suspendiert Erdoğan nur wenige Stunden nach dem Umsturzversuch mehr als 2700 Richter. Ministerpräsident Yıldırım wird später einräumen, dass es schon zuvor Namenslisten mit unliebsamen Personen gab, auf die nun zurückgegriffen werden konnte.[91]

Umgehend wird der Ausnahmezustand verhängt. Der Präsident kann damit weitgehend per Dekret regieren und Grundrechte wie die Versammlungsfreiheit aussetzen. In den folgenden Monaten heizt Erdoğan die Stimmung zusätzlich an. Er macht Andeutungen, dass die Todesstrafe wieder eingeführt werden könnte. »Wir hören eure Bitte. In einer Demokratie bekommen die Menschen, was immer sie wollen«, sagt er wenige Tage nach dem Putsch vor seiner Residenz in Istanbul. Bei einer Massendemonstration in Istanbul Anfang August unter dem Motto »Demokratie und Märtyrer« greift er die Forderung einiger Demonstranten nach der Todesstrafe auf. »Wenn das Volk die Todesstrafe will, werden die Parteien seinem Willen folgen«, ruft er der jubelnden Menge zu. Den »Feinden« sei bewusst geworden, dass von nun an für sie alles schwieriger sein werde. »Wir werden ab jetzt sehr genau prüfen, wen wir unter uns haben«, droht er.[92] Von Mahnungen aus dem Ausland lässt er sich nicht beeindrucken. Den Widerstand gegen den niedergeschlagenen Aufstand vergleicht Erdoğan mit dem Befreiungskrieg von 1919 bis 1923. Für ihn ist der Tag der Abrechnung gekommen, er kündigt an: »Wir werden das Virus aus allen staatlichen Institutionen vertreiben.« Die Revolte vergleicht er mit einem Krebsgeschwür: »Es ist wie eine Metastase, die sich im Körper der Türkei ausbreitet. Und wir werden sie beseitigen.«[93]

Es folgt der finale Rundumschlag, ein zweiter Staatsstreich. Innerhalb weniger Wochen werden Zehntausende Menschen verhaftet, innerhalb weniger Monate mehr als 100 000 Personen entlassen – Beamte, Lehrer, Richter, Polizisten und Soldaten, aber auch kurdische Oppositionelle, Wissenschaftler und kritische Journalisten verlieren ihren Job. Rund 200 Medien werden verboten.[94] Allen Akademikern wird bis auf weiteres die Ausreise verboten. Mehr als 20 000 Mitarbeiter der Streitkräfte müssen gehen. Nach Ansicht des Militärexperten Gareth Jenkins haben die Militärs schon vor dem Putschversuch die Vorherrschaft verloren, aber es habe immer noch viele Offiziere gegeben, die Erdoğan ablehnten: »Erdoğan nutzte den Putschversuch, um das Offizierskorps von all jenen zu säubern, die er verdächtigte, ihm nicht völlig untertan zu sein, unabhängig davon, ob sie am Putsch beteiligt waren oder nicht. Anschließend änderte er die Zulassungsbedingungen für das Militär und öffnete es auch für Absolventen islamischer Schulen, um sicherzustellen, dass künftige Offiziersgenerationen seinem Regime gegenüber loyal sein würden.«

Zehn Tage nach dem Putschversuch erhält Bülent Mumay morgens um vier Uhr den Anruf eines Freundes. Dieser warnt ihn, dass die Polizei ihn in seiner Wohnung suche. »Als Erstes habe ich mein Handy ausgeschaltet, damit sie mich nicht finden können. Dann habe ich meinen Anwalt kontaktiert, um herauszufinden, was los ist. Anschließend zog ich für ein paar Tage in eine andere Wohnung, während mein Anwalt mit der Staatsanwaltschaft Kontakt aufnahm. Alles, was sie sagten, war, dass sie mich zu einer Aussage auffordern würden. Noch bevor ich diese machen konnte, wurde ich verhaftet und zur Polizeistation gebracht.« Dort sitzen schon zwanzig weitere Journalisten, allesamt Mitarbeiter von Gülen-Medien. Mumay wird in eine Zelle gebracht, die eigentlich für drei Personen gedacht ist, in der nun aber sieben Personen sitzen – darunter ein Mörder, ein Dieb und ein Polizist, der Gülenist ist. Die Insassen bekommen einmal am Tag eine Portion tiefgefrorenen Reis. Weil man ihnen die Uhren abgenommen hat, wissen sie nicht, wie spät es ist. Denn es gibt kein Tageslicht. »Damals dachte ich, es sei alles ein Missverständnis, und es würde sich alles in ein paar Stunden aufklären.« Als er zum Staatsanwalt vorgelassen wird, liegen dort Hunderte von Akten. Die erste Seite von Mumays Dossier ist sein Lebenslauf, den er auf dem

Netzwerk LinkedIn eingestellt hat. Die Akten enthalten einige seiner Artikel für den WDR sowie ein paar Tweets und Bilder von ihm auf Protestveranstaltungen, zum Beispiel von einer Demonstration, die stattfand, nachdem die gülennahe Zeitung *Bugün* geschlossen worden war. Mumay sagt, er habe damals an der Solidaritätsaktion teilgenommen, obwohl er nichts mit der Gülen-Bewegung zu tun habe. Dennoch werde er jetzt beschuldigt, Gülenisten zu unterstützen.

Während die zwanzig anderen Journalisten weiterhin in Untersuchungshaft bleiben müssen, wird Mumay unter Auflagen entlassen – weil der Richter in Mumays Geburtsstadt Siirt gearbeitet hat und seine Familie kennt. Die Ermittlungen gegen ihn laufen aber weiter. »Es war, als stünde ich unter einer Guillotine. Du hast keine Ahnung, was hinter deinem Rücken vor sich geht und ob die Klinge fallen wird oder nicht. Deshalb wollte ich nicht in der Türkei bleiben.« Im Dezember 2016 reist er nach Berlin, um dort das Ergebnis der Ermittlungen abzuwarten. Er hält es ein Jahr dort aus und kehrt zurück, obwohl die Situation immer noch nicht geklärt ist. »Aber ich wollte nicht mehr von meinen Freunden und meiner Familie getrennt sein. Ein paar Monate später wurde meine Akte geschlossen, weil nichts gegen mich gefunden werden konnte.«

Trotz der vielen Prozesse sind die Hintergründe der Revolte auch Jahre später noch ungeklärt. Es gibt noch immer viele Rätsel um dieses Trauma. Einige Verschwörungstheoretiker vermuten, Erdoğan selbst stecke hinter der Aktion, da er solch großen Nutzen aus der Operation ziehen konnte. Die Regierung beschuldigt weiterhin das Netzwerk des Predigers Fethullah Gülen, den Putsch initiiert zu haben. Sie bezeichnet die Bewegung fortan als Fethullahistische Terrororganisation, kurz FETÖ (Fethullahçı Terör Örgütü), und verfolgt deren Anhänger. So veröffentlicht die Zeitung *Sabah* eine Liste mit den Namen vermeintlicher Gülen-Anhänger, darunter befinden sich der Journalist Can Dündar, der Schriftsteller Ahmet Altan und der Wirtschaftswissenschaftler Cengiz Aktar.[95]

Eine Telefonhotline wird eingerichtet, damit die Leute angebliche Fethullahçıs anzeigen können. Allein der Besitz eines Kontos bei der Bank Asya, einer Gülen-Bank, reicht für eine Verhaftung aus. Weil sich von den wenigsten mit Sicherheit sagen lässt, ob sie Gülen-Anhänger sind, muss im Grunde jeder fürchten, denunziert zu werden.[96] Sogar Autokennzeichen mit der Buchstabenfolge FG, den Initialien Gülens, werden verboten. Das betrifft auch eine Flotte des Justizministeriums, das nach der Polizei die am stärksten von Gülen kontrollierte Institution sein soll.[97] Mumay verurteilt das gnadenlose Vorgehen: »Diese Menschen sind unschuldig. Es ist nicht richtig, wie die Regierung mit ihnen umgegangen ist. Hunderttausende wurden so als Mitglieder einer terroristischen Organisation beschuldigt.«

Erdoğan selbst hat lange Zeit mit Gülen zusammengearbeitet. Als er 2003 an die Macht kommt, hat die AKP keinen Zugang zu staatlichen Institutionen und Einfluss weder auf die Justiz noch auf das Militär. In der Türkei hat die Gülen-Bewegung das Justiz-, Bildungs- und Sicherheitssystem systematisch mit eigenen Leuten unterwandert – auch in der AKP soll es Gülen-Anhänger geben. Die Gülenisten sind wie eine Schattenregierung, sie sind ein attraktiver Verbündeter. Um das Land regieren zu können und die Macht der Armee einzudämmen, geht Erdoğan eine inoffizielle Koalition mit Fethullah Gülen ein. Ziel ist es, die Bürokratie zu durchdringen und den Staat von innen heraus zu verändern.

Als 2010 über eine Verfassungsänderung abgestimmt wird, mit der die Befugnisse der Militärs eingeschränkt werden und Einschnitte in das Justizsystem erfolgen, schickt Erdoğan nach gewonnener Wahl »Grüße nach Übersee«. Gemeint ist damit Gülen.[98] Nach den Ergenekon-Prozessen, die von 2007 bis Mitte 2013 andauern, ist die säkulare Elite weitgehend entmachtet. Gülen und Erdoğan sind nun die mächtigsten Männer der Republik und treten in Konkurrenz zueinander. Zum offenen Bruch zwischen dem Prediger und dem Politiker kommt es Ende 2013, als Erdoğan die Gülen-Bewegung bezichtigt, die Ermittlungen im Korruptionsskandal um die AKP angefacht zu haben.[99]

Gülen, der offiziell 1941 in der osttürkischen Provinz Erzurum geborene Sohn eines Dorfimams, widmet sich schon früh religiösen Studien. Als von der Diyanet angestellter Prediger leitet er Korankurse, er reist durch das Land und spricht oft vor Schülern und Studenten, zunächst nur in der Türkei, später auch im Ausland.[100] Nach dem Militärputsch von 1971 muss er für sieben Monate ins Gefängnis, ihm wird der Versuch vorgeworfen, die säkulare Ordnung zu stürzen. Wieder in Freiheit, baut er über Jahre hinweg die Bewegung auf, die er Hizmet nennt, »Dienst«. Bis zum Jahr 1998. Damals wurde ein Mitschnitt von einer seiner Reden bekannt, in der er seine Anhänger auffordert, den Staat zu infiltrieren.[101] Ihm wird der Satz nachgesagt: »Ihr müsst in die Arterien des Systems eindringen, ohne dabei bemerkt zu werden. Ihr müsst warten, bis der richtige Moment gekommen ist, bis ihr die gesamte Staatsmacht an euch gerissen habt.«[102]

Seit seiner Flucht in die USA 1999 lebt Gülen zurückgezogen im US-Bundesstaat Pennsylvania und unterstüzt aus dem Exil heraus die AKP. Eine Klage gegen ihn wurde fallengelassen. Gülen tritt selten in der Öffentlichkeit auf und gibt nur sehr wenige Interviews. Seine Predigten über das Miteinander des Islam und der Wissenschaft, über Toleranz und interreligiösen Dialog sowie sein wirtschaftsfreundlicher und liberaler Anstrich führen dazu, dass er Millionen Muslimen als spiritueller Lehrer gilt. Er trifft sich mit Papst Johannes Paul II. ebenso wie mit Vertretern jüdischer und christlicher Organisationen und westlichen Politikern.

Seine Anhänger haben in rund hundert Ländern – auch in Deutschland – Kindergärten, Schulen, Internate und Wohltätigkeitsorganisationen gegründet. Obwohl schon lange bekannt ist, dass die Hizmet-Bewegung sektenartige Strukturen hat, Gehorsam verlangt und Aussteiger um ihr Leben fürchten, werden auch in Deutschland Bücher von und über Gülen in einem großen Verlag veröffentlicht, ohne jede Einordnung etwa durch ein kritisches Vorwort. In einem dieser Bücher heißt es, in Deutschland gebe es rund 150 Nachhilfezentren und etwa 24 Privatschulen der Hizmet-Bewegung.[103]

Die öffentliche Botschaft in diesen Büchern und in den Werbeheftchen, die von Gülens Anhängern verteilt werden, ist nahezu unpolitisch und immer versöhnlich. Aber Kritiker und Aussteiger weisen auf zutiefst politische Motive hin. Zum Zeitpunkt des Putschversuchs hatten Gülenisten ein Imperium aufgebaut, mit Vereinen, Medienunternehmen (so gehört ihnen u. a. die Zeitung *Zaman*), Versicherungen und der Bank Asya. Ziel der Bewegung ist es, durch Bildung Muslime für eine fromme Lebensweise zu gewinnen und ihnen den Aufstieg in Schlüsselpositionen zu ermöglichen.

Für den Journalisten Mumay gibt es stichhaltige Argumente dafür, dass Gülenisten hinter dem Putschversuch stecken. Denn sie hätten nach dem Zerwürfnis mit Erdoğan ein Interesse daran und die Möglichkeiten dazu gehabt. »Für mich war von Anfang an klar, dass Teile der Gülen-Bewegung hinter dem Putschversuch stecken. Denn nachdem sich Erdoğan und die Gülenisten 2013 eine Absage erteilt hatten, wurden Gülen-Gefolgsleute aus der Justiz und der Polizei ausgeschlossen. Kurz vor dem Putschversuch schrieben regierungsnahe Medien, dass man Gülen-Anhänger aus der Armee werfen wolle. Für die Gülen-Bewegung war der Putschversuch eine letzte Chance, ihre Macht im Militär zu erhalten«, sagt Mumay.

Fethullah Gülen hat jegliche Beteiligung am Umsturzversuch dementiert, die Auslieferungsgesuche Ankaras an Washington blieben erfolglos. Nur wenige der Angeklagten haben eingeräumt, Fethullahçı zu sein. Bei einem Prozess in Ankara gestand ein Pilot, dass er von einem Gülen-»Bruder« Befehle für einen Putschversuch erhalten habe. Tatsächlich haben die meisten der Angeklagten vor Gericht den Vorwurf bestritten, an jenem Abend wissentlich an dem Umsturzversuch beteiligt gewesen zu sein. Mehrfach wurde ausgesagt, man sei unter dem Vorwand, die Vereitelung eines Putschversuchs üben zu wollen, in eine Falle gelockt worden und so einem Machtkampf zum Opfer gefallen.

Gülen hält eine Inszenierung Erdoğans für möglich. Mumay glaubt: »Erdoğan, sein Team oder der Geheimdienst wussten vom geplanten Putsch oder spürten die Möglichkeit eines Putsches. Erdoğan hat die Gülenisten in die Enge getrieben, damit sie einen Fehler machen, einen Putschversuch unternehmen, was er dann ausnutzen kann, um sich zum Alleinherrscher zu machen. So konnte er der Öffentlichkeit zeigen, dass die Gülenisten böse sind. Die Gülenisten waren verzweifelt genug, um diesen Fehler zu machen. Sie sahen im Putschversuch ihre einzige Chance, nicht aus der Armee geworfen oder ins Gefängnis gesteckt zu werden und gleichzeitig die Kontrolle in der Armee und später die Regierung übernehmen zu können.«

Zwischen den Anhängern Erdoğans, der Opposition und verschiedenen Beobachtern herrscht Einigkeit darüber, dass Mitglieder der Hizmet-Bewegung maßgeblich am Putsch mitwirkten. Nach den »Säuberungen« in der Verwaltung seien die Gülenisten als Einzige im Militär mächtig genug gewesen, es mit Erdoğan aufzunehmen, sagt James Jeffrey, der ehemalige US-Botschafter in Ankara. Für ihn bestehen keine Zweifel, dass die Gülenisten den Putsch angeführt haben, erklärt er in einem Interview. Es scheint – aber auch dies ist eine Spekulation –, dass sich auch Nichtgülenisten aus dem Militär am Putschversuch beteiligten, weil sie Erdoğans zunehmenden Autoritarismus stoppen wollten. Laut Medienberichten habe einer der gefassten Verschwörer, Brigadegeneral Gökhan Sönmezateş, bestritten, ein Gülenist zu sein. Als jedoch versucht worden sei, ihn zu rekrutieren, habe er trotzdem zugestimmt, weil er Erdoğans Politik beenden wollte. Sönmezateş sagte, dass sich unter den am Putsch Beteiligten Menschen aus verschiedenen politischen Gruppen befunden hätten.[104]

Für Irritationen sorgte der Präsident des Bundesnachrichtendienstes (BND), Bruno Kahl, der dem *Spiegel* sagte: »Die Gülen-Bewegung ist eine zivile Vereinigung zur religiösen und säkularen Weiterbildung.«[105] Diese Einschätzung teilt Mumay nicht. »Weder Erdoğan noch Gülen hatten jemals die Demokratie im Sinn, sondern waren immer nur an der Macht interessiert. Aber die Gülenisten sind cleverer und gefährlicher. Hätten die Gülenisten den Putsch gewonnen, wäre es noch schwieriger geworden. Denn die Mitglieder dieser Organisation sind in der Lage, einen Feind auf verschiedene Weise zu töten, wie das Beispiel von Ahmet Şık zeigt«,[106] sagt Mumay und meint damit, dass jemand mundtot gemacht wird. Sein Kollege, der Investigativjournalist Şık, warnte schon vor dem Putschversuch davor, dass staatliche Stellen durch die Gülenisten unterwandert würden, und nannte die Bewegung »eine heilige Mafia«. Gleichzeitig kritisierte Şık die Förderung Gülens durch die AKP. Şık wurde wegen seines Buches über die Unterwanderung des Staates durch die Gülenisten 2011 für ein Jahr ins Gefängnis gesteckt.

In internationalen Medien wird berichtet, dass europäische Geheimdienste – auch der Bundesnachrichtendienst – eine andere Version vertreten als die der Regierung in Ankara und des US-Botschafters Jeffrey. Der Umsturzversuch sei demnach von einer Gruppe regierungskritischer Offiziere organisiert worden, zu denen auch Gülenisten gehörten; der Prediger selbst sei aber nicht der Strippenzieher gewesen. Doch auch diese These ist selbst Jahre später nicht abschließend geklärt. Die CHP hat einen eigenen Untersuchungsbericht vorgestellt, in dem sie der Regierung vorwirft, sie habe im Vorfeld von der geplanten Revolte erfahren und sie dennoch geschehen lassen, um den Vorfall für sich auszunutzen – ein »kontrollierter Putsch«.

Der türkische Geheimdienst holt immer wieder mutmaßliche Gülen-Anhänger unter ungeklärten Umständen aus dem Ausland zurück. Laut einer 2021 von der US-amerikanischen NGO Freedom House veröffentlichten Studie hat Ankara seit dem gescheiterten Putsch die »transnationale Repression« verstärkt – der Ausdruck bezeichnet Maßnahmen von Staaten, um unerwünschte Stimmen im Ausland zum Schweigen zu bringen. Betroffen sind vor allem politische Gegner, Journalisten, Menschenrechtler sowie Angehörige ethnischer und religiöser Minderheiten. Seit 2016 habe Ankara seine vermeintlichen Feinde in über dreißig Ländern verfolgt und in die Türkei zurückgebracht. Am stärksten betroffen sind Gülen-Anhänger.

Die Türkei hat zudem Interpol instrumentalisiert. Nur kurze Zeit nach dem vereitelten Putsch soll Ankara versucht haben, rund 60 000 Namen bei der internationalen kriminalpolizeilichen Organisation zu melden, um Festnahmen und Auslieferungen zu erleichtern. Weil Gülen selbst von den USA nicht ausgeliefert wird, nimmt man seine Familie ins Visier. So wurde sein Bruder festgenommen, und ein Neffe des Predigers wurde im Dezember 2018 zu mehr als sieben Jahren Haft verurteilt. Der Mann sagte aus, er habe seinen Onkel nur einmal im Leben gesehen. Im Mai 2021 nahm der Geheimdienst erneut einen Neffen Gülens im Ausland fest und brachte ihn in die Türkei.

Auch Jahre später wirkt die Säuberungswelle immer noch nach. Im April 2021 kommt es zur Festnahme von zehn pensionierten Admirälen, die Kritik an einem der Megavorhaben

Erdoğans, dem geplanten zweiten Bosporuskanal geübt haben. Auch sie sollen Gülenisten sein. Fast zeitgleich werden rund zwanzig ehemalige Militärs wegen der mutmaßlichen Beteiligung am Putschversuch zu einer lebenslangen Haftstrafe verurteilt. Schon nach den Gezi-Protesten ist die einst so wache türkische Zivilgesellschaft stiller geworden, nach 2016 ziehen sich diese Menschen überwiegend zurück. Den 2016 verhängten Ausnahmezustand beendet Erdoğan erst 2018. Unterdessen stellt er die Weichen neu und festigt seine autoritäre Führung. Noch im Ausnahmezustand, im April 2017, lässt er in Vorbereitung auf die Präsidentschaftswahlen ein Verfassungsreferendum durchsetzen, um das Präsidialsystem einzuführen. Obwohl zur Neutralität verpflichtet, tourt Erdoğan durchs Land und wirbt für sich. Nachdem einige europäische Länder verbieten, dass türkische Politiker zu Wahlkampfzwecken dort auftreten, reagiert er aggressiv: »Ein paar Faschisten werden niemals die Ehre der Türkei zerstören«, verkündet er bei einem Auftritt in der Stadt Rize, wo sein Vater geboren wurde, und ruft dazu auf, »den Enkeln der Nazis zu trotzen« und die Verfassungsänderung zu unterstützen. Nach seiner Rede werfen seine Mitarbeiter Schachspiele und Kinderspielzeug in die Menge.[107]

Der Urnengang findet am 16. April 2017 in einer von der Regierung geschaffenen Atmosphäre der Gewalt und Einschüchterung statt. Wer gegen das Präsidialsystem sei, unterstütze Terroristen, verkündet Erdoğan. Die Änderung der Verfassung wird von 51,4 Prozent der Wähler befürwortet, das Ergebnis wird allerdings von der Opposition und kritischen Wahlhelfern in Frage gestellt. Es habe zahlreiche Unregelmäßigkeiten gegeben, die Abstimmung habe unter unfairen Bedingungen stattgefunden. Das Ergebnis zeigt die sich vertiefenden Gräben in einer Gesellschaft, die so stark gespalten ist wie schon lange nicht mehr. Während die einen Erdoğan als Verteidiger der Armen und einer mittlerweile wieder sehr stolzen Türkei betrachten, sehen die anderen in ihm einen Politiker, für den das Wort Demokratie nur ein Mittel ist, um sich seinen Staat nach eigenen Vorstellungen zu bauen. Für die türkische Demokratie ist all das fatal.

Die Umwandlung der Türkei von einem parlamentarischen Regierungssystem in ein Präsidialsystem, die Erdoğan nach seinem Wahlsieg im Juni 2018 aufgrund des Votums für die Verfassungsänderung vollziehen lässt, verschafft ihm wie beschrieben (siehe S. 287) die Kontrolle über die Justiz und zusätzliche Vollmachten zum Erlass von Gesetzen per Dekret, das Amt des Ministerpräsidenten wird abgeschafft. Es ist ein »Präsidialsystem à la Turca«. Erdoğan ist aus dem Bus namens Demokratie ausgestiegen.[108] Am ersten Jahrestag des Putschversuchs wiederholt er im Parlament, dass er bereit sei, die Todesstrafe wieder einzuführen: »Wenn es ins Parlament kommt – und ich glaube daran, dass es vom Parlament verabschiedet wird – und zu mir kommt, werde ich das ohne Zögern bewilligen«, sagt er und schiebt hinterher: »Und ich persönlich achte nicht darauf, was Hans und George dazu sagen. Ich achte darauf, was Ahmet, Mehmet, Hasan, Hüseyin, Ayse, Fatma und Hatice sagen.«[109] Am selben Tag wird auf der ehemaligen Bosporusbrücke, die nun Brücke der Märtyrer des 15. Juli heißt, ein Denkmal mit den Namen der rund 250 Opfer enthüllt, die in jener Nacht starben. Nach offiziellen Angaben werden fast 5000 Menschen verurteilt, knapp 3000 Personen zu lebenslanger Haft.[110] Mit jeder Verurteilung werden weitere Leben zerstört und Menschen ausgegrenzt.

Einer von ihnen ist der Journalist Oğuz Usluer.[111] Er wurde beschuldigt, ein Mitglied der Gülen-Bewegung zu sein. Für ihn ist jedoch klar, dass seine Arbeit als Journalist der Grund dafür ist, dass sein Leben zerstört und er zu siebeneinhalb Jahre Haft verurteilt wurde. Usluer beginnt 2009, beim Sender Habertürk zu arbeiten. 2013 wird er stellvertretender Geschäftsführer. Als im Dezember jenes Jahres ein Korruptionsskandal das Land erschüttert und unter anderem Mitglieder der Erdoğan-Familie beschuldigt werden, verbreitet auch Habertürk diese Informationen. »Als ich die Nachrichten machte, die zu meiner Entlassung führten, habe ich nicht darauf geachtet, ob sie jemanden beunruhigen oder nicht. Schließlich beunruhigen die meisten Nachrichten jemanden, aber als Journalisten gehen wir nicht mit diesem Kriterium an unseren Beruf heran. Was ich tatsächlich getan habe, war, die Ereignisse im Rahmen der klassischen journalistischen Normen unvoreingenommen an die Öffentlichkeit zu bringen. Mit anderen Worten: Ich habe ganz einfach meine Arbeit gemacht. Diese Situation hat jedoch in einigen Kreisen Unbehagen ausgelöst«, erzählt er. Er wird aufgefordert, seinen Resturlaub zu nehmen. Im März 2014 entlässt man ihn. »Mir wurde nicht genau gesagt, warum ich entlassen wurde, aber es war klar.« Das ist der Anfang eines jahrelangen Martyriums.

Die Familie mit zwei kleinen Kindern lebt fortan von den Ersparnissen und dem Gehalt der Ehefrau, die als Wissenschaftlerin an einer Universität arbeitet. Usluer sieht keine Berufsperspektiven mehr für sich in der Türkei, auch seine Frau spürt eine Benachteiligung wegen seiner Entlassung. Sie beschließen, in die USA zu gehen, wo seine Frau eine Stelle bekommen hat. Wenige Tage vor ihrer Abreise nach Houston und sechs Monate nach dem Putschversuch wird der Journalist im Dezember 2016 in seiner Wohnung festgenommen. Die Polizisten beschlagnahmen Unterlagen und sogar die Spieltablets seiner Kinder. Erst nach achtzehn Tagen in Untersuchungshaft erfährt er, was ihm vorgeworfen wird: Kollegen von Habertürk, von denen er einige sogar persönlich eingestellt hatte, haben gegen ihn ausgesagt und behauptet, er habe voreingenommen berichtet und wohl schon im Voraus von den Korruptionsermittlungen gewusst. Die Staatsanwaltschaft wirft ihm vor, die Kommunikations-App Bylock genutzt zu haben, die nach Ansicht der Behörden für »geheime Absprachen« unter Gülen-Anhängern genutzt wird. Tausende Nutzer dieses Messengerdienstes wurden deswegen inhaftiert, auch wenn sie jegliche Gülen-Mitgliedschaft abstritten. Weil die Vorwürfe haltlos gewesen seien, sei er freigelassen worden, erzählt Usluer.

»Es war einer der glücklichsten Momente meines Lebens, denn ich wurde freigesprochen und sollte meine Freiheit wiedererlangen. Aber dieser Tag, den ich für den glücklichsten hielt, war der Beginn eines wahren Albtraums. Noch bevor ich den Campus des Silivri-Gefängnisses verlassen konnte, wurde ich erneut in Gewahrsam genommen.« Die Anklage: »Versuch des Umsturzes der verfassungsmäßigen Ordnung« und »Versuch des Umsturzes der Regierung der Republik Türkei«. Er muss eine siebeneinhalbjährige Strafe absitzen. Seine Kinder sieht er selten öfter als einmal im Monat, seine Frau kommt wöchentlich. Diese einstündigen Treffen finden in einem großen Gemeinschaftsraum statt, in dem auch andere Insassen und deren Besucher anwesend sind. Wegen seiner Verurteilung wird auch die Arbeitssuche für seine Ehefrau zusehends schwieriger. Drei Jahre nach der Inhaftierung bekommt seine Frau eine Stelle in England und zieht mit den Kindern dorthin. Oğuz Usluer wird seine Familie lange nicht sehen.

Nach sechs Monaten in Isolationshaft wird Usluer in eine Zelle verlegt, die er mit zwei anderen teilen muss. Im Innenhof lernt er Deniz Yücel kennen – der *Welt*-Korrespondent sitzt in der Zelle nebenan. Um sich abzulenken, studiert Usluer Soziologie und liest sehr viel. »Mit jedem Buch reiste ich in eine andere Welt. Lesen war eine der besten Möglichkeiten, meine Seele zu heilen.« Während er sich erinnert, muss er innehalten und die aufsteigenden Tränen unterdrücken. Mit seinen

Mitinsassen teilt er Schmerz und Freude. »Als ein Freund in diesem Raum seinen Vater verloren hat und nicht an der Beerdigung teilnehmen konnte, haben wir gemeinsam ein Trauergebet verrichtet.« Als die Tochter eines anderen Insassen heiratet, singen sie zusammen Volkslieder und veranstalten eine sogenannte Henna-Nacht.

Am 2. September 2021 wird Usluer vorzeitig entlassen. »Es war sehr schwer, meine Zellengenossen und meine Nachbarn zurückzulassen, denn ich wusste, dass auch sie unschuldig waren«, sagt er. »Nachdem ich fünf Jahre lang nichts als Beton gesehen habe, sehe ich jetzt die Ankunft der Jahreszeiten, die Schönheit der Natur und verstehe besser, wie wertvoll es ist, einen üppigen Baum zu beobachten. Man sehnt sich danach, in der eigenen Wohnung barfuß herumzulaufen, morgens aufzuwachen und auf einen weichen Teppich zu treten, ohne eine Wand vor dem Gesicht zu haben. In der Schnelllebigkeit des modernen Lebens ist man sich dieser Dinge nicht bewusst.« Usluer versucht nun einen Neuanfang. »Da ich in der Wahrnehmung der Gesellschaft als ›gefährlicher als der Teufel‹ eingestuft werde, kann ich offiziell keinen Job finden und arbeiten. Ich versuche, etwas für meinen Lebensunterhalt zu tun, indem ich meinen Namen verberge, natürlich ist das nicht genug. Ohne die Unterstützung meiner Familie ist es für mich sehr schwierig, finanziell und psychisch zu überleben«, sagt er.

Das Ende der Illusion

Es ist eines der üblichen Schnäppchen, die der deutsche Discounter Lidl im Spätsommer 2022 anbietet: ein Fünf-Sterne-Hotel in Side an der türkischen Riviera, 599 Euro für 22 Tage im Januar 2023, alles inklusive. Im Preis inbegriffen sind die

Zugfahrt zum Flughafen, eine Wäschereinigung, eine Rückenmassage und eine Gesichtsbehandlung.[112] Das Ferienpaket löst unter Türken in sozialen Medien Wut und Trauer aus. Denn immer mehr Menschen im Land rutschen in die Armut ab. Die Schlangen vor den Halk-Ekmek-Kiosken (Volksbrot), in denen von der Stadt Istanbul subventioniertes Brot erhältlich ist, werden immer länger. 2022 eröffnet die Metropole die erste städtische Suppenküche.[113] Angesichts einer ungebremsten Inflation wissen selbst Angehörige der Mittelschicht kaum mehr, wie sie die stetig steigenden Preise bezahlen sollen. Die Miet- und Immobilienpreise explodieren, immer mehr Menschen ziehen aus den Städten fort oder zurück zu ihren Eltern. Ein Euro entsprach zu Erdoğans Amtsantritt als Staatspräsident 2018 noch 5,30 türkischen Lira, Ende 2022 sind es 18,40 – entsprechend verteuern sich die Importprodukte. »Grenzenlos entdecken«, bewirbt Lidl in jenem Prospekt seine Reisen – in sozialen Netzwerken und türkischen Medien fragen sich die Leute, wie ein derart tiefer Preis möglich sein kann und was er für die Menschen bedeutet, die in dem betreffenden Hotel arbeiten.

Im Gegensatz zu vielen anderen Ländern hat die Inflation in der Türkei zu jenem Zeitpunkt weniger mit dem Ukrainekrieg und den gestiegenen Energiepreisen zu tun, sondern mit Erdoğans Kurs. Alles hat der Präsident bisher überstanden: eine Gefängnisstrafe, die wiederholten Drohungen des Militärs, die Gezi-Demonstrationen, die Korruptionsermittlungen, den Putschversuch, den Kampf mit der Gülen-Bewegung. Immer hat sich Erdoğan im Laufe seiner Karriere durchsetzen können. Doch diese Wirtschaftskrise bringt ihn erheblich in Bedrängnis. Im August 2022 sind die Preise im Jahresvergleich um 80 Prozent gestiegen. Die Lebensmittel verteuern sich gar um mehr als 90 Prozent. Im Dezember geht die Inflation zwar deutlich zurück, das Statistikamt teilt mit, dass die Verbraucherpreise auf das Jahr gerechnet um 64,29 Prozent gestiegen seien. Unabhängige Ökonomen zweifeln jedoch an den offiziellen Zahlen.[114] Von Januar bis einschließlich November 2022 mussten landesweit 85 785 Handwerksbetriebe schließen, weil sie die Mieterhöhungen von bis zu 70 Prozent nicht mehr tragen konnten.[115]

Die Landeswährung verliert zusehends an Wert, weil die Zentralbank ihren Leitzins auf Druck Erdoğans senkt. Obwohl Ökonomen bei stark steigenden Preisen eine Zinserhöhung empfehlen, schiebt Erdoğan die Schuld regelmäßig einer »Zinslobby« zu. Im Juli 2018 hat sein Schwiegersohn das Finanzministerium übernommen, doch schon im November 2020 tritt er zurück. Sein Nachfolger, Lütfi Elvan, wird im Dezember 2021 angesichts der nicht zu bändigenden Inflation entlassen. Innerhalb von zweieinhalb Jahren entlässt Erdoğan drei Notenbankchefs. Seine Einmischungen in die Zentralbankpersonalien gelten als ein Grund dafür, dass die Lira an Wert einbüßt. Die politischen Eingriffe untergraben das internationale Vertrauen in die türkischen Währungshüter und in die Lira. Im Januar 2022 muss auch der Leiter der Statistikbehörde gehen, nachdem diese gemeldet hat, dass die Inflation innerhalb eines Jahres um 36 Prozent gestiegen ist. Dennoch senkt die Notenbank mehrmals den Leitzins. Die türkische Lira fällt von Rekordtief zu Rekordtief. Dies sei ein »Unabhängigkeitskampf«, es gehe darum, »Angriffe auf die Wirtschaft von innen und außen« abzuwenden, verteidigt Erdoğan seine unorthodoxe Finanzpolitik[116] und gibt der Vorgängerregierungen die Schuld: »Wir zahlen noch immer die Rechnung für die Krise von 2001.«[117]

Erdoğan fürchtet sich vor einer Zinserhöhung, weil sie die Rezession verschärfen könnte. »Gebt diesem eurem Bruder die Befugnis, dann werdet ihr sehen, wie man mit Zinsen, mit diesem und jenem umgeht. Mein Wort darauf: Zinsen, Inflation und Leistungsbilanzdefizite werden sinken. Und die

Demokratie bringen wir in die nächste höhere Liga«, versprach Erdoğan während seiner Kandidatur für das Präsidialamt.[118] Angesichts der Fakten bringen die Worte fast schon eine Lust am Untergang zum Ausdruck. Oder Erdoğan artikuliert damit sein starkes Bedürfnis nach Rache: am Establishment, an der Gülen-Bewegung, an all denen, die ihn wegen seiner Herkunft belächelten, und an jedem, der ihn kritisiert. Ein Brückenbauer ist Erdoğan schon lange nicht mehr. Angesichts der düsteren wirtschaftlichen Lage gibt er den Kriegspräsidenten und schürt außenpolitische Konflikte. Er droht den Griechen, er kündigt immer wieder Invasionen in Nordsyrien zur Bekämpfung kurdischer Milizen an, er sperrt sich gegen den Nato-Beitritt von Schweden und Finnland. Mit dem Säbelrasseln will er von seinen innenpolitischen Problemen ablenken. Den Dialog und Frieden sucht er mittlerweile nur noch, wenn es ihm nützlich scheint.

Wer indessen mit Kahraman Halisçelik spricht, bekommt eine völlig andere Sichtweise auf die Geschehnisse. Für den Außenpolitikexperten ist Erdoğan ein herausragender Politiker, der nur sein Bestes für sein Land tut. An einem heißen Tag Ende Juli 2022 treffe ich Halisçelik von der »Organization of Turkic States« in einem Istanbuler Café. Viele Einwohner befinden sich im Sommerurlaub. Einige Tage zuvor haben in Istanbul die Ukraine und Russland die Wiederaufnahme der blockierten ukrainischen Getreidelieferungen vereinbart. Die zähen Verhandlungen fanden auch unter Vermittlung der Türkei statt. Erdoğan konnte in der Rolle des Staatsmannes glänzen, der auf der Weltbühne mitgestalten kann – und bei aller berechtigten Kritik an der Regierungspolitik: Ankara gelingt in diesem Fall ein international geschätzter Einsatz.

»Herr Halisçelik, wenn Ankara Teil Europas sein will, warum dann eine repressive Politik wie die Niederschlagung der Gezi-Proteste und die Einschränkungen der Meinungs-

und Pressefreiheit?«, frage ich meinen Gesprächspartner. »Die Europäer tragen hier eine Verantwortung. Das ist nicht unsere Schuld, das ist die Schuld der EU. Wenn Europa ehrlich zur Türkei wäre, würde so etwas nicht passieren, denn Europa hat die Türkei immer betrogen«, antwortet Halisçelik. »Die Schuld der türkischen Regierung wegen Versäumnissen in Menschenrechtsfragen ist eher gering. Aber ich denke, wir könnten eine offenere Gesellschaft sein, wir könnten die Menschenrechtslage verbessern – nicht weil die EU es will, sondern weil es gut für das Land wäre. Der Präsident tut sein Bestes.« Wenn Halisçelik redet, spricht er oftmals ein Ausrufezeichen hinter seinen Sätzen mit. »Die EU kann sagen: Wir haben ein Kapitel über Menschenrechte, kommen Sie, setzen Sie sich, lassen Sie uns darüber reden. Aber das haben sie nie gesagt. Sie haben nie mit uns gesprochen und uns nie gesagt, dass sie uns nicht wirklich wollen. Wenn sie eine Veränderung wollten, wenn sie ehrlich wären, könnten sie zu uns kommen und mit uns reden, auch über Menschenrechte. Es gibt Länder in der EU, die in Bezug auf die Menschenrechte schlimmer sind als die Türkei oder vielleicht auf der gleichen Stufe stehen. Die EU hat uns einfach warten lassen und uns die ganze Zeit betrogen. Das sage nicht nur ich, das ist die öffentliche Meinung in der Türkei.«

In diesem Sommer 2022, so hört man hinter vorgehaltener Hand von türkischen Gesprächspartnern, habe Erdoğan noch nicht alle seine Karten ausgespielt. Viele Menschen fürchten eine Welle des Terrors, wie nach den Wahlen im Juni 2015, als die HDP erstmals ins Parlament einzog und die AKP die absolute Mehrheit verlor. Es sind nur noch wenige Monate bis zur Parlaments- und Präsidialwahl, das Jubiläumsjahr 2023, in dem das hundertjährige Bestehen der Republik gefeiert werden soll, steht bevor – und die Schlagzeilen aus der Türkei sind trübe. Halisçelik räumt ein: »Das jetzige System ist nicht perfekt, wir müssen weiter lernen. Das weiß auch die Regierung.

Staaten sind nie perfekt, deshalb diskutieren wir ja so viel in der Öffentlichkeit.« Er fügt hinzu: »Wir sind ein junges Land, wir haben viele Putsche erlebt, wir hatten nicht wirklich Zeit, uns zu beruhigen und zu sehen, wie die Dinge laufen. Alle zehn Jahre gab es einen Putsch. Seit Erdoğan regiert, ist dies das erste Mal, dass die Armee nichts Wesentliches getan hat.« Halisçelik meint ferner: »Anstatt Erdoğan zu kritisieren, sollten die Europäer vielleicht sehen, was die öffentliche Meinung dazu sagt. Denn das Präsidialsystem wurde in einem Referendum angenommen.« Er kritisiert die Überheblichkeit der Europäer: »Sie wählen die Themen aus, sagen dir, was sie wollen, und dann reden sie nur über dich. Sie grenzen dich einfach aus und sagen dir, dass du schlecht bist.«

Unter Erdoğan hat die Armut lange Zeit abgenommen. Abgesehen von der Finanzkrise 2008/09 stieg das Inlandsprodukt in der Türkei von 2002 bis 2015 jedes Jahr um mindestens 5 Prozent.[119] Betrug die Lebenserwartung 1960 noch 45 Jahre, stieg sie bis 2021 auf 78 Jahre.[120] Andere Zahlen zeigen jedoch die Schattenseiten von Erdoğans System. Die Gefängnisse sind voll, die Inflation und die Arbeitslosigkeit sind zweistellig. Viele Menschen sind verzweifelt angesichts der gestiegenen Preise. Aber darüber reden sollen sie in der Öffentlichkeit möglichst nicht. Als 2021 die Schauspielerin Berna Laçin auf Twitter feststellt, dass sich der Preis für Kirschen um ein Vielfaches erhöht hat, wird sie zu einer Aussage vorgeladen.[121]

Im Juli 2021 tritt Ankara trotz internationaler Kritik und landesweiter Proteste aus der Istanbul-Konvention aus. Dieses Abkommen des Europarats verlangt von den Unterzeichnerstaaten, dass sie unter anderem Maßnahmen gegen häusliche Gewalt und Vergewaltigung in der Ehe ergreifen. Die zivilgesellschaftliche Onlineplattform Kadın Cinayetlerini Durduracağız (Wir werden Frauenmorde stoppen) zählte in der Türkei allein im Jahr 2022 ganze 334 Femizide. Mit dem Ausstieg aus der

Istanbul-Konvention kommt Erdoğan konservativen Kreisen entgegen, die finden, dass diese der Einheit der Familie schade. Die Plattform Kadın Cinayetlerini Durduracağız dagegen soll verboten werden, weil deren Arbeit einigen Machthabern nicht gefällt.[122]

Das Präsidialsystem, so zeigt sich, ist kein Mittel für eine starke Türkei, wie Erdoğan es anpreist. Es ist vielmehr ein Instrument für einen starken Erdoğan. Er attackiert, droht, blockiert, ist aggressiv. Die Pressefreiheit wird immer mehr eingeschränkt, was auch ausländische Medien regelmäßig zu spüren bekommen. Im Juni 2022 wird die Internetseite der Deutschen Welle blockiert. Die türkische Rundfunk-Aufsichtsbehörde RTÜK begründet dies damit, dass der Deutschen Welle die erforderliche Zulassung fehle. Der Sender verzichtete auf ein Gesuch, »weil eine Lizenzierung die Zensur von redaktionellen Inhalten durch die türkische Regierung ermöglicht hätte«. Denn lizenzierte Medien seien gemäß einer seit 2019 geltenden Regelung zur Löschung von Online-Inhalten verpflichtet, welche die RTÜK für unangemessen erachte.

»Über die Sperrung war ich nicht überrascht, nur darüber, dass es so lange gebraucht hat«, sagt Christian Feiland.[123] Der freie Fernsehjournalist lebt seit 1997 in Istanbul und arbeitet auch für die Deutsche Welle. »Wenige Monate zuvor begann Russland den Angriffskrieg auf die Ukraine, und dies könnte einer der Gründe für die Verzögerung gewesen sein. Ankara wollte keine Zensur betreiben, wenn zeitgleich das weltweit geächtete Russland die wenigen freien heimischen Medien massiv einschränkt.« Dass der gesamte Inhalt der Deutschen Welle blockiert worden sei, habe einen technischen Hintergrund: »Die DW-Webseite, auf der alle auf über dreißig Sprachen der Welle zugegriffen haben – somit auch auf die türkische Version. Um ›unliebsame‹ Nachrichten auf Türkisch blockieren zu können, muss die DW-Webseite gesperrt werden. Das hat in diesem Fall eine weitreichende Tragweite – während die Webseite de facto komplett gesperrt ist, sind die Konten des Senders in sozialen Medien hingegen weiterhin zugänglich.«

Feiland ist Gründungsmitglied und Vorsitzender der Foreign Media Associaton (FMA),[124] eines 2018 in Istanbul gegründeten unabhängigen Vereins, der ausländische Journalisten in der Türkei und türkische Journalisten, die für ausländische Medien arbeiten, vertritt. Ein Motiv für die Gründung waren vermehrte Hilferufe von Kollegen, die sich nach dem Putschversuch 2016 immer stärkerem Druck durch die Regierung und durch Internettrolle ausgesetzt sahen. Neben der Vernetzung untereinander ist ein Ziel der Organisation, Interviews mit Regierungsvertretern zu erhalten, denn das war lange Zeit eines der großen Probleme der Medienschaffenden: Dass die Regierung ausländische Journalisten ignoriert, sich aber gleichzeitig darüber beschwert, medial einseitig dargestellt zu werden. Mittlerweile geben Regierungsvertreter auch Ausländern gelegentlich Interviews.

Während seiner fast dreißigjährigen Medientätigkeit hat Feiland schon viele Stimmungen miterlebt. Als er 1997 in der Türkei als Journalist anfing, so erzählt er, seien ausländische Journalisten von der Regierung meist in Ruhe gelassen worden, doch es sei schwierig gewesen, etwa bei Straßenumfragen kritische Meinungen einzuholen. Die fortwährenden Repressalien hätten dazu geführt, dass die Menschen Angst hatten, sich gegenüber ausländischen Medien zu äußern. Mit dem Antritt der AKP 2002 habe es eine Welle der Entspannung gegeben, die schließlich mit den Gezi-Protesten 2013 geendet habe. »Seitdem wurde es immer nur schlimmer. Jetzt trauen die Menschen sich überhaupt nicht mehr, vor einer Fernsehkamera eine kritische Meinung zu vertreten.« Vor allem nach dem niedergeschlagenen Putsch 2016 und erst recht nach dem

Referendum für das Präsidialsystem 2017 sei die Stimmung gegen ausländische Medien derart aufgeheizt gewesen, dass seine Kollegen und er teils darauf verzichtet hätten, bei ihren Dreharbeiten Equipment mit Logos mitzunehmen, um nicht sofort als Ausländer erkannt zu werden.

»Verbale und physische Angriffe mussten mit eingerechnet werden, auch ich wurde oft bei Dreharbeiten auf der Straße angegriffen«, erzählt der Journalist. Die Angreifer glauben der Regierungspropaganda und sehen ihn als Vertreter einer Presse, die den Aufstieg der Türkei verhindern wolle. Neben der zunehmenden Polarisierung habe zwischenzeitlich auch der Druck durch die AKP-Regierung zugenommen. Anders als in demokratischen Staaten üblich, werden die Presseausweise nicht von einem Berufsverband ausgestellt, sondern von der Regierung. Dies gilt sowohl für in- als auch für ausländische Medienschaffende. Die Behörde ist direkt dem Staatspräsidenten unterstellt, und die Karten müssen jedes Jahr neu beantragt werden. Für ausländische Journalisten bedeutet die Ablehnung der Akkreditierung gleichzeitig den Verlust der Aufenthaltsgenehmigung. So musste der *Spiegel*-Korrespondent 2016 das Land verlassen, weil er keine Akkreditierung mehr bekam. Hinzu kämen gezielte Kampagnen regierungstreuer Medien gegen kritische Journalisten. »Kein Journalist wird das gerne zugeben, aber natürlich macht das was mit einem – und das weiß die Regierung auch. Wer das nicht aushält, sollte diesen Job hier nicht machen«, sagt Feiland.

Vor allem drei rote Linien sieht der Journalist, die ein Risiko seien: »Alles, was mit Erdoğans Familie zu tun hat, der Südosten und kurdische Themen, und seit dem Putschversuch alles, was mit der Gülen-Bewegung zu tun hat und deren Punkte wiedergibt. Meist bringt das Probleme mit sich.« Seit zwei Jahren sei das Presseamt nun entgegenkommender, denn Ankara wolle in diesem Zusammenhang weitere Negativschlagzeilen vermeiden. »Das Land braucht ausländische Investitionen. Meine Meinung: Wenn es um Menschenrechte oder Pressefreiheit geht, geschieht hier gar nichts – nur wenn es im Geldbeutel wehtut«, so Feiland.

Wer regierungskritische Inhalte konsumieren will, muss ohnehin meist auf soziale Medien ausweichen, nur noch sehr wenige Medien wagen es, staatliche Institutionen zu sehr zu hinterfragen. Im Kampf gegen freie Medien und abweichendes Denken wird im Oktober 2022 ein Gesetz vom Parlament gebilligt, das Haftstrafen für die Verbreitung »falscher oder irreführender Nachrichten« vorsieht. Damit können Journalisten, aber auch alle anderen Nutzer von sozialen Medien mit bis zu drei Jahren Haft bestraft werden. Denn das »Desinformationsgesetz« richtet sich nicht nur gegen Medien, sondern auch gegen Nutzer von Online-Netzwerken. »Alle vermuten, dies wurde nur gemacht, um die Medien und Wählermeinung im Vorfeld der anstehenden Wahlen 2023 weiter zu beeinflussen und die Politik der Regierung schönzufärben«, meint Feiland.

Je näher das Wahljahr 2023 rückt, desto mehr bedient Erdoğan nationalistische und religiöse Instinkte. Es geht ihm nicht um den Glauben, es sind die immer gleichen Ablenkungsmanöver, um seine eigene Macht zu wahren. So wettert er gegen liberale Kulturschaffende, damit muslimisch-konservative Wähler ihm treu bleiben. Unter anderem legte er sich mit dem Superstar Sezen Aksu an. Die Sängerin veröffentlichte 2017 einen Song mit dem Titel »Sahane bir sey yasamak«. Darin singt sie »Grüßt mir die Ignoranten Adam und Eva«. Wie in der Bibel gilt Adam auch im Islam als ein Prophet, die Bezeichnung als Ignorant ist also eine Beleidigung.

Als Aksu an Neujahr 2022 eine neue Version des Liedes veröffentlicht, werden religiös-konservative Gruppen darauf aufmerksam und protestieren vor Aksus Haus. Sie beleidige damit religiöse Werte, sagen sie. »Es ist unsere Pflicht, diese Zungen – wenn nötig – herauszureißen«, droht Erdoğan bei einer Rede in einer Moschee denen, die kritisch über Adam und Eva sprechen. Den Namen Aksu nennt er nicht. Die Angegriffene reagiert mit einem Gedicht, das den Titel »Jäger« trägt. »Ich bin die Beute, du der Jäger. Los, schieß schon. (…) Du kannst mich nicht töten. Ich habe meine Stimme, mein Instrument und mein Wort. Und wenn ich ›ich‹ sage, meine ich uns alle«, schreibt sie darin.[125] Nach massiven Solidaritätsbekundungen, auch durch AKP-Mitglieder, rudert Erdoğan zurück – er habe gar nicht die Künstlerin gemeint.

Im November 2022 bezeichnet Erdoğan bei einer Versammlung der Organisation für Islamische Zusammenarbeit (OIZ) in Istanbul LGBT als eine Bedrohung sowohl für die Institution der Familie als auch für islamischen Werte.[126] Im August 2022 wird die bekannte Sängerin Gülşen Bayraktar Çolakoğlu wegen eines Witzes festgenommen und kurzzeitig unter Hausarrest gestellt. Man wirft ihr Volksverhetzung vor. Die Musikerin, die sich öffentlich für LGBT-Rechte einsetzt, sagte bei einem Konzert lachend, die »Perversität« eines Kollegen sei auf dessen Zeit an einer Imam-Hatip-Schule zurückzuführen. Auch ihren Namen erwähnt Erdoğan nicht, als er (selbst ein Imam-Hatip-Schüler) mahnt, dass Personen, die nationale Werte beleidigten, den Strafen nicht entkommen könnten. Im Sommer 2022 werden dann rund zwanzig Musikfestivals verboten, entweder aus »Sicherheitsgründen«, wegen Alkoholkonsums oder weil Frauen und Männer gemeinsam in Zelten nächtigten.[127]

Sechs Oppositionsparteien, die sich zusammengeschlossen haben – darunter die CHP und die nationalkonservative İYİ-Partei (Gute Partei, İYİ), die HDP gehört nicht dazu – haben bereits angekündigt, im Fall eines Wahlsiegs das Präsidialsystem abschaffen und zu einer parlamentarischen Demokratie zurückkehren zu wollen. Dass zwischen Erdoğans Worten und Ankündigungen einerseits und der Realität andererseits eine Lücke klafft, wird immer ersichtlicher: Weder kommt die Todesstrafe, noch bringen die Frauen mehr Kinder auf die Welt, die Türken werden auch nicht religiöser. Es ist halt nur sein übliches Rezept: polarisieren, spalten, sich als Lösung anbieten.

Dass auch Erdoğan und die AKP nicht unbesiegbar sind, zeigten die Kommunalwahlen im März 2019. Damals gewinnt der CHP-Politiker Ekrem İmamoğlu (*1970) gegen den früheren AKP-Ministerpräsidenten Binali Yıldırım die Wahl zum Bürgermeister von Istanbul. Damit beendet er die über zwanzigjährige AKP-Vorherrschaft in der Stadt und erobert den Posten, auf dem Erdoğan erstmals landesweit für Furore sorgte. »Wer Istanbul regiert, regiert das Land«, sagt ein türkisches Sprichwort. Weil Erdoğan es nicht gewohnt ist zu verlieren, beantragt die AKP die Annullierung der Abstimmung. Die Hohe Wahlkommission gibt dem Antrag wegen angeblicher Regelwidrigkeiten statt. Bei der Wiederholung der Wahl Ende Juni gewinnt der Oppositionskandidat İmamoğlu ein zweites Mal.

Zu diesem Zeitpunkt werden Erdoğans Mitstreiter immer weniger, die Gegner immer mehr. Einstige AKP-Weggefährten suchen das Weite und verlassen die Partei: Der ehemalige Ministerpräsident Ahmet Davutoğlu, der ehemalige Vize-Ministerpräsident Ali Babacan und der frühere Staatspräsident Abdullah Gül treten aus der AKP aus, weil sie mit Erdoğans Politik nicht mehr einverstanden sind. Davutoğlu gründet im Dezember 2019 gar eine eigene Partei, die Zukunftspartei (Gelecek Partisi, GP), und im März 2020 macht es ihm Babacan nach und gründet die »Partei für Demokratie und Fortschritt« (Demokrasi ve Atılım Partisi, DEVA). Beide Parteien sind mäßig erfolgreich.

Auch gemäß den Umfragen verliert Erdoğan an Rückhalt.

Zusammen mit der ultranationalistischen MHP als Koalitionspartner verzeichnet seine Partei nur noch etwa 50 Prozent Zustimmung, teils sogar weniger. Eine im April 2022 veröffentlichte Studie der Konrad-Adenauer-Stiftung kommt zum Ergebnis, dass sich ein Großteil der jungen Türken eine Zukunft im Ausland wünscht. 73 Prozent der befragten 18- bis 25-Jährigen würden das Land gerne verlassen. Nur 27 Prozent sagen, sie wollten weiterhin in der Türkei leben. 63 Prozent sehen die Zukunft der Türkei negativ, 35 Prozent beurteilen sie gar als völlig hoffnungslos, was mit der wirtschaftlichen Situation des Landes erklärbar ist. Dabei wurde die Befragung im Sommer 2021 durchgeführt – noch bevor die Inflation in die Höhe schoss. Als weitere drängende Probleme nennen die Befragten mangelnde Freiheit und Gerechtigkeit sowie ein schlechtes Bildungssystem. Zugleich zeichnet die Studie das Bild einer liberalen Jugend: Für 80 Prozent sind Frauen und Männer gleichberechtigt, 70,5 Prozent zählen sich zum Islam, aber nur 30 Prozent bezeichnen sich als fromm.[128] So setzt ein Braindrain ein. Weil manche Studenten und auch Lehrpersonen nach ihrem Auslandsstudium nicht wieder in die Türkei zurückkehren, verschickt das Außenministerium eine Anordnung an Behörden, Studenten und Dozenten zu beobachten, damit diese nicht fliehen.[129]

Trotz allem hält Erdoğan an seinen umstrittenen Prestigeprojekten fest. Im März 2022 weiht er in Istanbul die längste Hängebrücke der Welt ein. 2,5 Milliarden Euro kostet die Brücke, welche die Meerenge der Dardanellen zwischen Europa und Asien verbindet und »Çanakkale-Brücke 1915« getauft wird. Der Name erinnert an den Sieg der Osmanen über die Alliierten in der Schlacht von Gallipoli.[130] Auch startet im Juni 2021 trotz beträchtlichen Widerstands von Opposition und Umweltschützern der Bau des zweiten Bosporuskanals. Dabei erwarten Seismologen seit langem ein starkes Beben im Raum

Istanbul. Mehrere Verwerfungslinien verlaufen durch die Türkei. Regelmäßig wird das Land von leichteren, aber auch schweren Beben erschüttert, so im Februar 2023 im türkisch-syrischen Grenzgebiet, wo Zehntausende Menschen ihr Leben verlieren.[131]

Vor allem Istanbul gilt als gefährdet, die Metropole liegt an der sogenannten Nordanatolischen Störung, hier stoßen die anatolische und die eurasische Erdplatte aufeinander. Wissenschaftler des Geomar-Helmholtz-Zentrums für Ozeanforschung in Kiel haben in Istanbul derart starke tektonische Spannungen entdeckt, dass diese ausreichen würden, um ein Beben der Stärke 7,1 bis 7,4 auszulösen.[132] Sollte dies geschehen, dürfte es ähnlich schlimme Folgen haben wie beim Beben vom 17. August 1999, dessen Epizentrum in Gölcük südöstlich von Istanbul lag. Mehr als 18 000 Personen starben damals. Seitdem ist die Angst vor einem verheerenden Erdbeben allgegenwärtig. Den Istanbulern wird geraten, für den Katastrophenfall zu Hause Wasservorräte zu lagern, Kinder sollen Trillerpfeifen bei sich tragen, um im Fall einer Verschüttung auf sich aufmerksam machen zu können. Umweltschützer und die Opposition fürchten, dass der neue künstliche Kanal, der parallel zum Bosporus verlaufen soll und an dessen geplantem Verlauf entlang bereits Gebäude entstehen, die Evakuierung und logistische Unterstützung nach einem Beben erschweren wird.

Von der Politik wird das Problem weitgehend ignoriert. Selbst ohne Beben stürzen immer wieder Häuser ein, weil sie fahrlässig gebaut wurden. Zugleich werden Freiflächen zugebaut. »Kanal Istanbul ist der helle Wahnsinn. Der Kanal ist nicht notwendig, die Wasserreserven werden gefährdet«, warnt der Geologe Celâl Şengör,[133] einer der renommiertesten Geologen des Landes, der auch international für seine Forschung geachtet wird. »Es wird bald ein Erdbeben geben, das eine Stärke von 7,2 überschreiten wird. Wenn man in die Vergangenheit schaut, haben Erdbeben in bestimmten Gebieten bestimmte Intervalle – für Istanbul sind das zweihundertfünfzig Jahre. Das letzte große Beben war 1766«, sagt Şengör. Seiner Meinung nach könnten dann zwischen 50 000 und 100 000 Menschen umkommen. »Jeder weiß, dass nicht erdbebensicher gebaut wird. An die Kulturgüter, die dann zerstört werden könnten, will ich gar nicht denken«, redet er sich in Rage.

Fast jede Woche, fast jeden Tag eine weitere Hiobsbotschaft. Wie gehen die Türken mit der unsicheren Lage um? »Bei den Europäern herrscht die Vorstellung, dass ein Psychotherapeut in der Türkei mit seinen Klienten ständig über die politischen und gesellschaftlichen Themen spricht. Dem ist aber nicht so«, sagt Zaza Yurtsever.[134] Er hat in Marburg Psychologie studiert und zog 2005 nach Istanbul, wo er als Therapeut arbeitete. Seit 2017 lebt er überwiegend in Hamburg. Die Stimmung nach dem Putschversuch war ihm nicht geheuer. Yurtsever hat durch seine Bücher und gelegentliche Medienpräsenz Prominenz erlangt.

»Die Themen eines Psychotherapeuten in Istanbul sind nicht so exotisch, wie man fälschlicherweise annimmt. So war beispielsweise der Putschversuch von 2016 bei meinen Patienten überhaupt kein Thema. Es war grauenerregend, was wir damals erlebt haben. Aber die Menschen haben es bei mir nicht thematisiert. Sie haben wie gewöhnlich über Gewichtsprobleme, Essstörungen, Angststörungen und die Schwierigkeiten in ihrer Beziehung gesprochen. Es wird also nicht nur nicht über politische Themen gesprochen, sondern diese werden meines Erachtens komplett ignoriert. Wahrscheinlich ist dieses Ignorieren der politischen Unsicherheiten und Bedrohungen auch eine Strategie, um weniger gestresst durchs Leben zu gehen und mit diesen Verunsicherungen zurechtzukommen«, sagt Yurtsever.

An eine Stunde kann er sich besonders gut erinnern: »Einmal ereignete sich während einer Sitzung ein Erdbeben. Während ich aufgeregt aufsprang, blieb meine Patientin ruhig sitzen, als sei nichts passiert. Ich fragte mich, ob ich nun eine Therapie brauche. Das Problem war aber nicht meine Reaktion, sondern die ausbleibende Reaktion der Patientin. Dieses offensichtliche Ignorieren fand ich sensationell.« Nur eines, so der Therapeut, habe sich in den vergangenen Jahren geändert: »Die Zukunftsängste haben in den letzten Jahren zugenommen, und das ist angesichts der politischen und ökonomischen Entwicklungen verständlich.«

Aber nicht nur innenpolitisch, auch außenpolitisch gibt es ständige Unruhen. Erdoğans Politik der ausgeglichenen Beziehung zu den Nachbarn ist gescheitert. Atatürks Leitspruch »Yurtta sulh, cihanda sulh« – »Friede zu Hause, Friede in der Welt« – gilt nicht mehr. Es gibt neue konzeptionelle Ausrichtungen, so wendet sich Ankara außenpolitisch von der EU ab. Erdoğan betreibt zusehends eine Schaukelpolitik zwischen Ost und West und irritiert entsprechend die europäischen Partner. Er unternimmt militärische Interventionen in Syrien, Libyen oder im Irak und positioniert die Türkei im Berg-Karabach-Konflikt als Schutzmacht von Aserbaidschan.

Die Beziehungen der Türkei zu Bahrain, Ägypten, Saudi-Arabien und den Vereinigten Arabischen Emiraten (VAE) verschlechterten sich bereits 2011, als Ankara während der arabischen Aufstände die Muslimbruderschaft in Ägypten unterstützte. Sie wurden noch schlechter, als saudische Agenten 2018 den Journalisten Jamal Khashoggi in Istanbul ermordeten und Ankara den Handel und den Energieaustausch mit Teheran, dem Rivalen von Riad, vertiefte. Bis 2021 ist das Königreich Katar der einzige Verbündete Ankaras in der arabischen Welt. Eine Situation, die anhält, bis das Geld ausgeht. Die türkische Wirtschaft erleidet darauf einen Rückgang im Handel und bei den Investitionen. Aus der Not heraus, und weil die Türkei außenpolitisch teils isoliert ist, will Erdoğan nach Jahren der schlechten Beziehungen die bilateralen Beziehungen zu den arabischen Staaten wieder ausbauen. Die Wirtschaft seines Landes braucht deren Kapital. So nimmt Erdoğan den Dialog mit Saudi-Arabien wieder auf, ein Verfahren bezüglich Khashoggi an einem türkischen Gericht wird ohne Urteilsspruch an Saudi-Arabien abgegeben. Erdoğans Versuch hat Erfolg: Saudi-Arabien hat angekündigt, fünf Milliarden US-Dollar bei der türkischen Zentralbank anlegen zu wollen. Beide Seiten beschlossen zudem, Investitionen in Bereichen wie Energie, Tourismus und Verteidigung zu fördern.[135] Auch mit den Vereinigten Arabischen Emiraten werden Investitionsabkommen in Milliardenhöhe abgeschlossen.

Auf dem afrikanischen Kontinent inszeniert sich Ankara derweil als Alternative zu Europa, und zwar ohne eine koloniale Vergangenheit – und ist mit seinen Angebot an Entwicklungshilfe und Investitionen hoch willkommen. Während es 2002 auf dem afrikanischen Kontinent lediglich zwölf türkische Botschaften gab, sind es 2021 schon dreiundvierzig türkische Vertretungen.[136] In Somalia gibt es gar ein Recep-Tayyip-Erdoğan-Krankenhaus.[137]

Von europäischen Regierungen und der EU dagegen wird Erdoğan verschiedentlich unter Druck gesetzt. Er weiß, dass sich die Europäer vor weiteren Flüchtlingsströmen fürchten. Er scheut sich nicht, Menschen wie Schachfiguren einzusetzen. Nach jahrelangen Drohungen greift er 2020 zu einer wohl dosierten Eskalation. Er bricht kurzzeitig den 2016 mit der EU vereinbarten »Flüchtlingspakt«. In Bussen werden Flüchtlinge an die griechische Grenze eskortiert. Der Staatssender TRT will mit Landkarten, auf denen Fluchtrouten in europäische Länder markiert sind, die Zuschauer aufrütteln. »Wir haben die Tore geöffnet«, schürt Erdoğan gezielt Ängste: »Hunderttausende haben sich auf den Weg nach Europa gemacht. Bald werden es Millionen sein.«

Der türkische Präsident hat dabei nicht nur finanzielle Interessen gegenüber der EU im Sinn. Ebenso sehr wie EU-Gelder braucht er die Stimmen der Nationalisten. Bis zu jenem Zeitpunkt war die Türkei nicht nur Aufnahmeland, sondern auch Durchgangsstation, was Brüssel mit diesem »Flüchtlingsdeal« stoppen wollte. Die Türkei hat 3,6 Millionen syrische Flüchtlinge aufgenommen. Hinzu kommen Hunderttausende Menschen aus Pakistan und Afghanistan, die keine staatliche Unterstützung erhalten. Vor allem die Syrer wurden zunächst wohlwollend integriert, doch 2019 kippte angesichts der Wirtschaftskrise die Stimmung im Land – Ankara begann, Syrer teils gewaltsam in ihr Heimatland abzuschieben.[138]

Nachdem Russland am 24. Februar 2022 die Ukraine überfällt, wird Erdoğan zu einem Friedensdiplomaten in eigener Sache. Dabei geht es ihm um sein Image in der internationalen Gemeinschaft – aber vor allem um sein eigenes politisches Überleben. Ankaras Reaktion auf die russische Invasion in der Ukraine wird für die Türkei immer mehr zu einem Balanceakt. Als einziges Nato-Mitglied hat das Land den eigenen Luftraum nicht für russische Flugzeuge gesperrt. Zwar verurteilt Ankara Russlands Vorgehen, beteiligt sich aber nicht an Sanktionen gegen das Land. Die Türkei unterhält enge Beziehungen sowohl zu Russland als auch zur Ukraine. Deswegen zeigt die türkische Regierung sich in diesem Konflikt um eine Deeskalation bemüht. Erdoğan und sein Außenminister Mevlüt Çavuşoğlu bieten sich erfolgreich als Vermittler zwischen den Kriegsparteien an.

Zwar verfolgen Ankara und Moskau in Syrien, Aserbaidschan und Libyen entgegengesetzte Ziele. Doch Erdoğan will weder die Tür zur Ukraine noch zu Russland zuschlagen – und bleibt pragmatisch. Kiew und Ankara sind während seiner Amtszeiten zu wichtigen Partnern geworden, sie haben Handelsabkommen und Waffenverkäufe in Milliardenhöhe unterzeichnet. So setzt die Ukraine von der Türkei gelieferte

Kampfdrohnen ein. Die international im Einsatz befindliche Drohne Bayraktar TB2 wird von der Firma Bayraktar hergestellt. Selçuk Bayraktar, Sprössling der Familie, der das Rüstungsunternehmen gehört, ist der Schwiegersohn Erdoğans.

Um Zurückhaltung bemüht, hat Ankara erst nach langem Lavieren den Zugang für russische Kriegsschiffe zum Schwarzen Meer eingeschränkt. Damit setzte es das Montreux-Abkommen von 1936 durch, das den Seeverkehr im Bosporus und in den Dardanellen regelt. Während in Friedenszeiten für Handelsschiffe die freie Durchfahrt gesichert ist, gelten für Kriegsschiffe gesonderte Regeln.[139] Doch Außenminister Çavuşoğlu ist es wichtig zu betonen, dass diese Maßnahme nicht gegen Russland gerichtet sei, sondern dass lediglich internationales Recht angewendet werde.

Erdoğan pflegt enge Beziehungen zu Wladimir Putin – beide haben einander schon mehrfach als »Freunde« bezeichnet. Ankara ist abhängig von russischen Rohstoffen und deswegen auf gute Kontakte zu Moskau angewiesen. Im Jahr 2020 stammten fast 34 Prozent der Gasimporte und 65 Prozent der Weizenimporte vom Schwarzmeernachbarn. Ferner ist der russische Staatskonzern Rosatom federführend beim Bau des ersten Atomkraftwerks in der Türkei, das 2023 in der Provinz Mersin seinen Betrieb aufnehmen soll. Das AKW soll mehr als 10 Prozent des türkischen Energiebedarfs abdecken. Die Russen sind außerdem die größte Urlaubergruppe in der Türkei.[140] So steigert Ankara – unter Umgehung der von seinen Nato- und europäischen Verbündeten verhängten Sanktionen – den Handel mit Moskau seit dem Einmarsch in der Ukraine um 198 Prozent, wie Medien im Dezember 2022 mitteilen.[141]

Steigende Energie- und Lebensmittelkosten oder weniger Touristen sind das Letzte, was Erdoğan gebrauchen kann. Kurz vor der russischen Invasion sind die Konsumentenpreise so hoch geklettert wie seit über zwanzig Jahren nicht mehr. Die

Versuche, zwischen Russland und der Ukraine zu vermitteln, bieten Erdoğan die Gelegenheit, sich als verlässlicher Partner der Nato zu beweisen. Mit dem Kauf des russischen Raketenabwehrsystems S-400 und der Ankündigung, die militärische Zusammenarbeit mit Moskau noch weiter auszubauen, hat die Türkei ihre Verbündeten allerdings verärgert. Und sie profitiert von der Umgehung der Sanktionen. Laut Medienberichten haben sich nach Ausbruch des Krieges innerhalb weniger Monate 600 000 Russen in der Türkei niedergelassen, allein zwischen August und November 2022 sollen sich die Güterexporte und -importe von und nach Russland fast verdoppelt haben.[142]

In den Beziehungen zu Griechenland kommt es 2022 zu erneuten Spannungen. Athen und Ankara streiten über Territorialansprüche und Energie-Erschließungsrechte in der Ägäis und im östlichen Mittelmeer. Ankara kritisiert, die Militarisierung von Inseln in der Ostägäis verstoße gegen die Verträge von Lausanne (1923) und Paris (1947). Athen entgegnet, diese völkerrechtswidrige Militarisierung sei der Bedrohung durch Ankara geschuldet. Die beiden Nato-Partner gerieten bereits 2020 beinahe in eine neuerliche militärische Auseinandersetzung. Ein türkisches Bohrschiff unternahm damals – teils begleitet von Kriegsschiffen – südlich der Insel Rhodos Erkundungsfahrten. Erst mit dem Rückzug des türkischen Schiffes beruhigte sich die Lage. Ankara vertritt den Standpunkt, dass die Gewässer zum türkischen Festlandsockel gehören. Griechenland sieht das naturgemäß anders und hält solche Erkundungen wie 2020 für illegal. Doch im August 2022 entsendet die Türkei erneut ein Gasbohrschiff ins östliche Mittelmeer.

»Wir werden gegenüber Griechenland die Rechte unseres Landes verteidigen«, sagt Erdoğan. »Und wenn es uns nötig erscheint, dann auch mit allen Mitteln und Methoden, die uns zur Verfügung stehen.«[143] In Anlehnung an die Verse von Ümit Yaşar Oğuzcan drohte er: »Wenn die Zeit gekommen ist, werden wir das Nötige tun. Eines Nachts können wir kommen.« Die Türkei, die auf Gasimporte angewiesen ist, betrachtet sich als von der geplanten Ausbeutung von Erdgasvorkommen ausgeschlossen.[144] Das Streben nach Energieressourcen führt daher auch dazu, dass Ankara in den libyschen Bürgerkrieg eingreift, nachdem die international anerkannte libysche Regierung die türkischen Ansprüche unterstützt hat.

Doch es geht nicht nur um Ressourcen, die Türkei strebt auch generell nach maritimer Vorherrschaft in der Region. Immer wieder stellt Erdoğan den Vertrag von Lausanne infrage, der 1923 die Landesgrenzen der Türkei festgelegt hat. Für Erdoğan ist es ein Ärgernis, dass einige Ägäisinseln Griechenland zugesprochen wurden. »Lausanne ist kein unanfechtbarer Text, keinesfalls ist er ein heiliger Text«, findet er.[145] Im Herbst 2022 kündigt Erdoğan überdies an, der Shanghaier Organisation für Zusammenarbeit (SCO) beitreten zu wollen. Deren Mitglieder sind China, Russland, Indien, Pakistan, Kasachstan, Kirgistan, Tadschikistan, Usbekistan und Iran. Die Türkei wäre bei einer Aufnahme in das Autokratenbündnis das einzige Nato-Mitglied und der einzige EU-Beitrittskandidat. So sorgt Erdoğans Suche nach neuen Partnern für weitere Irritationen in der Nato und der EU.

Nach heftigen Auseinandersetzungen zwischen Brüssel und Ankara gelangt die EU-Kommission 2020 zum Schluss, dass die Gespräche zu einem »Stillstand« gekommen seien. Doch als Druckmittel reicht das nicht aus – obwohl der türkische Präsident dringend wirtschaftliche Unterstützung und positive Nachrichten braucht. So hält Erdoğan zumindest formal an einem EU-Beitritt fest, er fordert eine Wiederaufnahme der Verhandlungen. Unter den Bedingungen zu diesem Zeitpunkt ist ein EU-Beitritt jedoch illusorisch: »Derzeit ist es der Türkei nicht möglich, der EU beizutreten«, sagt Paul Levin[146] vom Institut für Türkeistudien an der Universität Stockholm. »Die Gespräche sind eingefroren. Nur wenn sich die Politik deutlich ändern würde, könnten weitere Verhandlungen zu etwas führen. Aber das ist in den nächsten Jahren sehr unwahrscheinlich. Wenn es überhaupt zu einem Beitritt kommen soll, sprechen wir von einem Zeitraum in den nächsten zwanzig Jahren«, so Levin. »Erdoğan ist nach wie vor generell für einen Beitritt zur EU. Aber im Moment gibt es für beide Seiten keinen Weg. Dennoch brauchen sie einander gegenseitig«, sagt der frühere Außenminister Yaşar Yakış.[147] »Wenn Erdoğans Herrschaft vorbei ist, wird sich die Situation normalisieren, und viele Reformen werden durchgeführt werden«, meint er zuversichtlich und fügt hinzu: »Die Mehrheit der Türken ist immer noch für einen EU-Beitritt. Aber sie sind misstrauisch und denken, dass dieser ›christliche Club‹ uns niemals aufnehmen wird.«

Trotz seiner Kritik an der EU sagt der Lobbyist Halisçelik: »Wir sind ein europäisches Land. Unser größter Handelspartner ist Europa. Unsere demokratische Kultur ist sehr europäisch. Wir befinden uns zwar noch auf einem anderen Niveau, was die Demokratie betrifft, aber die Inspiration ist europäisch. Es macht für uns keinen Sinn, uns von Europa zu entfernen, denn im Nahen Osten gibt es keine Inspiration für uns. Was können wir vom Iran oder Irak lernen? Sie hinken uns hinterher. Die Türken sind Europäer und wollen Teil von Europa sein.« Und Halisçelik fordert: »Wenn Brüssel uns als Mitglied der EU haben will, dann müssen sie mehr Kapitel öffnen und aufhören, die Blockadepolitik von Zypern und Griechenland zu dulden.«

Doch Lippenbekenntnisse zur Demokratie und Avancen reichen nicht aus, um die Menschen im Land über die Realität hinwegsehen zu lassen. Das Thema EU-Beitritt oder auch Menschenrechte spielt im Vorwahlkampf zu den für Juni 2023 geplanten Präsidentschafts- und Parlamentswahlen ohnehin keine Rolle mehr in der Türkei. Während die Opposition mit dem Ziel für sich wirbt, Erdoğans Präsidentschaft zu beenden, spielt die Regierung neben der nationalistischen und religiösen im Dezember 2022 eine weitere Karte aus. Erdoğan schaltet weiterhin gezielt seine Gegner aus, nun auch solche aus der ersten Reihe. Während das Verbotsverfahren über der erfolgreichen Oppositionspartei HDP schwebt, Tausende HDP-Mitglieder im Gefängnis sitzen und etliche HDP-Bürgermeister ihres Amtes enthoben wurden, verhängt im Dezember 2022 ein Strafgericht ein Politikverbot gegen Ekrem İmamoğlu und verurteilt ihn zu mehr als zwei Jahren Haft. Grund für das Urteil: Der populäre Istanbuler Bürgermeister soll Beamte der Wahlbehörde als »Idioten« bezeichnet haben, nachdem diese die erste Bürgermeisterwahl 2019 wiederholen ließen. Zum Zeitpunkt der Verurteilung wird İmamoğlu als möglicher Präsidentschaftskandidat gehandelt und gilt auch ohne eine Erklärung für eine Kandidatur als aussichtsreichster Herausforderer Erdoğans für die Präsidentschaftswahlen. Sein Amt kann er behalten, bis das Urteil, gegen das er Berufung angekündigt hat, rechtskräftig ist.

Unterdessen hat der achtundsechzigjährige Erdoğan Anfang Dezember bei einer Rede in der nordtürkischen Stadt Samsun angekündigt, bei einem Wahlsieg 2023 nicht noch einmal kandidieren zu wollen. »Wir bitten zum letzten Mal um Unterstützung«, appelliert der Präsident an die Nation. Im November 2022 ist die AKP seit zwanzig Jahren an der Macht – noch nie hat eine Person so lange an einem Stück so sehr die Politik des Landes dominiert. Erdoğan verspricht, nach einem möglichen nächsten Wahlsieg das Land an eine junge Generation zu übergeben. »Lassen wir 2023 niemanden zwischen uns kommen, wie wir es in den letzten zwanzig Jahren getan haben«, sagt Erdoğan und räumt ein, dass einer Person, die das Land so viele Jahre regiere, auch Fehler unterlaufen würden. Er erinnert aber auch daran, was er aus seiner Sicht erreicht hat: »Die Türkei ist nicht mehr ein Land, das Befehle entgegennimmt, sondern ein Land, das Befehle erteilt.«[148]

ANHANG

ANMERKUNGEN

Einleitung

1 Vgl, Sayın, Ayşe: AKP: Türkiye'nin son 20 yılına damga vuran parti, BBC Türkçe, 14. August 2022.

2 Vgl. Kreiser, Klaus: Ist Erdoğan der neue Atatürk?, Zeit Online, 13. August 2014.

Kapitel 1: Die Entstehung der modernen Türkei 1923 – 1938

1 Hanioğlu, M. Şükrü: Atatürk, Visionär einer modernen Türkei, Darmstadt 2015, S. 22.

2 Immer zwischen dem 15. Juni und dem 15. Juli, so heißt es auf der Webseite des Bezirks Damal, »spiegelt sich der Schatten einer Seite des Berges auf der anderen Seite und bildet ganz natürlich die Silhouette des Großen Führers Atatürk«. Vgl. http://www.ardahan.gov.tr/ataturk-silueti

3 Vgl. Hermann, Rainer: Türkei, Zürich 2009, S. 22.

4 Vgl. Kreiser, Klaus: Atatürk. Eine Biographie, München 2008, S. 11 und S. 15.

5 Der Einheitlichkeit wegen wird in diesem Buch durchgehend der Name Atatürk verwendet.

6 Kreiser: Atatürk, S. 12.

7 Hanioğlu: Atatürk, Visionär einer modernen Türkei, S. 38.

8 Kreiser: Atatürk, S. 27.

9 Das Interview wurde im April 2022 geführt.

10 Mehr zu Klaus Kreiser auf http://www.klaus-kreiser.de/

11 Mustafa Kemal Atatürk: Aus Reden und Gesprächen, Heidelberg 1981, S. 36.

12 Kreiser, Klaus: Atatürk, S. 61.

13 Ebd., S. 125.

14 Die Jungtürken waren eine nationalistische Gruppe, die seit 1876 auf eine Reformierung des Staates hinarbeitete. Sie beendeten die Allein-

herrschaft des Sultans. 1908 zwangen sie dem Sultan die Annahme einer Verfassung auf, zwischen 1913 und 1918 beherrschten sie de facto den osmanischen Staat. Atatürk gehörte den Jungtürken an und ließ sich von der Bewegung für den Unabhängigkeitskrieg inspirieren. Atatürk stand allerdings in Opposition zu deren Führer Enver Paşa. Quelle: https://www.bpb.de/themen/europa/tuerkei/184976/vom-osmanischen-reich-zur-republik-tuerkei/

15 Hanioğlu: Atatürk, Visionär einer modernen Türkei, S. 92.

16 Günay, Cengiz: Die Geschichte der Türkei von den Anfängen der Moderne bis heute, Wien 2012, S. 117.

17 Moser, Brigitte, und Weithmann, Michael W.: Die Türkei. Nation zwischen Europa und dem Nahen Osten, Regensburg 2002, S. 87.

18 Kreiser: Atatürk, S. 159.

19 Vgl. https://www.bpb.de/shop/zeitschriften/izpb/77030/vom-reich-zur-republik-die-kemalistische-revolution/

20 Vgl. Banken, Roland: Die Verträge von Sèvres 1920 und Lausanne 1923. Eine völkerrechtliche Untersuchung zur Beendigung des Ersten Weltkriegs und zur Auflösung der sogenannten »Orientalischen Frage« durch die Friedensverträge zwischen den alliierten Mächten und der Türkei, Berlin 2014, S. 386.

21 Vgl. Kramer, Heinz, und Reinkowski, Maurus: Die Türkei und Europa. Eine wechselhafte Beziehungsgeschichte, Stuttgart 2008, S. 119.

22 Vgl. https://thelausanneproject.com/history-lausanne-treaty/

23 https://time100.time.com/2013/10/29/8-odes-to-ataturk-founder-of-the-turkish-republic/

24 https://www.cumhuriyet.com.tr/yazarlar/emre-kongar/halk-firkasinin-kurulusu-1079117

25 Vgl. Kreiser: Atatürk, S. 208–210.

26 Vgl. Feroz, Ahmad: The Making of Modern Turkey, New York 1993, S. 91.

27 Moser, Weithmann: Die Türkei, S. 99.

28 Vgl. Kreiser: Geschichte der Türkei, S. 9.

29 Kreiser, Klaus: Revolution im Museum, in: Schweizer, Max (Hrsg.): Zwischen Ankara und Lausanne: Die Türkei unterwegs nach Europa. Ein Lesebuch, Zürich 2004, S. 122.

30 Hartmann, Heinrich: Eigensinnige Musterschüler. Ländliche Entwicklung und internationales Expertenwissen in der Türkei (1947–1980), Frankfurt am Main 2020, S. 53.

31 Zürcher, Erik J.: Turkey. A Modern History, London / New York 2017, S. 198.
32 Moser, Weithmann: Die Türkei, S. 124.
33 Vgl. https://www.bpb.de/themen/europa/tuerkei/208099/die-tuerkische-aussenpolitik/
34 https://www.mfa.gov.tr/implementation-of-the-montreux-convention.en.mfa
35 Isachenko, Daria: Türkei und Russland. Die Logik einer konfliktträchtigen Zusammenarbeit, Stiftung Wissenschaft und Politik, Berlin 2021.
36 Kreiser: Geschichte der Türkei, S. 59.
37 Buhbe, Matthes: Türkei: Politik und Zeitgeschichte, Opladen 1996, S. 55.
38 Hermann, Rainer: Wohin geht die türkische Gesellschaft? Kulturkampf in der Türkei, München 2008, S. 17.
39 Moser, Weithmann: Die Türkei, S. 106–107.
40 Kreiser: Geschichte der Türkei. Von Atatürk bis zur Gegenwart, München 2020, S. 56–57.
41 Vacek, Egon: Das Testament des »Türkenvaters«, in: *Die Zeit*, 27. Mai 1960.
42 Moser, Weithmann: Die Türkei, S. 113.
43 Kreiser: Atatürk, S. 210–211.
44 Kreiser: Atatürk, S. 285.
45 https://time100.time.com/2013/10/29/8-odes-to-ataturk-founder-of-the-turkish-republic/
46 https://www.anitkabir.tsk.tr/
47 http://content.time.com/time/subscriber/article/0,33009,860125,00.html
48 Vgl. Hermann: Türkei, S. 24–26.
49 Das Interview wurde im Juni 2022 geführt.
50 https://www.hurriyet.com.tr/gundem/ataturke-hakaret-davasinda-ipek-calislara-beraat-5640588
51 Atatürk: Aus Reden und Gesprächen, S. 2.
52 Vgl. Bayraktarli, Ihsan Yilmaz: Die Türkei im Umbruch. Schrift und Sprache als nationalistisches Politikum in der türkischen Revolution, Frankfurt am Main 2009, S. 24.
53 https://ataturkansiklopedisi.gov.tr/bilgi/ataturkun-sagliginda-yapilan-heykelleri/
54 Hanioğlu: Atatürk. Visionär einer modernen Türkei, S. 190–191.

55 Kreiser: Atatürk, S. 217.
56 Atatürk: Aus Reden und Gesprächen, S. 38, Zitat von 1923.
57 Moser, Weithmann: Die Türkei, S. 112.
58 Vgl. Hanioğlu: Atatürk: Visionär einer modernen Türkei, S. 80.
59 Atatürk: Aus Reden und Gesprächen, S. 39, Zitat von 1924.
60 Durugönül, Esma: Über die Reislamisierung in der Türkei als sozialreligiöse Bewegung unter besonderer Berücksichtigung der zwei Jahrzehnte 1970–1990, Frankfurt am Main 1995, S. 155.
61 Blaschke, Jochen, und Bruinessen, Martin van (Hrsg.): Jahrbuch zur Geschichte und Gesellschaft des Vorderen und Mittleren Orients 1984, Islam und Politik in der Türkei, Berlin 1984, S. 96.
62 Prätor, Sabine: Türkische Freitagspredigten zum Islam in der heutigen Türkei, Berlin 1985, S. 5.
63 Durugönül, Esma: Über die Reislamisierung in der Türkei, S. 156.
64 Karakas, Cemal: Türkei. Islam und Laizismus zwischen Staats-, Politik-und Gesellschaftsinteressen, Frankfurt am Main 2007, S. 10–11.
65 Hanioğlu: Atatürk. Visionär einer modernen Türkei, S. 165.
66 Durugönül: Über die Reislamisierung in der Türkei, S. 164.
67 Blaschke, Bruinessen: Jahrbuch zur Geschichte und Gesellschaft des Vorderen und Mittleren Orients 1984, S. 75.
68 Wedel, Heidi: Der türkische Weg zwischen Laizismus und Islam zur Entwicklung des Laizismusverständnisses in der türkischen Republik, Opladen 1991, S. 12.
69 Blaschke, Bruinessen: Jahrbuch zur Geschichte und Gesellschaft des Vorderen und Mittleren Orients 1984, S. 76.
70 Kreiser: Atatürk, S. 239–243.
71 Moser, Weithmann: Die Türkei, S. 109.
72 Peters, Richard: Die Geschichte der Türkei, Stuttgart 1961, S. 141.
73 Durugönül: Über die Reislamisierung in der Türkei, S. 156.
74 Göle, Nilüfer: Republik und Schleier. Die muslimische Frau in der Moderne, Berlin 1995, S. 98.
75 Vgl. Göle: Republik und Schleier, S. 73–92.
76 Vgl. Gündüz, Zuhal Yeşilyurt: Die Demokratisierung ist weiblich. Die türkische Frauenbewegung und ihr Beitrag zur Demokratisierung der Türkei, Osnabrück 2002, S, 56–65.
77 Hanioğlu: Atatürk. Visionär einer modernen Türkei, S. 214.
78 Kreiser: Atatürk, S. 254–258.
79 Moser, Weithmann: Die Türkei, S. 119.
80 Atatürk: Aus Reden und Gesprächen, S. 42, Zitat von 1923.

81 Gündüz: Die Demokratisierung ist weiblich, S. 46. Üçüncü, Şadi: Die Stellung der Frau in der Geschichte der Türkei. Ein historischer Überblick von den alten Turkvölkern bis heute, Frankfurt am Main, 1986, S. 177–179.

82 Hanioğlu: Atatürk. Visionär einer modernen Türkei, S. 218.

83 Das Interview wurde im März 2022 geführt.

84 Moser, Weithmann: Die Türkei, S. 111.

85 Atatürk: Aus Reden und Gesprächen, S. 49, Zitat von 1930.

86 Vgl. Lerch, Wolfgang Günter: Begegnungen mit der Türkei. Geschichte, Kultur, Politik: fünf Jahrzehnte zwischen Bosporus und Ararat, Berlin 2019, S. 66.

87 Bayraktarli: Die Türkei im Umbruch, S. 224.

88 Kreiser: Atatürk, S. 264–276.

89 Vgl. Kurt, Cahit: Die Türkei auf dem Weg in die Moderne. Bildung, Politik und Wirtschaft vom Osmanischen Reich bis heute, Frankfurt am Main 1989, S. 213–232.

90 Zu Inönü siehe ausführlich in Kapitel 2: Der Nachlassverwalter Ismet Inönü.

91 Reinkowski, Maurus: Geschichte der Türkei. Von Atatürk bis zur Gegenwart, München 2021, S. 168–169.

92 Moser, Weithmann: Die Türkei, S. 111.

93 Günay: Geschichte der Türkei, S. 160.

94 Hanioğlu: Atatürk. Visionär einer modernen Türkei, S. 223.

95 Vgl. Dogramaci, Burcu: Architektur, Politik, Kulturtransfer. Deutschsprachige Architekten, Stadtplaner und Bildhauer als Gestalter der türkischen Hauptstadt Ankara in: Clemens, Gabriele (Hrsg.): Die Türkei und Europa, Münster 2007, S. 95–125.

96 Bakirdoegen, Ayhan: Das Fenster zum Bosporus, in: *Die Zeit*, 5. Januar 2000. Kubaseck, Christopher, und Seufert, Günter (Hrsg.): Deutsche Wissenschaftler im türkischen Exil. Die Wissenschaftsmigration in die Türkei 1933–1945, Würzburg 2008. Stock, Adolf: Fluchtpunkt Türkei, Deutschlandfunk Kultur, 15. März 2014.

97 Buhbe: Türkei. Politik und Zeitgeschichte, S. 59.

98 Vgl. Günay: Die Geschichte der Türkei von den Anfängen der Moderne bis heute, S. 179–182.

99 Vgl. Steinbach, Udo: Geschichte der Türkei, München 2007, S. 98.

100 https://www.trthaber.com/haber/gundem/dunyanin-en-buyuk-turk-bayragi-goklerle-bulusturulacak-575318.html

101 Steinbach: Geschichte der Türkei, S. 103.

102 Hughes, Bettany: Istanbul. Die Biographie einer Weltstadt, Stuttgart 2018, S. 721.

103 Şimşir, Bilal N.: Geburt der modernen Türkei, in: Schweizer, Max (Hrsg.): Zwischen Ankara und Lausanne: Die Türkei unterwegs nach Europa. Ein Lesebuch, Zürich 2004, S. 80.

104 Peters, Richard: Die Geschichte der Türkei, Stuttgart 1961, S. 138.

105 Kartal, Celalettin: Der Rechtsstaatus der Kurden im Osmanischen Reich und in der modernen Türkei. Der Kurdenkonflikt, seine Entstehung und völkerrechtliche Lösung, Bremen 2001, S. 71.

106 Das Interview wurde im Oktober 2022 geführt.

107 Ağır, Ülkü: Pogrom in Istanbul, 6./7. September 1955. Die Rolle der türkischen Presse in einer kollektiven Plünderungs- und Vernichtungshysterie, Berlin 2014, S. 130.

108 Vgl. Jacob, David: Minderheitenrechte in der Türkei. Recht auf eigene Existenz, Religion und Sprache nichtnationaler Gemeinschaften in der türkischen Verfassung und im Lausanner Vertrag, Tübingen 2017, S. 123–179.

109 Jacob: Minderheitenrecht in der Türkei, S. 12.

110 Reinkowski: Geschichte der Türkei, S. 154.

111 Vgl. Banken, Roland: Die Verträge von Sevres 1920 und Lausanne 1923. Eine völkerrechtliche Untersuchung zur Beendigung des Ersten Weltkrieges und zur Auflösung der sogenannten »Orientalischen Frage« durch die Friedensverträge zwischen den alliierten Mächten und der Türkei, Berlin 2014, S. 131.

112 Kartal, Celalettin: Der Rechtsstaatus der Kurden im Osmanischen Reich und in der modernen Türkei. Der Kurdenkonflikt, seine Entstehung und völkerrechtliche Lösung, S. 74.

113 Strohmeier, Martin, und Yalçin-Heckmann, Lale: Die Kurden. Geschichte, Politik, Kultur, München 2000, S. 97.

114 Buhbe: Türkei. Politik und Zeitgeschichte, S. 35.

115 Günay: Die Geschichte der Türkei, S. 134–135.

116 Günay: Geschichte der Türkei, S. 105.

117 Vgl. Reinkowski: Geschichte der Türkei, S. 166–170.

118 Rumpf, Christian: Das türkische Verfassungssystem, Wiesbaden 1996, S. 105.

119 Zu den Prinzipien des Kemalismus vgl. Batkin, Metin: Die Rezeption »westlicher« Verfassungsrechte in der Türkei. Die türkische Verfassung von 1961, Berlin 2021, S. 53–61, sowie Rumpf: Das türkische Verfassungssystem, S. 100–116; Buhbe: Türkei: Politik und

Zeitgeschichte, S. 47: Kramer, Reinkowski; Die Türkei und Europa, S. 128–140.

120 Vgl. Kartal, Celalettin: Der Rechtsstaatus der Kurden im Osmanischen Reich und in der modernen Türkei, S. 93.

121 Vgl. Arikan, Memo: Kurdische Geschichte im Überblick, Köln 1994, S. 29.

122 Jacob: Minderheitenrechte in der Türkei, S. 10.

123 Kartal: Der Rechtsstaatus der Kurden, S. 73.

124 Vgl. Speckmann, Thomas: Kurden: Von Atatürk verraten, in: *Die Zeit*, 30. Oktober 2014.

125 Reinkowski: Geschichte der Türkei, S. 122.

126 Vgl. Kramer, Reinkowski: Die Türkei und Europa, S. 131.

127 Vgl. Hermann: Wohin geht die türkische Gesellschaft?, S. 73–76.

128 https://www.youtube.com/watch?v=8j1SQT0x01A

129 Kutahyali, Rasim Ozan: How did Turkish media ›lynch‹ Kurdish singer?, Al-Monitor, 4. November 2013. Neshitov, Tim: Lieder des Guten, in: *Süddeutsche Zeitung*, 1. November 2014.

130 Özkök, Ertuğrul: Güzel magazinciler, çirkin adamlar, in: *Hürriyet*, 14. Februar 1999.

131 Erdoğan, Recep Tayyip: »Ahmet Kaya'nın kabrinin nakli teklifimiz masada«, Bianet, 22. November 2022.

132 »Sing türkisch!«, in: *Der Spiegel*, 14. August 2011.

133 Jacob: Minderheitenrechte in der Türkei, S. 116–117.

134 Das Interview fand im April 2022 statt.

135 Bruinessen, Martin van: Agha, Scheich und Staat – Politik und Gesellschaft Kurdistans (Deutsche Übersetzung der Dissertation von 1978), Berlin 1989.

136 http://www.tezcur.org/

137 Das Interview fand im April 2022 statt.

138 Strohmeier, Yalçin-Heckmann: Die Kurden, S. 31. Franz, Erhard: Kurden und Kurdentum. Zeitgeschichte eines Volkes und seiner Nationalbewegungen, Hamburg 1986, S. 30.

139 Vgl. Franz: Kurden und Kurdentum, S. 30–32.

140 Franz: Kurden und Kurdentum, S. 27.

141 Steinbach: Geschichte der Türkei, S. 106.

142 Vgl. Ferman: Dezentralisierung und ethnische Konflikte, S. 138.

143 Strohmeier, Yalçin-Heckmann: Die Kurden, S. 96.

144 Jacob: Minderheitenrechte in der Türkei, S. 19.

145 Hermann: Wohin geht die türkische Gesellschaft?, S. 203.

146 Steinbach: Türkei, S. 107.
147 Ferman: Dezentralisierung und ethnische Konflikte, S. 140–141.
148 Naß, Matthias, und Schwelien, Michael: »Saddam ist zu allem fähig«, in: *Die Zeit*, 22. Februar 1991.
149 Buhbe: Türkei: Politik und Zeitgeschichte, S. 143.
150 Akyol, Çiğdem: Warum schweigt Öcalan?, Zeit Online, 17. August 2015.
151 Önal, Aziz: Bingöl'de 29 yıl önce şehit edilen 33 asker törenle anıldı, Demirören Haber Ajansi, 24. Mai 2022
152 Gsteiger, Fredy: Mit Eleganz und Ellenbogen, in: *Die Zeit*, 24. September 1993.
153 Erzeren, Ömer: Abdullah Öcalan, in: *taz – die tageszeitung*, 22. Oktober 1992.
154 Güsten, Susanne: Der Kurdenkrieg und kein Ende, Deutschlandfunk, 13. Februar 2019.
155 Fernsehen zeigt Aufnahmen von Öcalan im Flugzeug, Reuters, 17. Februar 1999. Öcalan auf Video, »Ich liebe die Türkei wirklich«, von Ralph Boulton, Reuters, 17. Februar 1999.
156 Presse feiert Öcalan-Festnahme als »Sieg« über PKK, AFP, 17. Februar 1999.
157 Reinkowski: Geschichte der Türkei, S. 309.
158 Baumgarten, Reinhard: Zweckbündnis mit Kurden, Deutschlandfunk, 16. August 2014.
159 Vgl. Gürbey, Gülistan: Die türkische Kurdenpolitik unter der AKP-Regierung: alter Wein in neuen Schläuchen?, Hamburg 2012.
160 Batman'da Kürtçe dil kursu için ön kayıt, *Hürriyet*, 5. November 2003.
161 Türkei führt Kurdisch als Wahlfach ein, Spiegel Online, 12. September 2012.
162 Ferman: Dezentralisierung und ethnische Konflikte, S. 209–214.
163 Başbakan: Erdoğan'dan Dersim özrü, BBC türkce, 23. November 2011.
164 Chronology of Oslo dialogues with PKK, Hürriyet Daily News, 27. September 2012.
165 Kurban, Dilek: Kein Fahrplan für den Frieden. Erdoğans Demokratiepaket enttäuscht kurdische Erwartungen, Stiftung Wissenschaft und Politik, Berlin 2013, S. 1.
166 Mehr zu İsmail Beşikçi und seiner Arbeit https://www.ismailbesikcivakfi.org/ – Die Fragen wurden von ihm im Oktober 2022 schriftlich beantwortet.

167 Hermann: Wohin geht die türkische Gesellschaft, S. 210.

168 Burger, Reiner, und Hermann, Rainer: Erinnern verboten, in: *Frankfurter Allgemeine Zeitung*, 9. Dezember 2020.

169 https://www.turkkon.org/en/personel-bilgileri

Kapitel 2: Demokratie wagen 1939–1960

1 https://www.dailysabah.com/arts/portrait/ismet-inonu-peacemaker-minister-of-foreign-affairs-prime-minister-in-shadow-of-ataturk

2 Vgl. Günay: Die Geschichte der Türkei von den Anfängen der Moderne bis heute, S. 177.

3 Strothmann, Dietrich: Der alte Mann am Bosporus, in: *Die Zeit,* Nr. 18/1964. Mehr Informationen zu Ismet Inönü https://www.ismetinonu.org.tr/tarihte-bugun-26-kasim/

4 Das Interview wurde im Juni 2022 geführt.

5 Zürcher, Erik-Jan: Turkey. A Modern History, London/New York 2017.

6 Vgl. Kramer, Reinkowski: Die Türkei und Europa, S. 120.

7 Vgl. Aslan, Şükrü: Atatürk ve İnönü arasındaki gerilim, Bianet, 23. September 2020.

8 Sunier, J. T., und Landman, N.: Diyanet. The Turkish Directorate for Religious Affairs in a Changing Environment, Amsterdam 2011, S. 12.

9 Paleczek, Gabriele: Der Wandel bäuerlicher Lebensbedingungen in der Türkei, in: Blaschke, Jochen: Gesellschaft und Politik in der Diskussion: Sozialgeschichte der Türkei, ethnisch-politische Bewegungen, Jahrbuch zur Geschichte und Gesellschaft des Vorderen und Mittleren Orients, Berlin 1987, S. 21–24.

10 Yüzüncü, Ufuk: Die türkische Landwirtschaft im Entwicklungsprozess. Eine Analyse unter besonderer Berücksichtigung des Einflusses der Industrialisierung, Aachen 1993, S. 148–151.

11 Reinkowski: Geschichte der Türkei, S. 167.

12 Kreiser: Geschichte der Türkei, S. 72.

13 Günay: Geschichte der Türkei, S. 137.

14 Siehe hierzu insgesamt Ağır, Ülkü: Pogrom in Istanbul, 6./7. September 1955. Die Rolle der türkischen Presse in einer kollektiven Plünderungs- und Vernichtungshysterie, Berlin 2014, S. 146–150.

15 Günay: Geschichte der Türkei, S. 73.
16 Bulut, Uzay: On November 11, 1942, Turkey enacted the Wealth Tax Law targeting Armenians, Jews and Greeks to eliminate non-Muslims from the economy, in: *Greek City Times*, 12. November 2021.
17 Kreiser: Geschichte der Türkei, S. 72.
18 https://www.incirlik.af.mil/About-Us/Fact-Sheets/Display/Article/300814/incirlik-air-base-history/
19 Reinkowski: Geschichte der Türkei, S. 174.
20 Kreiser: Geschichte der Türkei, S. 82.
21 Seufert, Günter: Staat und Islam in der Türkei, Stiftung Wissenschaft und Politik, Berlin 2004, S. 15.
22 Steinbach, Udo: Geschichte der Türkei, München 2007, S. 41.
23 Batkin, Metin: Die Rezeption »westlicher« Verfassungsrechte in der Türkei, S. 28.
24 Hermann: Wohin geht die türkische Gesellschaft?, S. 32.
25 Zürcher: Turkey. A Modern History, S. 208.
26 Reinkowski: Geschichte der Türkei, S. 174.
27 Vgl. Günay: Die Geschichte der Türkei, S. 188, sowie: Käufer für Staatsbetriebe gesucht, W. v. F., in: *Die Zeit*, 15. März 1951.
28 Günay: Die Geschichte der Türkei, S. 190.
29 https://www.cnnturk.com/turkiye/adnan-menderes-kimdir-ne-zaman-ve-neden-idam-edildi
30 Vgl. https://www.tccb.gov.tr/cumhurbaskanlarimiz/celal_bayar/
31 https://www.yenisafak.com/secim-1950
32 Kreiser: Geschichte der Türkei, S. 84.
33 Das Interview wurde im April 2022 geführt.
34 Seal, Jeremy: A Coup in Turkey: A Tale of Democracy, Despotism & Vengeance in a Divided Land, London 2021.
35 Steinbach: Geschichte der Türkei, S. 45; Günay: Die Geschichte der Türkei, S. 193.
36 Vgl. Steinbach: Geschichte der Türkei, S. 44.
37 Die Alt-Türken, in: *Der Spiegel*, 7. Juni 1960.
38 Yüzüncü: Die türkische Landwirtschaft im Entwicklungsprozess, S. 176–178 und S. 203.
39 Zürcher: Turkey. A Modern History, S. 227.
40 Die Alt-Türken, in: *Der Spiegel*, 7. Juni 1960.
41 Vgl. Günay: Die Geschichte der Türkei, S. 197.
42 Maurus: Geschichte der Türkei, S. 183.
43 Die Alt-Türken, in: *Der Spiegel*, 7. Juni 1960.

44 Güven, Dilek: Nationalismus und Minderheiten, München 2012, S. 151–152.
45 Batkin: Die Rezeption »westlicher« Verfassungsrechte in der Türkei, S. 35–37.
46 Verkleinerter Premier, in: *Der Spiegel*, 10. Mai 1960.
47 Buhbe: Türkei. Politik und Zeitgeschichte, S. 68.
48 Batkin: Die Rezeption »westlicher« Verfassungsrechte in der Türkei, S. 33.
49 Baydar, Yavuz: Die Hoffnung stirbt am Bosporus. Wie die Türkei Freiheit und Demokratie verspielt, München 2018, S. 39.
50 Kreiser, Klaus: Kleines Türkei-Lexikon. München 1992, S. 99.
51 Yüzüncü: Die türkische Landwirtschaft im Entwicklungsprozess, S. 227.
52 Doğantekin, Vakkas: Turkey's hanged PM Adnan Menderes in his own words, Anadolu Agency, 28. Mai 2019.
53 Buhbe: Türkei. Politik und Zeitgeschichte, S. 70–71.
54 Sözeri, Salâhaddin: Der Wirtschaftsaufbau der Türkei nach dem Zweiten Weltkrieg, Kiel 1955, S. 52.
55 Paleczek, Gabriele, in: Blaschke, Jochen (Hrsg.): Gesellschaft und Politik in der Diskussion: Sozialgeschichte der Türkei, ethnisch-politische Bewegungen, Jahrbuch zur Geschichte und Gesellschaft des Vorderen und Mittleren Orients, Berlin 1987, S. 40–41.
56 Yüzüncü: Die türkische Landwirtschaft im Entwicklungsprozess, S. 206 und S. 186.
57 Erzene-Bürgin, Defne: Die Anpassung des türkischen Agrarsektors an den Acquis Communautaire der EU, Berlin 2010, S. 44.
58 Yüzüncü: Die türkische Landwirtschaft im Entwicklungsprozess, S. 215.
59 Steinbach: Geschichte der Türkei, S. 93.
60 Günay: Die Geschichte der Türkei, S. 219.
61 Zürcher: Turkey. A Modern History, S. 229.
62 Bezahlung mit Munition, in: *Der Spiegel*, 18. Mai 1956.
63 Zürcher: Turkey. A Modern History, S. 230–231.
64 Die Alt-Türken, in: *Der Spiegel*, 7. Juni 1960.
65 Hartmann, Heinrich: Eigensinnige Musterschüler, S. 225–228.
66 https://www.bundesarchiv.de/cocoon/barch/10/k/k1958k/kap1_2/kap2_25/para3_5.html
67 Prätor: Türkische Freitagspredigten zum Islam in der heutigen Türkei, S. 7.

68 Durugönül: Über die Reislamisierung in der Türkei, S. 181.
69 Buhbe: Türkei. Politik und Zeitgeschichte, S. 72.
70 Günay: Die Geschichte der Türkei, S. 199.
71 Batkin: Die Rezeption »westlicher« Verfassungsrechte in der Türkei, S. 31.
72 Vgl. Zurück zum Fez?, in: *Die Zeit*, 29. Mai 1958.
73 Ekiz, Aynur: Milletin adamı Adnan Menderes, Anadolu Ajansi, 26. Mai 2018.
74 Vgl. Erdemir, Aykan: The Turkish Kristallnacht, Politico, 7. September 2015. Vgl. auch Thumann, Michael: Ein Volk, ein Staat, ein Krieg, in: *Die Zeit*, 12. Dezember 2007.
75 https://ataturkansiklopedisi.gov.tr/bilgi/kibris-turktur-cemiyeti/
76 Pekesen, Berna: Der Pogrom von Istanbul; Bundeszentrale für politische Bildung, 15. Oktober 2014.
77 Korkut, Tolga: Istanbul Riots 1955: What happened on 6–7. September?, Bianet, 8. September 2009.
78 Ağır: Pogrom in Istanbul, S. 257.
79 Perin, Mithat: öldü, in: *Hürriyet*; 2. Januar 2001.
80 Als *Rum* (»Römer«) werden die Griechen in der Türkei bezeichnet, eine Bezeichnung, die sie auch selbst benutzen.
81 Ağır: Pogrom in Istanbul, S. 259.
82 Pekesen: Der Pogrom von Istanbul, 15. Oktober 2014.
83 Ağır: Pogrom in Istanbul, S. 7–9.
84 Güven: Nationalismus und Minderheiten, S. 27–28.
85 Pekesen: Der Pogrom von Istanbul, 15. Oktober 2014.
86 Güven: Nationalismus und Minderheiten, S. 30–32.
87 Thumann, Michael: Ein Volk, ein Staat, ein Krieg, in: *Die Zeit*, 12. Dezember 2007.
88 Ağır: Pogrom in Istanbul, S. 269.
89 Güven: Nationalismus und Minderheiten, S. 44–45.
90 Ağır: Pogrom in Istanbul, S. 135–137.
91 Güven: Nationalismus und Minderheiten, S. 133–134.
92 Pekesen: Der Pogrom von Istanbul, 15. 10. 2014.
93 Güven: Nationalismus und Minderheiten, S. 17.
94 Ebd., S. 63.
95 Ebd., S. 76.
96 Ağır: Pogrom in Istanbul, S. 272.
97 https://bianet.org/bianet/siyaset/4458-oktay-engin-devletin-sorumlulugu-var

98 Thumann: Ein Volk, ein Staat, ein Krieg.
99 Ağır: Pogrom in Istanbul, S. 272–274.
100 Günay: Geschichte der Türkei, S. 139.
101 Schlötzer, Christiane: Die dunkelste Nacht der Istiklal, Qantara.de, 27. September 2005.
102 Istanbul pogrom commemorated in central venue, Hürriyet Daily News, 6. September 2015.
103 Mehr dazu auf https://www.demokrasiveozgurlukleradasi.com.tr/tr/
104 Vgl. https://acikerisim.tbmm.gov.tr/handle/11543/2666
105 Das Interview wurde im August 2022 geführt.
106 Dündar, Can: Yüzyılın Aşkları, Istanbul 2006.
107 Vgl. Reinkowski: Geschichte der Türkei, S. 213.
108 Dündar, Can: 50 yıl sonra çıkan sürpriz tanık, in: *Milliyet*, 8. März 2009.
109 Dündar, Can: Her akşam onun için dua ediyorum, in: *Milliyet*, 14. Februar 2006.
110 Vacek, Egon: Das Testament des »Türkenvaters«, in: *Die Zeit*, 27. Mai 1960.
111 Die Alt-Türken, in: *Der Spiegel*, 7. Juni 1960.
112 Das Interview wurde im April 2022 geführt.
113 Pelt, Mogens: Military Intervention and a Crisis of Democracy in Turkey. The Menderes Era and its Demise, Kopenhagen 2014.
114 Die Alt-Türken, in: *Der Spiegel*, 7. Juni.1960.
115 Der Putsch am Bosporus, in: *Die Zeit*, 3. Juni 1960.
116 Seufert, Günter, und Kubaseck, Christopher: Die Türkei. Politik, Geschichte, Kultur, München 2004, S. 94.
117 Der Putsch am Bosporus, in: *Die Zeit*, 3. Juni 1960.
118 Rumpf: Das türkische Verfassungssystem, S. 69.
119 Vgl. Kamp, Kristina: Die AKP – Wolf im Schafspelz oder Chance, in: Joppien, Charlotte (Hrsg.): Zehn Jahre AKP, Istanbul 2012.
120 Vgl. Veliağagil, Hasan Tahsin: Parlament und Regierung in der türkischen Verfassung von 1961, Frankfurt am Main 1966.
121 Vgl. Kızılarslan, Yeliz: 27 Mayıs Darbesi Kronolojisi ve Yassıada Duruşmaları, Bianet, 26. Mai 2010.
122 Die Frauen des Diktators, in: *Der Spiegel*, 25. Oktober 1960.
123 Avenarius, Tomas: Insel mit Trauma, in: *Süddeutsche Zeitung*, 27. Mai 2020
124 Ekiz, Aynur: Afgan Kralı'nın hediye ettiği köpek Cumhurbaşkanı Bayarı yargılattı, Anadolu Ajansi, 16. Mai 2018.

125 Die Alt-Türken, in: *Der Spiegel*, 7. Juni 1960.
126 Vgl. Der Sieg des Schimmels, in: *Die Zeit*, 15. Oktober 1965.
127 Der Menderes-Mythos ist noch nicht tot, in: *Die Zeit*, 19. Mai 1961.
128 Zürcher: Turkey. A Modern History, S. 251.
129 Ergin, Sedat: Adnan Menderes'in son günü, İdama götürüleceği Menderes'ten nasıl gizlendi?, in: *Hürriyet*, 27. Mai 2020.
130 Menderes' postumer Sieg. Die türkische Militärjunta tritt die Macht nur widerwillig ab, in: *Die Zeit*, 20. Oktober 1961.
131 Akyol, Çiğdem: Erdoğans Sockel ist bröckelig, Zeit Online, 17. April 2017.
132 Vgl. https://www.kas.de/de/kurzum/detail/-/content/hagia-sophia-vom-museum-zur-moschee
133 Hagia Sophia: Massenansturm bei erstem Freitagsgebet, in: *Süddeutsche Zeitung*, 24. Juli 2020.
134 https://www.diyanet.gov.tr/tr-TR
135 Vgl. Steinbach: Geschichte der Türkei, S. 37.
136 Toprak, Binnaz: Die Institutionalisierung des Laizismus in der türkischen Republik, in: Blaschke, Jochen, und Bruinessen, Martin van: Islam und Politik in der Türkei, Jahrbuch zur Geschichte und Gesellschaft des Vorderen und Mitlleren Orients, Berlin 1984, S. 95.
137 Günay: Die Geschichte der Türkei, S. 168.
138 Das Interview wurde im Juli 2022 geführt. Siehe zu Tezcan: https://www.uni-muenster.de/Soziologie/personen/tezcan.shtml
139 Günay: Die Geschichte der Türkei, S. 171.
140 Steinbach: Geschichte der Türkei, S. 111.
141 Karakas, Cemal: Türkei: Islam und Laizismus zwischen Staats-, Politik- und Gesellschaftsinteressen, Frankfurt am Main 2007, S. 12.
142 Seufert, Günter: Staat und Islam in der Türkei, Stiftung Wissenschaft und Politik, Berlin 2004, S. 6.
143 Wetzlmaier, Marina, und Rammerstorfer, Thomas: Die Macht des Diyanet. Das türkische Präsidium für Religionsangelegenheiten, Wien 2019, S. 18.
144 Seufert: Staat und Islam in der Türkei, S. 17.
145 Religious Affairs: No Religious Service for Bodies of Coup Plotters, Bianet, 19. Juli 2016.
146 Yargıtay binasının açılışının ardından Türkevi'nin açılışı da Erbaş'ın duasıyla yapıldı, in: *Cumhuriyet*, 20. September 2021.
147 Sunier, Thijl: Diyanet. The turkish directorate for religious affairs in a

changing environment, Amsterdam 2011, S. 43, und Sonmez, Mustafa: Turkey's religious agency grows even richer, more powerful, Al Monitor, 13. Mai 2021.

148 Sonmez, Mustafa: Turkey's religious agency grows even richer, more powerful, Al Monitor, 13. Mai 2021.

149 https://kurul.diyanet.gov.tr/Konu-Cevap-Ara/422/tip-ve-saglik-tup-bebek-ve-asilama-ile-ilgili-konular

150 https://goruntulufetva.diyanet.gov.tr/orucu-bozan-ve-bozmayan-seyler/goz-damlasi-orucu-bozar-mi

151 Seeling, Luisa: Ein bisschen weiblicher, in: *Süddeutsche Zeitung*, 15. März 2018.

152 Idel, Philipp: Erdoğans Prediger, in: *Jungle World*, 30. April 2020.

153 Ankara Bar Association put on trial for criticizing President of Religious Affairs, Bianet, 28. September 2021.

154 Mumay, Bülent: Abkehr von Istanbul-Konvention, in: *Frankfurter Allgemeine Zeitung*, 7. August 2020. Siehe auch Kapitel 5: Ein ideologisches Justizsystem.

155 Seufert: Politischer Islam in der Türkei, S. 199.

156 Hermann, Rainer: Mit dem Gebet zum Sieg, in: *Frankfurter Allgemeine Zeitung*, 7. August 2020.

157 Uslubaş: Das Präsidium für Diyanet-Angelegenheiten, S. 5.

158 Erdoğan topu Diyanet'e attı, Bardakoğlu yanıtladı, in: *Cumhuriyet*, 15. Oktober 2010.

159 Hermann, Rainer: Mit dem Gebet zum Sieg, in: *Frankfurter Allgemeine Zeitung*, 7. August 2020.

160 Szymanski, Mike: Diener des Staates, in: *Süddeutsche Zeitung*, 19. Januar 2017.

161 Wetzlmaier, Marina, und Rammerstorfer, Thomas: Die Macht des Diyanet. Das türkische Präsidium für Religionsangelegenheiten, Wien 2019, S. 15.

162 Erbaş›ın kardeşi üniversiteye atandı iddiası, in: *Cumhuriyet*, 18. Januar 2020.

163 Topcu,Özlem: Die Ohren der Moschee, in: *Die Zeit*, 15. Dezember 2016.

164 Bildicin, Mustafa M.: Vakıf değil dev holding, in: *Birgün*, 21. April 2021.

165 Türkiye Diyanet Vakfi'nın ticari kuruluşu KOMAŞ›ın sermayesi 50 milyon TL'yi geçti, *T24*, 14. Oktober 2021.

166 https://tdv.org/en-EN/about-us/

167 Budget of Turkey's Religious Affairs Presidency to exceed 16 billion lira, Bianet, 19. Oktober 2021.

168 Mumay, Bülent: Wir sind das wütendste Land in Europa, in: *Frankfurter Allgemeine Zeitung*, 10. August 2022.

Kapitel 3: Die Terrorjahre 1961 – 1980

1 https://www.cnnturk.com/turkiye/suleyman-demirel-deniz-gezmis-ve-arkadaslarinin-idami-icin-bunlari-soylemisti

2 https://www.tt.com/artikel/10159870/sueleyman-demirel-ausnahme politiker-praegte-die-tuerkische-politik

3 Mumay; Bülent: Küssen nur noch zu Hause, in: *Frankfurter Allgemeine Zeitung*, 16. November 2017.

4 https://www.tccb.gov.tr/cumhurbaskanlarimiz/suleyman_demirel/

5 Tosun, Mehmet: Türk siyasetinin ›Baba'sı Süleyman Demirel'in vefatının üzerinden 6 yıl geçti, Anadolu Ajansi 16. Juni 2021. Vgl. Yetkin, Murat: Turkey loses its world class politician, in: *Hürriyet Daily News*, 17. Juni 2015.

6 https://www.yeniakit.com.tr/kart/haber/demirele-neden-morrison-suleyman-deniliyor-75075.html

7 Werle, Rainer: Renaissance des Islam – das Beispiel Türkei, Hamburg 1987, S. 79.

8 Kreiser: Geschichte der Türkei, S. 94.

9 https://www.yenisafak.com/arsiv/2006/mayis/07/izdusum.html

10 Kreiser: Geschichte der Türkei, S. 94–95.

11 https://www.ysk.gov.tr/tr/milletvekili-genel-secim-arsivi/2644

12 Vgl. Grubbe, Peter: Menderes' späte Rache, in: *Die Zeit*, 22. Oktober 1965.

13 https://www.ysk.gov.tr/tr/milletvekili-genel-secim-arsivi/2644

14 Graue Wölfe, in: *Der Spiegel*, 14. März 1971.

15 https://www.haberturk.com/deniz-gezmis-kimdir-nereli-ve-neden-idam-edildi-deniz-gezmis-hayati-ve-idami-3429717

16 Durugönül: Über die Reislamisierung in der Türkei, S. 194.

17 700 Generäle, in: *Der Spiegel*, 23. August 1970.

18 Reinkowski: Geschichte der Türkei, S. 228.

19 https://www.aa.com.tr/tr/gundem/demokrasiye-vurulan-ikinci-darbe-12-mart-muhtirasi/2531506

20 https://www.info-turk.be/Collectif1971-T.htm
21 https://m.bianet.org/bianet/siyaset/2130-idama-evet-diyenlerin-tam-listesi
22 Baydar: Die Hoffnung stirbt am Bosporus, S. 55.
23 Öymen, Altan: Gnadenfrist der Generäle, in: *Die Zeit*, 19. März 1971.
24 Türkei: Das Militär greift durch, in: *Die Zeit*, 7. Mai 1971.
25 Darbeden intikamını 3500 liraya aldı, Sabah, 25. März 2010.
26 Mumay, Bülent: Der Türke hat keinen Freund, keinen Segen außer dem Türken, in: *Frankfurter Allgemeine Zeitung*, 17. August 2017.
27 Moser, Weithmann: Die Türkei S. 168.
28 https://www.bpb.de/themen/europa/tuerkei/188975/partei-der-nationalistischen-bewegung-mhp/
29 Reinkowski: Geschichte der Türkei, S, 274.
30 Vgl. Seufert, Günter: Staat und Islam in der Türkei, Stiftung Wissenschaft und Politik, Berlin 2004, S. 9.
31 Der Turanismus ist eine Ideologie der Rechten. Anhänger dieser rassistischen Bewegung träumen von einem türkischen Großreich, in welchem alle »Turkvölker« unter türkischer Führung vereinigt sind. Quelle: https://www.amadeu-antonio-stiftung.de/rechtsextremismus-die-grauen-woelfe-und-der-traum-vom-tuerkischen-grossreich-60023/
32 Kreiser: Geschichte der Türkei, S. 96.
33 https://www.ysk.gov.tr/tr/milletvekili-genel-secim-arsivi/2644
34 Gündoğan, Barış: ›Karaoğlan‹ın vefatının üzerinden 14 yıl geçti, Anadolu Ajansi, 4. November 2020.
35 https://www.ysk.gov.tr/tr/milletvekili-genel-secim-arsivi/2644
36 Kreiser: Geschichte der Türkei, S. 97.
37 Grunenberg, Nina: Der sechste Versuch von »Eisenhand«, in: *Die Zeit*, 2. November 1979.
38 Bir gece ansızın gelebilirim şiiri – Ümit Yaşar Oğuzcan, milliyet.com.tr, 5. Juli 2021.
39 https://www.greenpeace-magazin.de/ticker/zypern-alter-konflikt-mit-neuem-streitpotenzial
40 Vardar, Nilay: 1 Mayıs 1977 Neden ve Nasıl Kana Bulandı?, Bianet, 1. Mai 2013.
41 Temeltaş, Nami: 16 Mart 1978 Beyazıt: Bir Katliamın Anatomisi, Bianet, 16. März 2018.
42 Martens, Michael: Das schwere Los der Abtrünnigen, in: *Frankfurter Allgemeine Zeitung*, 24. Februar 2013.
43 Buhbe: Türkei: Politik und Zeitgeschichte, S. 103.

44 Ebd., S. 107.
45 Die getürkte Demokratie, in: *Die Zeit*, 4. November 1983.
46 Kohlschütter; Andreas: »Noch sind die Menschen der Armee dankbar«, in: *Die Zeit*, 31. Juli 1981.
47 Özkaya, Tanju: Demokrasinin kara lekesi 12 Eylül darbesinin üzerinden 41 yıl geçti, Anadolu Ajansi 11. September 2021.
48 Erdal Eren, idamının 41. yılında Ankara'daki mezarı başında anıldı, Birgün, 13. Dezember 2021.
49 Günay: Die Geschichte der Türkei, S. 254.
50 Siehe zu Nâzim Hikmet in Kapitel 4: Die Angst und das Gefängnis.
51 12 Eylül'de neler oldu? İşte 12 Eylül 1980 darbesinin acı dolu tarihi…, Söczu Gazetesi, 12. September 2018.
52 Günay: Die Geschichte der Türkei, S. 260.
53 Baydar: Die Hoffnung stirbt am Bosporus, S. 32.
54 Die getürkte Demokratie, in: *Die Zeit*, 4. November 1983.
55 http://www.aljazeera.com.tr/kronoloji/kronoloji-oncesi-ve-sonrasiyla-12-eylul
56 Baydar: Die Hoffnung stirbt am Bosporus, S. 121.
57 Vgl. Rumpf, Christian: Verfassungsgeschichte der Türkei, Bundeszentrale für politische Bildung, 17. Oktober 2017. https://www.bpb.de/themen/europa/tuerkei/253181/das-neue-politische-system-der-tuerkei/
58 Hoffmann, Judith: Aufstieg und Wandel des politischen Islam in der Türkei, Berlin 2003, S. 23.
59 Jacob: Minderheitenrechte in der Türkei, S. 222 und S. 228.
60 Günay: Die Geschichte der Türkei, S. 202.
61 Buhbe: Türkei: Politik und Zeitgeschichte, S. 42–44.
62 Günay: Die Geschichte der Türkei, S. 202–204.
63 Vgl. Sakallioğlu, Ümit Cizre: The Anatomy of the Turkish Military's Political Autonomy, in: *Comparative Politics*, New York 1997.
64 Reinkowski: Geschichte der Türkei, S. 250.
65 Schubert, Angelika: Politische Ökonomie der Handelsliberalisierung in der Türkei 1980–1990, Gotha 1996, S. 220.
66 Thumann, Michael: Die Geldmaschine der Armee, in: *Die Zeit*, 28. Juli 2016.
67 http://arsiv.ntv.com.tr/news/98996.asp
68 Gurcan, Metin: Turkish military's pension fund thrives amid economic crisis, Al Monitor, 27. Januar 2020.
69 Vgl. Das Grollen der Generäle, in: *Der Spiegel*, 22. Juni 1997.

70 Das Interview wurde im August 2022 geführt.
71 Jenkins, Gareth: Context and Circumstance. The Turkish Military in Politics, Oxford 2001.
72 Verfahren gegen türkischen Ex-Staatschef Evren beginnt, Spiegel Online, 4. April 2012.
73 Thumann Michael: Zentrale an Provinz: Vorwärts!, in: *Die Zeit*, 9. September 2010.
74 Thumann, Michael: Putschpläne: Die türkische Armee demontiert sich selbst, Zeit Online, 4. März 2010.
75 Generäle beugen sich Erdoğan, Zeit Online, 30. Juli 2011.

Kapitel 4: Der Siegeszug der Frommen 1981–2000

1 Günay: Die Geschichte der Türkei, S. 263.
2 Vgl. The life and times of revolutionary Turkish leader Turgut Ozal, TRT World, 17. April 2020.
3 Moser, Weithmann: Die Türkei, S. 198.
4 Gsteiger, Fredy: Turgut Özal wollte sein Land in die Neuzeit führen: Für Markt, Moderne und Mohammed, in: *Die Zeit*, 23. April 1993.
5 Käufeler, Heinz: Das anatolische Dilemma. Weltliche und religiöse Kräfte in der modernen Türkei, Zürich 2002, S. 283.
6 Hermann: Wohin geht die türkische Gesellschaft?, S. 100.
7 Rüstow, Dankwart A.: Die Türkei – Brücke zwischen Orient und Okzident, Göttingen 1990, S. 15.
8 Kinzer, Stephen: Halbmond und Stern. Die Türkei zwischen zwei Welten, Weinheim 2010, S. 29.
9 Vgl. Zürcher: Turkey. A Modern History, S. 298.
10 Böhmer, Jochen: Zwischen Exportboom und Reislamisierung. Stabilisierungs- und Strukturanpassungspolitik in der Türkei 1980–1987, Münster 1990, S. 41 und S. 57.
11 Hoffmann: Aufstieg und Wandel des politischen Islam, S. 21.
12 Günay: Die Geschichte der Türkei, S. 266–267.
13 Vgl. Karakas, Cemal: Türkei. Islam und Laizismus zwischen Staats-, Politik-und Gesellschaftsinteressen, Frankfurt am Main 2007, S. 20–22.
14 Buhbe: Türkei, S. 121.
15 Moser, Weithmann: Die Türkei, S. 203–206.
16 Hoffmann: Aufstieg und Wandel des politischen Islam, S. 28–29.

17 Wahlen in der Türkei: Stimmen des Zorns, in: *Die Zeit*, 31. März 1989.
18 Günay: Die Geschichte der Türkei, S. 273.
19 Mumay, Bülent: Küssen nur noch zu Hause, in: *Frankfurter Allgemeine Zeitung*, 16. November 2017.
20 Riemer, Andrea K.: Die Türkei an der Schwelle zum 21. Jahrhundert. Die Schöne oder der kranke Mann am Bosporus, Frankfurt am Main 1998, S. 69.
21 Günay: Die Geschichte der Türkei, S. 283.
22 Steinbach: Geschichte der Türkei, München 2007, S. 60.
23 Vgl. Filkins, Dexter: The Deep State, in: *The New Yorker*, 4. Mai 2012.
24 Hoffmann: Aufstieg und Wandel des politischen Islam, S. 56.
25 Hermann: Wohin geht die türkische Gesellschaft?, S. 118.
26 Hoffmann: Aufstieg und Wandel des politischen Islam, S. 42.
27 Seufert: Politischer Islam in der Türkei, S. 74.
28 Fakioglu, Metin: Wer ist Fethullah Gülen, Deutschlandfunk, 18. September 2016. Siehe zu Gülen auch Kapitel 5: Die Nacht des 15. Juli 2016.
29 Özkök, Ertuğrul: Wie Erdoğan von »weißen Türken« gesehen wird, in: *Bild*, 31. Oktober 2011.
30 Vgl. Hermann: Wohin geht die türkische Gesellschaft?, S. 144–147.
31 Filkins, Dexter: The Deep State, in: *The New Yorker*, 4. Mai 2012.
32 https://www.erbakan.edu.tr/s/erbakan
33 Vgl. zu diesen Zitaten Akyol, Çiğdem: Erdoğan. Die kritische Biografie, Freiburg 2018, S. 44–50.
34 Reinkowski: Geschichte der Türkei, S. 128.
35 https://www.tccb.gov.tr/receptayyiperdogan/
36 Schlötzer: Istanbul – ein Tag und eine Nacht, S. 15.
37 Großbongardt, Annette: Minarett und Minirock, in: *Der Spiegel*, 7. April 2007.
38 Hughes: Istanbul. Die Biographie einer Weltstadt, S. 16.
39 Ebd., S. 721.
40 https://www.milliyet.com.tr/pembenar/tiraj-panigi-5244241
41 Karakas, Cemal: Externe Demokratieförderung in muslimisch geprägten Ländern. Die USA, Deutschland und das Erstarken des politischen Islam in der Türkei, Baden-Baden 2013, S. 147–150.
42 http://arsiv.sabah.com.tr/1997/01/11/f10.html sowie Ergin, Sedat: Tarikat iftarı bardağı taşırdı, in: *Hürriyet*, 23. August 1997.
43 Şengül, Hüseyin: Taksim'de Cami, Bianet, 22. Februar 2017.

44 Bednarz, Dieter: Sturz in die Dunkelheit, in: *Der Spiegel*, 30. März 1997.
45 Steinbach: Geschichte der Türkei, S. 61.
46 Bednarz, Dieter: Sturz in die Dunkelheit, in: *Der Spiegel*, 30. März 1997.
47 Erzeren, Ömer: Auf dem Weg nach Algerien?, in: *taz – die tageszeitung*, 6. Februar 1997.
48 Protest von Türkinnen gegen Fundamentalismus – Erbakan: wie Parasiten, dpa, 15. Februar 1997.
49 Vgl. Hochachtung vor einem Killer, in: *Der Spiegel*, 26. Januar 1997.
50 Karakas: Externe Demokratieförderung in muslimisch geprägten Ländern, S. 153.
51 Lerch, Wolfgang Günter: Früher mußten wir nur Nâzim Hikmet lieben, in: *Frankfurter Allgemeine Zeitung*, 22. Juni 1996.
52 Akyol: Erdoğan, S. 108.
53 Dündar, Can: Die größte Prüfung seit 1934, Zeit Online, 29. Juli 2020.
54 Franz: Kurden und Kurdentum, S. 26.
55 Massenproteste in Istanbul gegen Absetzung von Bürgermeister Istanbul, AFP, 24. September 1998.
56 »Unser Land erniedrigt sich selbst«, in: *Der Spiegel*, 28. März 1999.
57 Cebeci, Büşra, und Mengü, Nevşin: Herkes İstediği Gibi Yaşasın: Türkiye ve İran'daki Kadınların Başörtüsünü Çıkarma Pratikleri, Istanbul 2021.
58 https://twitter.com/nojnest
59 https://www.rumeysacamdereli.com/
60 http://recel-blog.com/
61 Ünveren, Burak: Kopftuch in der Türkei: Das politisierte Kleidungsstück, Deutsche Welle Online, 16. Oktober 2022.
62 Vgl. Shafak, Elif: Mit oder ohne Kopftuch, in: *Der Spiegel*, 30. September 2016.
63 Pamuk, Orhan: Schnee, München/Wien 2005, S. 31.
64 Göle, Nilüfer: Republik und Schleier. Die muslimische Frau in der Moderne, Berlin 1995, S. 25.
65 Käufeler: Das anatolische Dilemma, S. 305.
66 ›Hatice Babacan‹ın yeğeni Ali Babacan, örtü yasakçıları ile beraber, Yeni Akit, 19. Juli 2021.
67 Göle: Republik und Schleier, S. 14 und S. 111.
68 Türban tartışmaları 60'larda başlamıştı, in: *Cumhuriyet*, 5. Oktober 2010.

69 Rakipoğlu, Zeynep: Postmodern darbe'nin psikolojik baskı ve yıpratma aracı: İkna odaları, Anadolu Ajansi, 25. 02. 2021.
70 Kopftuchverbot in der Türkei – Fotomontage lässt Kopftücher verschwinden, dpa, 18. November 2000.
71 Başbakan: Erdoğan'dan Dersim özrü, BBC türkce, 23. November 2011.
72 Göle, Nilüfer, und Amman, Ludwig (Hrsg.): Islam in Sicht. Der Auftritt von Muslimen im öffentlichen Raum, Bielefeld 2004.
73 ErdoğanTöchter studieren in den USA, Spiegel Online, 20. Oktober 2004.
74 Akyol, Çiğdem: Rose mit Kopftuch, in: *taz – die tageszeitung*, 28. August 2007.
75 YÖK's New President: Yusuf Ziya Özcan, Bianet, 12. Dezember 2007.
76 Göle, Nilüfer: Anverwandlung. Der Islam in Europa zwischen Kopftuchverbot und Extremismus, Berlin 2008, S. 22.
77 Das Interview wurde im August 2022 geführt.
78 Das Interview wurde im Juni 2022 geführt.
79 Akyol: Riada Ašimović; Veiled taekwondo champion breaks Turkish stereotypes, Al Monitor, 17. Oktober 2016.
80 Großbongardt, Annette: Allahs Wille, Atatürks Gebot, in: *Der Spiegel*, 12. Februar 2006.
81 Haft für türkischen Journalisten wegen Kritik an Kopftuch-Verbot, dpa, 9. Oktober 2002.
82 Türkiye'de başörtüsü yasağı: Nasıl başladı, nasıl çözüldü?, Al Jazeera Turk.
83 Köksal, Nil: What Europe should learn from Turkey's headscarf fight, CBC News, 15. Mai 2017.
84 Vgl. Hermann, Rainer: Das Kopftuch demütigt die Armee, in: *Frankfurter Allgemeine Zeitung*, 23. Februar 2017.
85 Kara Harp Okulu tarihinin ilk başörtülü subayı: Müberra Öztürk, Yeni Akit, 31. August 2021.
86 Im März 2021 hat die AKP-MHP-Regierung verkündet, aus der sogenannten Istanbul-Konvention auszutreten. Das internationale Abkommen verpflichtet seine Unterzeichner dazu, Frauen durch Gesetze vor Gewalt zu schützen und gegen Gewalttaten vorzugehen.
87 https://yalnizyurumeyeceksin.com/
88 Kemal Kılıçdaroğlu başörtüsü çıkışının nedenlerini açıkladı: ›Oy hesabı yapmadım, teklif sadece başörtüsü ile ilgili değil‹, in: *Cumhuriyet*, 6. Oktober 2022.

89 Ünveren, Burak: Kopftuch in der Türkei: Das politisierte Kleidungsstück, Deutsche Welle Online, 16. Oktober 2022.

90 Das Interview wurde im Juli 2022 geführt.

91 https://www.youtube.com/watch?v=FJYsBRJ_Z1Q

92 https://www.youtube.com/watch?v=-wutE-aVEpc

93 Gottschlich, Jürgen: Staatsbürgerschaft post mortem, in: *taz – die tageszeitung*, 6. Januar 2009.

94 https://www.naziminhikayesi.com/1-ilkler/celile-hanim-ile-hikmet-bey

95 Mutsuzluğun ardından gelen soru: Mutluluk nedir?, in: *Cumhuriyet*, 22. Dezember 2022.

96 Vgl. Gronau, Dietrich: Nâzim Hikmet, Hamburg 1991, sowie Carbe, Monika, und Riemann, Wolfgang (Hrsg.): Hundert Jahre Nâzım Hikmet, 1902–1963, Hildesheim 2002.

97 https://www.evrensel.net/haber/370984/sabahattin-ali-kimdir-eserleri-nelerdir – Vgl. auch Albath, Maike: Sabahattin Ali – der »türkische Gorki«, Deutschlandfunk, 13. Juli 2014.

98 Szirtes, Georges: The Turkish poet imprisoned for 26 years for a crime he did not commit, in: *The Guardian*, 12. März 2020.

99 Vgl. Köhne, Gunnar: Abrechnung aus finsteren Tagen, Deutschlandfunk, 8. Dezember 2010.

100 Großbongardt, Annette: »Du Bastard, du Verräter«, in: *Der Spiegel*, 4. Februar 2007.

101 »Orhan Pamuk ist keiner von uns«, stern.de, 13. Oktober 2006.

102 Zaptçıoğlu, Dilek: Pamuk und die Türken. Der verlorene Sohn, Spiegel-Online, 13. Oktober 2006.

103 Großbongardt, Annette: »Du Bastard, du Verräter«, in: *Der Spiegel*, 4. Februar 2007.

104 Erdoğan verteidigt Pamuks Recht auf Meinungsfreiheit, AFP, 17. Dezember 2005.

105 Rushdie, Salman: Ausgezeichneter Staatsfeind, in: *Die Zeit*, 20. Oktober 2005.

106 Pieper, Dietmar, und Bednarz, Dieter: »Der Preis, den ich zahlen muss«, in: *Der Spiegel*, 31. August 2008.

107 https://www.goethe.de/ins/tr/de/kul/mag/20818975.html

108 Vgl. Göktürk, Angela: Der Werdegang der modernen Türkei, Istanbul 1983, S. 151.

109 Roth, Wilhelm: Ein Meistererzähler, der an die Magie der Poesie glaubte, rp-online.de, 2. März 2015.

110 https://www.evrensel.net/haber/374615/yasar-kemal-kimdir-yasar-kemalin-eserleri-neler
111 http://www.unionsverlag.com/info/link.asp?link_id=213&pers_id=104
112 Kemal, Yasar: Feldzug der Lügen, in: *Der Spiegel*, 8. Januar 1995.
113 Okkan, Osman: Einmischung erwünscht!, in: *Die Zeit*, 17. Oktober 1997.
114 https://www.friedenspreis-des-deutschen-buchhandels.de/alle-preistraeger-seit-1950/1990–1999/yasar-kemal
115 Okkan, Osman: Einmischung erwünscht!, in: *Die Zeit*, 17. Oktober 1997.
116 Vgl. Çatal, Barı: Sabiha Sertel: Popüler Bir Mecmua Olarak Projektör, bianet, 22. August 2018.
117 Pekesen, Berna: Zwischen Sympathie und Eigennutz. NS-Propaganda und die türkische Presse im Zweiten Weltkrieg, Berlin 2014, S. 159–182.
118 Akyol, Çiğdem: »Die Person, die Sie heute hier treffen, ist eine gespaltene Überlebende«, *WOZ – Die Wochenzeitung*, 27. Juni 2019.
119 Autorin Erdoğan schließt Rückkehr in Türkei aus, standard.at, 17. Februar 2020.
120 Zengin, Nilüfer: A Portrait of a Nationalist Lawyer: Kemal Kerincsiz, bianet, 24. Januar 2008.
121 Großbongardt, Annette: »Du Bastard, du Verräter«, in: *Der Spiegel*, 4. Februar 2007.
122 Shafak, Elif: Wir haben das Lachen verlernt«, in: *Der Spiegel*, 4. Dezember 2015.
123 Großbongardt, Annette: »Du Bastard, du Verräter«, in: *Der Spiegel*, 4. Februar 2007.
124 Bednarz, Dieter, und Hage, Volker: »Das Gefühl, ein guter Junge zu sein«, in: *Der Spiegel*, 17. Oktober 2005.

Kapitel 5: Das Paradox der Freiheit

1 Çakır, Ruşen: Yenilikçilerin Neresi Yeni?, Bianet, 10. Januar 2001.
2 Thumann, Michael: Der »schwarze Türke«, in: *Die Zeit*, 28. August 2003.
3 Reinkowski: Geschichte der Türkei, S. 369.

4 Vgl. Seufert: Neue pro-islamische Parteien in der Türkei, S. 6.
5 Türkischer Islamisten-Führer Erdoğan: »Wir sind wie die CDU«, dpa, 30. Oktober 2002.
6 Bednarz, Dieter, und Zand, Bernhard: Warten auf den Wundermann, in: *Der Spiegel*, 29. April 2001.
7 Wahlausgang verändert Landschaft in der Türkei, AP, 4. November 2002.
8 http://www.abdullahgul.gen.tr/sayfa/cumhurbaskani/biyografi/
9 »Ein Gewinn für Europa«, in: *Der Spiegel*, 10. November 2002.
10 https://www.yeniakit.com.tr/haber/o-siiri-23-yil-sonra-yeniden-okudu-cumhurbaskani-erdogana-binlerce-kisi-eslik-etti-1602840.html
11 Dokumentarfilm »Usta'nın Hikâyesi« (Die Geschichte des Meisters), Beyaz TV 2013.
12 https://www.mfa.gov.tr/sayin-yasar-yakis_in-ozgecmisi-_kasim-2002_.tr.mfa
13 Von der Krisenwirtschaft zum »Wirtschaftswunder«, AFP, 10. Oktober 2003.
14 Auf dem schwierigen Weg nach Westen, AFP, 26. Oktober 2003.
15 Hoffen auf den neuen »Tigerstaat am Mittelmeer«, AFP, 6. Oktober 2004.
16 Baydar: Die Hoffnung stirbt am Bosporus, S. 196.
17 Hermann: Wohin geht die türkische Gesellschaft?, S. 190.
18 Türkei und EU. Erdoğan verspricht mehr Demokratie, Spiegel Online, 3. September 2003.
19 Erdoğan schreibt den Deutschen, Spiegel Online, 16. Dezember 2004.
20 Levin, Paul T.: Turkey and the European Union. Christian and Secular Images of Islam, New York 2011.
21 Hürriyet: Atatürk wäre stolz auf Erdoğan, dpa, 7. Oktober 2004.
22 Volkery, Carsten: Nur noch zehn Jahre warten, Spiegel Online, 16. Dezember 2004.
23 La Repubblica: Ausgerechnet Erdoğan hat es geschafft, dpa, 7. Oktober 2004.
24 Erdoğan: Millet isterse laiklik tabii ki gidecek, in: *Hürriyet*, 21. August 2001.
25 Zand, Bernhard: Sultan auf Westkurs, in: *Der Spiegel*, 12. Dezember 2004.
26 Vgl. Thumann, Michael: Minderheiten: Wir können auch Kurdisch, in: *Die Zeit*, 26. März 2009.

27 Erdoğan um Lösung des Konflikts mit Kurden bemüht, AP, 14. August 2009.

28 https://hughpope.com/ und: Pope, Hugh, und Pope, Nicole: Turkey Unveiled. A History of Modern Turkey, London 2012. Das Interview wurde im Juli 2022 geführt.

29 Zitat 1 in: Türkische Armee greift mit scharfer Erklärung in Präsidentenwahl ein, dpa, 28. April 2007. Zitat 2 in: Türkische Regierung weist Generalstab in die Schranken, AFP, 28. April 2007.

30 Vgl. Lowen, Mark: Erdoğan's Turkiye, BBC, 13. April 2017.

31 Baumgarten, Reinhard: Gespaltene Gesellschaft, Deutschlandfunk, 29. Juni 2013.

32 Popp, Maximilian: Das Ende von Istancool, in: *Der Spiegel*, 11. Mai 2018.

33 Das Interview wurde im Juli 2022 geführt.

34 Thumann, Michael: Freund der Reichen, Held der Armen, in: *Die Zeit*, 9. Juni 2011.

35 Kálnoky, Boris: Erdoğan marschiert von Sieg zu Sieg, in: *Berliner Morgenpost*, 14. Juni 2011.

36 Vgl. Hermann: Wohin geht die türkische Gesellschaft?, S. 153–159.

37 Thumann, Michael: Der Herrscher vom Planeten Ankara, in: *Die Zeit*, 20. November 2008.

38 Das Interview wurde im Oktober 2022 geführt.

39 Vgl. Popp, Maximilian: Aufstand eines Unpolitischen, *Der Spiegel*, 23. Juni 2013.

40 Türkei begleicht Schulden beim IWF, AFP, 14. Mai 2013.

41 Kazim, Hasnain, und Popp, Maximilian: Der neue Sultan, in: *Der Spiegel*, 3. August 2014.

42 Strittmatter, Kai: Istanbul, Metropole zwischen den Welten, München 2008, S. 179.

43 The sultan's dream, in: *The Economist*, 26. Oktober 2013.

44 Sammann, Luise: Gemeinsam gegen Erdoğans Allmacht, Deutschlandfunk, 9. Juni 2013.

45 https://orf.at/stories/3215113/

46 Vgl. Schlötzer, Christiane: Die Wunde Istanbuls, in: *Süddeutsche Zeitung*, 9. Februar 2019.

47 Sammann, Luise: Letzter Vorhang für Istanbuls Atatürk-Kulturzentrum, Deutschlandfunk, 5. Januar 2018.

48 Schulz, Ludwig: Viel Lärm um Nichts? Erdoğan, Gezi und die Türkei 2013, Deutsche Orient-Stiftung 2013, S. 3.

49 Sammann, Luise: Marx und Mohammed miteinander verbinden, Deutschlandfunk, 6. November 2013.

50 Baumgarten: Gespaltene Gesellschaft.

51 https://haber.sol.org.tr/devlet-ve-siyaset/melih-gokcek-cadirda-atom-bombasi-plani-yapildigina-inandi-haberi-74862

52 Schmitt, Mirjam: Türkische Medien zeigen lieber Pinguin-Dokus, Zeit-Online, 4. Juni 2013.

53 Türkische Protestler schalten ganzseitige Anzeige in »New York Times«, Zeit Online, 7. Juni 2013.

54 Prime Minister Erdoğan blesses Turkish police for ›heroic‹ action during Gezi unrest, in: *Hürriyet Daily News*, 25. Juni 2013.

55 Schulz: Viel Lärm um Nichts?, S. 5.

56 https://t24.com.tr/haber/osman-kavala-ve-sedef-kabas-kararlarini-veren-hakim-furkan-bilgehan-ertem-e-terfi,1057700

57 Erdoğan nennt Teilnehmer von Gezi-Protesten »Flittchen«, dpa, 1. Juni 2022.

58 Baumgarten, Reinhard: Wohin der Präsident die Türkei steuert, Deutschlandfunk, 17. August 2016.

59 http://platform24.org/p24blog/yazi/4016/silivride-kendi-kitabim-bana-yasaklandiydi--

60 Mehr zum Aufbau des türkischen Justizwesens unter https://www.cap-lmu.de/themen/tuerkei/politisches-system/gerichtsbarkeit.php

61 Das Interview wurde im Mai 2022 geführt.

62 Vgl. Seufert, Günter: Eine halbe Revolution, Zeit Online 23. Februar 2010.

63 Vgl. Thumann, Michael: Meinungsfreiheit nur auf dem Papier, in: *Die Zeit*, 31. März 2011.

64 Vgl. Hermann: Wohin geht die türkische Gesellschaft?, S. 54.

65 Vgl. Thumann, M.: Mutig, todesmutig, Zeit Online, 24. Januar 2007.

66 Kaboğlu ve Oran‹ın 301 Dosyasını Yargı Değil Bakanlık Kapattı, Bianet, 5. März 2009.

67 Großbongardt, Annette: Zimt und Zyankali, in: *Der Spiegel*, 21. Juni 2007.

68 Orhan Pamuk kritisiert türkische Justiz, Spiegel Online, 22. Januar 2007.

69 https://m.bianet.org/bianet/ifade-ozgurlugu/105954–15-ayda-2-bin-722-kisi-301-lik-olmus

70 Türkische Regierungspartei wappnet sich für Verbot, Spiegel Online, 20. Mai 2008.

71 Cengiz, Orhan Kemal: Turkey resurrects deadly Article 301 against dissent, Al-Monitor, 24. Oktober 2019.

72 Topçu, Elmas: Erdoğan: Der beleidigte Präsident, Deutsche Welle Online, 9. Februar 2022.

73 Dal, Aylin: Cumhurbaşkanı Erdoğan'dan Fatih Portakal hakkında suç duyurusu, Anadolu Ajansi, 7. April 2020.

74 Kılıçdaroğlu 1 milyon liradan fazla tazminat kaybetti, Anadolu Ajansi, 11. Januar 2019.

75 Güsten, Susanne: Wie Erdoğan die Justiz umbaut, Deutschlandfunk, 5. November 2020; Hermann, Rainer: Erdoğans gefügige Richter, in: *Frankfurter Allgemeine Zeitung*, 15. Juli 2021.

76 Erdoğan defends Turkey religious chief's anti-gay sermon, France 24, 27. April 2020.

77 Hermann, Rainer: Der türkische Staat gegen die Anwälte, in: *Frankfurter Allgemeine Zeitung*, 11. Juli 2020.

78 Güsten, Susanne: Zu viel Rechtsstaatlichkeit, in: *Tagesspiegel*, 1. Februar 2022.

79 https://worldjusticeproject.org/rule-of-law-index/global/2022/Turkey/Criminal%20Justice/

80 Arınç'tan Kavala ve Demirtaş yorumu: Tutuklu kalmalarına hayret ediyorum, tahliye olabilir, euronews, 20. November 2020.

81 Hermann, Rainer: »Attentat unter Einsatz der Justiz«, in: *Frankfurter Allgemeine Zeitung*, 25. April 2022.

82 Das Interview wurde im September 2022 durchgeführt.

83 https://www.faz.net/aktuell/feuilleton/brief-aus-istanbul/

84 Topçu, Özlem: Sätze, die nicht vergessen werden, Zeit Online, 28. Oktober 2015.

85 Başbakan: Erdoğan'dan Dersim özrü, BBC türkce, 23. November 2011.

86 Tanriverdi, Hakan, und Gasteiger, Carolin: Wie der Putschversuch zwei Journalistinnen berühmt machte, in: *Süddeutsche Zeitung*, 16. Juli 2016.

87 Kingsley, Patrick: ›It was like the 1970s‹: How soldiers on the street tested Turkey's post-coup politics, in: *The Guardian*, 16. Juli 2016.

88 U. a. Fuchs, Christian, und Middelhoff, Paul: »Ergebt euch. Oder flieht!«, in: *Die Zeit*, 13. Juli 2017.

89 https://www.rundschau-online.de/news/politik/militaerputsch-in-der-tuerkei-praesident-erdogan-ruft-zum-widerstand-auf--24406834?cb=1663700885043&

90 27 mutmaßliche Gülen-Anhänger festgenommen, tagesschau.de, 8. November 2022. Vgl. Kingsley, Patrick: ›It was like the 1970s‹:

How soldiers on the street tested Turkey's post-coup politics, in: *The Guardian*, 16. Juli 2016.

91 Baumgarten, Reinhard: Erdoğan und die Stimme des Volkes, Deutschlandfunk, 17. August 2016.

92 Erdoğan bezeichnet Deutschland als Nährboden für Terroristen, Zeit Online, 8. August 2016.

93 Moore, Jack: What Does Erdoğan's State of Emergency Mean For Turkey?, in: *Newsweek*, 21. Juli 2016.

94 Vgl. Thumann, Michael: Erdoğan sieht seinen Tag der Abrechnung gekommen, in: *Die Zeit*, 27. Juli 2016.

95 Vgl. ebd.

96 Vgl. Thumann, Michael: Mit jeder Maßnahme schafft sich Erdoğan neue Gegner, Zeit Online, 22. Juli 2016.

97 Mumay, Bülent: Ihr wart alle dabei!, in: *Frankfurter Allgemeine Zeitung*, 6. August 2016.

98 Ebd.

99 U. a. Fuchs, Christian, und Middelhoff, Fuchs: »Ergebt euch. Oder flieht!«, in: *Die Zeit*, 13. Juli 2017.

100 Vgl. Gülen, Fethullah: Was ich denke, was ich glaube, Freiburg 2014.

101 Fakioglu, Metin: Wer ist Fethullah Gülen?, Deutschlandfunk, 18. September 2016.

102 Ob er dies wirklich gesagt hat, lässt sich nicht verifizieren.

103 Gülen: Was ich denke, was ich glaube. Siehe auch Homolka, Walter (Hrsg.): Muslime zwischen Tradition und Moderne. Die Gülen-Bewegung als Brücke zwischen den Kulturen, Freiburg 2010, S. 38.

104 Filkins, Dexter: Turkey's Thirty-Year Coup, in: *The New Yorker*, 16. Oktober 2016.

105 Weinzierl, Alfred, Knobbe, Martin, und Schmid, Fidelius: »Der Putsch war nur ein Vorwand«, in: *Der Spiegel*, 18. März 2017.

106 Vgl. Akyol, Çiğdem, »Die psychische Belastung war enorm«, in: *Neue Zürcher Zeitung*, 21. Juli 2015.

107 Lowen, Mark: Erdoğan's Turkiye, BBC, 13. April 2017.

108 Siehe das Zitat S. 255, das Erdoğan immer wieder nachgesagt wird. Ob er es je gesagt hat, ist unklar.

109 »Wir werden diesen Verrätern den Kopf abreißen«, Zeit Online, 16. Juli 2017.

110 Stand Juni 2022. Siehe: Türkisches Gericht ordnet Freilassung von 71 Militärschülern an, Spiegel Online, 23. Juni 2022.

111 Das Interview wurde im September 2022 durchgeführt.

112 Demircan,Ozan: Lidl sorgt mit billigem Urlaubsangebot für Verwirrung in der Türkei, in: *Handelsblatt*, 19. September 2022.

113 Senz, Karin: Mittelschicht in der Suppenküche, tagesschau.de, 28. August 2022.

114 Erdoğan kündigt dritte Mindestlohn-Erhöhung in einem Jahr an, AFP, 22. Dezember 2022.

115 Over 85,000 small businesses closed in Türkiye in 11 months, Bianet, 22. Dezember 2022.

116 Erdoğan spricht von »wirtschaftlichem Unabhängigkeitskrieg« – Lira bricht ein, Spiegel Online, 23. November 2021.

117 Mumay, Bülent: Die frommen Wähler laufen Erdoğan davon, in: *Frankfurter Allgemeine Zeitung*, 14. Januar 2022.

118 Mumay, Bülent: Erdoğan is watching you!, in: *Frankfurter Allgemeine Zeitung*, 27. September 2022.

119 Götz, Sören: Türkei: Erdoğans Präsidentschaft in Zahlen, Zeit Online, 24. Juni 2018.

120 https://data.worldbank.org/indicator/SP.DYN.LE00.IN?end=2020&locations=TR&start=1960&view=chart

121 Berna Laçin ifadeye çağrıldı: ›Kiraz pahalı‹ dedim diye…, cumhuriyet.com.tr, 19. Oktober 2021.

122 Temoçin, Rengin: Kadın Cinayetlerini Durduracağız Platformu'nun davası ertelendi, in: *Cumhuriyet*, 6. Oktober 2022.

123 Das Interview fand im Oktober 2022 statt.

124 https://fmaturkey.org/

125 Krüger, Karin: Erdoğan gerät unter Beschuss, in: *Frankfurter Allgemeine Zeitung*, 29. Januar 2022.

126 Erdoğan says ›LGBT imposition a global dictatorship tool‹ against Islam, Bianet, 28. November 2022.

127 Mumay, Bülent: Brief aus Istanbul: Gib der Jugend keine Chance, in: *Frankfurter Allgemeine Zeitung*, 9. September 2022.

128 https://www.kas.de/de/web/tuerkei/publikationen/einzeltitel/-/content/jugendstudie-tuerkei-2021–2

129 Mumay, Bülent: Brief aus Istanbul: Gib der Jugend keine Chance, in: *Frankfurter Allgemeine Zeitung*, 9. September 2022.

130 Dillmann, Daniel: Erdoğan eröffnet längste Hängebrücke der Welt – und plant weitere Megaprojekte in der Türkei, in: *Frankfurter Rundschau*, 21. März 2022.

131 Vgl. Schlötzer, Christiane: Das Zittern vor dem Beben, in: *Süddeutsche Zeitung*, 1. Oktober 2019.

132 https://www.nature.com/articles/s41467-019-11016-z
133 Das Interview wurde im Januar 2022 durchgeführt.
134 Das Interview wurde im Juni 2022 durchgeführt. Siehe zu Yurtsever: https://www.zazayurtsever.com/de/
135 Dündar, Can: Erdoğans Kehrtwende, Zeit Online, 26. November 2022.
136 Mayer-Rüth, Oliver: Religion als Kitt, Aufschwung als Ziel, tagesschau.de, 16. Dezember 2021.
137 https://somaliturkishhospital.saglik.gov.tr/
138 Akyol, Çiğdem: Zynismus am Zaun, in: *WOZ- Die Wochenzeitung*, 5. März 2020.
139 https://www.mfa.gov.tr/implementation-of-the-montreux-convention.en.mfa
140 Weltweite Sorge um Weizen aus Russland und der Ukraine, Spiegel Online, 2. März 2022.
141 The Observer view on why Recep Tayyip Erdoğan does not deserve another term in office, in: *The Guardian*, 18. Dezember 2022.
142 Mayer-Rüth, Oliver: Ein Schlupfloch durch die Sanktionen?, tagesschau.de, 5. November 2022.
143 Avenarius, Tomas: Konflikt im Windschatten, in: *Süddeutsche Zeitung*, 29. September 2022.
144 Vgl Schaller, Christian: Streit im östlichen Mittelmeer – Griechenland, Türkei, Zypern: eine seevölkerrechtliche Einordnung, Stiftung Wissenschaft und Politik, 2/2022 Berlin.
145 Erdoğan stellt Grenzverlauf infrage – Griechen empört, welt.de, 24. November 2016.
146 Das Interview wurde im Juni 2022 durchgeführt.
147 Das Interview wurde im Juli 2022 durchgeführt.
148 Cumhurbaşkanı Erdoğan'dan 2023 mesajı: Son kez destek istiyoruz, in: *Cumhuriyet*, 10. Dezember 2022.

LITERATUR

Adanir, Fikret: Geschichte der Republik Türkei, Mannheim 1995

Ağır, Ülkü: Pogrom in Istanbul, 6./7. September 1955. Die Rolle der türkischen Presse in einer kollektiven Plünderungs- und Vernichtungshysterie, Berlin 2014

Akyol, Çiğdem: Erdoğan. Die kritische Biografie, Freiburg 2018

Arikan, Memo: Kurdische Geschichte im Überblick, Köln 1994

Astourian, Stephan: Collective and State Violence in Turkey. The Construction of a National Identity from Empire to Nation-State, New York 2021

Atatürk, Mustafa Kemal: Aus Reden und Gesprächen, Heidelberg 1981

Ayboga, Özcan: Kurdische Zivilgesellschaft in der Türkei. Historische und politische Bedingungen und Entwicklungen bei der Entstehung einer kurdischen Zivilgesellschaft in der Türkei, Frankfurt am Main 2006

Bağcı, Hüseyin: Die türkische Außenpolitik während der Regierungszeit Menderes von 1950 bis 1960, Bonn 1988

Banken, Roland: Die Verträge von Sèvres 1920 und Lausanne 1923. Eine völkerrechtliche Untersuchung zur Beendigung des Ersten Weltkrieges und zur Auflösung der sogenannten »Orientalischen Frage« durch die Friedensverträge zwischen den alliierten Mächten und der Türkei, Berlin 2014

Baydar, Yavuz: Die Hoffnung stirbt am Bosporus. Wie die Türkei Freiheit und Demokratie verspielt, München 2018

Bayraktarlı, Ihsan Yılmaz: Die Türkei im Umbruch: Schrift und Sprache als nationalistisches Politikum in der türkischen Revolution, Frankfurt 2009

Blaschke, Jochen: Gesellschaft und Politik in der Diskussion: Sozialgeschichte der Türkei. Ethnisch-politische Bewegungen, Berlin 1987

Blaschke, Jochen; Bruinessen, Martin van (Hrsg.): Jahrbuch zur Geschichte und Gesellschaft des Vorderen und Mittleren Orients 1984: Islam und Politik in der Türkei, Berlin 1984

Bozkurt, Askim: Das Kurdenproblem in der Türkei. Die Konsolidierung des ethnischen Konflikts und die Frage seiner Lösung, Frankfurt am Main 1994

Böhmer, Jochen: Zwischen Exportboom und Reislamisierung: Stabilisierungs- und Strukturanpassungspolitik in der Türkei 1980–1987, Münster 1990

Buhbe, Matthes: Türkei: Politik und Zeitgeschichte, Opladen 1996

Carbe, Monika; Riemann, Wolfgang (Hrsg.): Hundert Jahre Nâzım Hikmet, 1902–1963, Hildesheim 2002

Clark, Bruce: Twice a Stranger. Mass Expulsions That Forged Modern Greece and Turkey, London 2007

Cebeci, Büşra; Mengü, Nevşin: Herkes İstediği Gibi Yaşasın: Türkiye ve İran'daki Kadınların Başörtüsünü Çıkarma Pratikleri, Istanbul 2021

Dogramaci, Burcu: Architektur, Politik, Kulturtransfer. Deutschsprachige Architekten, Stadtplaner und Bildhauer als Gestalter der türkischen Hauptstadt Ankara, in: Clemens, Gabriele (Hrsg.): Die Türkei und Europa, Münster 2007

Durugönül, Esma: Über die Reislamisierung in der Türkei als sozial-religiöse Bewegung unter besonderer Berücksichtigung der zwei Jahrzehnte 1970–1990, Frankfurt am Main 1995

Dündar, Can: Yüzyılın Aşkları, Istanbul 2006

Erzene-Bürgin, Defne: Die Anpassung des türkischen Agrarsektors an den Acquis Communautaire der EU, Berlin 2010

Ferman, Leyla: Dezentralisierung und ethnische Konflikte. Lokale Ebene und Kurdenfrage in der Türkei, Berlin 2014

Feroz, Ahmad: The Making of Modern Turkey, New York 1993

Feroz, Ahmad: Turkey. The Quest for Identity, Oxford 2003

Franz, Erhard: Kurden und Kurdentum, Zeitgeschichte eines Volkes und seiner Nationalbewegungen, Hamburg 1986

Gronau, Dietrich: Nâzım Hikmet, Hamburg 1991

Göle, Nilüfer; Amman, Ludwig (Hrsg.): Islam in Sicht. Der Auftritt von Muslimen im öffentlichen Raum, Bielefeld 2004

Göle Nilüfer: Republik und Schleier. Die muslimische Frau in der Moderne, Berlin 1995

Göle, Nilüfer: Anverwandlung. Der Islam in Europa zwischen Kopftuchverbot und Extremismus, Berlin 2008

Göktürk, Angela: Der Werdegang der modernen Türkei, Istanbul 1983

Gülen, Fethulla: Was ich denke, was ich glaube, Freiburg 2014

Günay, Cengiz: Die Geschichte der Türkei von den Anfängen der Moderne bis heute, Wien 2012

Gündüz, Zuhal Yeşilyurt: Die Demokratisierung ist weiblich. Die türkische Frauenbewegung und ihr Beitrag zur Demokratisierung der Türkei, Osnabrück 2002

Gürbey, Gülistan: Die türkische Kurdenpolitik unter der AKP-Regierung: alter Wein in neuen Schläuchen?, Hamburg 2012

Güven, Dilek: Nationalismus und Minderheiten. Die Ausschreitungen gegen die Christen und Juden der Türkei vom September 1955, München 2012

Hanioğlu, M. Şükrü: Atatürk. Visionär einer modernen Türkei, Darmstadt 2015

Hartmann, Heinrich: Eigensinnige Musterschüler. Ländliche Entwicklung und internationales Expertenwissen in der Türkei (1947–1980), Frankfurt 2020

Hermann, Rainer: Wohin geht die türkische Gesellschaft? Kulturkampf in der Türkei, München 2008

Hermann, Rainer: Türkei, Zürich 2009

Hoffmann, Judith: Aufstieg und Wandel des politischen Islam in der Türkei, Berlin 2003

Homolka, Walter (Hrsg.): Muslime zwischen Tradition und Moderne. Die Gülen-Bewegung als Brücke zwischen den Kulturen, Freiburg 2010

Hottinger, Arnold: Unbekannter Nachbar Türkei, Aarau 1990

Hughes, Bettany: Istanbul. Die Biographie einer Weltstadt, Stuttgart 2018

Isachenko, Daria: Türkei und Russland. Die Logik einer konfliktträchtigen Zusammenarbeit, SWP-Studie, Berlin 2021

Jacob, David: Minderheitenrechte in der Türkei. Recht auf eigene Existenz, Religion und Sprache nichtnationaler Gemeinschaften in der türkischen Verfassung und im Lausanner Vertrag, Tübingen 2017

Jenkins, Gareth: Context and Circumstance: The Turkish Military in Politics, Oxford 2001

Kamp, Kristina: Die AKP – Wolf im Schafspelz oder Chance?, in: Joppien, Charlotte (Hrsg.): Zehn Jahre AKP, Istanbul 2012

Karakas, Cemal: Externe Demokratieförderung in muslimisch geprägten Ländern. Die USA, Deutschland und das Erstarken des politischen Islam in der Türkei, Baden-Baden 2013

Karakas, Cemal: Türkei: Islam und Laizismus zwischen Staats-, Politik- und Gesellschaftsinteressen, Frankfurt am Main 2007

Kartal, Celalettin: Der Rechtsstatus der Kurden im Osmanischen Reich und in der modernen Türkei. Der Kurdenkonflikt, seine Entstehung und völkerrechtliche Lösung, Bremen 2001

Käufeler, Heinz: Das anatolische Dilemma. Weltliche und religiöse Kräfte in der modernen Türkei, Zürich 2002

Kleverman, Lutz: Smyrna in Flammen. Der Untergang der osmanischen Metropole 1922 und seine Folgen für Europa, Berlin 2022

Korteweg, Anna: The Headscarf Debates, Conflicts of National Belonging, Stanford 2014

Kramer, Heinz und Reinkowski, Maurus: Die Türkei und Europa. Eine wechselhafte Beziehungsgeschichte, Stuttgart 2008

Kreiser, Klaus: Geschichte der Türkei. Von Atatürk bis zur Gegenwart, München 2020

Kreiser, Klaus: Atatürk. Eine Biographie, München 2008

Kreiser, Klaus: Kleines Türkei-Lexikon, München 1992

Kurban, Dilek: Kein Fahrplan für den Frieden: Erdoğans Demokratiepaket enttäuscht kurdische Erwartungen, Stiftung Wissenschaft und Politik, Berlin 2013

Kurt, Cahit: Die Türkei auf dem Weg in die Moderne. Bildung, Politik und Wirtschaft vom Osmanischen Reich bis heute, Frankfurt am Main 1989

Landau, Jacob: Radical Politics in Modern Turkey, Leiden 1974

Lerch, Wolfgang Günter: Begegnungen mit der Türkei: Geschichte, Kultur, Politik: Fünf Jahrzehnte zwischen Bosporus und Ararat, Berlin 2019

Levin, Paul T.: Turkey and the European Union: Christian and Secular Images of Islam, New York 2011

Mango, Andrew: Ataturk. The Biography of the Founder of Modern Turkey, New York 2000

Moser, Brigitte; Weithmann, Michael W.: Die Türkei. Nation zwischen Europa und dem Nahen Osten, Regensburg 2002

Moser, Brigitte; Weithmann, Michael W.: Kleine Geschichte Istanbuls, Regensburg 2010

Oehring, Otmar: Die Türkei im Spannungsfeld extremer Ideologien (1973–1980). Eine Untersuchung der politischen Verhältnisse, Berlin 1984

Pelt, Mogens: Military Intervention and a Crisis of Democracy in Turkey. The Menderes Era and its Demise, Kopenhagen 2014

Pekesen, Berna: Zwischen Sympathie und Eigennutz. NS-Propaganda und die türkische Presse im Zweiten Weltkrieg, Berlin 2014

Peters, Richard: Die Geschichte der Türkei, Stuttgart 1961

Pope, Hugh; Nicole, Pope: Turkey Unveiled: A History of Modern Turkey, London 2012

Prätor, Sabine: Türkische Freitagspredigten zum Islam in der heutigen Türkei, Berlin 1985

Pritsch, Erich: Das Schweizerische Zivilgesetzbuch in der Türkei, in: *Zeitschrift für vergleichende Rechtswissenschaft*, Band 59

Reinkowski, Maurus: Geschichte der Türkei. Von Atatürk bis zur Gegenwart, München 2021

Riemer, Andrea K.: Die Türkei an der Schwelle zum 21. Jahrhundert. Die Schöne oder der kranke Mann am Bosporus, Frankfurt am Main 1998

Rill, Bernd: Kemal Atatürk mit Selbstzeugnissen und Bilddokumenten, Hamburg 1985

Rumpf, Christian: Das türkische Verfassungssystem, Wiesbaden 1996

Rüstow, Dankwart A.: Die Türkei – Brücke zwischen Orient und Okzident, Göttingen 1990

Sakallioğlu, Ümit Cizre: The Anatomy of the Turkish Military's Political Autonomy, in: *Journal of Comparative Politics* Bd. 29, Nr. 2, New York Januar 1997

Schlötzer, Christiane: Istanbul – ein Tag und eine Nacht, Berlin 2021

Schubert, Angelika: Politische Ökonomie der Handelsliberalisierung in der Türkei 1980–1990, Gotha 1996

Schulz, Ludwig: Viel Lärm um Nichts? Erdoğan, Gezi und die Türkei 2013, Deutsche Orient-Stiftung 2013

Schweizer, Max: Zwischen Ankara und Lausanne: Die Türkei unterwegs nach Europa. Ein Lesebuch, Zürich 2004

Seal, Jeremy: A Coup in Turkey: A Tale of Democracy, Despotism and Vengeance in a Divided Land, London 2021

Seggie, Fatma Nevra: Religion and the State in Turkish Universities, the Headscarf Ban, New York 2011

Seufert, Günter; Kubaseck, Christopher: Die Türkei. Politik, Geschichte, Kultur, München 2004

Seufert, Günter: Politischer Islam in der Türkei. Islamismus als symbolische Repräsentation einer sich modernisierenden muslimischen Gesellschaft (Beiruter Texte und Studien 67, hg. v. Orient-Institur Beirut), Stuttgart 1997

Seufert, Günter: Staat und Islam in der Türkei, SWP-Studie, Berlin 2004

Seufert, Günter: Neue pro-islamische Parteien in der Türkei, SWP-Studie, Berlin 2002

Silverstein, Brian: Islam and Modernity in Turkey, New York 2010

Sözeri, Salâhaddin: Der Wirtschaftsaufbau der Türkei nach dem Zweiten Weltkrieg, Kiel 1955

Steinbach, Udo: Geschichte der Türkei, München 2007

Strittmatter, Kai: Istanbul, Metropole zwischen den Welten, München 2008

Strittmatter, Kai: Gebrauchsanweisung für Istanbul, München 2010

Strohmeier, Martin; Yalçin-Heckmann, Lale: Die Kurden. Geschichte, Politik, Kultur, München 2000

Sunier, Thijl: Diyanet. The Turkish Directorate for Religious Affairs in a Changing Environment, Amsterdam 2011

Toprak, Binnaz: Die Institutionalisierung des Laizismus in der türkischen Republik, in: Blaschke, Jochen; Bruinessen, Martin van (Hrsg.): Islam und Politik in der Türkei, Jahrbuch zur Geschichte und Gesellschaft des Vorderen und Mittleren Orients, Berlin 1984

Türsan, Huri: Democratisation in Turkey the Role of Political Parties, Brüssel 2004

Üçüncü, Şadi: Die Stellung der Frau in der Geschichte der Türkei. Ein historischer Überblick von den alten Turkvölkern bis heute, Frankfurt am Main 1986

Ulus, Özgür Mutlu: The Army and the Radical Left in Turkey. Military Coups, Socialist Revolution and Kemalism, London 2011

Uslubaş, Ramazan: Das Präsidium für Diyanet-Angelegenheiten der Republik Türkei. Geschichte und rechtliche Ausgestaltung, Frankfurt am Main 2014

Veliağagil, Hasan Tahsin: Parlament und Regierung in der türkischen Verfassung von 1961, Frankfurt am Main 1966

Verney, Susannah: The AKP Since Gezi Park: Moving to Regime Change in Turkey, London 2020

Vryonis, Speros: The Mechanism of Catastrophe. The Turkish Pogrom of September 6–7, 1955, and the Destruction of the Greek Community of Istanbul, New York 2005

Wedel, Heidi: Der türkische Weg zwischen Laizismus und Islam. Zur Entwicklung des Laizismusverständnisses in der türkischen Republik, Opladen 1991

Werle, Rainer: Renaissance des Islam – das Beispiel Türkei, Hamburg 1987

Wetzlmaier, Marina; Rammerstorfer, Thomas: Die Macht des Diyanet: Das türkische Präsidium für Religionsangelegenheiten, Wien 2019

White, Jenny Barbara: Muslim Nationalism and the New Turks, Princeton 2013

Yüzüncü, Ufuk: Die türkische Landwirtschaft im Entwicklungsprozess. Eine Analyse unter besonderer Berücksichtigung des Einflusses der Industrialisierung, Aachen 1993

Zürcher, Erik J.: Turkey: A Modern History, London/New York 2017

ZEITTAFEL

1923: 24. Juli	Mit dem Friedensvertrag von Lausanne wird der Vertrag von Sèvres revidiert. Mit dem neuen Vertrag wird die Türkei ein souveräner Staat, die Grenzen werden festgelegt.
1923: 9. September	Bekanntgabe der Gründung der Halk Fırkası (Volkspartei), der heutigen CHP (Cumhuriyet Halk Partisi, Republikanische Volkspartei). Vorsitzender wird bis zu seinem Tod Mustafa Kemal.
1923: 13. Oktober	Ankara wird zur Hauptstadt erklärt.
1923: 29. Oktober	Ausrufung der neuen Türkischen Republik
1924: 3. März	Das Parlament hebt das Kalifat auf. Die osmanische Herrscherfamilie wird verbannt.
1924: 20. April	Die Nationalversammlung beschließt eine neue Verfassung.
1925: 25. November	»Gesetz über das Tragen von Hüten« für Männer, dass das Tragen eines Fez verbietet
1925: 30. November	Gesetz über das Verbot und die Schließung von Konventen, Mausoleen und Derwischorden
1926: 17. Februar	Einführung eines neuen Zivilgesetzbuchs
1928: 10. April	Der Islam wird als Staatsreligion aus der Verfassung gestrichen.
1929: 1. Januar	Das arabische wird durch das lateinische Alphabet ersetzt.
1930: 3. April	Aktives und passives kommunales Wahlrecht für Frauen. Dieses wird Ende 1934 zum allgemeinen Frauenwahlrecht erweitert.
1931: 10. bis 18. Mai	Bei einem CHP-Parteitag werden die »sechs Pfeile« (Alti Ok) vorgestellt: Diese stellen den Republikanismus, den Laizismus, den Etatismusmus, den Nationalismus und den Populismus dar. Die »sechs Pfeile« sind bis heute das Parteilogo der CHP.
1934: 24. November	Mustafa Kemal bekommt von der Großen Nationalversammlung den Beinamen »Atatürk« (»Vater

	der Türken«). Niemand sonst darf diesen Namen tragen.
1935: 1. Januar	Ein neues Gesetz verpflichtet jeden Türken dazu, einen Nachnamen anzunehmen.
1936: 20. Juli	Die Türkei gewinnt in der Konvention von Montreux die Souveränität über die Dardanellen und den Bosporus zurück.
1937: 5. Februar	Verankerung des Laizismus in der Verfassung
1938: 10. November	Atatürk stirbt mit 57 Jahren in Istanbul.
1945: 23. Februar	Die Türkei erklärt Deutschland den Krieg.
1950: 14. Mai	Ende der Einparteienherrschaft. Die 1946 gegründete Demokratische Partei (Demokrat Parti, DP) gewinnt die Parlamentswahlen.
1952: 18. Februar	Aufnahme der Türkei gemeinsam mit Griechenland in die Nato als Vollmitglied
1955: 6/7. September	Pogrom an Griechen
1960: 27. Mai	Erster Militärputsch
1961: 9. Juli	Verfassungsreferendum. Die neue Verfassung löst die alte von 1924 ab.
1961: 17. September	Der gestürzte Ministerpräsident Adnan Menderes wird hingerichtet.
1971: 12. März	Zweiter Militärputsch
1978: November	Gründung der Arbeiterpartei Kurdistans (Partiya Karkerên Kurdistan, PKK) unter Führung von Abdullah Öcalan
1980: 12. September	Dritter Militärputsch
1982: 7. November	Mit einem Referendum wird eine maßgeblich von der Militärjunte beeinflusste neue Verfassung angenommen. Kenan Evren wird zum Staatspräsidenten ernannt.
1983: 6. November	Rückkehr zur parlamentarischen Demokratie mit den ersten Parlamentswahlen, aus denen Turgut Özal als Ministerpräsident hervorgeht.
1984: 15. August	Die PKK beginnt mit bewaffneten Aktionen.
1987: 14. April	Die Türkei stellt einen Antrag auf Vollmitgliedschaft in die Europäische Gemeinschaft.
1993: 13. Juni	Tansu Çiller wird Vorsitzende der Partei des Rechten Weges (Doğru Yol Partisi, DYP). Sie übernimmt als erste und bisher einzige Frau in der

	Geschichte der Republik das Amt der Ministerpräsidentin.
1994: 27. März	Recep Tayyip Erdoğan von der islamistischen Wohlfahrtspartei (Refah Partisi, RP) wird zum Bürgermeister Istanbuls gewählt.
1997: 28. Februar	Der Nationale Sicherheitsrat fordert unter Androhung von Sanktionen Maßnahmen gegen islamischen Fundamentalismus. Mit diesem Schritt wird der Rücktritt von Ministerpräsident Necmettin Erbakan (Refah) am 30. Juni gleichen Jahres eingeleitet.
1999: 15. Februar	PKK-Führer Abdullah Öcalan wird festgenommen.
1999: 11. Dezember	Der Europäischen Rat erklärt die Türkei offiziell als Beitrittskandidatin.
2001: 14. August	Gründung der Partei für Gerechtigkeit und Aufschwung (Adalet ve Kalkınma Partisi auch AK Parti oder AKP).
2002: 3. November	Bei den Parlamentswahlen gewinnt die AKP mit 34,3 Prozent.
2003: 14. März	Erdoğan wird von der Nationalversammlung zum Ministerpräsidenten gewählt.
2005: 3. Oktober	Die EU nimmt die Beitrittsverhandlungen mit der Türkei auf.
2007: 27. April	Mit einem E-Memorandum droht das Militär mit einer Intervention.
2007: 28. August	Nach erheblichem Widerstand von Militärführung und Opposition wird Abdullah Gül zum Staatspräsidenten gewählt.
2008: 30. Juli	Ein-AKP-Parteiverbot wird mit knapper Mehrheit vom Verfassungsgericht abgelehnt.
2010: 12. September	30 Jahre nach der Militärinvention vom 12. September 1980 stimmen die Wähler einem Verfassungsreferendum der seit 1982 gültigen Verfassung zu.
2013: 28. Mai	Im Istanbuler Gezi-Park beginnen die Proteste, die sich landesweit zu Demonstrationen gegen die AKP ausdehnen.
2014: 28. August	Erdoğan wird von der Nationalversammlung zum Präsidenten gewählt.

2016: 15. Juli	Ein Putschversuch wird niedergeschlagen.
2017: 16. April	Mit einem erfolgreichen Verfassungsreferendum wird für die Einführung des Präsidialsystems gestimmt.
2018: 24. Juni	Im Zuge der Präsidentschafts- und Parlamentswahlen wird das Präsidialsystem eingeführt.
2020: 24. Juli	Die Hagia Sophia wird von einem Museum in eine Moschee umgewandelt.

DIE MINISTERPRÄSIDENTEN DER TÜRKISCHEN REPUBLIK

Name	Amtsantritt	Amtsaustritt	Partei
İsmet Inönü	30. Oktober 1923	22. November 1924	HF
Ali Fethi Okyar	22. November 1924	3. März 1925	CHF
İsmet İnönü	3. März 1925	1. November 1937	CHF / CHP
Celâl Bayar	1. November 1937	25. Januar 1939	CHP
Refik Saydam	25. Januar 1939	8. Juli 1942	CHP
Ahmet Fikri Tüzer(kommissarisch)	8. Juli 1942	9. Juli 1942	CHP
Şükrü Saracoğlu	9. Juli 1942	7. August 1946	CHP
Recep Peker	7. August 1946	10. September 1947	CHP
Hasan Saka	10. September 1947	16. Januar 1949	CHP
Şemsettin Günaltay	16. Januar 1949	22. Mai 1950	CHP
Adnan Menderes	22. Mai 1950	27. Mai 1960	DP
Cemal Gürsel	30. Mai 1960	27. Oktober 1961	Militär
Emin Fahrettin Özdilek(kommissarisch)	27. Oktober 1961	20. November 1961	Militär
İsmet İnönü	20. November 1961	20. Februar 1965	CHP
Suat Hayri Ürgüplü	20. Februar 1965	27. Oktober 1965	AP
Süleyman Demirel	27. Oktober 1965	26. März 1971	AP
Nihat Erim	26. März 1971	22. Mai 1972	parteilos
Ferit Melen	22. Mai 1972	15. April 1973	parteilos
Mehmet Naim Talu	15. April 1973	26. Januar 1974	parteilos
Bülent Ecevit	26. Januar 1974	17. November 1974	CHP
Sadi Irmak	17. November 1974	31. März 1975	parteilos
Süleyman Demirel	31. März 1975	21. Juni 1977	AP
Bülent Ecevit	21. Juni 1977	21. Juli 1977	CHP
Süleyman Demirel	21. Juli 1977	5. Januar 1978	AP

Bülent Ecevit	5. Januar 1978	12. November 1979	CHP
Süleyman Demirel	12. November 1979	12. September 1980	AP
Bülend Ulusu	20. September 1980	13. Dezember 1983	Militär
Turgut Özal	13. Dezember 1983	31. Oktober 1989	ANAP
Ali Bozer(kommissarisch)	31. Oktober 1989	9. November 1989	ANAP
Yıldırım Akbulut	9. November 1989	23. Juni 1991	ANAP
Mesut Yılmaz	23. Juni 1991	20. November 1991	ANAP
Süleyman Demirel	20. November 1991	16. Mai 1993	DYP
Erdal İnönü(kommissarisch)	16. Mai 1993	25. Juni 1993	SHP
Tansu Çiller	25. Juni 1993	6. März 1996	DYP
Mesut Yılmaz	6. März 1996	28. Juni 1996	ANAP
Necmettin Erbakan	28. Juni 1996	30. Juni 1997	RP
Mesut Yılmaz	30. Juni 1997	11. Januar 1999	ANAP
Bülent Ecevit	11. Januar 1999	18. November 2002	DSP
Abdullah Gül	18. November 2002	14. März 2003	AKP
Recep Tayyip Erdoğan	14. März 2003	28. August 2014	AKP
Ahmet Davutoğlu	29. August 2014	24. Mai 2016	AKP
Binali Yıldırım	24. Mai 2016	9. Juli 2018	AKP

DIE STAATSPRÄSIDENTEN DER TÜRKISCHEN REPUBLIK

	Amtsjahre	Bemerkungen
Mustafa Kemal Atatürk	1923–1938	Wiedergewählt 1927, 1931, 1935
Ismet Inönü	1938–1950	Wiedergewählt 1939, 1943, 1944
Celâl Bayar	1950–1960	Wiedergewählt 1954, 1957, gestürzt während des Putsches 1960
Cemal Gürsel	1960–1966	Aus gesundheitlichen Gründen 1966 abgewählt.
Cevdet Sunay	1966–1973	
Fahri Korutürk	1973–1980	
İhsan Sabri Çağlayangil	1980	Interimspräsident 7.4.–12.9.1980
Kenan Evren	1980–1989	Durch den Militärputsch 1980 ins Amt gelangt.
Turgut Özal	1989–1993	Im Amt gestorben.
Süleyman Demirel	1993–2000	
Ahmet Necdet Sezer	2000–2007	
Abdullah Gül	2007–2014	
Recep Tayyip Erdoğan	Seit 2014 im Amt	Wiedergewählt 2018

AUSSPRACHE TÜRKISCHER BUCHSTABEN

C, c	*dsch* wie in »Dschungel«
Ç, ç	*tsch* wie in »deutsch«
ğ	dehnt den vorangehenden Vokal: *dağ* (Berg) sprich »daa«
I, ı	dunkler Vokal, wie *e* in »kommen«
J, j	stimmhaftes *sch* wie in »Journal«
Ş, ş	stimmloses *sch* wie in »Schüssel«
V, v	*w* wie in »Wasser«
Y, y	*J* wie in »Ja«
Z, z	stimmhaftes *s* wie in »Rose«

ABKÜRZUNGEN

ANAP	Anavatan Partis, Mutterlandspartei
AKP	Adalet ve Kalkınma Partisi, Gerechtigkeits- und Entwicklungspartei
AP	Adalet Partisi, Gerechtigkeitspartei
BDP	Barış ve Demokrasi Partisi, Partei des Friedens und der Demokratie
CHF	Cumhuriyet Halk Fırkası, Republikanische Volkspartei
CHP	Cumhuriyet Halk Partisi, Republikanische Volkspartei
DEVA	Demokrasi ve Atılım, Partei für Demokratie und Fortschritt
DİSK	Türkiye Devrimci İşçi Sendikaları Konfederasyonu, Konföderation der Revolutionären Arbeitergewerkschaft
Ditib	Türkisch-Islamische Union der Anstalt für Religion e. V.
Diyanet	Diyanet İşleri Başkanlığı, Präsidium für Religionsangelegenheiten
DSP	Demokratik Sol Parti, Demokratische Linkspartei
DTP	Demokratik Toplum Partisi, Partei der demokratischen Gesellschaft
DYP	Doğru Yol Partisi, Partei des Rechten Weges
EOKA	Ethniki Organosis Kyprion Agoniston, Nationale Organisation zyprischer Kämpfer
Fetö	Fethullahçı Terör Örgütü, Fethullahistische Terrororganisation
FP	Fazilet Partisi, Tugendpartei
GP	Gelecek Partisi, Zukunftspartei
HDP	Halkların Demokratik Partisi, Partei der Demokratie der Völker
HEP	Halkın Emek Partisi, Arbeitspartei des Volkes
HF	Halk Fırkası, Volkspartei
İYİ	Iyi-Parti, Gute Partei
IWF	International Monetary Fund, Internationaler Währungsfonds
MGK	Millî Güvenlik Kurulu, Nationaler Sicherheitsrat
MHP	Milliyetçi Hareket Partisi, Partei der Nationalistischen Bewegung
MİLLET	Millet Partisi, Nationspartei
MIT	Millî İstihbarat Teşkilâtı, Nationaler Aufklärungsdienst
MKP	Millî Kalkınma Partisi, Nationale Entwicklungspartei
MNP	Milli Nizam Partisi, Nationale Ordnungspartei

MSP	Millî Selamet Partisi, Heilspartei
OYAK	Ordu Yardımlaşma Kurumu, Solidargemeinschaft der Armee
PKK	Partiya Karkerên Kurdistanê, Arbeiterpartei Kurdistans
RP	Refah Partisi, Wohlfahrtspartei
SCF	Serbest Cumhuriyet Fırkası, Freie Republikanische Partei
SP	Saadet Partisi, Wohlergehenspartei
TCF	Terakkiperver Cumhuriyet Fırkası, Fortschrittliche Republikanische Partei
TBMM	Türkiye Büyük Millet Meclisi, Große Nationalversammlung
TCDD	Türkiye Cumhuriyeti Devlet Demiryolları, staatliche Eisenbahngesellschaft
THKO	Türkiye Halk Kurtuluş Ordusu, Volksbefreiungsarmee der Türkei
TİP	Türkiye İşçi Partisi, Arbeiterpartei der Türkei
TKP	Türkiye Komünist Partisi, Kommunistische Türkische Partei
TOBB	Türkiye Odalar ve Borsalar Birliği, Industrie- und Handelskammer
YÖK	Yükseköğretim Kurulu, Hochschulrat
YDG-H	Yurtsever Devrimci Gençlik Derneği, Patriotisch revolutionäre Jugendbewegung
YTP	Yeni Türkiye Partisi, Partei der Neuen Türkei

PERSONENREGISTER

Malte Fuhrmann
Konstantinopel – Istanbul
Stadt der Sultane und Rebellen

Eine historische Reise durch Istanbul, von Justinian bis Erdoğan: Der Historiker Malte Fuhrmann lebt seit vielen Jahren in der Stadt am Bosporus, die im Laufe ihrer Geschichte etliche Konflikte zwischen Herrschern und Beherrschten gesehen hat. Hier erzählt er von den Geistern in den alten Gemäuern der Stadt, von aufständischen Janitscharen und plündernden Kreuzrittern, von Hofintrigen und von blutig aufgelösten Gewerkschaftsdemonstrationen.
Istanbul ist eine Stadt der Vielfalt und der Widersprüche, voller Geschichte und Geschichten. Wer Istanbul erkunden, wer die Türkei von heute begreifen möchte, für den ist dieses Buch eine Schatzkammer der Entdeckungen.

464 Seiten, gebunden

Weitere Informationen finden Sie auf
www.fischerverlage.de

AZ 10-397262/1

Gilda Sahebi

»Unser Schwert ist Liebe«

Die feministische Revolte im Iran

»Das ist ein Schlachtfeld. Unser Schwert ist Liebe.« – So rappt Toomaj Salehi und gibt damit den Sound der Revolution im Iran wieder. Seit dem Tod von Jina Mahsa Amini, die von der Sittenpolizei verhaftet wurde, wachsen die Proteste. Und die Solidarität ist groß – sie zieht sich durch alle Altersgruppen, Schichten und Geschlechter. Zusammen kämpfen die Menschen für Frauen, Leben, Freiheit. Die Journalistin und Autorin Gilda Sahebi, die mit vielen Menschen im Iran in engem Kontakt steht, beleuchtet die unterschiedlichen Aspekte der Revolte, lässt Iraner*innen selbst zu Wort kommen und erzählt sehr persönlich von ihren eigenen Erlebnissen.

256 Seiten, gebunden